中文社会科学引文索引（CSSCI）来源集刊

河北师范大学文学院　　主办

郑振峰　　主编

2024
秋之卷

总第37卷

中國語言文學研究

商务印书馆
创于1897
The Commercial Press

图书在版编目（CIP）数据

中国语言文学研究 . 2024 年 . 秋之卷 : 总第 37 卷 /
郑振峰主编 . —— 北京 : 商务印书馆 , 2024. —— ISBN
978-7-100-24589-0

I . H1–53；I206–53

中国国家版本馆 CIP 数据核字第 2024L38J09 号

中国语言文学研究

2024 年秋之卷 · 总第 37 卷

郑振峰　主编

商 务 印 书 馆 出 版
（北京王府井大街 36 号　邮政编码 100710）
商 务 印 书 馆 发 行
江苏凤凰数码印务有限公司印刷
ISBN　978-7-100-24589-0

2024 年 11 月第 1 版　　　开本　787×1092　1/16
2024 年 11 月第 1 次印刷　　印张　18

定价：128.00 元

目　录

CHINESE LANGUAGE AND LITERATURE STUDIES

Autumn 2024

Major Articles

鄂东方言来母和端组声母的文白异读*

汪化云　黎立夏**

摘　要：鄂东北的江淮官话中，少量端组声母文读[t/tʰ]，白读与来母同音[n]，来母则存在与之文白相反的异读。鄂东南的赣语中，少量来母文读[n]，白读与透、定母同音[ɗ]，端组则存在与之文白相反的异读。两地方言细音前的透、定母可能原来都是浊爆音[d]，容易发成内爆音[ɗ]，与[n]听感相近而合流。受普通话影响，合流的声母部分或全部产生了文读，原有读音遂成为白读。两地方言洪音前的此类异读，可能是"变声构形"产生的文白异读。

关键词：鄂东方言；端组；来母；合流；文白异读

本文所谓鄂东方言，指湖北省东部的汉语方言。包括：鄂东北江淮官话黄孝片中黄冈市和武汉市新洲区的方言（即原黄冈地区的方言），鄂东南赣语大通片中咸宁市、黄石市所辖阳新县和大冶市的方言（即原咸宁地区的方言）。这个区域的方言中，少数来母字和端组字存在声母的文白异读。这类字在黄孝片略多，大通片极少。对于鄂东方言中来母、端组声母的特殊读音，人们有过调查报道[1][2][3][4][5][6]，但没有著述全面考察与之相关的异读现象，当今的语保工程数据库中也没有收入这类现象。本文拟全面介绍这种特殊的文白异读，参考前人和时贤的相关论述，试说其成因。

一　鄂东北方言端组和来母的文白异读

本节介绍鄂东北江淮官话黄孝片端组和来母的文白异读。先进行团风方言的个案分析，然后介绍整个地区的同类现象，简述其性质。应该说明的是，鄂东北的江淮官话中，来母一般读作[n]，偶有读作[l]的，是自由变体，文中标作[n]。以下对文白读音和用例的列举，用竖线隔开，前文后白；用1、2、3、5、6、7分别标记阴平、阳平、上声、阴去或去声、阳去、入声，国际音标前后不使用[　]。

（一）个案分析：团风方言端组和来母的文白异读

先介绍端组字。团风方言端组声母一般读作[t、tʰ]，跟普通话相同。少数端组字声母

---

　*　基金项目：本文为国家社科基金重大项目"600年来赣语与官话互动的历史追踪、现状调查与数据库建设"（项目编号：18ZDA297）的阶段性成果。

**　作者简介：汪化云（1953—　），江苏师范大学语言科学与艺术学院特聘教授，主要从事汉语方言和语文应用研究；黎立夏（1988—　），武汉工程大学外国语学院副教授，主要从事汉语方言研究。

文读[t、tʰ]，白读却同来母读[n]。这类异读的字相对较少，因而没有引起人们的注意。当地人或视其白读为有音无字的词汇现象，汪化云曾有过较为简单的记录[5](P3)。包括以下3种情形：

第一，两读同义，但存在"雅""土"差异的文白异读。就某一义项而言，这类字两个读音的理性意义基本相同，仅有"雅""土"的色彩差异，可以用于不同的语境或构成不同语体色彩的词。但这类字的其他义项不一定存在有色彩义对立的另一读音。例如：

呆端开— tai¹ 书~子；~头~脑。| nai¹ 装~。（"发愣"意义的"呆"无白读。）

顶端开四 tin³ ~倒着/住。| nin³ 换当面牙门牙莫驾别用舌头~。（名词如"屋顶"的"顶"无白读。）

吐透合— tʰəu³ ~痰。| nəu³ 把口里的珠子~出来；猴子猴，坐碓[ti⁵]头，吃白米，~猪油(谜语，谜底为轧棉花的木制机械)。（呕吐的"吐"无白读。）

掏透开— tʰau¹ 黑虎~心。| nau¹ ~耳洞耳朵；驾用锄头~出来。（掏钱的"掏"无白读。）

捅透合— tʰoŋ¹ ~他两砣子拳头。| noŋ¹ ~他两砣子。（捅条、捅开的"捅"无白读。）

第二，两读既有文白差异，又有词性或意义差异的异读字：

盗定开— tau⁵ (名词性语素)强~。| nau⁵ (动词)~东西。

顿端合— ten⁵ 停~。| nen⁵ 了一下儿因犹豫而稍停顿了一下。

荡定开— taŋ⁶ 把碗~下子用冷水把碗荡动一下(使干净)。| naŋ³ 把碗~下子用开水把碗荡动一下(使干净)。

第三，个别字的两读比较特殊。就某一义项而言，两读都显得很土气，且是等义的，没有色彩、意义的差异，都像是白读。但其他义项却没有相应的另一白读或文读，如：

塌定开— | nia⁷、tʰia⁷ 一屁股~倒摊坐着。（"塌"白读的韵母为细音，在"塌鼻子"中只音[tia⁷]。文读[tʰa⁷]见于"塌方、倒塌"等，这类词绝无白读。）

歺 | tai³、nai³ ~了大有所获。（歺：tai³ ~大嚼个饱。只此一读。）

"歺"有音无字，只能用同音字记录。因其声母与端母、来母有关，姑且列于此。

再介绍来母的文白异读。团风方言中来母的文白异读与该方言端组相反：声母文读为[n]，白读为[t]。但是有这类异读的字极少，常见的如：

隶来开四 ni⁶ ~属(有点打官腔的意味)。| ti⁶ 奴~。（"隶"音ti⁶，阳去声，读同定母。该方言全浊声母清化为同部位塞音、塞擦音，读音依声调分化，"平送仄

不送"。)

摞来合一 no^6 ～倒把东西重叠着(往上放)。丨to^6 ～几扇磨子在高头。("摞"有"叠压"义,叠放的东西较大、较重。)

(二)鄂东北黄孝片其他方言点端组和来母的文白异读

从我们调查得到的材料来看,团风方言的上述异读现象在鄂东北的江淮官话黄孝片普遍存在,但是地域分布参差不齐。表1列举上述12个字在原黄冈地区所辖团风以外各县市区方言中的声母(亦是前文后白,下同)。其中有的字在个别方言点不存在异读,只标记一个音。

表1 团风以外县市方言例字声母读音

	英山	武穴	浠水	罗田	麻城	黄州	蕲春	新洲
捅	tʰ丨l	tʰ丨n	tʰ丨n	tʰ丨n	tʰ丨l	tʰ丨n	tʰ丨l	tʰ丨n
呆	t丨l	t丨l	t丨n	t丨n	t丨n	t丨l	t丨l	t丨n
吐	tʰ丨n	tʰ丨l	tʰ丨n	tʰ丨n	tʰ丨n	tʰ丨n	tʰ丨l	tʰ丨n
顶	t丨n	t丨l	t丨n	t丨n	t丨l	t丨l	t丨l	t丨l
掏	tʰ丨n	tʰ丨l	tʰ丨l	tʰ丨l	tʰ丨l	tʰ丨n	tʰ丨n	tʰ丨n
盗	t丨n	t丨l	t丨l	t丨l	t丨l	t丨l	t丨l	t丨n
顿	t丨n	t丨l	t丨l	t丨l	t丨l	t丨l	t丨l	t丨n
荡	t丨l	t丨l	t丨l	t丨l	t丨l	t丨l	t丨l	t丨l
塌	tʰ丨n	tʰ丨l	tʰ丨n	tʰ丨n	tʰ丨n	tʰ丨l	tʰ丨l	tʰ丨l
歺	t丨l	t丨l	t丨l	t丨l	t丨l	t丨l	t丨l	
摞	n丨t	n丨t	n丨t	n丨t	n丨t	n丨t	n丨t	n丨t
隶	l丨t	n丨t	n丨t	n丨t	n丨t	n丨t	l丨t	n丨t

上述内容有两点需要说明。第一,原孝感地区辖域的江淮官话黄孝片各县市区,今分属孝感、武汉、随州三市辖域。其方言中这类现象跟毗邻的西南官话一样少见,且这些地方不属一般意义上的"鄂东北",因此不展开讨论。第二,今属鄂州市、武汉市辖域中的赣语,因为涉及的区域都不大,且其异读与毗邻的西南官话一样较少,亦不予列举。

(三)讨论

鄂东北的江淮官话中少数来母和端组字的两读并存,表现为声母读[t、tʰ]或[n]的不同。而上述两类异读涉及的字一共只有12个,不大合乎一般对文白异读"系统性的又读现象"[7](P176)的定义。但是,其两读的差异主要是雅/土的差异:文读较正式,却没有转文的意味;白读则显得特别土气,在郊区使用较多,在城区一般为年纪特别大的老派使用。尤其是这12个字的异读在整个黄冈市、新洲区广泛存在,两读的对应整齐,归入有音无字的词汇现象显然是简单化的处理。考虑到方言中残存的文白异读所涉字数一般不多[8](P70),因此本文视上述异读为残存的文白异读。其声母文读与普通话相同或相近,当是受共同语和周边官话的影响产生的；而白读不多，应该是本方言固有的现象，本文称之为"残存的白读"。

二　鄂东南方言来母和端组的文白异读

本节讨论鄂东南赣语大通片中来母和端组声母的文白异读。这类异读字不多，因而被人们忽略了。以下先进行通城方言的个案分析，然后介绍整个片的同类现象，并简述其异读的性质。

（一）个案分析：通城方言来母和端组的文白异读

祝敏鸿介绍了通城方言中来母、端组声母的特殊读音：除臻摄外，来母遇细音多读[d]，蟹止二摄前不论洪细都读[d]；端母与透母、定母的对立表现为[t]与[d]的清浊对立。[4](P89)1936年吴宗济调查通城县十里市话时，有这样的介绍："dʰ……送气同闭塞都不很强，在细音前，带'l'的色彩。"[1](P1302)这些调查不外乎是从两种视角描述此类声母的特殊读音：来母在多数细音前、在蟹止摄洪音前读同透母、定母，透母、定母在细音前带有来母的色彩。这就是说，无论从哪个角度观察，通城方言透母、定母和来母的读音都存在合流的现象。这些描述大体可以成立。但人们却普遍忽视了这类字存在的文白异读。这类异读字不多，特点是：来母文读一般是[n]，少数新派读自由变体[n/l]；白读则与透母、定母合流，读作内爆音[d]。与之相关的端组声母异读，在通城方言中也比较少见。大抵是文读为[t/d]，白读则与来母的文读合流作[n]。因为其[n]来自来母，且新派有读作[l]的，所以人们或记作[l]。又因为[d]比较罕见，除了语保数据库的部分记录，人们大多记作[d]。以下引用文献时悉遵原文，其余情况下用[n]和[d]分别记录其一般读音。接下来介绍来母三等主要是合口三等字的文白异读。例如：

> 龙来合三　noŋ² ～凤。∣ dʼin² 玩～灯。
> 绿来合三　nouʔ⁷ ～色食品。∣ dʼiouʔ⁷ ～豆。
> 旅来合三　ny³ ～社。∣ dʼi³ ～游。
> 屡来合三　ny³ ～战～败。∣ dʼi³ 大街上～～接接是铺大街上沿路都是商店。
> 履来开三　ny³ ～历。∣ dʼi³ ～行责任。

再介绍端组字的文白异读。少数端、透母一等字文读为[t/d]声母，白读为[n]声母，如：

> 偷透开一　dʼau¹ 小～（名词）。∣ nau¹ ～东西（动词）。
> 挡端开一　toŋ³ ～风。∣ noŋ² ～倒仍，看不倒挡住了，看不见。
> 顿端合一　tən⁵ 停～。∣ nənʔ⁷ 做事情莫～，要麻细点做事不要拖延时间，要麻利点。

（二）鄂东南赣语大通片中其他方言点来母和端组的文白异读

据语保工程数据库和我们的调查，鄂东南各县市区赣语的来母和端组声母，许多与上述通城方言相同，显得比较特殊。由于方言接触的缘故，很多字产生了与普通话相近的另一读音。虽然这些读音一般处在转文的阶段，但是部分地方的一些字却只有文读了。少数字产生了文白异读，然而文白异读的字在各地分布不一。我们拿通城方言中的上述异读字和其他方言中常见的异读字对鄂东南的赣语进行了普查核实，发现这类异读字在鄂南的通城、崇阳、赤壁较多，其他地方较少，且越往北异读越少，而以文读为主，如表2所示。

表2　鄂东南赣语大通片通城以外各县市方言例字的声母读音

	崇阳	赤壁	通山	嘉鱼	咸宁	大冶	阳新
龙	n|	n|	l|	n|	n|	l|	l|
绿	n|tʰ	n|d	l|	n|	n|	l|	l|
旅	n|dʼ	|d	l|Ø	|Ø	|Ø	l|	|Ø
犁	n|tʰ	|d	l|	n|	n|	l|	l|
梨	|tʰ	|d	l|	n|	n|	l|	l|
李	n|tʰ	|d	l|	n|	n|	l|	l|
料	n|tʰ	|d	l|	n|	n|	l|	l|
类	n|dʼ	|d	l|	n|	n|	l|	l|
连	|tʰ	|d	l|	n|	n|	l|	l|
楼	|dʼ	n|d	l|	n|	n|	l|	l|
偷	dʼ|n	dʼ|n	tʰ|	tʰ|	tʰ|	tʰ|	tʰ|n
挡	t|	t|	t|	t|	t|	l|l	t|
雷	n|tʰ	n|d	l|	n|	n|	l|	l|

上文介绍的通城方言文读和表2中的文读均从中国语言资源保护工程数据库中引用，白读由作者调查获取。以上表格应该说明的有三点：第一，空格表示没有对应的音，Ø表示零声母。第二，上文中提到的"屡、履、顿"3个字在几个方言点属于生僻字，未能调查出方言读音，故未列出。第三，鄂东南部分方言点存在中古全浊声母清化的现象，为避免头绪过多，本文不展开讨论。

通城方言例字和表2中通城以外县市方言例字的声母读音列举，表现出这样的趋势：少数文白异读主要出现在鄂南的通城、崇阳、赤壁三个方言点，通山、嘉鱼、咸宁、大冶、阳新五个方言点几乎没有异读。实际上，这五个点来母、端组字的读音并非完全统一。

(三) 小结

以上鄂东南赣语中文白异读涉及的字，比鄂东北江淮官话的少，而且各方言点的异读字并不完全对应，更加不符合文白异读"系统性的又读"的定义。考虑到该方言大多数此类声母的一般读音跟其上述白读相同，相应的另一读接近普通话但没有转文的色彩，因此本文视之为以词汇扩散方式产生的"新起的文读"，即其文读是由受普通话影响产生的转文读法发展而来，并产生文白对立的。

三 鄂东方言来母和端组声母文白异读的成因

鄂东方言中上述涉及来母、端组的文白异读，成因跟韵母的洪细分别相关。

（一）细音前来母和端组声母文白异读的成因

细音前的来母在鄂东南赣语中的特殊读音，是探讨鄂东方言此类文白异读成因的钥匙。

本文第二章第（一）节所述来母和透母、定母合流的现象，在鄂东南方言中的存在面较大。陈有恒指出，赣语蒲圻县（今赤壁市）方言中，细音前的来母一律读[d]，例如"梨雷略猎聊刘铃林连亮"等。[2](P11—53)董为光指出，湘鄂赣交界处的赣语中，细音前的来母大多读[d]，与透母、定母相混。[3]熊桂芬发现，今鄂东南赣语细音前的来母分别读 d/dʰ/tʰ（当是老派的发音，详下）。[6]其他东南方言中亦存在这类现象，郭锡良讨论的湘语南岳话、衡山话就是如此。[9](P135)汪高文等考察了来母今读塞音的汉语方言，指出其产生的必要条件为[n]与[l]相混。[10]那么，为什么会发生来母和透母、定母发音趋同的现象呢？董为光的解释是：中古全浊声母和次清声母闭塞成分发生同步变化，送气作用比较广泛地导致了塞音声母和塞擦音声母闭塞成分的丧失和转化，从而使[dʰ]出现在细音前时音色接近舌尖边音[l]（如前所述[n/l]是自由变体），导致细音前的[l]也读作[dʰ]了。[3]朱晓农则从发音动力学原理的角度进行了解释：发浊爆音[d]时，为了保持声带的振动，需要保持一定的喉门上下的压差，但当空气不断进入口腔时，喉门上的压力会提升，发音人有时就会通过压低喉头、扩大口腔容积的办法获得压差的平衡，这样浊爆音[d]就会变成内爆音[ɗ][11](P169)（这也是本文第二章所述人们将其直接记作[ɗ]的原因）。而内爆音[ɗ]与鼻音[n]听感上非常相似，混淆率达到 42.7%。[ɗ]与[n]容易混淆，自然就容易合流。可见，朱晓农的论述可以用来解释上述来母与透母、定母合流的音理。

今鄂东南的赣语中，细音前的来母和透母、定母大多仍然合流为[ɗ]，这种读音无疑显得比较特殊。但是，普通话中这两类字的声母各不相同。受其影响，鄂东南方言自然容易产生与普通话相近的转文读音，进而发展成为新派的一般读音。上文所列"龙旅绿犁雷李类料"等字，在通山、嘉鱼、咸宁、大冶都只有声母为[n]这种显然是新派的读法，就证明了这一点。新旧两种读音在鄂东南方言中并存，彼此影响，必然导致少数字以词汇扩散的方式衍生出文白异读。来母为[n]、端组为[t, tʰ]的读音，接近共同语，应该视为文读。而跟文读相对、听感上相近的[d]或[n]，就自然是白读了。由于仅少数字产生了文读而构成了文白对立，因此这些字可以视为新起的文白异读。

至于鄂东北江淮官话的文白异读，显然与鄂东南赣语存在共同点：都是端组文读为舌头音，白读同来母为[n]；来母的文读为[n]，白读为舌头音。考虑到后者的文白异读产生于细音前来母和透母、定母的发音相似、合流和普通话的影响，那么前者的同类文白异读当来自同样的途径。也许，鄂东北江淮官话透母、定母原本也读[*d]，容易发成内爆音[ɗ]而与来母[n]在细音前相混。既然相混，那么其声母读音在理论上既可读作[ɗ]又可读作[n]。前述团风方言"塌"的声母有 t（清化）/n 两读，都很土气而不能区别意义，应该是其读音两可的反映。但是，由于鄂东北周边与中原官话、西南官话、其他江淮官话地区都相邻，一边紧靠长江，在共同语和其他官话近乎封闭的强大影响下，其方言的来母和透母、定母读音发展较快，文读演变为读音的主流，只残存着"塌、顶、隶"等细音前的[n、t]等白读。

（二）洪音前来母和端组声母文白异读的成因

上述文白异读中，鄂东北的"呆、吐、掏、捅、盗、顿、荡、孨、撂"，鄂东南的"偷、挡、顿"，其异读显然不能用来母与端组合流、受普通话影响来解释，因为它们的声母都不出现在细音前。但是如前所述，其两个读音的理性意义基本相同，因而不大可能是两个不同的词，事实上也无法找到两个不同的本字。两个读音的差异主要是声母，其差异只是文白的色彩差异，该如何解释这种现象呢？

我们知道，汉语存在"音变构词"现象，改变音节中声韵调三个要素中的一个或几个，可以构成意义相关的另一个词。[12]汪化云则发现，团风方言中的变调手段，不仅可以改变意义或词性，构成与原词理性意义密切相关的另一个词，而且可以构成一个词在理性义、词性不变前提下的不同色彩义。[13]例如"求、磨、搪、摇、回"本为阳平声，比照一些强动作动词如"滚、走、打、吼"变调为上声，则意义加重，增加了形象色彩。"摇"念阳平，意为"摇摆"；念上声，意为"炫耀地摇摆"："拿倒个奖状~，生怕人家不晓得！"比照变调构词，这似可称为"变调构形"。由此我们不难这样类推：既然古汉语可以有变声、变调、变韵构词，团风方言可以有变调构词和变调构形，那么也应该可以有变声构形、变韵构形。因此本文认为，上述难以解释的文白异读现象，可以看作是变声构形现象，即通过改变声母，构成同一个词不同语体色彩的形式。如前所述，该方言中的来母与透母、定母合流的现象显得很土气。那么，为了追求这种土气的色彩，变洪音前的端组为来母、来母为端组，应该是顺理成章的手段。如果此说可以成立，那么关于文白异读来源的一般说法，就需要重新考虑了。事实上，团风方言中存在较多变声、变韵、变调构形现象，将另文讨论。

（三）一个问题

以上的讨论，把整个鄂东方言中来母、端组文白异读的成因统一起来了。但是，第三章第（一）节中的解释存在一个问题。汪高文等认为，来母在细音前读塞音的方言，分布区域正好与唐朝时的"江南西道"行政区划相合。[10]但是鄂东北不属历史上的"江南西道"，为什么也存在同类语音现象？能够由其残存的白读来推断该方言曾经同鄂东南的赣语那样，出现过来母和端组的合流吗？答案应该是肯定的。因为官府在明初大力推动"江西填湖广"，使得600年前来自江南西道的移民众多，约占鄂东北各州县人口的62%—80%[5(P202)]，因而改变了当年鄂东北方言的面貌，自然也带来了来母与透母、定母合流的语音现象。今细音前来母、端组的文白异读，正是当年移民的方言留下的遗迹。

四　结语

把来母、端组产生特殊读音的条件归为[n]与[l]相混，这是不错的，但毕竟没有给出演变的动因。朱晓农等从发音动力学角度的研究[11](P169)，才算说清楚了音变的缘由。但是，与之相关的少量文白异读却没有引起人们的重视，本文研究的正是这类被认为是有音无字的现象。

鄂东南的赣语和鄂东北的江淮官话，少量的异读出现在细音前：来母文读为[n]，白读为舌头音；透母、定母文读为舌头音，白读为[n]。这是两类声母合流后在普通话影响下产生的同类文白异读。当然，二者存在差异，鄂东北方言受共同语和周边官话的影响大，来母、端组的一般读音跟普通话相同或相近，只残存着少量文白异读。鄂东南方言是赣语，其细音前的来母大多仍然读同透母、定母，处于相混状态，仅有少数字在普通话或者武汉方言的影响下产生了异读，当是由转文演变而来的新兴文白异读现象。至于洪音前的此类文白异读，则可以看作是变声构形现象。

以上文白异读涉及的字在各方言点表现不一，可见这种异读是以词汇扩散的方式产生或减少的。

参考文献：

[1] 赵元任等. 湖北方言调查报告[M]. 上海：商务印书馆，1948.

[2] 陈有恒编著. 蒲圻话—普通话字音对应表[M]. 武汉：中国地质大学出版社，1989.

[3] 董为光. 湘鄂赣三界方言的送气声母[J]. 语言研究，1989(2).

[4] 祝敏鸿. 通城方言语音分析[J]. 咸宁师专学报，2002(4).

[5] 汪化云. 鄂东方言研究[M]. 成都：巴蜀书社，2004.

[6] 熊桂芬. 释鄂东南方言来母和透定母的特殊读音[J]. 长江学术，2010(1).

[7] 张振兴. 漳平(永福)方言的文白异读(一)[J]. 方言，1989(3).

[8] 汪化云. 武汉方言残存的白读与黄冈方音[J]. 湖北师范学院学报，2000(3).

[9] 郭锡良. 汉语研究存稿[M]. 北京：中华书局，2017.

[10] 汪高文、李占炳、李淑婷、姜迎春. 汉语方言古来母今读塞音之成因探析——兼谈江南西道型分布[J]. 赣南师范大学学报，2017(4).

[11] 朱晓农、寸熙. 清浊音变圈：自然音变与泛时层次//丁邦新主编. 历史层次与方言研究[M]. 上海：上海教育出版社，2007.

[12] 孙玉文. 略论汉语音变构词[J]. 江苏大学学报(社会科学版)，2011(5).

[13] 汪化云. 团风方言变调构词现象初探[J]. 中南民族学院学报(人文社会科学版)，2001(4).

从环渤海方言看北京话等方言"清入归上"现象*

王临惠　王忠一　于　思**

摘　要：本文从环渤海方言入手讨论北京话等方言"清入归上"现象，认为这一区域方言中古清入调的归并与213(214)调值关系密切。近代济南等黄河下游的方言凭借权威地位向北扩张，影响到北京官话、胶辽官话和东北官话。这些方言中的"清入归上"现象实际上是近代汉语方言接触性演变过程中"清入归阴平"调值折合同化的结果。

关键词：方言；中古入声调；演变

一　引论

　　环渤海方言指环绕在渤海北、西、南三面的辽宁、河北、北京、天津、山东等五省市的方言。这些方言分别属于胶辽官话、东北官话、北京官话、冀鲁官话，它们有一个共同特点，就是不同程度地存在着中古清入调今归上声的现象。李荣根据中古入声调今读情况将官话方言分为7区，其中，北京官话是"古清音入声今分归阴平、阳平、上声、去声"，而胶辽官话则是"古清音入声今读上声"。[1]贺巍在讨论东北官话分区时指出其特点为"古入声清音声母字今读上声的比北京多"。[2]1987年出版的《中国语言地图》（第一版）在A2（稿）中将官话方言改为8区，除了将原"北方官话"更名为"冀鲁官话"外，又以"古入声的清音声母字今读上声的比北京多得多"为条件把东北官话从北京官话中分立出来。[3]刘淑学指出"古入声清音声母字也分归阴阳上去四声，其中今读归阴平、上声的字比北京多"是冀鲁官话保唐片的特点。[4]因为北京话里存在的"清入归上"现象涉及《中原音韵》的基础方言问题，受到了许多学者的关注，但到目前为止，学界仍对北京话"清入归上"现象的生成过程等问题存在一些争议。笔者试图通过环渤海方言中古清入调的演变类型、分布特点及其性质来讨论北京话等方言"清入归上"的演变过程和性质特点，并以之就教于方家。①

---

　* 基金项目：本文为国家社科基金重点项目"地理语言学视阈下的环渤海方言比较研究"（项目编号：15AYY006）的阶段性成果。桑宇红先生曾为本文提出过不少建设性意见，谨致谢忱！

　** 作者简介：王临惠（1960—　），天津师范大学国际教育交流学院教授，博士生导师，主要研究方向是汉语语音学、汉语方言学；王忠一（1982—　），天津中医药大学文化与健康传播学院副教授，硕士生导师，主要研究方向是汉语方言学；于思（1984—　），渤海大学新闻与传播学院讲师，主要研究方向是汉语方言学。

二 环渤海方言古清入调归派的类型及其分布

辽宁、河北、北京、天津、山东五省市环渤海的方言中古入声字全部舒化，声调方面比较有规律的是：中古全浊入今归阳平，次浊入今归去声（例外字不计；此特点下文的表格中不再列入）。而中古清入字声调的归派则较为复杂，在本文所选取的 70 个方言点中大致可以分为 2 大类：

第一类，中古清入字保留独立调类——入声。这种类型仅分布在山东省内属于冀鲁官话沧惠片章桓小片的利津、桓台、邹平、章丘等四县市的方言中。比较特殊的是，利津方言有 5 个声调，而其他 3 种方言则只有 4 个声调（中古浊平与清、次浊上、全浊入合流），具体情况如表 1。

表 1 利津、桓台、邹平、章丘四县市方言声调表

方言点	清平	浊平	清、次浊上	全浊上	去声	清入
利津	213	53	55		21	44
桓台	213	55			31	33
邹平	213	54			31	33
章丘	213	55			21	44

第二类，中古清入舒化后并入其他调类。这种类型大致又可以分为以下 3 个小类：

1. 中古清入字今归阴平。这个小类分布在冀鲁官话石济片聊泰小片的德州、济南、博山以上山东省，邢衡小片的衡水河北省，沧惠片黄乐小片的沧州、黄骅、海兴以上河北省、乐陵、无棣以上山东省，阳寿小片的博兴、寿光以上山东省，共 11 个点。山东潍城方言中古清入字多数归阴平，少数字今归上声，属于山东省内冀鲁官话与胶辽官话的过渡性方言，今附于此小类。各点声调的读音情况见表 2。

表 2 中古清入字今归阴平的方言声调今读情况表

方言点	清平	浊平	清、次浊上	全浊上	去声	清入
德州	213	42	55		21	213
济南	213	42	55		21	213
博山	214	55			31	214
衡水	213	53	55		31	213
沧州	213	55			41	213
黄骅	213	55			42	213
海兴	213	55			31	213
乐陵	213	53	55		31	213
无棣	213	55			41	213
博兴	213	54			31	213
寿光	213	53	55		21	213
潍城	214	53	55		31	214 55

2. 中古清入字今归上声，共21个点，依据调值情况又可以分为甲型和乙型2种情况：

甲型：今读214(213)等曲折调，分布在胶辽官话登连片烟威小片的烟台、牟平、威海、荣成<small>以上山东省</small>、普兰店、庄河、长海<small>以上辽宁省</small>，蓬龙小片的蓬莱、龙口、长岛<small>以上山东省</small>，大岫小片的大连、瓦房店<small>以上辽宁省</small>，盖桓片的丹东、东港<small>以上辽宁省</small>等14个方言点中。

乙型：今读55调，分布在冀鲁官话沧惠片黄乐小片的沾化、临邑<small>以上山东省</small>，阳寿小片的河口<small>山东省</small>，胶辽官话青莱片胶莲小片的平度<small>山东省</small>，登连片烟威小片的招远<small>山东省</small>，莱昌小片的莱州、昌邑<small>以上山东省</small>等7个方言点中。

各点声调的读音情况见表3。

表3　中古清入字今归上声的方言声调今读情况表

类型	方言点	清平	浊平	清、次浊上	全浊上	去声	清入
甲型	烟台	31	31/55	214	55		214
	牟平	51	53	213	131		213
	威海	53	33	312	33		312
	荣成	42	35	214	44		214
	普兰店	312	53	213	53		213
	庄河	31	53	213	53		213
	长海	31	44	213	53		213
	蓬莱	212	55	213	52		213
	龙口	313	55	214	52		214
	长岛	313	55	213	42		213
	大连	312	35	213	53		213
	瓦房店	31	24	213	53		213
	丹东	31	24	213	52		214
	东港	312	53	213	53		213
乙型	平度	214	53	55		21	55
	招远	214	42	55		42	55
	莱州	213	42	55		42	55
	昌邑	213	42	55		21	55
	河口	213	53	55		31	55
	沾化	213	53	55		31	55
	临邑	213	42	55		31	55

3. 中古清入字无规则地派入其他调类（部分归上声）。这个小类分布在北京官话京承片京师小片的北京市区<small>北京市</small>，怀承小片的武清<small>天津市</small>、廊坊、三河、香河、围场、承德<small>以上河北省</small>，朝峰片的朝阳<small>辽宁省</small>，东北官话吉沈片通溪小片的沈阳、本溪、鞍山<small>以上辽宁省</small>，哈阜片长锦小片的阜新、盘锦、葫芦岛、锦州、绥中<small>以上辽宁省</small>，胶辽官话盖桓片的营口、岫岩<small>以上辽宁省</small>，冀鲁官话保唐片蓟遵小片的宁河<small>天津市</small>、兴隆、遵化、玉田、迁安、唐山<small>以上河北省</small>，

天津小片的天津、塘沽_{以上天津市}，滦昌小片的昌黎_{河北省}，抚龙小片的秦皇岛_{河北省}，定霸小片的保定、霸州、徐水_{以上河北省}，沧惠片黄乐小片的河间_{河北省}等，共32个点。冀鲁官话沧惠片黄乐小片的大港_{天津市}中古浊平与清、次浊上合流，只有平（清平）、上、去3个声调，而中古清入字分归三调，也当属于这个类型。各类方言中古清入调归派的实际情况见表4。

表4　中古清入字无规则派入其他声调的方言声调今读情况表

方言区	方言点	清平	浊平	清、次浊上	全浊上	去声	清入			
北京官话	北京	55	35	214	51		55	35	214	51
	武清	55	35	214	51		55	35	214	51
	廊坊	55	35	214	51		55	35	214	51
	三河	55	35	214	51		55	35	214	51
	香河	55	35	214	51		55	35	214	51
	围场	55	35	214	51		55	35	214	51
	承德	55	35	214	51		55	35	214	51
	朝阳	44	335	213	53		44	335	213	53
东北官话	沈阳	33	35	213	53		33	35	213	53
	本溪	33	35	213	53		33	35	213	53
	鞍山	33	35	213	53		33	35	213	53
	阜新	33	24	213	53		33	24	213	53
	盘锦	33	24	213	53		33	24	213	53
	葫芦岛	33	24	213	53		33	24	213	53
	锦州	33	24	213	53		33	24	213	53
	绥中	312	24	213	52		312	24	213	52
胶辽官话	营口	31	24	213	53		31	24	213	53
	岫岩	31	24	213	53		31	24	213	53
冀鲁官话	宁河	45	22	213	53/343		45	22	213	53
	兴隆	44	31	213	53		44	31	213	53
	遵化	55	22	214	51		55	22	214	51
	玉田	55	33	214	51		55	33	214	51
	迁安	55	32	214	51		55	32	214	51
	唐山	55	33	214	51		55	33	214	51
	天津	31	24	213	53		31	24	213	53
	塘沽	31	24	213	53		31	24	213	53
	昌黎	32	13	213	55		32	13	213	55
	秦皇岛	55	35	214	51		55	35	214	51
	保定	45	22	214	51		45	22	214	51
	霸州	44	53	214	41		44	53	214	41

（续表）

方言区	方言点	清平	浊平	清、次浊上	全浊上	去声	清入
冀鲁官话	徐水	55	33	323	31		55　33　323　31
	河间	44	53	213	31		44　53　213　31
	大港	213	55		51		213　55　51

注：宁河方言去声分阴阳。

从以上各个类型的今读情况看，环渤海方言中中古清入调的演变除了归上声的胶辽官话于胶东、辽东半岛隔海相望外，其他类型都集中连畔分布。在 C 字形环渤海方言分布区域内，213 类（包含 213、214、323、312 等，细微差异可能与方言调查者的处理不同有关）调值几乎无缝隙环渤海一周，形成一种较为独特的现象——异调同值现象：以天津的大港和河北的黄骅、沧州、南皮、衡水为分界，往北的冀鲁官话（保唐片定霸小片、蓟遵小片）、北京官话、东北官话、胶辽官话（包括胶东龙口往东的沿海方言在内）中古清上、次浊上今读此类调值；往南的冀鲁官话（石济片、沧惠片）的多数方言及部分胶辽官话的方言中古清平字今读此类调值。

特别值得注意的是，除了冀鲁官话沧惠片章桓小片方言中古清入字保留入声外，其他方言中古清入调的归派多与 213 类调值有直接关系，甚至可以说，方言中哪个调读 213 类，清入就归哪个调或哪个调里就必然会有一定数量的中古清入字。分布在莱州湾"清入归上"的乙型方言（见表 3）例外，演变规律与古清入归 213 类调的方言不同。

三　从环渤海方言古清入调归派看北京官话等方言"清入归上"的演变

（一）环渤海方言"清入归上"形成发展的历史人文背景

在环渤海及其周边的方言中，今北京一带方言在金元之前并不是强势方言，因为这一区域历史上战乱频仍，一直都是汉族与游牧民族争夺的区域，人口稳定性不足。从金代建都开始，燕京一带方言在这一区域内才逐渐具有权威性。学界目前虽对北京话"清入归上"的现象认识存在差异，但是在今北京话中古清入调无规则地派入其他声调是外来因素干扰的结果这个认识方面是达成共识的。俞敏认为："古北京话比较像大河北方言。说细致点儿，就是从(山东)德县望北的沧县、天津、武清、延庆这条线——津浦线，或者说老运河线跟它的延伸线上的话。"[5]林焘讨论北京话的起源时认为："东北方言是一千年前在现代北京话的前身幽燕方言的基础上发展起来的，在发展过程中，仍旧不断和北京话保持密切接触，并且曾两次'回归'北京：一次是 12 世纪中叶金女真族统治者迁都燕京时，另一次是 17 世纪中叶清八旗兵进驻北京时。"[6]刘勋宁在讨论中原官话和北方官话的关系时认为："今天的冀鲁官话、胶辽官话、东北官话以及北京官话在入声分野上的相异之处，正是两大方言（按：中原官话、北方官话）斗争的结果。这一点也似乎是明摆着的：与中原官话区接近的冀鲁官话读阴平，与中原官话区相远的胶辽官话读上声，与冀鲁为邻的北京官话偏阴平，与胶辽衔接的东北偏上声。"[7]这些论断说明，北京话在形成发展过程中既受到了来自其南边的黄河下游方言的影响，又受到了来自东北方向的方言影响，其"清入归上"现象当与这些方言的影响密切相关。

从目前的调查研究成果中可以看出，中原官话、冀鲁官话(除保唐片之外)在中古清入调今归阴平方面是一样的，贺巍、钱曾怡、陈淑静更细致地描写了中古清入调在冀鲁官话中归调的特点："古入声清音声母字石济片今读阴平；沧惠片多数读阴平，少数读上声，但章桓小片入声自成调类，只有少数字今读阴平；保唐片也分归阴阳上去四声，其中归阴平、上声的字比北京话多是本片的特点。"[8] 今北京话中，中古清入调虽无规则地派入阴阳上去四声，但归阴平的所占比例最大，达39%[4]，并与周边的方言清入归阴平的情形相仿佛，说明北京话与周边的北京官话其他方言以及冀鲁官话保唐片方言在清入字归派方面具有共同的底层——归阴平。张树铮在比较北京官话、东北官话以及冀鲁官话保唐片这些清入散归四声方言清入调的归派后认为清入归阴平是这一区域方言更古老的层次[9]，与本文的观点不谋而合。从目前相关方言的调查研究成果上看，"清入归上"比例的排序情况是：

胶辽官话>东北官话>冀鲁官话保唐片>北京官话

据刘淑学统计，"清入归上"现象北京话只占13%，冀鲁官话保唐片方言占20%左右[4]，而东北官话则是"北京话的近两倍"[10]。"清入归上"虽是胶辽官话的立区特点，但这个特点在胶辽官话内部的分布极不均衡，多数点一般都在70%左右，如烟台、青岛、大连、庄河等，有的点多至80%以上，如诸城、临朐等，有的点仅有10%强，如莒南。[11](P101)这些统计结果应该可以说明，"清入归上"现象并不是胶辽官话所有方言的底层特征，更不会是存在"清入归上"这种现象的北京官话、东北官话和冀鲁官话保唐片等方言的底层特征，而是在一定的社会历史背景下因方言间长期接触而产生的具有区域性的一种特殊的音变现象。

（二）从胶东到辽东——"清入归上"的演变链

胶辽官话可以看作是冀鲁官话和东北官话互相影响的过渡性产物，胶辽官话分布区域是东北官话、冀鲁官话此消彼长的过渡性区域，无论从东北官话还是从冀鲁官话出发看胶辽官话都会发现许多共性特点。大量的考古发现证明，胶东、辽东半岛的文化交流远在新石器时代就已经开始，大连等地仰韶文化遗址与黄河流域同时期的仰韶文化特征如出一辙，可以说明辽东半岛远古时期就已经受到了来自胶东半岛及其西南边黄河流域文化的影响。便捷的海运航路在两个半岛之间起到了纽带作用。明王在晋《三朝辽事实录》(总略·辽海)载：

国初置辽，故属山东，其航海自金州旅顺关口，南达登州新河水关岸，计水程五百五十里。而海中岛屿相望，远可百里，近止数十里，舟易停泊，有羊塌岛石碣旧镌可考。先年由登莱转运济辽，丰歉有无，彼此两利，嗣因亡命窜入海岛为患，设禁始严。[12]

寥寥数语已说明两个半岛之间有不少小岛在海运及人员往来方面起到了"跳板"的作用。今人测定，从庙岛群岛到旅顺口的海路距离仅23海里左右，约合42公里；从烟台到大连的海路距离是89海里，约合165公里；从威海到大连的海路距离是93海里，约合172公里。[11](P97)舟楫之便使两地的居民从古至今渔业生产及商贸等活动往来频繁，人口互有流通，文化互有借鉴，方言互有影响。隋唐时期，中原政权多次东征都是从今蓬莱经由庙岛群岛抵达今大连、登陆东北的，说明隋唐时期两个半岛之间的人员往来已经非常普遍。辽东半岛方言的形成受到两方面势力的影响：一是东北大陆，一是胶东半岛。辽金时期，辽人和金人从幽燕一带掳掠了大量的人口进入东北，包括辽东半岛在内。辽代，汉语方言已经扩展到东北各地，金时汉语的使用已经相当普遍。[6]胶东半岛对辽东半岛的影响则是长期存在的，随着两半岛之间的海运航路被发现并开通，胶东、辽东就开始了不间断的社会交往。因胶东人口密集而辽东地旷人稀，再加上经济、文化的强势地位，胶东方言很早就开始向辽东扩散，近代的"闯关东"仍是这种影响的延续。辽金时期，进入辽东半岛的幽燕人所带来的方言与由胶东人跨海带来的胶东方言通过碰撞、融合等过程后形成了今天胶辽官话的前身。[13]

从目前汉语方言相关调查研究成果上看，方言一般采取两种方法吸收民族共同语或权威方言的声调：一是调类类推同化，一是调值折合同化。调类类推同化就是按照本方言的声调系统对所吸收字词的声调进行类推同化，简单点说，就是按照本方言的声调来读所吸收的词语。这种同化方式在任何一种方言里都属常见，不影响方言古今声调演变规律，例子不胜枚举。调值折合同化就是将从民族共同语或权威方言中所吸收的字词声调调值用本方言相同或相近的调值进行折合同化，这种同化方式可能会干扰方言古今声调的演变规律，从而造成声调演变规律的例外现象，辽东方言"清入归上"现象就是典型的调值折合同化的结果。目前，学界普遍认为，胶辽官话主要是胶东人跨海迁居辽东并把胶东方言带到辽东而形成的。张树铮讨论胶辽官话时认为："从历史上看，东北地区的胶辽官话是山东半岛的居民带过来的。自古以来，因为地缘原因，胶东地区与东北地区就有比较密切的联系。由于征战或谋生、流放，关内汉人自胶东跨海到东北者络绎不绝。……辽东地区的山东移民大多由山东半岛渡海而来，其来源主要是登州府(治蓬莱)和莱州府(治莱州)，以及青州府(治青州)。"[14]胶东人迁居辽东后，其方言中清入归阴平且读213类的特点直接影响到辽东方言清入调的归派，使其调值读同213类，而这个调值因恰好与辽东方言的清、次浊上调值一致或接近，从而使中古清入调以调值相同或相近的条件逐渐并入了上声调，造成了"清入归上"现象的发生。其演变过程如下：

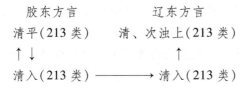

这种演变发生的时间当在辽东方言入声调舒化的过程之中。宋辽时期，汉语北方方言

的入声调已经开始舒化。鲁国尧讨论宋词阴入通叶现象时指出宋金时代北方话入声处在消变过程中。[15]北宋沈括《梦溪笔谈》（卷一）记载了这一区域方言中入声开始消失的迹象：

> 如"璧有肉好"，"肉"音"揉"者，北人音也；"金作赎刑"，"赎"音"树"者，亦北人音也。至今河朔人谓"肉"为"揉"、谓"赎"为"树"。……如《疡医》"祝药劀杀之齐"，"祝"音"咒"，郑康成改为"注"，此齐鲁人音也。至今齐谓"注"为"咒"。[16]

黎新第考察《董西厢》中清入、次浊入演变时认为"《董西厢》清入作上，次入作去，不仅在其曲句中是如此，在其所依据的实际语言中也应如此"[17]。虽然不知董解元是何许人也，也不能确知《董西厢》写作时所使用的方言，但足可说明金时北方方言中入声已然消变且有方言已是"清入归上"。宋洪民讨论金元词的用韵与《中原音韵》的关系时分专章讨论金元词中入声的消变，其结论与黎新第所得结论相仿：清入归上，次浊入归去，并且特意强调了一个不能回避的问题："那就是这些词人词作多在胶东地区，属于今天的胶辽官话区。"[18](P89—90)分布在辽东的胶辽官话在形成发展过程中既受到周边方言的影响，同时也通过移民等条件影响周边的方言。金、元、明三代，"清入归上"随着胶东人跨海北迁人数增加，并借势向北扩张，从而使"清入归上"的特点向东北官话腹地扩散，张世方就曾认为："东北地区清入字归上声的比例高于北京话，应该与胶辽官话有一定关系。"[19](P222)如此，至少从金代开始，辽东方言就在胶东方言的影响下开始出现"清入归上"现象，经历了金、元两朝近300年的变化，到明代时，这一区域方言"清入归上"的特点基本形成，如明陆容《菽园杂记》（卷四）：

> 北直隶、山东人以屋为乌，以陆为路，以阁为杲，无入声韵；入声内，以缉为妻，以叶为夜，以甲为贾，无合口字。[20]

《菽园杂记》中所说的北直隶指直隶于京师的地区，相当于今北京市、天津市、河北省大部和山东省的小部分地区，当时这一区域的方言清入字已然分归阴平和上声了。

（三）明末清初移民对"清入归上"现象的影响

如上所述，"清入归上"现象在金人定都燕京、元人入主大都时就已经在这一区域的方言中出现，并持续到明代；而随着明末辽人入关、清初满人"随龙入关"，这一现象得以纵深发展。今东北官话中"清入归上"现象数量从辽东向北、向西呈递减状态当是近代胶辽官话"清入归上"向周边方言扩散的痕迹。冀鲁官话保唐片蓟遵小片、天津小片、滦昌小片、抚龙小片方言今清入归上且读213类现象也与明末辽民入关关系密切。明末，明廷与建州女真的征战造成了大量辽民入关，仅在山海关到天津之间就达上百万之众。《明熹宗实录》记载：

> 大学士叶向高等陈目前切要事务："一安辽民。难民入关至百余万，糊口之计既

穷，走险之谋必起。自天津至山海旷地可耕，分布辽民于此，量给资本，使之力耕，既可变荒芜为成熟，亦可联保甲为戎行也……"（卷二十）

升太常寺少卿董应举太仆寺卿兼河南道监察御史，管理天津至山海关等处屯田安插辽民事务。（卷二十一）

况今屯田而安插辽民，是欲借辽民以屯也。屯于天津至山海，是为京师拥护左臂也。（卷二十一）[21]

又据《三朝辽事实录》记载：

大学士叶向高等奏："臣观边报，辽人避难入关者至二百余万……以太仆卿董应举兼御史管理直隶、天津至山海关等处屯田、安插辽民。"（卷之八）[12]

两种文献所记大致相同，足可说明这些材料的真实性和可靠性。今北京以东从山海关到天津这一大片地区就是今冀鲁官话保唐片天津小片、蓟遵小片、滦昌小片、抚龙小片分布的区域，大量的辽民涌入势必对这一区域方言产生影响，今方言中"清入归上"的特点就是其中之一。清初，在"随龙入关"的移民潮中，大量操东北口音的满族人进入北京及周边地区，扩大"清入归上"的分布区域，并在相关方言中进一步强化了这一特点。曹树基引用《清世祖实录》《大清会典》《清史稿》等文献证实："清廷于顺治五年（1648）下令圈占京师内城，除了投充旗下者及衙署内居住之胥吏，寺庙中居住之僧道外，其他汉官、汉民尽迁南城。同时还规定，八旗官员兵丁不许在京城外居住。自此，北京内城便成为八旗兵丁及其家属的集中聚居区。"[22](P36)张伯江指出："清初八旗兵进驻北京，实行满汉分居的政策，北京城内原来居住的汉人大多被赶到外城，城内则由八旗兵和他们携带来的家眷、奴隶等居住。城外的大量汉族北京人说的是相对旧些的北京话，即经元、明两代形成的流行于北京地区的方言；而城内八旗兵带来的方言，则是他们在入关以前习惯说的在东北地区长期流行的一种汉语方言。"[23]这些方言属于清代的东北官话，它们无疑具有"清入归上"的特点。

历经了金、元、明、清四朝，北京作为都城，已经逐渐拥有了雄踞天下的地位，其方言的权威性也逐渐增强，它借势向四周扩散，从而使周围方言向自己靠拢。尤其是北京语音取得了民族共同语标准音的地位以后，其对周边乃至全国方言的影响正在不断扩大，"清入归上"现象也在这种影响之中得以加强，如天津方言：

	郝	铁	笔
老派	xɤ³¹	tʰiɛ³¹	pi²⁴
新派	xau²¹³	tʰiɛ²¹³	pi²¹³

追根溯源，近代辽东方言中"清入归上"现象是胶东方言及其西南以济南为中心的黄河下游方言"清入归阴平"的影响所致，其向东北腹地扩散的过程中将"清入归上"现象

带进了东北方言。金代及以后随着关外汉民的"倒流"（包括明末辽民入关及清初满人入关）又把这一特点带到了北京及周边地区，从而造成了这一区域方言中古清入调的演变与中原官话"清入归阴平"不同的特点。

（四）关于"清入归上"乙型方言的讨论

地处胶州湾的平度、招远、莱州、昌邑、河口、沾化、临邑等方言今清入归上声，但调值是 55 而不是 214(213)类，在山东境内的冀鲁官话和胶辽官话中都属例外。查阅周边方言的调查研究成果发现，上声读 55(44)类调值是山东境内冀鲁官话的共同特点（参见表1、表2），而与乙型方言接近的属于冀鲁官话沧惠片章桓小片的利津、桓台、邹平、章丘等四县市的方言清入调调值为 44(33)，恰好与乙型方言的上声调调形一致、调值相近（参见表3），据此判断，乙型方言"清入归上"现象是清入调以调值相近为条件并入上声的结果。钱曾怡在讨论此类演变现象时指出："在章利片以西今属沧惠片黄乐小片的临邑、位居章利片以北也属沧惠片黄乐小片的沾化，清入也归上声……就是在章利片清入独立但调值与上声相近的基础上，清入与上声合并的结果。"[11](P138)与本文观点一致。

需要说明的是，这是一种最晚近的演变。从地域分布等方面判断，乙型方言也与章桓小片方言一样都曾有过清入独立为一调的时期，后来在周围方言入声舒化趋势的作用下逐渐与上声发生了合并。清沈淮等道光丁酉年(1837)修纂的《临邑县志》(地舆志下·风俗·方言)中记述了部分临邑方言中古入声字的读音：

> 北为彼……国为诡、或为回、不为补、出为处、六为溜、霍为火、笔为北、绿为律。[24]

从中可以看出，当时的临邑话中古入声字的演变规律是"清入归上声，全浊入归阳平，次浊入归去声"，亦即在近二百年前，乙型方言此类变化已经完成。

四 余论

如上所论，"清入归阴平"是北京话的底层特点，而"清入归上"则是济南等方言"清入归阴平"现象经由胶辽官话、东北官话干扰的结果。黄晓东在讨论二百年来北京话清入字归调问题时说明了北京话中"清入归去"产生的原因：晚清时期的读书人为了模拟业已消失的入声，故意将清入字读得非常短促，接近去声，从而使北京话增加了清入读为去声的现象。[25]张世方也认为北京话"清入归去"现象是明清以来"伪入声"在文读层的遗留。[19](P215)据刘淑学统计，北京话中古清入字今归阳平的约占 18%[4]，那么，这些清入字又是如何演变为阳平的呢？

明代袁子让在《字学元元》(卷八·方语呼声之谬)中说："燕东读浊平如清平。"[26]今北京市区以东的方言中仍然保留这个特点，如平谷：阴平读 35，阳平读 55，恰好与北京市区方言今阴平、阳平调值错位，且中古清入字今多归阴平，也存在部分归阳平的现象：

搭 咸开一端合入 ta³⁵	湿 深开三书缉入 ʂʅ³⁵	八 山开二帮黠入 pa³⁵	七 臻开三清质入 tɕʰi³⁵
吉 臻开三见质入 tɕi³⁵	桌 江开二庄觉入 tʂuo³⁵	足 通合三精烛入 tsu³⁵	竹 通合三知屋入 tʂu³⁵
答 咸开一端合入 ta⁵⁵	拨 山合一帮末入 po⁵⁵	膝 臻开三心质入 tɕʰi⁵⁵	吃 梗开四溪锡入 tʂʰʅ⁵⁵

根据《方言调查字表》统计，平谷方言常用的 309 个中古清入字中，派入各调的比例与北京话相类，具体情况见表 5。

表 5　平谷方言古清入调归派表

	阴平	阳平	上声	去声
数量	124	50	48	87
百分比	40.13	16.18	15.53	28.16

俞敏记录了三河方言声调的一些特点："三河县地土薄。中年妇女到北京作帮工的，在旧社会可多了。他们口音里有个特点，旧来纽字平声不念阳平，倒念阴平。"[5]说明三河方言也保留了部分"燕东读浊平如清平"的痕迹。高晓虹讨论元代大都移民与大都话的关系时认为："当时大都周围地区的方言应该与大都话基本一致。虽然缺乏文献记载，但很有可能，这些地区在明代一直是北京源源不断的人口输送地。"[27]黄晓东讨论北京话入声字演变时说明了民国时北京人口情况："据民国 25 年（按：公元 1936 年）调查，全市外省籍人口占 57.5%，这些人口多来自河北、山东、山西、辽宁、河南等省区。其中以河北省为最多，占 40.2%。"[28]可见，周边方言通过移民的方式对北京话的影响一直延续着，直到今天。今北京话中，清入读阳平的当是燕东方言的影响所致：燕东清入归阴平，读 35 调，进入北京话后被折合成了阳平调，从而形成了北京话"清入归阳平"的现象。这也是这一区域方言声调调值折合同化的典型现象之一。

注释：

① 本文部分方言材料来自《北京官话语音研究》（张世方，北京语言大学出版社 2010 年版），《长岛方言志》（钱曾怡、罗福腾、孔宪浩，《山东史志丛刊》1992 年增刊），《德州方言实录与研究》（曹延杰，线装书局 2010 年版），《河北省志》第 89 卷·方言志（吴继章、唐健雄、陈淑静主编，方志出版社 2005 年版），《黄河三角洲方言研究》（沈兴华，齐鲁书社 2005 年版），《普通话基础方言基本词汇集》（陈章太、李行健主编，语文出版社 1996 年版），《山东方言研究》（钱曾怡主编，齐鲁书社 2001 年版），《山东方言志丛书》（钱曾怡主编，包括：于克仁《平度方言志》，语文出版社 1992 年版；罗福腾《牟平方言志》，语文出版社 1992 年版；王淑霞《荣成方言志》，语文出版社 1995 年版；钱曾怡、太田斋等《莱州方言志》，齐鲁书社 2005 年版；高晓虹《章丘方言志》，齐鲁书社 2011 年版；张金圈《无棣方言志》，世界图书出版广东有限公司 2015 年版），《山东省志·方言志》（殷焕先主编，山东人民出版社 1993 年版），《潍坊方言志》（潍坊市史志办公室、钱曾怡、罗福腾，潍坊市新闻出版局 1992 年版）。

参考文献：

[1] 李荣. 官话方言的分区[J]. 方言，1985(1).

［2］贺巍. 东北官话的分区（稿）［J］. 方言，1986（3）.

［3］中国社会科学院与澳大利亚人文科学院. 中国语言地图集［M］. 香港：朗文（远东）有限公司出版，1987.

［4］刘淑学. 冀鲁官话的分区（稿）［J］. 方言，2006（4）.

［5］俞敏. 北京音系的成长和它受的周围影响［J］. 方言，1984（4）.

［6］林焘. 北京官话溯源［J］. 中国语文，1987（3）.

［7］刘勋宁. 再论汉语北方话的分区［J］. 中国语文，1995（6）.

［8］贺巍、钱曾怡、陈淑静. 河北省北京市天津市方言的分区（稿）［J］. 方言，1986（4）.

［9］张树铮. 北京官话、东北官话和冀鲁官话保唐片方言古清入字归调的比较研究［J］. 吉林大学社会科学学报，2019（2）.

［10］张志敏. 东北官话的分区（稿）［J］. 方言，2005（2）.

［11］钱曾怡. 汉语官话方言研究［M］. 济南：齐鲁书社，2010.

［12］［明］王在晋. 三朝辽事实录//续修四库全书（史部杂史类）［M］. 上海：上海古籍出版社，2002.

［13］王临惠. 再论胶辽官话的形成与发展［J］. 河北师范大学学报（哲学社会科学版），2020（3）.

［14］张树铮. 胶辽官话的分区（稿）［J］. 方言，2007（4）.

［15］鲁国尧. 宋词阴入通叶现象考察//音韵学研究（第二辑）［M］. 北京：中华书局，1986.

［16］［宋］沈括撰，金良年点校. 梦溪笔谈［M］. 北京：中华书局，2015.

［17］黎新第. 《董西厢》清入作上、次入作去证［J］. 中国语文，2003（5）.

［18］宋洪民. 金元词用韵与《中原音韵》［M］. 北京：中国社会科学出版社，2008.

［19］张世方. 北京官话语音研究［M］. 北京：北京语言大学出版社，2010.

［20］［明］陆容. 菽园杂记［M］. 北京：中华书局，1997.

［21］明实录［M］. "中研院"史语所 1962 年影印原北平图书馆"红格本".

［22］曹树基. 中国移民史（第 6 卷）［M］. 福州：福建人民出版社，1997.

［23］张伯江. 北京方言浅说［J］. 文史知识，2007（8）.

［24］［清］沈淮等. 临邑县志［M］. 国家图书馆藏道光十七年（1837）本.

［25］黄晓东. 二百年来北京话清入字归调的变化［J］. 语言教学与研究，2006（3）.

［26］［明］袁子让. 五先堂字学元元//续修四库全书（经部小学类）［M］. 上海：上海古籍出版社，2002.

［27］高晓虹. 北京话古清入字归调历史及成因考察［J］. 语言教学与研究，2003（4）.

［28］黄晓东. 中古清入字在今北京话中的异读现象考察［D］. 北京语言文化大学硕士学位论文，2001.

湖南常德方言否定评价立场标记"那是的₃"考察*

马冬晴　罗昕如**

摘　要：基于互动语言学视角，借助"立场三角"理论，研究常德方言中"那是的₃"的否定评价立场表达。研究表明，"那是的₃"是在交际互动中处于回应位置的否定评价立场标记，其核心语用意义是对引发立场适宜性或合理性的否定并表达负面评价立场。"那是的₃"所衔接的引发立场和回应立场之间对立冲突，为趋异互动关系。"那是的₃"具有立场标记、立场否定和立场评价功能，其否定意义在语境吸收、语用推理和交互主观性的机制下形成。

关键词：常德方言；那是的₃；否定评价立场标记；立场表达功能；否定机制

本文所记的方言为常德市武陵区一带的方言，常德方言归属西南官话常澧片[1]。常德方言中作为回应语的"那是的"有以下几种用法：

语境一：甲询问那件衣服是不是乙的，乙用"那是的"对甲的说法进行肯定判断。

（1）甲：那衣服是不是你的？　　乙：<u>那是的₁</u>。

语境二：甲询问乙，甲穿的衣服是不是很漂亮，乙用"那是的"对甲的说法进行确信认同。

（2）甲：我这件衣服蛮_很乖_{漂亮}吧？　　乙：<u>那是的₂</u>确实，你的最乖_{漂亮}哒了。

语境三：甲询问乙现在甲是否可以回去了，乙用肯定形式"那是的"间接表达对甲说法的否定。

（3）甲：我可以哒_了吧？　　乙：<u>那是的₃</u>不行，还没到时间啦。

根据语义和功能，我们将上例中的"那是的"分为三种，分别标记为"那是的₁"、

---

* 基金项目：本文为国家社科基金重大项目"湖南及周边省区汉语虚词时空立体研究及数据库建设"（项目编号：21&ZD291)的阶段性成果。

** 作者简介：马冬晴（1988—　），湖南师范大学博士研究生，研究方向为汉语方言学；罗昕如（1955—　），湖南师范大学文学院教授，博士生导师，研究方向为汉语方言学。

"那是的₂"、"那是的₃"。例（1）中"那是的₁"为表达肯定判断义的主谓小句，例（2）中"那是的₂"为表达确信认同义的固化结构，例（3）中"那是的₃"为否定评价立场标记，相当于普通话中的"不是、不行、不可能、哪里哪里、没有没有"等。王志恺[2]，张振亚、王彬[3]，曹秀玲[4](P217)对"那是的₂"有相关的研究，但表否定评价的"那是的₃"目前未见相关研究文章。

本文试图从交际互动视角，运用"立场三角"理论，考察常德方言中"那是的₃"所衔接的引发立场与回应立场的互动情况以及"那是的₃"的立场表达功能与否定意义形成的机制。

一 "那是的₃"否定评价立场表达的互动性

杜波依斯（Du Bois）认为话语立场表达可以用"立场三角"模型分析。立场行为的构建包括主体、客体、评价（定位）三个基本要素（三个要素不一定同时出现）。立场表达表现为对同一客体进行评价，对主体进行定位，主体之间建立离合关系（趋同或趋异）。[5]如图 1 所示。

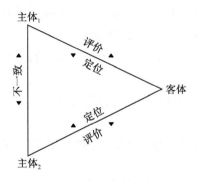

图 1 立场三角关系图

基于这个三角模型，可以建立实际话语分析的立场尺度表（如表 1 所示）。例如：

（4a）甲：这块手表好乖漂亮啊。　乙：<u>那是的</u>₃不漂亮，丑得要死。

（4b）甲：这块手表好丑啊。　乙：<u>那是的</u>₃不丑，蛮很乖漂亮啊。

表 1 话语立场示意表

说话人	立场主体 1	定位/评价	立场客体
甲	甲	好乖/好丑	这块手表
说话人	立场主体 2	定位/评价	立场客体
乙	乙	丑得要死/蛮乖啊	#

例（4a）中甲以"这块手表好乖啊"为引发立场，立场主体 1（甲）对立场客体"这块手

表"给出"好乖"的正面评价。形容词"乖"明确了对客体的评价和对主体的定位。"那是的₃"引导回应立场,立场主体2(乙)对未出现的立场客体"这块手表"给出"丑得要死"的负面评价。形容词"丑"明确了对客体的评价。通过话语立场三角分析,"乖—丑"的对立表明"正面评价引发立场与负面评价回应立场"不一致(趋异),体现了两个立场之间趋异互动,"那是的₃"具有否定性评价性质。例(4b)中"丑—乖"的对立表明"负面评价引发立场与正面评价回应立场"不一致(趋异),体现了两个立场之间趋异互动,"那是的₃"同样具有否定性评价性质。总之,引发立场与回应立场之间总是存在着正面评价与负面评价的趋异互动关系。

交际互动中"那是的₃"处在引发立场和回应立场之间,居于回应立场之前,使两个立场衔接更紧密。其形式可抽象化为:引发立场。——那是的₃,回应立场。以"那是的₃"为中心,构建起否定互动会话模式,引发立场与回应立场之间表现为立场分离。如图2所示。

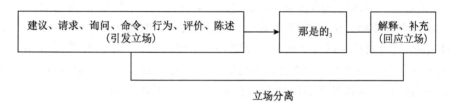

图2 "那是的₃"所构建的否定互动会话模式

a. 引发立场中立场主体1进行建议、请求、询问、命令、行为、评价、陈述;

b. 立场主体2用"那是的₃"进行否定回应,伴随态度、情感;

c. "那是的₃"后可追加解释、补充性后续句形成回应立场,与引发立场形成转折或对立关系,体现认识上的反差。

(5)甲:都这么大的人哒了,要沉得住气。 乙:那是的₃不行,太燥人哒太烦躁了。

例(5)中,a为立场主体1,提出建议"都是这么大的人哒,要沉得住气"。b为立场主体2,用"那是的₃"进行否定回应,表示不认可其建议,同时伴随斥责的态度立场。c为"那是的₃"后可追加解释性话语"太躁人哒",对否定回应进行解释、补充。引发立场与回应立场之间形成对立关系,表现为立场分离。互动交际中对立的分离性立场是"那是的₃"否定意义衍生的基础。

二 "那是的₃"的立场表达功能

(一)立场标记功能

"那是的₃"是具有立场标记功能的话语标记。郑娟曼、张先亮[6],殷树林[7]指出话语标记具有如下特征:a. 语音上具有可识别性,即可以通过停顿、语气词、拖音等识别;

b. 语义上具有非真值条件性，即话语标记的有无并不影响对句子的理解，不影响语句所表达的命题的真值条件；c. 句法上具有独立性，即不与相邻成分构成任何语法单位，删除它们不会导致句子不合语法；d. 功能上具有连接性，表达某种立场、态度。例如：

(6) 甲：你去交网费吧。　乙：<u>那是的</u>₃不行，不可能老是我交吧。
(7) 甲：你去交网费吧。　乙：<u>那是的</u>₃啊/呀不行啊，不可能老是我交吧。
(8) 甲：你去交网费吧。　乙：不可能老是我交吧。

通过以上用例我们发现：语音上，"那是的₃"后面有停顿，可用逗号隔开。"那"的语音会拖长，也可以在其后加上语气词"啊、呀"等，如例(7)。"那"的语音延长表明了立场主体 2 埋怨的主观态度和立场，表明否定意图，具有显著的标记特征。语义上，"那是的₃"只表达程序意义，去掉仍然不影响对句子的理解，如例(8)。句法上，"那是的₃"相对独立，不与其后的成分构成语法单位，如例(6)。功能上，"那是的₃"处在两立场之间，承接引发立场，引出回应立场，同时附带斥责、埋怨、嗔怪、客套的态度立场，如例(6)和例(7)均表达斥责和埋怨的态度立场。由此可见，"那是的₃"在交际互动中具有标记突显立场分离的功能，主要体现为向前回应引发立场，向后预示回应立场逆转，其后总是出现与引发立场相对立的解释性或补充性小句。因此"那是的₃"是具有否定评价立场标记功能的话语标记。

"那是的₃"在互动语境中已经规约化，其否定意义不是常规词汇意义所决定的，而是形式与意义的解读固化[8]。其规约化表现为"那是的₃"在句中充当焦点信息，其后的解释、补充性小句充当次要信息。随着"那是的₃"高频使用，其后小句可以省略，"那是的₃"仍然表达分离性立场，具有否定评价意义。例如：

(9) 甲：你快点做饭去。　乙：<u>那是的</u>₃不行。
(10) 甲：我可以回去哒了吧？　乙：<u>那是的</u>₃不行。

上例中"那是的₃"已经脱离充当次要信息的解释、补充性小句的制约，逐渐规约化为否定评价立场标记，成为一种表否定评价的规约化表达。

（二）立场否定功能

"那是的₃"的立场否定功能表面上是对引发立场中建议、请求、询问、命令、行为、评价、陈述的否定，其实质是对引发立场适宜性或合理性的否定，即认为建议、请求、询问、命令、行为、评价、陈述不适宜或不合理。这也是互动交际中立场主体之间认知反差的体现。对适宜性或合理性的否定，从后续解释、补充性小句也可以看出立场主体 2 不同意引发立场的内容。

1."建议—否定"式

（11）甲：你帮他改改文章吧。　乙：<u>那是的</u>₃不行，我现在没得时候，等会再改。

2. "请求—否定"式

（12）甲：我上台唱下下儿啊_{我上台唱一下啊}。　乙：<u>那是的</u>₃不行，丢脸。

3. "询问—否定"式

（13）甲：停雨哒了就回去好不？　乙：<u>那是的</u>₃不行，还早得很，莫急。

4. "命令—否定"式

（14）甲：快点跟我过来！　乙：<u>那是的</u>₃不行，就不去，看你能怎样？

5. "行为—否定"式

（15）甲：你先坐下来。　乙：<u>那是的</u>₃不行，太紧张哒了。

6. "评价—否定"式

（16）甲：他跑得好快啊。　乙：<u>那是的</u>₃不可能，不可能有你快。

7. "陈述—否定"式

（17）甲：他是常德人。　乙：<u>那是的</u>₃不是的，听他的口音不像是的。

　　上述例子中"那是的₃"的否定功能都是通过立场主体间的互动实现的。表面上是对引发立场建议、请求、询问、命令、行为、评价、陈述的否定，其实质是对引发立场适宜性或合理性的否定，是互动交际中立场主体之间认识反差的体现。如例（11）中甲提出"你帮他改改文章吧"的建议，乙认为目前实施该建议还不适宜或不合理，也体现立场主体之间对该建议在认识上的反差，于是用"那是的₃"予以否定。当然使用"不""没有"常规否定词进行否定则不一定需要互动语境，也不一定会表达立场和态度。

　　（三）立场评价功能

　　立场评价功能是对所接收到的引发立场信息进行是非判断和价值评定。"那是的₃"主要表达负面评价立场，是立场主体2因对引发立场的不适宜或不满而表达负面否定评价。按照强度不同分为斥责、埋怨、嗔怪和客套的负面评价立场。

　　1. 斥责

　　斥责是立场主体2用"那是的₃"对立场主体1进行呵斥、指责，语气强硬，带有愤怒、不满的情绪，否定意味强。例如：

（18）甲：你吃饭没给钱吧。　　乙：<u>那是的</u>$_3$不可能，你莫冤枉我，明明（确实）给你哒了。

（19）甲：你快点跟我搬上去。　　乙：<u>那是的</u>$_3$不行，我才不搬，要搬你自己搬。

例(18)中，甲说乙吃饭没给钱，乙用"那是的$_3$"表达斥责的情感态度，带有强烈的愤怒和不满情绪，否定意味强。其后续小句"你莫冤枉我，明明给你哒"进一步说明斥责的理由。例(19)同理分析。

2. 埋怨

埋怨是立场主体2用"那是的$_3$"对立场主体1进行抱怨，带有抱怨、不满的情绪，否定意味较强，一般用于熟人或亲密程度较高的人之间。例如：

（20）甲：山上有点冷，我不去爬山哒了，你也莫去哒了。　　乙：<u>那是的</u>$_3$不行！都已经约好哒了，怎么讲（说）不去就不去啊。

（21）甲：你赶上车哒了吧？　　乙：<u>那是的</u>$_3$没有，早晓得（知道）就不信你的哒了。

例(20)中，甲因为考虑到山上冷，劝说乙不要去爬山了，乙用"那是的$_3$"对甲表达埋怨的态度立场和不满的情绪，否定意味强。乙认为先前已经约好现在却反悔，用"都已经约好哒，怎么讲不去就不去啊"进一步阐释埋怨的缘由。例(21)同理分析。

3. 嗔怪

嗔怪是立场主体2指用"那是的$_3$"对立场主体1进行程度较轻的假性责怪，常伴有撒娇的主观态度，多用于情侣、夫妻等关系亲密的交际双方之间，使用者多为女性。例如：

（22）甲：几天不见想我哒了吧。　　乙：<u>那是的</u>$_3$没有，才不嘞！

（23）甲：走哒了一天的路，我帮你捶捶腿。　　乙：<u>那是的</u>$_3$不行，只晓得（知道）假惺惺！

例(22)中，两情侣对话，甲说"几天不见想我哒吧"，乙用"那是的$_3$"对甲嗔怪是一种假性责怪，否定强度弱，表达撒娇的主观情态。表面上是责怪、不想甲，实际上是想甲。例(23)同理分析。

4. 客套

客套是对称赞的一种谦虚回应，多为礼貌用语。例如：

（24）甲：你在台上的表现蛮（很）不错的。　　乙：<u>那是的</u>$_3$哪里哪里，见笑见笑。

（25）甲：您屋里的伢这么知事啊（你家里的孩子这么懂事啊）。　　乙：<u>那是的</u>$_3$没有没有，不知事（懂事）啊。

例(24)中，甲称赞乙"刚刚在台上表现不错"，乙用"那是的$_3$"礼貌而谦虚地回应，是一种委婉否定的方式，相当于"没有没有、哪里哪里"，以谦虚客套的态度回应他人对自己在台上表现的认可。例（25）同理分析。

三　"那是的₃"否定意义形成的机制

常德方言中"那是的₃"的否定意义是在引发立场与回应立场对立的交际互动中形成的，其机制主要包括语境吸收、语用推理和交互主观性。

（一）语境吸收

胡清国指出"语境吸收"是指某个句式所具有的语法意义在长期的使用过程中，会诱发句式中的某个词语或结构吸收句式的语义，并在脱离上下文语境后，该句法成分仍保留此语法环境所具有的语法意义。[9]"那是的₃"否定意义是从"引发立场—回应立场"对立的互动语境中吸收而来。例如：

（26）甲：打球去啊。　乙：那是的₃不行，作业都还没做完，不能去。
（27）甲：我可以回去哒了吧？　乙：那是的₃不行，没有下班，还不能回。

例（26）中甲邀请乙"打球去"，而乙表示"作业都还没做完不能去"，"那是的₃"的否定意义从"邀请打球去"到"作业没做完不能去"这两个立场对立的语境中吸收而来。立场对立的互动语境为"那是的₃"衍生出否定意义提供了语用基础。由于"那是的₃"高频使用已经规约化，其后续小句"作业都还没做完不能去"省去仍表达否定意义。例（27）可同理分析。

常德方言中表确信认同的"那是的₂"同样是语境吸收的结果，只是"那是的₂"与"那是的₃"所处的语境不同。例如：

（28）甲：这个厨师手艺蛮很好的。　乙：那是的₂确实，味道蛮很好。
（29）甲：这个厨师手艺蛮很好的。　乙：那是的₃不好，太难吃哒了。

上例中，"那是的₂"表确信认同和"那是的₃"表否定评价意义主要在于其所处的语境差异。"那是的₂"处于"引发立场"和"回应立场"一致的语境中。如例（28）中，甲陈述引发立场"这个厨师手艺蛮好的"隐含着"做的菜味道很好"，乙以"味道蛮好"进行认同回应，回应立场与引发立场的立场一致，所以"那是的₂"是对引发立场的确信认同。"那是的₃"处于"引发立场"和"回应立场"对立的语境中。如例（29）中，甲陈述引发立场"这个厨师手艺蛮好的"隐含着"做的菜味道很好"，乙以"太难吃哒"进行否定回应，回应立场与引发立场的立场对立，"那是的₃"是对引发立场的否定。所以，从"那是的₂"到"那是的₃"意义的变化体现了立场一致到立场对立的过程，语境吸收扮演着重要的角色。

（二）语用推理

沈家煊指出语用推理是听话人依靠语境从说话人有限的话语中推导出没有说出而实际要表达的意思的过程。[10]在交际双方的互动中，"那是的₃"的否定评价义在"引发立场"和"回应立场"对立的语境中推导出其特殊的隐含义。

（30）甲：你中奖哒了，要请客啊。　乙：<u>那是的₃</u>没有！要是中奖哒了早请客哒了。

从交际互动角度看"那是的₃"话语否定意义形成的推理过程：

先从过程 a（甲→乙）看。甲输出言语信息"你中奖哒，那要请客啊"。甲预测乙会请客。而乙用"那是的₃"给予否定回应，其后追加解释性小句"要是中奖哒早请客哒"。

再从过程 b（乙→甲）看。当甲接收到"那是的₃！要是中奖哒早请客哒"时，检索到"那是的₃"，按照字面意思应为肯定判断，再检索到其后解释性小句"要是中奖哒早请客哒"，发现语义出现矛盾。甲结合语境经过语用推理发现，乙采用故意违背合作原则（质准则），用了形式与意义的错位且延长的"那是的₃"语音，传达一个特殊信息，表明主观意图，另有用意，旨在通过提醒来促使甲推导出乙的否定意图，并做出解码。所以"那是的₃"的否定意义是甲与乙双方交际互动中通过语用推理领悟到的。

（三）交互主观性

吴福祥指出"交互主观性"是说/写者用明确的语言形式表达对听/读者"自我"的关注。[11]曹秀玲指出自然口语中的很多表达方式更多地在于协调说话人/作者与听话人/读者就某一命题的认知立场。[4](P39)交际互动中作为立场主体的言谈双方不仅要关注"自我"的存在，同样也要关注"对方"的立场、态度和情感。当立场主体双方认知结果不一致时，基于礼貌原则的言语策略，可以使用一个表达成分协调立场主体以更好地实现交际。"那是的₃"作为一个交互主观性成分，在互动话语中立场主体 2 在礼貌原则的指导下为了照顾立场主体 1 的面子，对话语进行调控，起到缓和双方分歧的作用。于是采用一种相对委婉含蓄的否定评价立场标记"那是的₃"对立场主体 1 的言语进行间接否定。相比直接否定式，"那是的₃"充分考虑到立场主体 1 的面子，让其更易接受。例如：

（31）甲：你背我一下，脑壳头有点晕。　乙：不行/不可能。
（32）甲：你背我一下，脑壳头有点晕。　乙：<u>那是的₃</u>不行，我也不舒服。

例（31）中乙用"不行"或"不可能"对甲的请求"你我背一下，脑壳有点晕"直接否定，语气强烈生硬且没有商量的余地。例（32）中"那是的₃"作为一个交互主观性成分，乙对甲的请求"你背我一下，脑壳有点晕"实施间接否定，充分考虑到立场主体 1 的面子，是一种婉拒，语气缓和，让其更易接受且还有商量余地。

潘先军指出：主观性是说话者对自身的关切，交际"聚焦于说话人"；交互主观性是说者对听者的关注，交际"聚焦于听话人"。[12]例如：

（33）甲：今朝_{今天}跟你给天大的面子。　乙：<u>那是的</u>₂确实，我心里清楚。

（34）甲：今朝_{今天}跟你给天大的面子。　乙：<u>那是的</u>₃不可能，你心里清楚。

例（33）中"那是的₂"主要是对乙自身确信认同态度和立场的关切，交际"聚焦于说话人"（文中为"立场主体2"），后续句常使用自称代词"我"，体现了主观性。例（34）中"那是的₃"主要表达对甲的否定评价立场，交际"聚焦于听话人"（文中为"立场主体1"），后续常用对称代词"你"，邀请听话人加入交际互动立场，这种关注听话人的交际策略体现了交互主观性。"那是的"从确信认同到否定评价，由受话人视角转为发话人视角，是主观性到交互主观性的过程。交互主观性是话语否定意义形成的重要机制。

结语

本文基于互动语言学视角，借助"立场三角"理论，考察了常德方言否定评价立场标记"那是的₃"的立场表达。通过考察发现，处于回应位置的否定评价立场标记"那是的₃"的核心功能是否定，立场主体2对引发立场合理性或适宜性予以否定并表达负面评价立场。其否定意义是在语境吸收、语用推理和交互主观性的机制下形成。"那是的₃"所衔接的引发立场与回应立场之间形成对立冲突关系，表现为立场趋异互动。"那是的₃"具有立场标记功能、立场否定功能、立场评价功能。

参考文献：

［1］陈晖、鲍厚星. 湖南省的汉语方言（稿）［J］. 方言，2007（3）.

［2］王志恺. "那是"的对话衔接功能及其固化过程——兼论"是"的进一步语法化［J］. 汉语学习，2007（3）.

［3］张振亚、王彬. 应答语"那是"的语用环境及效果——空间指示的隐喻及主观性的进一步发展［J］. 修辞学习，2009（3）.

［4］曹秀玲. 汉语话语标记多视角研究［M］. 北京：中国社会科学出版社，2016.

［5］Du Bois，John W. The Stance Triangle［A］//Englebretson，Robert（eds.），*Stancetaking in Discourse: Subjectivity, Evaluation, Interaction*. Amsterdam：John Benjamins Publishing Company，2007.

［6］郑娟曼、张先亮. "责怪"式话语标记"你看你"［J］. 世界汉语教学，2009（2）.

［7］殷树林. 话语标记的性质特征和定义［J］. 外语学刊，2012（3）.

［8］方梅. 负面评价表达的规约化［J］. 中国语文，2017（2）.

［9］胡清国. 现代汉语评价构式"NP一个"［J］. 汉语学报，2017（1）.

［10］沈家煊. 实词虚化的机制——《演化而来的语法》评介［J］. 当代语言学，1998（3）.

［11］吴福祥. 近年来语法化研究的进展［J］. 外语教学与研究，2004（1）.

［12］潘先军. 互动话语标记"瞧你说的"从否定内容到否定情感［J］. 语言教学与研究，2022（3）.

河北邢台方言中"X得慌"向"X慌"的新发展[*]

王为民　　郎瑞萍[**]

摘　要：河北邢台方言在"X得慌"的基础上产生了一种新形式——"X慌"，产生这种新形式的原因是"X得慌"的进一步语法化，使得原本已经语音弱化的结构助词"得"逐渐失去原有的语法功能和意义，进而零形化。

关键词：X得慌；X慌；语法化；弱化；零形化

引言

自20世纪70年代以来，"X得慌"的语法现象就引起了学术界的广泛关注。在河北邢台方言中，除了少量"X得[tə⁰]慌[xuaŋ⁰]"的语法现象存在外，还有大量类似的语法现象，如"X□[ti⁰]慌"、"X□[li⁰]慌"、"X□[lei⁰]慌"、"X□[ei⁰]慌"和"X慌"等，这些语法现象在语形上相似，语用上存在不同程度的交叉混用。基于这样的方言事实，本文即主要讨论邢台方言中与"X得[tə⁰]慌"现象有关的问题。

一　邢台方言中的"X得慌"及有关语法现象

（一）邢台方言中的"X得慌"

"X得慌"在北方方言中常见，普通话中也有表现，语音为"X得[tə⁰]慌[xuaŋ⁰]"，表示人的一种难以忍受的心理或生理感受，如《现代汉语词典（第7版）》对轻声"慌"的注解为："形容词，表示难以忍受（用作补语，前面加'得'）：疼得~、累得~、闷得~。"在邢台方言中，"X得[tə⁰]慌"已不再表示"难以忍受"的极高程度，甚至有时仅表示一种状态的出现，如"吃得太快，肚子有点儿疼得[tə⁰]慌"，其中"疼得[tə⁰]慌"是"吃得快"导致的一种新情况、新状态，并不是说肚子疼得无法忍受，同时受程度副词"有点儿"的修饰，且去掉"得[tə⁰]慌"，句子的意思基本不变，这说明其本身程度义较低，状态义显现。奇怪的是，这种"X得[tə⁰]慌"的语法表达在邢台方言中很少，且分布也不

---

* 基金项目：本文为国家社科基金重点项目"现代晋语的形成及其与宋元通语和唐五代宋西北方音之间的关系研究"（项目编号：16AYY010）的阶段性成果。

** 作者简介：王为民（1975—　），山西大学文学院教授、江苏师范大学语言科学与艺术学院教授，博士生导师，研究方向为汉语音韵学与汉语方言学；郎瑞萍（1989—　），山西大学文学院博士研究生、邢台学院文学院教师，研究方向为汉语音韵学与汉语方言学。

均衡，基本表现为西部个别人的零星使用到东部少数人使用的变化特点，远远达不到普通话中的使用频率。

（二）邢台方言中与"X 得慌"有关的语法现象的分布

在邢台方言中，虽然"X 得[tə⁰]慌[xuaŋ⁰]"的语法表达很少，但与它类似的语法表达却有很多，而且使用频繁，其中使用最普遍、频率最高的是"X□[lei⁰]慌"。这些并存的语法表达，从语形上看，都是在"X"与"慌"中间加一单音节词而成；从语用上来说，有交叉混用的语言环境；而在地理分布上，却有着较为明显的区别，如"使得[tə⁰]慌"，即"累得慌"的意思，在邢台县与"使□[lei⁰]慌""使□[ei⁰]慌"并存，在柏乡、隆尧与"使□[li⁰]慌""使□[lei⁰]慌"并存，在临西又与"使□[ti⁰]慌"并存等。调查发现，这些类似的表达在邢台 18 个县市中的分布，自西向东大致可分为三片，即：

西部：内丘县、邢台县、邢台市、沙河市、南和县、平乡县

中部：临城县、柏乡县、宁晋县、隆尧县、巨鹿县、任县、广宗县

东部：新河县、南宫市、清河县、临西县、威县

其中，在西部方言片，"X□[lei⁰]慌"与"X□[ei⁰]慌"普遍存在，总体来说"X□[lei⁰]慌"的使用频率略高。在当地人的口中，两者可以随意切换，如"这杏儿酸□[lei⁰]/□[ei⁰]慌"，也存在个别人说"这杏儿酸得[tə⁰]慌"的情况。此外，西部方言片与邢台既有晋语又有冀鲁官话的县市范围基本一致。

中部方言片比西部多了一个"X□[li⁰]慌"，尤其在中部靠北与石家庄相邻的县市，如临城、柏乡、宁晋，基本为"X□[li⁰]慌"；而中部其他地区，除了"X□[li⁰]慌"，很多人也会说"X□[lei⁰]慌"，尤其当 X 为使用频率较高的词时，如"饿□[lei⁰]慌""渴□[lei⁰]慌"，说"X□[ei⁰]慌"的较少。此外，也存在同一个 X 在同一人口中既可说"X得[tə⁰]慌"，又可说"X□[li⁰]慌"，还可说"X□[lei⁰]慌""X□[ei⁰]慌"的现象，不过，通常人们都会有一个自己最习惯的表达。

在东部方言片，除了"X 得[tə⁰]慌""X□[lei⁰]慌""X□[ei⁰]慌""X□[li⁰]慌"的少量存在外，还有"X□[ti⁰]慌"的广泛存在，尤其在东南部靠近山东省的临西、清河两县，"X□[ti⁰]慌"的使用极为普遍；而东部其他县市则主要是"X□[ti⁰]慌"和"X□[li⁰]慌"的并存，其中新河和南宫还有少数"使□[lei⁰]慌"的存在，威县则稍多一些，这可能与"使"的使用频率有关；在东部说"X□[ei⁰]慌"的极少。同时"X 得[tə⁰]慌"的表达虽然还是比较少，但是相较于西部和中部，东部使用较多，表现为使用"X 得[tə⁰]慌"的人数增多和进入该表达的 X 变多。

综上，我们暂将邢台方言中与"X 得[tə⁰]慌"类似的表达统称为"'X 得慌'类"，其主要差别是"X"与"慌"之间的内容差别，即"得[tə⁰]"与"□[lei⁰]"、"□[ei⁰]"、"□[li⁰]"、"□[ti⁰]"的差别，我们暂将这些词的语音表达统称为"得"类音。

那么这些"'X 得慌'类"之间是否有关系，有什么关系，为什么会呈现出上述的分

布特点？在回答这些问题之前，我们先来看一下"X 得慌"中"得"的发展历程，即"得"的语法化。

二 "X 得慌"中"得"的语法化

在以往对"X 得慌"的研究中，有着重对其中"慌"的语义虚化的研究，如唐健雄[1]、亢金凤[2]等；有梳理"得慌"凝固化历程的研究，如李泽慧[3]、王明月[4]等；也有对"X"的音节成分多少及适用范围扩展的研究，如李丹[5]等。但几乎还没有学者对其中"得"的虚化及语音弱化现象，尤其是"得"的最终零形化做过研究。

"X 得慌"的格式最早出现在元代，为述补结构，其中"得"为结构助词，"慌"为"慌忙、慌乱"之意。王力认为状态补语结构的"得"和可能补语的"得"二者来源相同，都是由原来的"获得"义转化为"达成"，由"达成"义进一步虚化而成为动词的词尾。[6](P352—353)赵元任认为"的慌"用在不如意的动词之后表高度，在汉语口语中为后缀，是无限能产的。[7](P132)聂志平将"得慌"看作词缀，把"X 得慌"归为感知类动词。[8]关键认为现代北京话里的"X 得慌"已经是一个词汇性单位，由原来的同行句法结构词汇化而来[9]……由此可知，"X 得慌"中"得慌"随着词汇化的发展，已经变成了一个词缀。邢台方言也是如此，但是我们认为"得慌"不是严格意义上的词缀，朱德熙认为"真正的词缀只能粘附在词根成分上头，它跟词根成分只有位置上的关系，没有意义上的关系"[10](P29)，吕叔湘将其称为"地道的词缀"[11](P40)，我们认为"X 得慌"中"得慌"虽然已经凝固，但其中"慌"的意义并没有完全虚化，部分还保留着较浅的程度义和使人不适的情感色彩义，还在进一步的词缀化发展中，所以我们将其看作类词缀。"得"由实词变虚词，虚词更加虚化，这是语法化的表现，而语法化常常伴随着音变。江蓝生提出："由语法化而引起的音变是不是也是个连续的渐变的过程呢？实词由实变虚是语法化，由虚变得更加空灵也是语法化，那么伴随着这种语法化而产生的音变是否也具有阶段性的特点呢？"[12](P157)答案是肯定的。

（一）邢台方言中实词"得"的读音

"得"在《广韵》中为曾摄德韵端母入声字，到《中原音韵》入声舒化，进入了齐微韵。匡存玖认为："'得'在先秦是端母职部，拟音[tək]。随着语音的演变，在元代读为[ti]，明清时读为[te]，现代主要读为[tə]。"[13](P14)薛凤生讨论了标准语入声字在"口语音"和"读音"中的演化规律，其中"口语音"和"读音"分别相当于后来的"白读音"和"文读音"。该文虽然没有讨论"得"字，但根据同韵字"黑"的演变可以得出"得"在"口语音"中演化为了[tei]，在"读音"中演化为了[tə]。[14]

在邢台方言中，"获得"义的"得"也有两种发音，即如"语文得了八十分"或"得了俩奖状"，在南和、平乡、临城、柏乡、巨鹿、广宗、威县、临西、南宫等多个县市多发为[tei⁵⁵]音，少数人兼说[tei⁵⁵]和[tə⁵³]两音；在邢台市、内丘、沙河、邢台县、隆尧、清河、新河等县市多数人发[tə⁵³]音，而六十岁以上的老人则均发为[tei⁵⁵]音，此外也有部分人两者兼说。由此我们可以判断在邢台方言中，"得[tə⁵³]"是文读音，"得[tei⁵⁵]"是白读音。而当"得[tei⁵⁵]"进入述补结构，由实词变为虚词，语音便开始发生变化。

（二）结构助词"得"语音的弱化

带"得"的述补结构，多数学者认为其真正产生的年代是唐代。元代以后，作为补语标记的结构助词"得"也有写作"的"的，蒋绍愚、曹广顺认为"这可能表明，随着'得'的虚化，其语音形式也弱化了"[15](P336)。而"的"的萌芽大致始于宋，起初它只是代替"底"，构成体词性结构，最终的取代完成在元代中叶，稍后也出现了"的"字替代"地"的例子，其中缘由，刘坚等人也认为是由于语音的变化。[16](P143)"的"在元代《中原音韵》属齐微韵，杨耐思[17](P96)、宁继福[18](P31)均拟音为[ti]，"得"为[tei][17](P99)、[18](P43)；李新魁[19](P141、146)拟音"的"为[ti]，"得"为[təi]。而不管"得"的拟音是什么，根据元代以后作为补语标记的结构助词"得"开始写作"的"的情况，我们推测其语音由[tei]或[təi]弱化为了[ti]。那么"得"的语音弱化结束了吗？一些汉语方言的事实告诉我们并没有。

由此我们来看邢台方言中"X得[tə⁰]慌"类之间的关系，即主要是"得[tə⁰]"、"□[ti⁰]"、"□[li⁰]"、"□[lei⁰]"和"□[ei⁰]"之间的差别，根据语法化产生音变，且在同一格式皆为轻声的规律和事实，不难得出，这些音都是"得"的弱化音变，而至于其产生时代，我们需要追溯"X得慌"的发展历程。"X得慌"产生时为述补结构，其中"得"为结构助词，在邢台方言中，类词缀"得慌"中的"得"有如此多不同的音变形式，那么作为述补标志的结构助词"得"呢？比如"画得不错/赖"。通过调查发现，其中"得"作为述补标志时的语音分布与"X得慌"中"得"的语音分布基本一致，这说明"得"在由实词变助词，助词进一步虚化的过程中就已经发生了音变，词汇化的"X得慌"只是暂时保留了这些音变形式，甚至在语音弱化中走得更快了一些。

（三）"得"的语音弱化顺序

既然"得[tə⁰]""□[ti⁰]""□[li⁰]""□[lei⁰]""□[ei⁰]"等都是"得"的音变形式，那么孰先孰后，演变顺序是什么呢？首先我们知道在邢台方言中，结构助词"得[tə⁰]"分散存在，分布极少，且发音人偏年轻化，说明是后期受了普通话的影响，应为文读音，由[ti]音中韵母央化而来。再来看其他语音形式，"得"作为述补结构助词，在元代由[tei]>[ti]可以确定；其次在邢台方言中[ei]只出现在有[lei]的方言片，且有[lei]不一定有[ei]的现象说明[lei]>[ei]；至于[li]，翟燕指出助词语素化后往往伴随着语音的进一步弱化，她举了《聊斋俚曲》里的一个例子：

夫人说："大不然人已死了，还觉哩么？出上就抬了去。"

翟燕指出"觉哩"的原词形式是"觉得"，当结构助词"得"失去独立地位，变成"觉得"的构词成分时，语音上便经历了由[ti]到[li]的进一步演变。[20](P232)而且在邢台西部方言中，虽然述补结构中的"得"都是发[lei]或[ei]音，没有发[li]音的，但是在词汇化的"V得"中，如"认得""舍得""怪不得""怨不得"等中的"得"都发[li]音，说明词汇化的"V得"保留了起初的音变，而结构助词"得"继续虚化了。李兰兰也指出在山东泰安冀鲁官话片，结构助词"的、地、得"也有读为轻声[ti]或[li]的。[21]由此可以确定[ti]>[li]，是助词"得"的进一步弱化，[lei]、[ei]是更后期的弱化形式。这一现象也说明"得"由实词变虚词，然后变得更虚的过程中，语音的变化也是持续的，有可能还会脱落变为零形式。

综上，根据我们的方言调查，并结合邢台各个县市地方志中方言志的内容，可得邢台方言中结构助词"得"的语音在不同方言片的弱化程度不同，如下：

西部主要为：$[tei^{55}]>[tei^0]>[ti^0]>[li^0]>[lei^0]>[ei^0]$

中部主要为：$[tei^{55}]>[tei^0]>[ti^0]>[li^0]$

东部主要为：$[tei^{55}]>[tei^0]>[ti^0]$

从横向分布来看，西、中、东分别呈现不同的弱化程度，这可能与其特殊的地理位置有关，即邢台正处于晋语区到冀鲁官话区的过渡地带，《河北省志·方言志》提到"邢台市、邢台县、临城、内丘、沙河、南和等县市的方言均有晋语和冀鲁官话两种，均是东部为冀鲁官话，西部为晋语区"[22](P1—3)，其余县市则主要为冀鲁官话区，所以弱化程度不同，呈现不同的分布特点。

从纵向发展来看，"得"由实词变虚词，语义不断虚化，其相应的语音形式也连续弱化，主要表现为：声调轻声化；韵母高化、单元音化，然后又裂化；声母由[t]变[l]或直接脱落。而这里舌头音弱化为边音的现象也并非特例，在汉语方言中常见，如汉语动词"著"（附着）虚化为持续态助词"著"的过程中就有表现，江蓝生指出"著"发生轻读音变的表现中就有"声母由舌上变舌头，少数地方由舌上或舌头音变读为边音"的音变现象。[12](P159)另外在"子"尾音变的研究中，也有多位学者在"子"尾演变的链条中出现声母[t]变[l]的音变现象，对此，庄初升指出"[tə]>[lə]是辅音流音化（也是弱化的表现）"[23]。此外，结构助词"得"语音弱化的现象也并非邢台方言独有，在很多方言中都有分布，如山西方言（田希诚、吴建生[24]，孟庆海[25]等）、山东方言（翟燕[20]、李兰兰[21]等），甚至闽北、闽中方言（邓享璋[26]）等。

对比邢台方言"X得慌"中"得"类音的分布和结构助词"得"在不同方言片语音弱化不同程度的分布，我们似乎可以发现"X得慌"中"得"的语音弱化更快一些。在中部方言片，结构助词"得"读为$[li^0]$，但观察"X得慌"中的"得"除了读为$[li^0]$，还有读为$[lei^0]$或$[ei^0]$的情况；在东部方言片，结构助词"得"读为$[ti^0]$，而"X得慌"中"得"已有读为$[li^0]$，还有$[lei^0]$或$[ei^0]$的情况了。

但是至此，"X得慌"中的"得"弱化为$[ei^0]$后，其语音弱化并没有结束。

三　邢台方言中与"X 得慌"有关的新形式——"X 慌"

在邢台方言中，还有另外一种，在语形上比"X 得慌"更简短的语法表达，即"X慌"，我们认为它是"得慌"变类词缀后，"得"的语音进一步弱化而零形化的结果。因为在邢台人说"X慌"时，有时"X"会拖长音，或者在"X"和"慌"之间会有一个短暂的停顿，或者说占一时间格，说明"X"与"慌"之间原来可能是有东西的，这恰与"X得慌"语法化、"得"音弱化相契合。此外在语法功能和语法意义上，两者也存在紧密的联系。

（一）语法功能

在邢台方言中，"X得慌"和"X慌"有交叉混用的语用环境，即在同一方言同一句子中既可以说"X得慌"也可以说"X慌"，语法功能具有一致性，在句子里均可以充当多种句法成分，可以做谓语、宾语、定语和补语，其中最普遍的是做谓语。例：

（1）a. 日［i^{31}］头晒得慌，去屋里头吧。

　　　b. 日［i^{31}］头晒慌，去屋里头吧。

（2）a. 俺饿得慌安，还不做［tsu^{31}］饭。（我饿了，还不做饭。）

　　　b. 俺饿慌安，还不做［tsu^{31}］饭。（我饿了，还不做饭。）

（3）a. 说咾半天，她觉得渴得慌得不行。（说了半天，她觉得渴得不行。）

　　　b. 说咾半天，她觉得渴慌得不行。（说了半天，她觉得渴得不行。）

（4）a. <u>不要</u>（合音［pau^{51}］）叫孩子去了，他奶奶嫌吵得慌。

　　　b. <u>不要</u>（合音［pau^{51}］）叫孩子去了，他奶奶嫌吵慌。

（5）a. 谁还没个使得慌的时候（合音［ʂəu^{0}］）。（谁还没个累的时候。）

　　　b. 谁还没个使慌的时候（合音［ʂəu^{0}］）。（谁还没个累的时候。）

（6）a. 走得使得慌，歇一会儿再走吧。（走得累，歇一会儿再走吧。）

　　　b. 走得使慌，歇一会儿再走吧。（走得累，歇一会儿再走吧。）

以上例（1）、例（2）作谓语，例（3）、例（4）作宾语，例（5）作定语，例（6）作补语。作谓语时，主语可以是人也可以是物，但实际上都是人的一种不适的主观感受；作宾语时，描述的是人的感受，常作一些感知动词的宾语；作定语、补语时，两者都受限制，对语境的依赖性也比较大，相比较而言，更倾向于使用"X慌"。

（二）语法意义

在语法意义上，"X得慌"和"X慌"均表示人在生理或心理上的一种非适意、不舒服的感受，有一定的主观性。"X得慌"可以表示状态，也可以表示程度，但是程度达不到最高；"X慌"侧重于表状态，例：

（7）a. 外边那<u>几个</u>（合音［tɕiə^{31}］）孩子聒得慌。（外边那几个孩子比较吵。）

　　　b. 外边那<u>几个</u>（合音［tɕiə^{31}］）孩子聒慌。（外边那几个孩子有点儿吵。）

（8）a. 你炒得这菜咸得慌。（你炒的这菜比较咸。）

　　　b. 你炒得这菜咸慌。（你炒的这菜咸了。）

（9）a. 风吹得俺头疼得慌。（风吹得我头疼。）

　　　b. 风吹得俺头疼慌。（风吹得我头疼。）

例（7）、例（8）表达的都是说话者感受到的一种比一般接受程度较深的情况，a 类比 b 类程度又深一些，带有主观色彩，即：外边的孩子可能并没有声音太大只是说话者觉得比较吵，菜可能只是说话者觉得比较咸。例（9）是说话者对某一状态或现象的描述，程度义较浅，即：风吹得出现头疼的现象，基于这样的事实或现象，说话者感觉不舒服、不适意。当然表示程度和表示状态并不是泾渭分明的，只是偏重点的不同，例如：

（10）孙子住校后奶奶惦记得慌。

例（10）既可以表达奶奶很惦记孙子，表示程度，又可以只表示奶奶惦记孙子的事实，表状态。

（三）"X 得慌"中"得"零形化产生"X 慌"

在邢台方言中，"X 得慌"与"X 慌"从语法功能上看是全同关系，从语法意义上看有重合部分，从语音上看"得"语音弱化至零形式，也符合"得"虚化、"X 得慌"词汇化的发展，沈家煊曾提到"语法格的表现形式可以排成一个等级，语法化的程度越高就越倾向于采用形尾和零形式：词汇形式（>副词）>介词>词缀/形尾>零形式"[27]，"X 得慌"中的"得"便是经历了"动词→助词→类词缀成分→零形式"的语法过程，从而产生"X 慌"的新形式。

同时，从汉语韵律构词的角度来看，"X 得慌"作为一个词，发展为"X 慌"，在很大程度上顺应了汉语双音化的趋势，是受了韵律音步的影响。冯胜利提到"在一般的节律限定条件下，任何不区分音节重量的语言里的最和谐的韵律词，都是由两个音节（的长度）所组成的"[28]；王洪君提出汉语音步的节律模式为"二常规、一三可容、四受限"[29]（P269），即两音节为标准音步、三音节超音步、单音节蜕化音步、四音节形成一个音步的很少。而词汇化的"X 得慌"多为三音节结构，少数为四音节结构，受到韵律音步的影响，首先丢掉的就是意义最虚的类词缀成分中的"得"，而变为标准音步或三音节超音步，顺应当今人们最习惯的语言表达。

至此，我们可以梳理出邢台方言"X 得慌"中"得"零形化在语音表现上的整个过程为：

$$[tei^0] > [ti^0] > [li^0] > [lei^0] > [ei^0] > 零（占时间格）> 零形式$$

需要说明的是，虽然在邢台方言中，"X 得慌"中"得"的零形化大致经历了以上几个阶段，但并不是说每一县市或者每一个"X 慌"的词都必须经历这几个阶段，由于语言接触或者方言接触，以及语言的类推作用，有的词可能会跳过其中的一个过程甚至几个过程，脱落"得"，直接变为"X 慌"。

因此，在邢台方言中，除了少数来自普通话的"X 得［tə⁰］慌"，属文读层外，口语层的"X 得慌"的多种表达形式之间的关系，也即"X 得慌"的发展历程，如下：

$$\boxed{X\square[\mathrm{ti}^0]\text{慌}} \rightarrow \boxed{X\square[\mathrm{li}^0]\text{慌}} \rightarrow \boxed{X\square[\mathrm{lei}^0]\text{慌}} \rightarrow \boxed{X\square[\mathrm{ei}^0]\text{慌}} \rightarrow \boxed{X\sim\text{慌}} \rightarrow$$

$$\boxed{X\,\text{慌}}$$

四 邢台方言中"X 慌"的发展

（一）"X"聚合

1. 使用频率高、口语化较强的单音节词最先进入"X 慌"

在邢台方言中，能进入"X 得慌"格式的词有动词和形容词，主要是表示人感觉不舒服、不适意的感知动词，如"困、疼、累、饿、渴、着急、操心、惦记……"，或会引起人不适感的行为动词，如"挤、晃、晒、烫、扎……"，还有少数会引起人不适感的性质形容词，如"热、冷、酸、苦、咸……"等。X 多为单音节词，也有部分双音节词和极少数的多音节词，我们暂称之为"X_a"聚合。

目前在邢台方言中，能进入"X 慌"的词主要是"X_a"聚合中使用频率较高、口语化较强、多为单音节的词，如"饿、渴、累、困、挤、晒、热……"，部分双音节也可以，但受到限制，一般只在单用的时候或者其后加补语时使用，如"麻烦慌、冤枉慌、头疼慌不行、瞌睡慌（得）不能干"，三音节或多音节的很少见，有时也进入"X 慌"，如"心焦麻瓤慌"，表示心慌的意思。使用频率高、口语化较强的词最先进入新形式"X 慌"，这在一定程度上说明"X 得慌"语法化与其使用频率高有着密切的关系。

2. 褒义词有进入"X 慌"的发展趋势

张谊生指出，在当代汉语中，由于类推作用，少数褒义词也可进入"X 得慌"构式[30]，在邢台方言中也有"兴_{高兴}得慌""得[tei^{55}]_{得劲}得慌""美得慌"等的使用，这样的褒义词目前还不能进入"X 慌"的格式，不过已有发展趋势，因为在"X 得慌"充当句子成分时，有时会出现如下的情况：

（11）听说生了个小儿，爷爷兴_{高兴}~慌得不能干。

（12）考了个第一名，看把他美~慌。

（13）这小风儿吹得瞎得_{得劲}~慌。

以上三例中"兴_{高兴}""美""得_{得劲}"都属于褒义词，"兴~慌""美~慌""得~慌"等都表达了人的一种愉悦或舒适的感受。例（11）表示"听说生了个男孩儿，爷爷很高兴"，其中"不能干"为后置程度补语；例（12）表示"考了第一名他心里很美"；例（13）则表示"风吹得人很舒适"，其前的"瞎"为前置程度副词。但是这些都不同于"X 慌"的用法，在邢台方言中，其位于"兴""美""得"与"慌"之间的波浪号"~"是不能省略的，它代表着一个短暂的停顿，或者将波浪号前的音节拉长补足这个停顿。因此只能推测褒义词有进入"X 慌"的趋势，而且倾向于单音节词，但目前还没有这样的表达，不能说"兴慌""美慌"等。

(二)"X 慌"凸显状态义

1. 大量程度词用于修饰"X 慌"

根据北京大学中国语言学研究中心语料库(CCL),在明代《醒世姻缘传》中,"X 得慌"前开始出现表程度的修饰词,多为程度副词,如"有些""实是",到了清代增加了"怪""实在""更",民国又增加了"有点""可""那么",这在很大程度上降低了"X 得慌"的程度义,状态义逐步显现。而这一变化为后来"X 慌"的发展提供了较大空间,在邢台方言中,这些表程度的词倾向于修饰"X 慌",如:

(14) 俺饿慌安,做饭吧。

(15) 俺有点儿饿慌,饭啥时候好。

(16) 倒是不渴慌,就是挺饿慌诶。

(17) 啥也没干还怪饿慌诶。

(18) 做好饭了没,俺可饿慌诶。

(19) 这么(合音[tʂəʔ³¹])饿慌诶,饭还没好。

(20) 闻见香味儿,更饿慌安。

(21) 瞎饿慌,觉么能吃五碗饭。

(22) 吃了三碗,太饿慌安。

(23) 饭还没好? 饿慌(得)不行安。

(24) 饿慌(得)不能干,快儿去催催诶。

(25) 饿慌(得)不行行儿/不占闲,快点儿吃饭吧。

例(14)"饿慌"表示出现了饿的状态,例(15)到例(22)"饿慌"前的修饰词"有点儿、挺、怪、可、这么、更、瞎、太"等呈现了饿的程度由低到高的变化过程,排成了一个程度等级序列,但是相互之间并没有清晰的界限,根据地域差别,各个词在不同方言片表示的程度层级也存在略微差异,但是不影响整体的效果表达。例(23)到例(25)是在"X 慌"后加"(得)不行""(得)不能干""(得)不行行儿""(得)不占闲"等补语,表示程度较高,这类补语数量有限,但是在邢台西部方言中很常用。从"X 慌"之前或之后有大量程度词来修饰的情况看,"X 慌"的程度义是极低的,而状态义较为凸显。

2. "X 慌"较"X 得慌"程度义更弱

邢台人普遍认为"饿得慌"比"饿慌"表达的饿的程度深一些,但不是最深,在邢台方言中表示承受程度达到最高,一般用"X 死了",如:

(26) 俺饿慌了,做饭吧。

(27) 俺饿得慌了,饭好了没?

(28) 俺饿死了,还吃饭不?

例(26)表示饿的状态出现，可以准备做饭了；例(27)表示有些饿了，程度加深，有催促的意思，问饭做好了没有；例(28)则表示饿的程度达到极限，表示已经饿得忍受不了了，必须马上要吃饭。三种表达方式存在着程度上的极差关系，即饿慌<饿得慌<饿死了，分别表示饿的状态出现，到饿的程度加深，再到饿得难以忍受达到最高程度。因此，"X慌"比"X得慌"表达的程度低，更倾向于表示状态，而"X得慌"表示程度义略高但达不到最高。

结语

综上所述，在河北邢台方言中，"X慌"是"X得慌"语法化的又一新形式，"X慌"的形式虽已形成，但从数量和多种存在形式上来看，还处于发展之中。总的来说，"X慌"的形成主要受到三方面的推动力：一是"得"虚化程度的不断加深，相应的语音形式不断弱化；二是"X得慌"这个结构，在长期的使用中具有了很强的凝固性，意义发生变化，前面的X成为主要成分，"慌"也语义虚化变得次要，"得"则变得更加不重要，原有的语法功能消失，语法意义改变，发展到极端变成了零形式，从结构中消失；三是"X得慌"从句法层面到词法层面，受现代汉语韵律构词的影响，促使意义较虚的"得"语音不断弱化，直至消失。由此也可以得出，音变不是在语音层面孤立地发生，而是跟语法、语义有着密切的联系。

语法化是一个连续的渐变的过程，"X得慌"词汇化不是"X得慌"语法化的结束，那么，发展为"X慌"后，"X得慌"的语法化是否停止了呢？可能还没有。据河北师范大学吴继章教授反馈，在其家乡邯郸魏县方言中有一个词"□[iao^{55}] □[uang^0]"，意思是"痒"，很可能就是"咬得慌"语音弱化来的，其中"得"字脱落，"慌"字弱化掉了声母，说明"X得慌"变为"X慌"后，语法化还在继续，而魏县方言中的"X慌"似乎走得更靠前了一些。沈家煊归纳语法化的原则有一条是单向循环原则，即一个成分虚化到极限后就跟实词融合在一起，自身变成了零形式，具体的循环模式为：自由的词→粘附于词干的词缀→与词干融合的词缀(→自由的词)。[27]所以大胆预测一下，可能词缀"慌"的弱化会是"X慌"的下一个语法化阶段。

参考文献：

[1]唐健雄. 河北方言里的"X得慌"[J]. 河北师范大学学报(哲学社会科学版)，2008(2).

[2]亓金凤. "X得慌"的语法化与词汇化[J]. 滨州学院学报，2015(5).

[3]李泽慧. "X得慌"的构式分析[J]. 武汉工程职业技术学院学报，2014(1).

[4]王明月. "X得慌"结构的语法化[J]. 现代语文，2011(11).

[5]李丹. "P得慌"的小三角验察[D]. 吉林大学硕士学位论文，2007.

[6]王力. 汉语史稿[M]. 北京：中华书局，2004.

[7]赵元任. 汉语口语语法[M]. 吕叔湘译. 北京：商务印书馆，1979.

[8]聂志平. 说"X得慌"[J]. 齐齐哈尔师范学院学报(哲学社会科学版)，1993(1).

［9］关键.“V/A 得慌”的语法化和词汇化［J］. 南开语言学刊，2010(1).

［10］朱德熙. 语法讲义［M］. 北京：商务印书馆，1982.

［11］吕叔湘. 汉语语法分析问题［M］. 北京：商务印书馆，2010.

［12］江蓝生. 近代汉语探源［M］. 北京：商务印书馆，2000.

［13］匡存玖. 汉语“得”的语法化研究［D］. 四川师范大学硕士学位论文，2008.

［14］薛凤生. 论入声字之演化规律//屈万里先生七秩荣庆论文集［C］. 台北：联经出版事业公司，1978.

［15］蒋绍愚、曹广顺. 近代汉语语法史研究综述［M］. 北京：商务印书馆，2005.

［16］刘坚、江蓝生、白维国、曹广顺. 近代汉语虚词研究［M］. 北京：语文出版社，1992.

［17］杨耐思. 中原音韵音系［M］. 北京：中国社会科学出版社，1981.

［18］宁继福. 中原音韵表稿［M］. 长春：吉林文史出版社，1985.

［19］李新魁.《中原音韵》音系研究［M］. 郑州：中州书画社，1983.

［20］翟燕. 明清山东方言助词研究［D］. 山东大学博士学位论文，2006.

［21］李兰兰. 山东泰安方言虚词研究［D］. 延安大学硕士学位论文，2020.

［22］河北省地方志编纂委员会编. 河北省志·方言志［M］. 北京：方志出版社，2005.

［23］庄初升. 客家方言名词后缀“子”“崽”的类型及其演变［J］. 中国语文，2020(1).

［24］田希诚、吴建生. 山西晋语区的助词“的”［J］. 山西大学学报(哲学社会科学版)，1995(3).

［25］孟庆海. 山西方言里的“的”字［J］. 方言，1996(2).

［26］邓享璋. 闽北、闽中方言语音研究［D］. 厦门大学博士学位论文，2007.

［27］沈家煊.“语法化”研究综观［J］. 外语教学与研究，1994(4).

［28］冯胜利. 韵律语法理论与汉语研究［J］. 语言科学，2007(2).

［29］王洪君. 汉语非线性音系学(增订本)［M］. 北京：北京大学出版社，2008.

［30］张谊生. 当代汉语“X 得慌”的演化趋势与性质［J］. 汉语学报，2018(1).

河北方言中几种特殊儿化格式的
语义差异及成因探讨*

李巧兰**

摘　要：在河北方言中，"儿"附于名词、量词和形容词后，可以形成"N 儿""NN 儿"、"X 儿""XX 儿""X 儿 X 儿"和"AA 儿""AB 儿""ABB 儿""AB 儿 B 儿"三组语义有细微差别的格式。另外"儿"还可附于形容词短语后形成"［指示代词+A］儿""［多+A］儿""没+［多+A］儿""［数量短语+A］儿""没+［数量短语+A］儿""［不+A］儿"六种固定格式。这些儿化格式中，有的儿化"表小称爱"的语义功能表现得很突出，有的儿化"表小称爱"功能不明显，原因可能有两种情况：一是在长期使用过程中原有的小称意义的磨损；另一种是儿化格式从形成就没有小称意义，之所以跻身于儿化中，是由于儿化构式的强势类推作用造成的。

关键词：河北方言；特殊儿化格式；语义差异；成因

河北方言中儿化变音的情况比较复杂，有来源于"儿"与前附音节合音的，也有来源于其他语法虚成分与前附音节合音的，最后与儿化读音趋同的"特殊语法功能的儿化变音"[1](P126)。在儿来源的儿化变音中，存在着几种语义有细微差别、在形式上有相似性的儿化格式，如"N 儿"与"NN 儿"，"X 儿"与"XX 儿"、"X 儿 X 儿"，"AA 儿"与"AB 儿"、"ABB 儿"、"AB 儿 B 儿"等，还有附于形容词短语后形成的六种固定格式。从功能上看，它们大多数有"表小称爱"语义相似性①，但"表小称爱"的语义功能在有些格式中表现得很突出，有些表现得不明显，还有些根本没有"表小称爱"的语义功能。在此我们对这些儿化相似格式的语义差异进行比较，并对其差异形成的原因进行探讨。

一　"N 儿"②与"NN 儿"

"儿"用在名词后，有两种情况：一种是用在名词基本式后，形成"N 儿"式；一种是用在名词重叠形式后，形成"NN 儿"式。

"N 儿"式中的名词从其表达的语义类别看，可以是表亲属称谓的名词、表人名和地

---

* 基金项目：本文为国家社科基金一般项目"晋冀鲁豫交界处方言过渡带功能性变音比较研究"（项目编号：21BYY077）的阶段性成果。

** 作者简介：李巧兰（1971—　），文学博士，浙江越秀外国语学院中国语言文化学院教授，硕士生导师，研究方向为汉语方言学与音韵学。

名的名词、表人体部位的名词、表器物工具的名词、表服饰的名词、指称动物和植物类别的名词、指称食物的名词、商业类名词、地理类名词、表方位的名词、表具有某种特征的人的名词等。如：老姨儿、老头儿③；娟儿、南苏村儿；胳肘窝儿④、脚核桃儿⑤；烟袋锅儿；踏拉板儿⑥、兜肚儿；草儿、猫儿；瓜子儿、水果儿；饭铺儿、摊儿；壕圊儿⑦、畦儿；浮头儿⑧、当间儿⑨；胖墩儿、罗锅儿、踮脚儿⑩。

"NN儿"式名词中，主要涉及的是表器物的名词和表示动植物类别的名词，如：盆盆儿、车车儿、桶桶儿；草草儿、狗狗儿等。

河北方言中"儿"来源的儿化变音，一般来说，都有"表小称爱"的语义功能，但是"N儿"和"NN儿"比较，"N儿"的表小义已经不明显，只增加了一些轻松随便的色彩意义，大部分词基本上是表示类属义，而"NN儿"式名词的表小义非常明显。如："盆儿"和"盆盆儿"比较，"盆儿"是一种器具的总称，并没有小义，它既可与"大"组合，也可以与"小"组合，"大盆儿"和"小盆儿"都可以说，但"盆盆儿"只能说"小盆盆儿"，而不能说"大盆盆儿"。

二 "X儿"⑪、"XX儿"与"X儿X儿"

"儿"用在量词后形成"X儿"，从语义看有增加表小义或强化表小义两种情况。所谓增加表小义，是原来没有"小"义的量词儿化后，有了"小"的意义。前附量词大部分是物量词，包括个体量词、容器类量词和度量衡量词。量词加"儿"后，主要是表达一种轻松随便的语气色彩。如："一骨抓儿葡萄、一角儿烙饼、一铺儿草、一溜儿房子……"还有部分个体量词加"儿"表示其计量事物面积、体积、长度等"小"。特别需要注意的是，这里的大小与物体本身的大小无关，主要是表达主观小量。如"一条鱼、一本书"中的"鱼、书"体积或厚度较大，而"一条儿鱼、一本儿书"的"鱼、书"体积或厚度说话人认为它没有达到主观预期，数量比较小或少。容器量词加"儿"后不表示容器小，而是表示容器内的东西量少。如"一桶儿水、一车儿草、一碗儿饭"中，"桶、车、碗"等本身并没有变化，但是其中所装的"水、草、饭"没有达到主观预期，量比较少。借用动词的物量词，加"儿"后表示计量的事物量少，如"一捆儿白菜、一捧儿沙子、一卷儿纸"表示"白菜、沙子、纸"的数量少。度量衡量词加"儿"以后，指说话人主观上觉得其量少，如"你就买这么几斤儿肉""你才喝了二两儿酒"。

值得注意的是物量词还有两种重叠形式的用法，即"一XX儿"和"一X儿X儿"。这两种用法的功能主要是强化表小义，使原来本来已经有的"小"义，更进一步强化。如"一捆儿草"、"一捆捆儿草"和"一捆儿捆儿草"三者相比，"一捆儿草"表达的意思是说话人认为草量少，"一捆捆儿草"较"一捆儿草"量更少，"一捆儿捆儿草"言其量非常非常少。三种形式正好体现了一个小量逐渐增强的梯度：一X儿X儿(量非常非常小)＜一XX儿(量较小)＜一X儿(量小)。

"儿"还可以用于单音节动量词后，表达一种轻松、随便的意味，如"一趟儿、一回儿、一遭儿、一遍儿"等。对于动量词来说，除了可以加"儿"外，还有重叠形式儿化和儿化形式重叠，但意义与物量词不同。"一X儿"表达一种轻松随便的语气，"一XX儿"则有表小或少的意思，"一X儿X儿"则有表示多的意思。如："你去一趟儿吧"表轻松随便的语气；"你去一趟趟儿吧"表达仅去一趟费不了多少力气的意思；"你一趟儿趟儿地去，不嫌麻烦呀？"则言其去的次数多。一般情况下，"一X儿X儿"位于动词前作状语。

三 "AA儿"、"AB儿"、"ABB儿"与"AB儿B儿"

"儿"用在形容词后，语义上有"表小"功能，前附形式主要有三种情况：性质形容词的重叠形式⑫、状态形容词的原式、带后缀的状态形容词。

性质形容词重叠形式加"儿"形成"AA儿"式，河北大部分方言都有这种用法，它主要表达一种喜爱的感情色彩。如：高高儿、大大儿、小小儿、胖胖儿、满满儿、尖尖儿等。同时，加"儿"后较不加"儿"表义程度上有所下降，如"高高儿、大大儿、近近儿"等是"稍……"的意思，较"高高、大大、近近"的"很……"的意思在表义程度上减轻。这些说法可以独立用作谓语或其他修饰成分，如"等孩子大大儿再说结婚的事儿""等他再长高高儿，就可以够着桌子了""等他近近儿，你再跟他说话"。

状态形容词的原式一般可加"儿"，也表达一种喜爱的感情色彩。如：雪白儿、通红儿、杠尖儿、煞黄儿等。

性质形容词加后缀形成的状态形容词，一般在表义上比性质形容词有程度增强的意义。在石家庄、新乐、灵寿方言中，形容词后缀一般既可以单用也可以重叠后使用，重叠后加在形容词后，比其单用作后缀所表示的意义程度要高，如"干巴巴"比"干巴"所表示的"干"的程度更甚。AB和ABB这两种情况都可以加"儿"，形成"AB儿"、"ABB儿"和"AB儿B儿"，主要功能是表达喜爱的感情色彩，这种喜爱的色彩甚至强大到使词义中原有的贬义色彩发生逆转，变成褒义色彩。如："干巴"本来是一个含有不如意色彩的贬义词，但"干巴儿"则变成了一个受人喜爱的状态，而"干巴巴儿"更成了干湿程度正合心意的一个状态。原来表达褒义色彩的词，加"儿"后，表义程度降低，如软和和儿、温和和儿、俊巴巴儿、支楞楞儿等，与不加"儿"比起来，程度要低。这两类词的表义情况我们可示意如下：

褒义词：A<AB<ABB<AB儿<ABB儿　　（喜爱的色彩从前往后依次增强）

贬义词：ABB<AB<A<AB儿<ABB儿　　（厌恶减弱、喜爱的色彩依次增强）

四 形容词短语的几种儿化格式

河北方言里的儿化变音，还可见于一些形容词性短语的固定格式中，表示一种主观小量，即未达到说话人心理预期标准的小量。

前人关于形容词短语的儿化或者说词以上的语法单位的儿化的研究，主要集中在中原官话区，如：陕县[2]、浚县[3]、确山[4]、唐河[5]；除此之外，施其生先生还对广东方言类似现象如"数词+量词+小称"[6]这种小称标记附着在短语上的结构类型进行过描述,《汉语方言中词组的"形态"》[7]一文对词组的儿化进行过探讨。目前所见探讨冀鲁官话区此类现象的,只有董淑慧先生关于河北孟村[8]方言的一篇文章。通过我们的调查,这种用法在河北方言中共有 6 种格式,我们以河北新乐方言为例,进行详细说明。⑬

(一)"[指示代词+A]儿"格式

用于此格式中的指示代词有两个:这么、那么。能进入此格式的形容词,一般是单音节的性质形容词或单音节性质形容词的重叠形式。[指示代词+A]的儿化形式和原式相比,从语义上看,有两种情况,假如其中的形容词表达的是"认知上的肯定项"[9](P180),儿化后的语义和原式相反,如果形容词是"认知上的否定项",儿化后的语义较原式从表量程度上稍大,即 A 的否定程度减轻。如:"门前的这棵树那么高"表达的是树非常高的意思;"门前的这棵树那么高儿"表达的意思是与自己想象中树应该有的高度不符,也就是树不够高的意思。"门前的这棵树那么低"表达的意思是自己的预期树就不高,实际上树比自己的主观预期还要低很多;"门前的这棵树那么低儿"表达的意思是自己的预期树就不高,实际上树比自己的主观预期低,只是低的程度上比原式稍小。

能进入这一格式的形容词,表达的量的概念都是一种主观量,也就是和自己的主观预期相比较的一种小量。通过上面的分析我们可以看到,当形容词是"认知上的肯定项"时,原式的表义和儿化式的表义在量的范围里处于相反的领域,即高儿=不高、大儿=不大、长儿=不长……而当形容词是"认知的否定项"时,原式和儿化式在表义上,所表量的范围仍处在同一个意义领域,只是程度上儿化式较轻,但并没有达到表反义的程度,即低儿≠不低、小儿≠不小、短儿≠不短……而是表示"稍低、稍小、稍短……"的意义。表义的情况如图 1 所示:

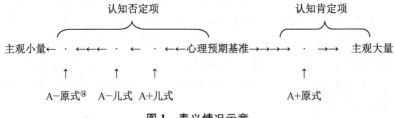

图 1 表义情况示意

在河北方言里儿化还可以用于[指示代词+AA]的格式,形成"[指示代词+AA]儿"形式,"[指示代词+AA]儿"与"[指示代词+A]儿"相比,在表量的意义上,小量程度更进一步。如"这个小狗这么大大儿"比"这个小狗这么大儿"表达的意义更小,"这个小狗这么小小儿"比"这个小狗这么小儿"表达的意义更小。

不论是"[指示代词+A]儿"格式,还是"[指示代词+AA]儿"格式,它们都能在句子中作谓语,受"才、刚、就"等副词修饰。也能在句子中作定语和补语。如:

小孩子就那么高儿?　　　　小孩子就那么高高儿?

那么高儿的小孩儿能干啥？　　那么高高儿的小孩儿能干啥？

小孩子才长那么高儿。　　　　小孩子才长那么高高儿。

（二）"［多+A］儿"格式

"多"是一个疑问词，用在"多+A"中的形容词，一般是单音节的性质形容词，既可以是"认知上的肯定项"，也可以是"认知上的否定项"。在"［多+A］儿"格式中，当其中的形容词是"认知上的肯定项"时，还可以有"多+AA儿"形式。

这个格式的原式和儿化式之间在语义上并不存在对立，这和辛永芬先生研究的河南浚县方言不同。同时和刘春卉先生指出的确山方言"偏向问和中性问的对立表现在形式方面的最典型的区别就是形容词是否使用儿化形式"也不同，原式和儿化式也没有中性问和偏向问语义上的区别，唯一的区别就是儿化形式附加了一种轻松随便的口语色彩。如：

这条河有多深/深儿？（中性问）

很深，有一米深。　　　　不深，有尺把深儿。

这条河有多浅/浅儿？（偏向问）

刚过脚踝。

在河北方言中，"多A"是否是偏向问，取决于A的意义，也就是说当A是"认知上的肯定项"时，不论是原式还是儿化式，都是中性问。而如果要偏向于"大"量的提问，在河北方言中，主要体现在疑问词"多"的音变上，即"多"的音节加长，变成一个曲折调的形式。当A是"认知上的否定项"时，不论原式还是儿化式也都是偏向问，即偏向于心理预期的"小"量。如：

这个孩子有多^{42}高/高儿了？（中性问）

这个孩子有多^{213}高/高儿了？（偏向"大"量）

这个孩子有多^{42}矬/矬儿？（偏向"小"量）

这个孩子有多^{213}矬/矬儿？（偏向"更小"量）

其中有一个例外，就是"多多"和"多少"。"多^{213}多"偏向于"大量"，没有"多^{42}多"的形式。"多^{42}少"是中性问，"多^{213}少"偏向于"小量"问，"多^{42}少少"偏向于"更小量"。它们的儿化式与原式意义相同，区别仅在于有无口语色彩。除了"多""少"之外的其他形容词，当A为"认知肯定项"时"多^{42}A/A儿"是中性问，"多^{213}A/A儿"是偏向"大量"问。当A为"认知否定项"时"多^{42}A/A儿"与"多^{213}A/A儿"都是偏向"小量"问，后者偏向"小"的程度更进一步。

"多AA儿"格式的语义表达与"多A儿"不同，它是一个偏向问，不论形容词A是"认知上的肯定项"还是"认知上的否定项"，一律都偏向于一个心理预期的"小"量提问，当A为认知上的否定项时，与肯定项相比，"多AA儿"意义上更加偏向于小量。如：

那个地方有多远远儿？还没有一里地呢。你走着去就行了。

那个地方有多近近儿？还没有一百米呢。你走着去就行了。

以上两个问句都是在知道路途比较近的情况下的提问，既可以问近的具体程度，又可以表示无疑而问，表示对小量的肯定。如上例"多远远儿""多近近儿"都是偏向于"近"的问句。而其中"多近近儿"是非常非常近的意思，"多远远儿"是不远的意思。

（三）"没+［多+A］儿"格式

在河北方言中，进入"没+［多+A］儿"格式中的"多"读音一般为曲折调形式，即多²¹³，其中的A既可以是"认知上的肯定项"，也可以是"认知上的否定项"。这种格式可以看成是"多A"的否定式，它可以用来作为"多A/A儿"疑问句的否定答语。如：

甲：井有多深/深儿？

乙：没多深/深儿。

甲：绳子有多细/细儿？

乙：没多细/细儿。

（四）"［数量短语+A］儿"格式

在"数量短语+A"这一格式中，数量短语可以是"数词+量词"的形式，其中的量词必须是表示度量衡的量词，如标准的度量衡单位"斤、两、吨、米、尺、公分、平米……"，数量短语也可以是借来表示度量衡意义的"数量+名词"形式，如"一个碗口、一个指头、一个拳头、一个土堆、一个麦垛、一堵墙……"，当其中的数量为"一个"时可以省略量词，用"一 NA"的形式，有的也还可以省略数量结构，只剩下 NA。不论是"数量+A"还是"数量+名词+A"其中的 A 必须是"认知上的肯定项"。如：

这棵小树已经有一人高了。

这条鱼有两尺长。

门缝儿有两个指头宽。

"［数量短语+A］儿"和"数量短语+A"两种格式比较，在语义上有小称和非小称的对立，即从表量的方面看，儿化式表主观的小量，原式表主观的大量。如：

这棵树有一人高了。（树的高度超过主观上预期的高度）

这棵树有一人高儿了。（树的高度没有达到主观上预期的高度）

最典型的一句俗语"豆儿大儿的窟窿儿，牛大的风"，其中"豆儿大儿"即说窟窿小，"牛大"则表风大。如说雨点儿比较大，一般说"豆儿大的雨点儿"。再如：

甲：才一人高儿的墙，对你来说还不容易过去？

乙：说得轻巧，我有三头六臂呀，一人高的墙我怎么过去？

甲的意思是说墙不高，所以用"一人高儿"，乙的意思是说墙高，所以用"一人高"。

（五）"没+[数量短语+A]儿"格式

在河北方言中，"没+[数量短语+A]儿"我们也可以看作是"[数量短语+A]儿"的否定形式，表达"[数量短语+A]儿"的否定意义。这种格式也常常用来作"多A/A儿"的具体数量的否定答语，如：

甲：那条路修了多宽儿了？

乙：有两米宽儿了。

丙：没两米宽儿。还没两米宽儿的路竟然能并排过去两辆车。

（六）"[不+A]儿"格式

在"[不+A]儿"格式中，我们把其认为是"不+A"的小称形式，它与"不+A"相比，意义上稍有区别。如："这房子不高"表达的意义是房子的高度没达到预期的高度，即不够高；"这房子不高儿"的意义就是这房子低。所以我们说"[不+A]儿"意义上等于A的反义。再如："这绳子不细儿"就等于这绳子粗。原式和儿化式的意义如图2：

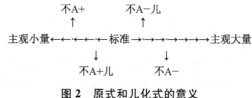

图2 原式和儿化式的意义

五 河北方言儿化格式"表小称爱"语义差异形成的原因

整体上来看，河北方言中"儿"来源的儿化词或儿化格式大部分情况下在表义上具有"表小称爱"的语义功能，如前文所述："NN儿"格式表小义明显；名量词加"儿"后表主观小量，动量词加"儿"表一种轻松口语色彩，是表小义的一种转化形式；"AA儿"表义程度减轻是"儿"表小义作用的结果；"AB儿"和"AB儿B儿"表达喜爱的色彩，尤其是当A是贬义色彩的形容词时，加"儿"后感情色彩可逆转为褒义，这是"儿"表小义和表喜爱色彩双重作用的结果；在形容词短语几种固定格式中，"儿"的表小义也比较明显，有减轻表义程度表主观小量或表达轻松口语色彩两种表现形式。也就是说"表小称爱"是"儿"来源的儿化的主要功能，不论前附格式的词性如何，它们都有"表小称爱"的共同语义特征，主要表现为两个方面：（1）表主观小量或小义；（2）表达一定感情色彩，其中多表达轻松随便的感情色彩，这也是表小义的另一种表现形式。但是这两个方面在不同的词中表现是不同的，有的表现得较为明显，有的表现得较隐晦。

除了上述几种格式外，我们还可以看到在大部分儿化词的语义中，"表小称爱"的意义也是比较明显的。如用在器物、服饰、植物、动物、商业、地理、天文类名词后以及物量词后表达小义。用在一些重叠形式或者重叠后缀后，使其表义程度减弱或表短暂义，是其表小义的另一种间接表现形式。用在人名、地名、亲属称谓、方位或其他名词后以及动量词、副词或拟声词后则表达一定的感情色彩。

但是我们同时也注意到，有一小部分儿化词几乎没有"表小称爱"意义。如有些器物和动植物类名词后加"儿"，只表类属意义，没有表小义。还有部分动词和拟声词加儿后，既不表小义，也不改变词性和词义。造成儿化词表小义不明显甚至没有小义的原因，我们认为有两方面：一方面是在儿化词形成过程中，"儿"语义的磨损导致的；另一方面，是儿化词的构词框架强势类推作用导致部分儿化词在产生时就没有小义。

从儿化词的衍生过程可以知道：有些儿化词中"表小称爱"功能不明显，是长期使用过程中的语义磨损导致的。据我们以前的研究："儿化词的形成是以'表小义'这样一个共同的语义特征为前提的。只是后来随着'儿'作为词缀语义的虚化，以及儿化词在使用过程中'表小义'的磨损，才导致了在今天使用的一些儿化词中表小称爱意义消失的现象。最早在清代时，'-儿'在有些词中的表小义，基本上已经不存在了，而是成了一种形式标记，仅表一种色彩意义，或者起协调音节的作用。"[10]用在短语或固定格式中，具有一定的变义功能，也是"表小称爱"语义功能的进一步延伸，从而造成了种种格式不同于原式的意义。"表小称爱"语义功能的磨损，进一步发展就会造成这一功能的完全消失，即儿化词完全没有表小的意义，也没有了表示感情色彩的作用。

同时我们也可以看到，并不是所有的没有"表小称爱"意义的儿化词或儿化格式都是语义功能的磨损造成的，还有一种可能就是：儿化词或儿化格式从一开始产生就没有这个语义功能。这主要是涉及非名词加"儿"后形成名词，"儿"直接导致原词性发生了变化，起到了改变词义的作用。正是由于许多人看到了这一现象，所以很多学者把"儿"看成一个名词后缀，从我们前面的论述可以知道这种看法似乎并不全面，因为"儿"不仅可以加在非名词上使其变为名词，也有加在非名词上而词性不变的情况，所以笼统地说它是一个名词后缀是不合理的。它之所以会使许多非名词变成名词，是因为儿化词的形成是由名词开始的，确切地说是由表示有生命的动物的名词加"儿"开始的，从儿化词的形成过程看，"最早的儿化词是'表动物的名词+儿'这个偏正结构词汇化的结果，其中的'小'义凸显，就使'N+儿'成了'儿化词的构词框架'，在这一框架的类推作用下，推及'儿'可以附在非名词上"[10]。

"N+儿"这种儿化词的构词框架的强势类推作用，使许多非名词加儿后变成名词。一部分动词和形容词加"儿"后具有了名词意义，词义由抽象变得具体，如"画儿""盖儿""钉儿""堆儿""捧儿"。一部分形容词加"儿"后变为名词，如尖儿、长儿、宽儿等，表达"高度、宽度、体积、长度"等名词概念。在新乐、平山、唐山、迁安[11]等地方言中，有些数词后面加上"儿"后构成名词，如"三十儿"表示大年三十这一天，"三儿、四儿、五儿、六儿"表示在兄弟姐妹中排第三、四、五、六的人。

综上所述，"儿"来源的儿化词的基本语义功能是"表小称爱"，有些儿化词中之所以这一功能不明显，可能有两种原因：一种是长期使用过程中的原有的小称意义的磨损导致的；另一种是它从开始形成时就没有小称意义，之所以跻身于儿化词中，是由于儿化词构式的强势类推作用造成的。

注释：

① 少数情况下表达轻蔑、厌恶的感情色彩，我们认为这是小义衍生出来的，也将其视为表小义。

② 文中 N 代表名词。

③ 指称丈夫。

④ 腋下。

⑤ 脚踝骨。

⑥ 拖鞋。

⑦ 深的死水坑。

⑧ 最上面。

⑨ 中间。

⑩ 腿有残疾，腿一长一短的人。

⑪ 此处 X 词类仅限于量词。

⑫ 性质形容词的原式加"儿"则限于一些特定格式中，一般也不表小称，我们留待下文讨论。

⑬ 如没有特别注明，下文中的河北方言均指笔者的母语方言——河北新乐方言。

⑭ A+代表形容词 A 为"认知的肯定项"，A-代表形容词 A 为"认知的否定项"，下文与此同。

参考文献：

[1]李巧兰．河北方言中功能性变音的一形多能及其成因探讨[J]，河北师范大学学报（哲学社会科学版），2020(2).

[2]张邱林．陕县方言的儿化形容词[J]．语言研究，2003(3).

[3]辛永芬．河南浚县方言形容词短语的小称儿化[J]．语言研究，2008(3).

[4]刘春卉．河南确山方言中的"（有）多 A"与"（有）多 A 儿"——兼论普通话中被"中性问"掩盖了的"偏向问"[J]．语言科学，2007(5).

[5]杨正超．中原官话唐河方言形容词短语儿化研究——兼与其它次方言同类现象比较[J]．暨南学报（哲学社会科学版），2013(2).

[6]施其生．汕头方言量词和数量词的小称[J]．方言，1997(3).

[7]施其生．汉语方言中词组的"形态"[J]．语言研究，2011(1).

[8]董淑慧．河北孟村方言形容词短语的主观小量儿化[J]．中国语文，2017(2).

[9]沈家煊．不对称和标记论[M]．南昌：江西教育出版社，1999.

[10]李巧兰．基于电子语料库的儿化词衍生机制及过程探讨[J]．华中师范大学学报（人文社会科学版），2012(4).

[11]张秋荣．迁安方言儿化现象研究[D]．河北师范大学硕士学位论文，2005.

冠县方言"子"缀的几种特殊用法[*]

夏焕梅[**]

摘　要：冠县方言中"子"缀有三种特殊用法，即借用名词为量词的"一+借用量词+子+名词（名词短语）"结构、"子"加入偏正式二字词语和"子"加入四字词语。加"子"后，它们带有明显的口语和贬义色彩，这种色彩义在加"子"前后、加"子"与加"儿"的对比中非常清晰。本文对"子"是插入还是带"子"结构和其他成分相结合的问题进行分析，从语音、语义、感情色彩方面确定这三种特殊用法中的"子"不是"的"。

关键词：冠县方言；"子"缀；特殊用法

引言

在汉语史中，冠县方言属于冀鲁官话石济片聊泰小片，处于冀鲁官话、中原官话的过渡地带。"子"加在名词、动词、形容词、量词性成分后，构成名词，如：桌子、剪子、瞎子、本子等。这些通常用法冠县方言和普通话是一样的。除此之外，冠县方言中"子"缀还有三种普通话中没有的特殊用法。这三种特殊用法呈现出明显的口语和贬义色彩，带有消极、负面意义。本文利用冠县方言材料厘清"子"在这三种特殊用法中是插入还是带"子"结构和其他成分相结合的问题、"子"是不是"的"的问题。冠县方言是笔者的母语性方言，文中用到的语料都是笔者调查到的第一手语料。本文释例不探究本字，均为记音词语。

一　"子"缀的三种特殊用法

冠县方言中"子"缀有三种特殊用法。

（一）"一+借用量词+子+名词（名词短语）"结构

这种借用名词充当量词的名词后边加"子"，前边通常受数词"一"修饰，形成"一+借用量词+子+名词（名词短语）"结构，如：一垄沟子草、一冬天子阴天。目前收集到的冠县方言中能够充当量词进入这种结构的名词从语义上来看有三类。

---

* 基金项目：本文为国家社科基金一般项目"晋冀鲁豫交界处方言过渡带功能性变音比较研究"（项目编号：21BYY077）的阶段性成果。

** 作者简介：夏焕梅（1978—　），河北师范大学文学院汉语言文字学专业博士研究生，石家庄学院人事处，讲师，主要研究方言中和语义功能及语用相关的语言现象。

第一类是表示有一定时间和空间长度的名词。

表时间长度的，如：春天、热天、秋天、冬天、正月、腊月、星期、整天。

表空间长度的，如：路、过头（胡同）、门道、竹竿、秤杆、腰带、垄沟、河沟、火钳、鞋带、铅笔、钢笔、毛笔。

第二类是表示具有一定面积的名词，如：

炕头、床单、手腕、格拉拜、门墩、门槛、裤腿、裤脚、窗台、窗棂、锅台、手巾、门框、饭摊、马扎、门板、翅膀、沙窝、碾、肩膀、相框、菜地、沙滩、扫帚、笤帚、阳台、客厅、房檐、锅盖、锅铲、瓶盖、菜刀、案板、拖把、抹布、瓦刀、泥板、毛巾、擦脚布、搓板、身、嘴巴胡、眉头、鬓角、脸蛋、眼角、鼻梁、嘴唇、胳膊、手心、屁股、胸脯、脚丫、脊梁、坎肩、棉袄、裤腰、鞋底、鞋帮、帽檐、皮帽、草帽、围裙、围嘴、尿布、围巾、香案、桌台、讲台、黑板、板擦、课本、橡皮、圆规、三角板、作文本、操场、戏台。

第三类是表示具有一定容量的名词，如：

房顶、坟头、水桶、布罗、压水井、水管、茅坑、席筒、锅、胳肘窝、腿窝、车皮、盆架、气密嘴、麦穗、猪圈、炕洞、门口、洼、家、鱼塘、河堤、簸箕、马蜂窝、蒜头、树林、鸡冠、盖地窝、尿壶、暖壶、沙锅、洗脸盆、灯罩、灯笼、舌头、祠堂、香炉、秤盘、轮船、教室、铅笔刀、笔筒、笔帽、墨盒、戏院。

丁声树认为："临时量词——名词表示的事物，有的是有长度（包括空间的长度和时间的长度）、面积、容量的。这类名词都可以作临时量词用。"[1](P175) "一+借用量词+子+名词（名词短语）"结构中名词借用为量词的用法与之相吻合。

（二）偏正式三字词语+"子"

在冠县方言中，偏正式三字词语可以加入"子"，如："窝里斗""窝里反"可以说成"窝子里斗""窝子里反"。又如：

牛皮糖、墙头草、独眼龙、独角戏、白皮书、喇叭花、门门通、万元户、泡泡糖、马后炮、人造棉、地包天、迷魂汤、绊脚石、拦路虎、敲边鼓、磨洋工、晕乎蛋、饿死鬼、连阴天、捎带脚、软塌腰、二温饭、毛毛雨、蒙蒙亮、糊涂账、眯眯眼、娘娘腔、懒怠动、窝囊气、风凉话、三脚猫、万事通、愣头青、节骨眼（以上是定中式）；

连刀切、吃嘴精、眯眯笑（以上是状中式）。

"子"加在这些三字词语中，除"窝里斗""窝里反"加在第一个字后边，其他的都加在第二个字后，如"牛皮子糖""墙头子草""饿死子鬼"。

（三）四字词语+"子"

冠县方言在普通话或曲周方言通常使用的四字词语中也可以加入"子"，放在四字词语第二个字后，如："说三道四""乱七八糟"说成"说三子道四""乱七子八糟"。目前收集到的冠县方言中可以加入"子"的四字词语有：

三里五乡、大声小气、笨嘴笨舌、笨手笨脚、单门独户、大门大户、歪门邪道、猴年马月、杂七杂八、鸡毛蒜皮、瓮声瓮气、死皮赖脸、三教九流、呆头呆脑、大手大脚、贼眉鼠眼、肥头大耳、细皮嫩肉、清汤寡水、昏天黑地、黑灯瞎火、浓眉大眼、粗声粗气、实心实意、风言风语、虎背熊腰、非亲非故、没头没脑、无法无天、三心二意、三天两头、三更半夜、七嘴八舌、半斤八两、愁眉苦脸、花里胡哨、人模狗样、一刀两断、人高马大、火烧火燎、百依百顺、胡溜八侃、胡说八道、半生不熟、东撞西撞、大吃二喝、大呼小叫、没边没沿、胡想八想、胡吹六拉、胡搅蛮缠、一了百了、活蹦乱跳、东倒西歪、一来二去、三长两短、四仰八叉、七上八下、乱七八糟、好吃懒做、上蹿下跳、不干不净、不三不四、没儿没女、没脸没皮、没心没肺、没情没义、娇生惯养、东跑西颠、门当户对、天塌地陷、鬼哭狼嚎、财大气粗、鸡飞狗跳、鼻青脸肿、皮糙肉厚、家长里短、花红柳绿、晃头晃脑、点头哈腰、丢三落四、隔三岔五、颠三倒四、缩头缩脑、说三道四、偷奸耍滑、吆五喝六、翻箱倒柜、游街串巷、哭天喊地、说东道西、勾肩搭背、叽里咕噜、叽溜呱啦、叽了蹩嘟、狗仗人势、两样待成、牛气冲天、油光发亮、瞎话连天、晕头转向、飞蛾扑火、天花乱坠、大门不出、二门不迈、家贼难防、一声不吭、一毛不拔、六亲不认、软瘤忽塌、四六不懂、累死累活、低三下四、起早贪黑、没完没了、戳低盖奶、拖家带口、想方设法、沾亲带故、龇牙咧嘴、垂头丧气、伤天害理、喜新厌旧、喊溜啪喳、迷二八糊、贪生怕死、缩头乌龟、稀里糊涂、糊里糊涂、阴阳怪气、巧嘴八哥、斤斤计较、指桑骂槐、不着腰调、曲里拐弯、秃拉半丢、鞠帘咕噜、娘娘们们儿、迷迷瞪瞪、长不拉几、酱不拉几、滑不溜秋、黑不溜秋、丑不溜秋、灰不溜秋、酸不溜秋、直不愣腾、憨不愣腾、小气吧唧、枝溜八叉、没事哒撒。

二　"子"对语体、色彩义的影响及与"儿"的色彩义对比

（一）"子"对语体的影响

"一+借用量词+名词（名词短语）"、三字词语和四字词语加入"子"后，口语色彩明显。它们不会出现在书面语中，不会出现在庄重正规的场合。教师讲课、政府官员做报告，除非特殊需要不会使用"喇叭子花""墙头子草""说三子道四""乱七子八糟""一垄沟子草""一冬天子阴天"等去表述，也很难想象，"牛皮子糖""窝子里斗""丢三子落四""喊溜子啪喳""一门洞子长果秧"等会出现在人们写的诉状或汇报材料里。[2](P58)

（二）"子"对色彩义的影响

不管"一+借用量词+名词（名词短语）"、三字词语和四字词语加"子"之前是什么色彩义，加"子"后都带有贬义色彩，含有消极、负面的意味。接下来我们对这三种特殊用法逐一进行分析。

1. "子"对"一+借用量词+名词（名词短语）"结构色彩义的影响

"一+借用量词+名词（名词短语）"结构本身是中性的，客观陈述存在的某种事物或现象，"借用量词+子"只在这个结构中出现。加"子"之后转化为贬义色彩，"一+借用量词+子+名词（名词短语）"表达这种事物或现象带来的负面感受。如："一冬天阴天"意思是整个冬天几乎没什么晴天，在客观陈述冬天的天气现象，是中性的，而"一冬天子阴天"除了强调冬天阴天阴冷外，还表达出对这种天气厌烦的意味，呈现贬义色彩；"一垄沟草"意思是垄沟里长有不少草，其感情色彩是中性的，而"一垄沟子草"指草堵住水流无法顺畅浇地，带有厌烦和嫌弃的意味，具有明显的贬义色彩；"一门洞长果秧"意思是

门洞里有很多花生秧,是中性的,而"一门洞子长果秧"指门洞被花生秧堆满,造成门洞通行困难,带有明显的厌烦意味和贬义色彩。

2."子"对三字词语色彩义的影响

"子"对三字词语色彩义的影响可以分为三类。

第一类,中性三字词语加入"子"后,色彩义发生变化,转化为贬义。如:"捎带脚儿"是顺便的意思,其感情色彩是中性的,而"捎带子脚儿"是指别人很容易帮忙却不帮的情况,带有不满、不开心的意味,呈现为贬义色彩;"喇叭花"意思是一种酷似喇叭状的花,是中性的,而"喇叭子花"是指不喜欢这种喇叭形状的花,带有明显的贬义色彩;"人造棉"是指类似棉花质地的布料,其色彩义是中性的,而"人造子棉"是指不喜欢这种质地的布料,已由中性色彩转化为贬义色彩。

第二类,褒义三字词语加入"子"后,色彩义发生变化,转化为贬义,这样的三字褒义词语只有两项。"门门通"是指技能领域广泛,什么都会,是夸奖人的褒义词语,而"门门子通"是指什么都会一点却做不好、做不精,含有看不上此类人的意味,带有明显的贬义色彩;"万元户"指富裕并有存款的家庭,其感情色彩为褒义,而"万元子户"是对有钱人家的富裕饱含羡慕、嫉妒的表达,已转化为贬义色彩。

第三类,贬义三字词语加入"子"后,还是贬义色彩。如:"墙头草"比喻没有主见的人,"墙头子草"指应该做决定却没主意、人云亦云的人,讽刺这类人并带有非常嫌弃的意味;"迷魂汤"比喻蛊惑别人的言行,"迷魂子汤"指已听信这种言行或已被蛊惑,表达出对这种言行的厌恶之情;"拦路虎"指做事过程中遇到的制造困难的人或事,"拦路子虎"指做事过程中又出现新困难,它们都指做事难度很大,基本不能完成。

3."子"对四字词语色彩义的影响

"子"对四字词语色彩义的影响也可以分为三类。

第一类,中性四字词语加入"子"后,色彩义发生变化,转化为贬义。如:"三里五乡"意思是人们住得很近,这是一个中性色彩词语,而"三里子五乡"是说这个范围内有人不顾及乡情做出过分的事,含有不满和批评的意味,已由中性色彩转化为贬义色彩;"门当户对"意思是双方家庭的社会地位、经济条件相当,适合结亲,是中性的,而"门当子户对"是对这样的人家羡慕、嫉妒时的表达,带有明显的贬义色彩;"想方设法"是指想种种办法,这是一个中性色彩词语,而"想方子设法"是说为了达成目的使用各种方法,尤其指不良方法,感情色彩已由中性转化为贬义。

第二类,褒义四字词语加入"子"后,色彩义发生变化,转化为贬义。如:"细皮嫩肉"指皮肤细腻白嫩,夸奖皮肤好的人,是一个褒义词语,而"细皮子嫩肉"是对这种皮肤特征嫉妒、讽刺的表达,嫉妒对象多为女性,讽刺对象多为男性,已由褒义色彩转化为贬义色彩;"百依百顺"意思是事事顺从别人,是一个褒义词语,而"百依子百顺"是对过于顺从的讽刺表达,带有明显的贬义色彩;"人高马大"是指人长得高大壮实,是一个褒义词,而"人高子马大"是对别人身材高大的嫉妒,感情色彩已由褒义转化为贬义。

第三类,贬义四字词语加入"子"后,还是贬义色彩。如:"迷二八糊"意思是不清醒,"迷二子八糊"也是指不清醒、经常出错,对这种迷糊的行为状态充满嫌弃和讽刺;

"酸不溜秋"是说食物有酸味或用来形容一些嫉妒的言论，"酸不子溜秋"是说酸到难以忍受，它们都指不好吃的食物或不好听的话；"娘娘们们儿"意思是男人性格女性化，"娘娘子们们儿"是除性格以外，行为也女性化，含有对这类男人浓厚的嘲讽和厌烦意味。

由以上分析，我们可以把"子"对色彩义的影响描绘如图1：

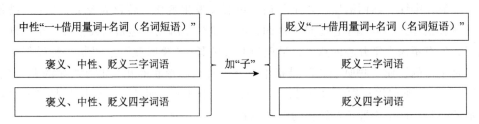

图1 加"子"前后色彩义的变化轨迹

（三）"子"与"儿"的色彩义对比

杨振兰在探析"子"缀感情色彩时认为，"子"附着中性词根，加"子"之后转化为不喜欢或厌恶，这说明"子"显示的贬义倾向具有独立性，不依赖于词汇意义的具体内涵。"子"缀词作为消极、不好意义范畴的负载者，适应了语言系统的编码方式和倾向的需要，从这种意义上来说，"子"可以看作是贬义感情色彩的一个形态标记。[3](P199)冠县方言中，结合加"子"前后色彩义的变化轨迹可知，不论之前是褒贬还是中性色彩义，加"子"之后都变为贬义，这清晰地诠释了"子"所具有的独立的贬义倾向，同时把它理解为一个贬义色彩形态标志也说得通。冠县方言"子"缀的特殊用法与杨振兰的论断是吻合的。

冠县方言中，通过加"子"和加"儿"的对比，也可以体现出"子"缀的贬义色彩倾向。王力认为："小称容易发展为爱称。但是，就普通话来说，只有'儿'字发展为爱称，'子'没有发展为爱称。"[4](P13—14)接下来，我们结合冠县方言用例对它们的色彩义进行对比分析，描绘如图2：

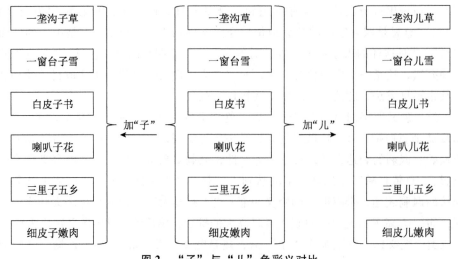

图2 "子"与"儿"色彩义对比

左列是加"子"用法，右列是加"儿"用法。"一垄沟子草"前边提到过指草多致水堵，带有厌烦和嫌弃义，而"一垄沟儿草"是说垄沟里长着一些绿油油的草，多指小草，带有喜欢的意味；"一窗台子雪"指雪堆满了窗台，带有不满，而"一窗台儿雪"是指窗台上有雪花，带有喜爱；"白皮子书"带有不喜之情，"白皮儿书"带有喜爱之情；"喇叭子花"前边提到过指不喜喇叭形状的花，带有嫌弃之义，而"喇叭儿花"与之相反，是喜欢喇叭形状的花；"三里子五乡"前边提到过是说住在附近的人不念乡情做过分的事，带有不满和批评之义，"三里儿五乡"指因住得近彼此亲切、和睦；"细皮子嫩肉"前文提到过，指嫉妒、讽刺皮肤细腻的人，而"细皮儿嫩肉"与之相反，是羡慕、夸奖皮肤好的人。可见，加"子"之后带来贬义色彩，加"儿"则表示喜爱，王力先生的判断在冠县方言中也是准确的，"子"和"儿"的色彩义在冠县方言中是互补的。

三 "子"的搭配方式及与"的"的区分

（一）"子"的搭配方式

在冠县方言"子"缀的三种特殊用法中，"子"是插入还是带"子"结构跟其他成分相结合？我们按类进行分析。

首先来看"一+借用量词+子+名词（名词短语）"结构，"子"在上古时代就可以加在名词后，如：舟子、婢子，中古以后还可附于动词、形容词、量词或副词之后，但放在名词后的用法沿用至今。因此借用为量词的名词加"子"成为带"子"结构，"子"带来贬义色彩，然后带"子"结构再与名词形成"一+借用量词+子+名词（名词短语）"结构。如"一垄沟草"，陈述一个事实，是中性色彩，"垄沟"加"子"成为"垄沟子"，"一垄沟子草"的色彩义由中性转变为带有嫌弃意味的贬义。

其次来看"子"加入三字词语的情况，我们有两个理由认为这里的"子"是插入其中的。其一如"窝子里斗""窝子里反""喇叭子花""饿死子鬼""糊涂子账"等，"窝里"确实可以说成"窝子里"，但是"喇叭子""饿死子""糊涂子"通常不说。其二"窝里斗""窝里反""喇叭花""饿死鬼""糊涂账"等在普通话或昆山方言中是三字格固定语，是"子"插入固定语结构[5](P19—20)，因此我们认为"子"是插入其中的。

最后来看"子"加入四字词语的情况，如"乱七子八糟""花里子胡哨""糊里子糊涂""邋里子邋遢"等，我们通常不说"乱七子""花里子""糊里子""邋里子"，而且有的四字词语在普通话或曲周方言中是四字固定语[6](P70—74)，所以"子"是插入其中的。

（二）"子"与"的"的区分

冠县方言中这三种特殊用法中的"子"会不会是"的"呢？

首先从语音上来看不是，在冠县方言中，实语素"子"读[tsʅ⁴²]，如子女[tsʅ⁴²n̠y⁵⁵]，"子"缀读[tə°]，如桌子[tʂua³³tə°]，而"的"读[ti°]，[ti°]和[tə°]读音不同，容易区分。

其次从语义上来说，"的"可以代入"一+借用量词+名词"，形成"一+借用量词+的+名词"，代入前后语义不变，如"一垄沟草"和"一垄沟的草"，都在客观表达垄沟里有很多草。在这一特殊结构中，"的"可以代入，语义上也说得通。但在三字词语中有的可以代入"的"，而有的从语义上解释不通，如"牛皮的糖"指糖的材料，"墙头的草"指草的处所，这些可以说得通，"窝的里斗""窝的里反"则无法从语义上进行解释。并且，"的"无法代入四字词语，如"说三的道四""叽里的咕噜""乱七的八糟"等，无论从结构上还是从语义上都行不通。

最后从语义色彩来看，虽然"一垄沟的草""牛皮的糖""墙头的草"等都成立，但它们的语义色彩是中性的，而在冠县方言中这三种加"子"的特殊结构表达的都是贬义色彩。汉语中没有语言成分加"的"形成贬义色彩的，从语义色彩上来看也行不通，因此我们认为这三种特殊结构中的"子"不是"的"。

结语

综上，通过对冠县方言语料的分析，本文认为"子"缀的三种特殊用法具有明显的口语色彩。不论加"子"前是何种感情色彩，加"子"之后都带有贬义色彩，含有消极、负面的意味，这在加"子"前后、加"子"与加"儿"的对比中体现得非常清晰。"子"可以插入三字和四字词语中，而"一+借用量词+子+名词（名词短语）"是带"子"结构和名词的结合。从语音、语义及色彩义来看，冠县方言中这三种特殊用法中的"子"不是"的"。

参考文献：

［1］丁声树. 现代汉语语法讲话［M］. 北京：商务印书馆，2004.

［2］吴继章. 魏县方言的"子"尾词［J］. 语文研究，2002（3）.

［3］杨振兰. 汉语后缀"子"的感情色彩探析——以称人后缀为例［J］. 民俗研究，2007（2）.

［4］王力. 汉语语法史［M］. 北京：商务印书馆，2005.

［5］范佳. 江苏昆山方言三字格固定语研究［D］. 河北师范大学硕士学位论文，2021.

［6］张晓佳. 河北曲周方言词汇研究［D］. 河北师范大学硕士学位论文，2016.

河北峰峰矿区话的指示词兼定语标记"那"

姚子琪　田恒金*

摘　要: 峰峰矿区话的指示词"那"的主要功能如下:其一,"那"能够用在名词性成分或谓词性成分的前面,能充当谓词性话题标记;其二,"那"具有标记性质形容词或状态形容词等谓词性定语的功能,在特定的语境中能够临时充当转指标记。"那"的语法化可能存在两种路径,一是演化成冠词,二是演化成专用的定语标记。

关键词: 峰峰矿区话;那;语法化

在一些汉语方言中,"那"这一类指示词的功能在语法化的过程中得到了拓展,其中有两类现象值得关注:第一,指示词能用在谓词性成分的前面,充当谓词性标记,同时指示词的指示意义泛化,具有发展成冠词的某些特征[1];第二,指示词具有标记定语的功能[2][3][4](P19—24)。峰峰矿区话的指示词"那"兼有上述两个特点:第一,"那"能直接用在谓词性成分之前,指称动作行为或性状,充当谓词性话题标记;第二,"那"能够标记定语,跟状态形容词等谓词性成分组合,在某些情况下还能临时充当转指标记。峰峰矿区隶属邯郸市,位于河北省南部。根据《中国语言地图集(第2版)汉语方言卷》,峰峰矿区话属于晋语邯新片磁漳小片。[5](P92—102)本文将重点讨论指示词"那"的语义和语法特点,为便于叙述,我们将不充当定语标记的"那"记为"那₁",将充当定语标记的"那"记为"那₂"。文中用到的峰峰矿区话语料都是由笔者调查到的第一手语料。

一

峰峰矿区话的"那₁"能用在名词性成分之前,构成"那₁+名词性成分"格式,也可以用在谓词性成分之前,构成"那₁+谓词性成分"格式。下面我们依次来讨论这两类格式的特点。

在"那₁+名词性成分"格式中,名词性成分可以充当主语、宾语,或跟前面的名词构成同位结构。陈平按照定指、通指、无指等跟名词性成分相关的指称属性,将名词性成分分成定指成分、通指成分、无指成分等几大类。[6]我们采用陈平的分类方式,同时结合峰

---

* 作者简介:姚子琪(1992—　　),河北师范大学汉语言文字学专业博士研究生,研究方向为汉语音韵与方言学;田恒金(1963—　　),河北师范大学文学院教授,博士生导师,研究方向为汉语音韵学、汉藏系民族语言专语研究。

峰矿区话的具体情况，将出现在"那₁"后面的名词性成分归纳为定指成分、通指成分和无指成分三类，并将"那₁+名词性成分"格式分成"那₁+定指成分""那₁+通指成分""那₁+无指成分"三类来讨论。

在第一类"那₁+定指成分"中，定指成分指现实中的某个特定对象。陈平提出了定指成分出现的几种情况[6]，我们重点讨论其中的两类定指成分：其一，定指成分指称的对象就在听话人所处的环境中，听话人能够借助说话人的提示信息识别该对象；其二，定指成分指称不在谈话现场且在之前的谈话过程中没有被提及的对象，不过听话人早已了解该对象的信息，能够凭借已知的信息识别该对象。如：

(1) 那₁天儿想下雨嘞，赶紧去摘衣裳吧_{天要下雨，赶紧去收衣服。}

(1) 那₁天儿想下雨嘞，赶紧去摘衣裳吧 <small>天要下雨，赶紧去收衣服。</small>
(2) 那₁老杜叫乜缺啦，你听说啦没有 <small>老杜被人坑了，你听说了没有？</small>
(3) 我从那₁早起就来啦，一直干咾那₁天黑 <small>我从早晨就来了，一直干到天黑。</small>

例(1)中的定指成分"天儿"表示天气，是听话人在当前的对话地点能够直接观察的对象，因此"天儿"属于上述的第一类定指成分。在例(2)的语境中第一次被说话人提到的定指成分"老杜"指听话人认识的某个人，虽然这个人不在谈话的现场，但听话人能够判断出"老杜"指的是谁，因此"老杜"属于第二类定指成分。例(3)表示时间的定指成分"早起"和"天黑"所描述的不是谈话当前的时间点，也属于第二类定指成分。由于"天儿""老杜""早起""天黑"这四个定指成分在各自的语境中所指称的对象有且仅有一个，因此听话人无须借助指示词就能够识别这些成分，这说明在上述例句里，"那₁"的指示功能实际上弱化了。此外，某些支配式离合词扩展后的后项也能够看作定指成分。如：

(4) 他这个人儿就有这毛病，甭天天给他发那₁急 <small>他这个人就有这毛病，别天天为他着那(个)急。</small>

例(4)中的"那₁"插在了离合词"发急"中间。从例句所描述的语境可知，听话人明白"急"这一成分指称的是自己因为某些原因而产生的焦躁情绪，充任宾语的"急"应视为第二种定指成分。

在第二类"那₁+通指成分"中，通指成分指现实中的某一类对象。如：

(5) 那₁公务员儿待遇都不赖 <small>公务员待遇都不错。</small>
(6) 那₁当兵嘞身体都不孬 <small>当兵的身体都不错。</small>
(7) 那₁雾大咾啥也看不清 <small>雾大了什么也看不清。</small>

例(5)和例(6)中的通指成分"公务员儿""当兵嘞"分别指称具有特定社会身份的一类人，例(7)中的"雾"指一种自然现象。有时"那₁"后的名词性成分与前面的成分构成同位结构，此时整个同位结构属于通指成分。如：

　　（8）西瓜那₁东西不能多吃_{西瓜那（种）东西不能多吃}。

　　第三类"那₁+无指成分"主要出现在比况结构中。无指成分不指称现实中的某个或某一类对象，只表示跟名词性成分有关的某种抽象属性或概念。如：

　　（9）这孩子咋跟那₁二杆子一样_{这孩子怎么跟二百五一样}。
　　（10）他精嘞跟那₁猴儿一样_{他精得跟猴子一样}。

　　在例（9）和例（10）两个例句中，无指成分"二杆子""猴儿"出现在比况结构"跟……一样"中，这两组无指成分分别跟"一样"组合，共同充当"跟"的宾语①。句中的"二杆子"并不指称现实中某一类或某一个莽撞、不讲理的人，只强调这一类人莽撞、不讲理的性格特点；"猴儿"也不指称现实中的某一类或某一只猴子，只强调猴子这一类动物机警、聪明的习性特征。从发音的角度看，在例（9）和例（10）以及下文将要讨论的例（14）和例（15）这几个包含比况结构的例句中，"那₁"跟后接成分的语流紧密衔接，中间通常不能出现语音停顿。

　　除了名词性成分外，"那₁"还可以跟谓词性成分构成"那₁+谓词性成分"格式，指称动作行为或性状。同"那₁+名词性成分"相比，"那₁+谓词性成分"格式里的"那₁"的指示功能更弱一些。"那₁+谓词性成分"的功能如下：

　　第一，"那₁+谓词性成分"充当话题主语。如例（11）的"那₁哭"：

　　（11）你甭哭啦，那₁哭就能写完作业啦_{你别哭了，哭就能（帮你）写完作业了}？

　　第二，"那₁+谓词性成分"格式可以出现在人称代词的后面，构成"人称代词+那₁+谓词性成分"格式，"那₁"既可以强调话题，也可以改变句子的话题。如：

　　（12）他那₁吃饭不掏钱儿_{他吃饭不花钱}。
　　（13）他那₁弄不清谁都知道_{他弄不清谁都知道}。

　　例（12）中的"吃饭"属于全句谓语的一部分，"那₁"除了指称、强调"吃饭"这一惯常行为以外，还凸显了"他"和"吃饭"两个成分之间的主谓结构关系，使整句的话题由"他"变成了"他那₁吃饭"。例（13）的"弄不清"充当主谓谓语句大主语部分的谓语，"那₁"除了指称表示性质状态的谓词性成分"弄不清"以外，还有强调话题主语"他弄不清"的作用。

　　第三，"那₁+谓词性成分"也可以出现在比况结构中。如：

（14）乜上班儿跟那₁玩儿嘞一样人家上班跟玩儿一样。

（15）她跟那₁没吃饭一样她跟没吃饭一样。

跟例（9）和例（10）相同，例（14）和例（15）中的"那₁玩儿嘞"和"那₁没吃饭"分别跟后面的"一样"组合，充当"跟"的宾语。从句子描述的语境来看，例（14）的"乜"上班时并没有消极对待工作，例（15）的"她"很可能已经吃了饭。也就是说，例（14）中的"玩儿嘞"所指称的不是现实中"玩儿"的真实行为，而是人在玩耍的时候所表现出的轻松、自在的心理状态；例（15）中的"没吃饭"也不表示"没吃饭"的现实状态，只强调"没吃饭"这种状态所表现出的没力气、没精神。"玩儿"和"没吃饭"两个谓词性成分跟例（9）和例（10）中的无指成分"二杆子"和"猴儿"具有相似性，都表示外延较抽象的概念。需要说明的是，由于"那₁"具有标记话题的功能，句中通常不能只出现一个谓词性成分，否则句子不成立。如：

（16）＊他那₁吃饭。

在上述例句中，"那₁"的指示意义出现了弱化的现象。尤其值得注意的是，当"那₁+名词性成分"和"那₁+谓词性成分"两组格式出现在比况结构中的时候，指示义弱化的"那₁"跟名词性成分或谓词性成分的语流衔接紧密，中间通常不能出现语音停顿，这表明"那₁"具有附着于后面的名词性或谓词性成分的趋势。吕叔湘指出，近代汉语中的"这""那"出现了冠词性的用法，能够用在以下三类不需要指别的名词之前，一是泛指同一类事物的名词，二是所指对象在现实中只有一个的名词，三是所指对象在特定语境中只有一个的名词。[7](P218)这三类名词同样能够出现在"那₁"之后。方梅指出，某些语言里的指示词由于经常用来指称确定的对象，这些指示词逐渐成为黏附性的成分，最终演变为冠词。[1]例（9）和例（10）、例（14）和例（15）中的"那₁"已经有了附着于后接成分的倾向。据此我们推测，峰峰矿区话的"那₁"存在逐步演化成冠词的可能性。

二

峰峰矿区话的"那₂"出现在定中偏正结构中。跟"那₂"组合的修饰语包括名词性成分和谓词性成分两类。我们分别将"那₂"和上述两类成分的组合记为"名词性成分+那₂"格式和"谓词性成分+那₂"格式。

在"名词性成分+那₂"中，名词性成分可根据语境义分成定指成分和通指成分两类。下面三个例句里的名词性成分属于定指成分：

（17）夜隔儿那₂雨下嘞大不大昨天那（场）雨下得大不大？

（18）路边儿那₂人儿干啥嘞路边儿那（些）人（在）干什么呢？

（19）他愿咋咋，操他那₂心干啥他愿意怎么样（就）怎么样，操他那（个）心干什么。

例(17)和例(18)中的"夜隔儿"和"路边儿"分别指称具体的时间和处所。例(19)中的离合词"操心"扩展后的后项"心"指被谈论对象的情绪状态。

下面的例句中的名词性成分属于通指成分:

(20) 香蕉那₂皮儿不能吃 香蕉那(层)皮不能吃。

例(20)中的"香蕉"泛指香蕉这一类食物,属于通指成分。

在某些情况下,"名词性成分+那₂"存在歧义。如:

(21) 改芹那₂姐姐好着嘞 改芹那(个)姐姐好着呢。
(22) 她那₂领导真不赖 她那(个)领导真不错。

例(21)和例(22)中的"改芹那₂姐姐"和"她那₂领导"既能看作同位结构,也可以看作偏正结构。将两者看作同位结构时,"改芹"和"她"充当全句的主语,"姐姐"和"领导"分别用来复指"改芹"和"她";若将两者看作偏正结构,此时中心语"姐姐"和"领导"是全句意念上的主语。

在"谓词性成分+那₂"中,谓词性成分能够根据所指对象的不同分成两类。一类指动作行为。如:

(23) 买那₂馍他不好吃 买的馒头他不喜欢吃。

另一类指性质状态。如:

(24) 烧那₂饭不能喝 烫的粥不能喝。
(25) 给孩子做条厚厚那₂盖的 给孩子做条厚厚的被子。

在例(24)和例(25)中,表示属性特征的性质形容词"烧"和状态形容词"厚厚"分别跟"那₂"组合,充当修饰语。由于普通话指示词"那"不能出现在谓词性定语的后面,例(23)至例(25)三个例句译作普通话时,译句中必须加上结构助词"的"。

在上述两组格式里,"那₂"能够单独出现在定语标记的位置。值得注意的是,"那₂"已经出现了表示转指的用法,能构成无核(headless)关系从句[2]。以下面的例(26)和例(27)两组对话的答句为例,当"俺"和"买"分别跟"那₂"组合后,"俺那₂"的所指从"我"变成了"我的书","买那₂"的所指从"买"变成了"买的菜":

(26) ——这是谁那₂书 这是谁的书?
　　　 ——这是俺那₂ 这是我的。
(27) ——这是谁买那₂菜 这是谁买的菜?

——这是俺买那₂_{这是我买的。}

刘丹青提出了判定某个成分具备或兼备定语标记功能的两个句法特点：一是当该成分使用后，不必再用"的"类定语标记；二是将该成分删除后，必须使用其他标记加以补充。[2]我们据此判断，"那₂"已具有标记定语的功能，不过"那₂"还是应该看作兼有定语标记功能的指示词。理由如下：

第一，峰峰矿区话的专用定语标记是结构助词"嘞"，而"那₂"不排斥跟"嘞"共现。根据语言的经济原则，"那₂"应看作指示词。如：

（28）改芹嘞那₂姐姐好着嘞_{改芹的那（个）姐姐好着呢。}
（29）她嘞那₂领导真不赖_{她的那（个）领导真不错。}

第二，从语义和语法功能上看，"那₂"离专用的定语标记仍有一定距离。从语义方面看，"那₂"仍有较明显的指示意义。从句法方面看，"那₂"的定语标记功能存在限制条件。比如某些表示材质或颜色的单音节词不能用在"那₂"前作修饰语：

（30）＊铁那₂锅
（31）＊绿那₂衣裳

若将上面这两个例句中的"那₂"换成"嘞"，则句子成立。再如，"那₂"并未完全具备转指功能。如下列例句是不成立的：

（32）＊——这书是谁那₂？
　　　＊——这书是俺那₂。
（33）＊——这菜是谁买那₂？
　　　＊——这菜是俺买那₂。

与例（26）和例（27）的问句相比，例（32）和例（33）中的"书""菜"两个名词移到了"那₂"的前面。刘丹青指出，"的"类的结构助词属于从属语标注手段，跟定语构成直接成分，不能脱离定语；而指示词属于核心标注手段，跟中心语名词构成直接成分，难以脱离中心语名词。[2]我们据此判断，例（32）和例（33）之所以不成立，是因为句中的"那₂"单独处于句末，不再跟名词"书"和"菜"有组合关系；也就是说，"那₂"仍是中心语名词"书"和"菜"的直接成分。只不过例（26）和例（27）里的中心语名词"书"和"菜"是谈话双方已知的信息，在答句中临时被省略了，这导致例（26）和例（27）答句里的"那₂"临时承担了转指标记的功能。此外从使用的频率方面看，"嘞"是峰峰矿区话最常用的转指标记，"那₂"很少用于转指。上述例证表明，"那₂"本质上仍属于指示词，不过

"那₂"已显示出演化为定语标记的重要特征。

综上所述,峰峰矿区话指示词"那"的语法化呈现出如下特点:第一,"那₁"能分别出现在名词性成分或谓词性成分的前面,能够充当谓词性话题标记,出现在比况结构中的"那₁"具有附着于后面的名词性或谓词性成分的趋势。第二,兼任定语标记的"那₂"能够跟性质形容词、状态形容词等表示事物属性特征的谓词性成分组合,在特定的语境里能够临时充当转指标记。我们根据上述特点推测,"那"的语法化存在两种可能的路径,一是演化成冠词,二是演化成专用的定语标记。

注释:

① 朱德熙指出,"跟+N+一样"可以表示"比拟"和"比较"两种语法意义,当表示前一种意义时,"跟+N+一样"应看作述宾结构,"N+一样"充当"跟"的宾语。本文讨论的比况结构都属于这一类型。见氏著:《语法讲义》,商务印书馆1982年版,第177页。

参考文献:

[1] 方梅. 指示词"这"和"那"在北京话中的语法化[J]. 中国语文,2002(4).
[2] 刘丹青. 汉语关系从句标记类型初探[J]. 中国语文,2005(1).
[3] 张金圈、储泽祥. 无棣方言的领属定语标记"勒"和关系从句标记"底"//汉藏语学报[M]. 北京:商务印书馆,2011.
[4] 纪慧慧. 新泰方言助词研究[D]. 山东大学硕士学位论文,2009.
[5] 中国社会科学院语言研究所、中国社会科学院民族学与人类学研究所、香港城市大学语言资讯科学研究中心编. 中国语言地图集(第2版)汉语方言卷[M]. 北京:商务印书馆,2012.
[6] 陈平. 释汉语中与名词性成分相关的四组概念[J]. 中国语文,1987(2).
[7] 吕叔湘著,江蓝生补. 近代汉语指代词[M]. 北京:商务印书馆,2017.

历时视角下多模态语篇的意义建构

——基于冬奥会会徽图文形式及关系[*]

张乔童[**]

摘　要：在多模态语篇中，语篇整体由不同模态以不同形式构成，模态间相互关联、共同作用形成语篇意义。模态间的关系是认识和理解多模态语篇内在联系和意义构成的关键所在。在冬奥会会徽这样独有的语篇当中，其模态使用尤其值得考察研究。从历时视角分析冬奥会会徽在文字与图像两种模态形式上和模态间关系的变化，能够帮助发掘多模态语篇的内在特征及演变规律，更好地进行语篇分析和意义解读。研究发现冬奥会会徽的文字和图像模态在词汇语法层面分别历经了变化：文字模态逐渐单一化、焦点化和图像化，图像模态向抽象化和前景化发展；模态间关系历经了转变：从非互补向互补关系变化、非强化向强化关系发展。

关键词：多模态语篇；图文形式及关系；历时视角；冬奥会；会徽

引言

2022年北京冬奥会的成功举办展现了我国的体育文化实力，创造并留下了会徽、吉祥物等丰富的冬奥会精神遗产。会徽是历届冬奥会标识的核心构成，作为主办方当地文化与奥林匹克精神有机结合的产物，其以视觉符号的形式向全世界集中展现不同国家或民族文化的独特性，成为展示国家形象和文化软实力的"名片"，亦起到对体育精神的传承和传播作用，是人们认识奥林匹克文化的窗口。

冬奥会会徽是一种高度符号化的视觉形象传递的媒介，在形式层面上由文字和图像两种模态构成。冬奥会会徽的文字与图像之间具有密切关系，在有限的文化空间内构建丰富多元的语篇意义。从多模态语言学的视角来看，冬奥会会徽的文字系统和图像系统在整个语篇结构和意义交换中发挥重要的作用，不同模态间并非独立存在和表意，而是在符际间相互作用、相互语境化的过程中共同构建冬奥会会徽语篇的整体意义。同时，冬奥会会徽随着不同主办方的主旨精神、办会特色、地域特点等变化而演变，在时代背景的变迁以及社会文化的融合下不断发展，传递着不同时期体育之于人类的价值和意义。这种意义的变

---

　* 基金项目：本文为中央高校基本科研业务费专项"新闻元话语的立场表达与身份互动研究"（项目编号：2021QD026）的阶段性成果。

　** 作者简介：张乔童（1993—　　），文学博士，北京外国语大学专用英语学院讲师，研究方向为应用语言学、话语语言学、媒体话语。

化不仅表现在冬奥会会徽文字和图像两者的独立形式层面上，也体现于两者的相互关联和重组之中。冬奥会会徽模态间关系的历时性考察，对于具体语类的语篇研究和多模态语篇发展规律的揭示有着重要的意义。

现有关于冬奥会会徽的研究涉及文化学、符号学、艺术设计等角度，然而大多缺乏理论支撑和严谨的分析框架，多从文化和传播层面进行描述性分析；以多模态话语分析为视角的研究数量有限，多集中于某一届的会徽分析[1]，基本上采取视觉语法的框架进行解读[2]，缺乏从历时角度出发对于历届冬奥会会徽纵向的考察，未能从模态本身的形式变化和模态间关系进行分析和总结，从而对语篇意义的建构做出有益的尝试。

基于此，本文从历时角度出发，结合张德禄的多模态话语分析框架，分析冬奥会会徽的文字和图像两种模态的形式和关系上的发展变化，对其语篇意义的建构进行解读，并阐释这种发展演变背后的语境和文化原因。

一　理论基础及多模态话语分析框架

多模态话语分析兴起于20世纪90年代，以冈瑟·克雷斯和范·莱文为代表，在《图像解读：视觉设计的语法》[3]中，结合罗兰·巴特的符号学理论[4]和韩礼德系统功能语言学的三大元功能[5]，对应了视觉语法中视觉符号系统的再现意义、互动意义、构图意义，从三个方面对语篇意义进行阐释，探讨语言符号系统之外的意义潜势，为多模态话语研究提供了新的理论视角和研究方法。

张德禄同样认为系统功能语言学是适应多模态话语分析的可行理论基础，并从文化层面、语境层面、内容层面和表达层面对理论框架进行了探讨（见图1）。

其中关于多模态话语的形式及关系进行了着重分析：“媒体本身只是意义传递的载体，本身并不带有一定的意义，只有通过形式层面的组织和模式化才具有直接表达意义的能力。”[6]探讨某一类多模态话语时，模态的组织方式和如何形成不同模式显得尤为重要。因此，会徽作为一种媒介或载体，在传递冬奥会主旨和精神时，是通过会徽这一多模态语篇中的文字与图像的组织和模式才得以表意。像语言系统一样，视觉、听觉等不同媒介的模态也具有规则系统，正是在这样的语境下赋予新的组合，产生新的意义，构成了多模态视域下的语法。模态间如何相互关联和作用一直是多模态语篇分析的研究重点

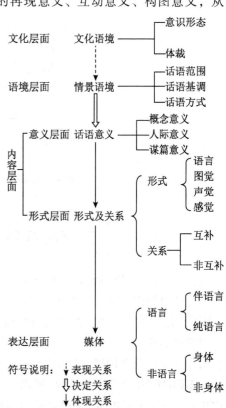

图1　张德禄（2009）多模态话语媒体系统

和难点，在冬奥会会徽这样的语篇中，模态构成相对稳定，即文字和图像模态，更容易从整体上把握和分析其模态形式和相互关系，对共同构成完整语篇意义的解释具有较高的可行性。

　　本研究基于张德禄的多模态话语分析综合理论框架，以历时视角着重考察多模态话语形式及关系（见图2）。从文字系统的词汇及语法和图像系统的图形形体及语法，动态研究过往24届冬奥会会徽在模态形式上的变化趋势；从文字及图像模态间的关系方面来看模态间关系的演变，由此对冬奥会会徽语篇的整体意义建构进行解读和分析。

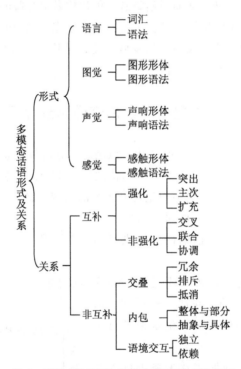

图 2　张德禄（2009）多模态话语形式及关系

二　历届冬奥会会徽图文模态形式变化

（一）文字模态词汇语法单一化

　　会徽语篇中的文字模态从最初的丰富词汇和完整语法表达，向简单词汇和句法层面的"去语法化"形式发展。在早期的会徽中，大篇幅的文字模态用来进行文字叙述和具体概念意义的传递，第1届冬奥会会徽体现得最为典型。在第1届1924年法国夏慕尼冬奥会的会徽中，文字模态的形式分别分布在会徽的最上方和最下方，上部分文字为"PARIS-LY-ON-MEDITERRANEE"（巴黎-里昂-地中海），下部分为"AUX VAINOUEURS DU CON-COURS DE LA VIII OLYMPIADE, CHAMONIX. MONT-BLANC. 25 Janvier-5 Février 1924"（致敬第8届奥林匹克运动会获奖者，夏慕尼，勃朗峰，1924年1月25日—2月5日），该会徽以文字模态交代了首届冬奥会的举办年份、举办地点、赛事时长以及一句致敬语，词语丰富且语法结构比较完整。实际上，前三届冬奥会会徽都保留了文字模态来交代赛会时长，第 2 届圣莫里茨冬奥会从 1928 年 2 月 11 日至 19 日，第 3 届普莱西德湖冬奥会从 1932 年 2 月 4 日至 13 日（见图 3）。早期的会徽更加注重文字模态的概念意义在整个语篇中的表达。这种概念意义的传递随着后期冬奥会会徽的发展逐渐缺省，由于会徽语篇的篇幅有限，能够容纳的模态和概念意义有限，赛会时长便不再出现在会徽的文字模态中。

第 1 届冬奥会会徽　　　　第 2 届冬奥会会徽　　　　第 3 届冬奥会会徽

图 3　第 1 届至第 3 届冬奥会会徽

第 4 届至第 8 届冬奥会会徽省略了文字模态中赛会时长的概念表达，但仍然注重"冬季奥运会"这一概念意义在文字模态上的传递，保留了不同语种的"Olympics Winter Games"的文字模态。然而，随着冬奥会的不断发展，往后的历届会徽中，文字模态在整个语篇中所占比例越来越少，文字形式愈加精简，不再交代赛会时长、举办月份和具体日期，大多只保留举办年份，甚至对年份的文字模态进一步地缩减，以减少文字所占用的空间篇幅，如第 16 届、第 17 届冬奥会会徽的年份仅仅保留了"92"和"94"，默认此两位数字表达了 20 世纪末的两届奥运会，默许其不产生歧义且更好地利用了语篇空间。

与此同时，也有较为极端的情况出现，如第 14 届、第 15 届冬奥会会徽的语篇中彻底放弃了使用文字模态，全部以图像进行表意（见图 4），在一定程度上也体现出了文字模态在冬奥会会徽语篇中模态占比越来越少、发挥的作用越来越小。从最近几届冬奥会会徽实际情况来看，文字模态基本保持了"城市+年份"的组合形式，在语法层面形成了一种较为固定的表达。未来会徽仍然有可能按照这个趋势发展，文字模态的词汇语法形式逐步呈现出从相对丰富、多样的表达，向简洁、直接的单一化文字形式发展的趋势。

第 14 届冬奥会会徽　　　　第 15 届冬奥会会徽

图 4　第 14 届、第 15 届冬奥会会徽

（二）文字模态焦点化和图像化

冬奥会会徽的文字模态逐渐呈现出由语篇边缘向中心位置发展的焦点化过程，同时文字模态向图像模态转化发展。冬奥会会徽语篇中的文字模态从第 4 届开始出现圆环式的环绕文字形式，如"1936 IV. OLYMPISCHE WINTERSPIELE GARMISCH-PARTENKIRCH-EN"（1936 年第 4 届加米施-帕滕基兴冬奥会），直至第 12 届冬奥会，往后的多届会徽多采用这样的文字模态呈现方式。在圆环形的文字环绕中，文字模态的呈现和具体意义的理解仍需遵循线性排布的方式，这就使得文字排列在一个"圈"上。然而在会徽这一类型的多模态语篇整体意义的构成当中，处于语篇边缘位置的信息往往不被重视，同时为了满足会徽的圆形设计，文字模态在语篇意义的传递上有所妥协，因为无论顺时或逆时针排布文字，都影响受众直观和完整地理解文字意义。这样的文字模态展示形式其实不利于读者进行信息接收和概念意义的理解，认读过程比较费力，因而文字模态的意义得不到高效的传播，以早期的第 6 届、第 7 届、第 8 届冬奥会会徽最为典型（见图 5）。而随着历届冬奥会的举办，人们逐渐将处于语篇边缘位置的文字模态向中心转移，通过中心化的方式使文字成为当前语篇关注的焦点，横向排布的方式更利于受众的线性阅读，从第 16 届冬奥会往后基本沿袭了这一方式。得到焦点化的文字模态更加简洁明了地表达概念意义，扩展了文字模态的表达空间，一定程度上将文字模态中更加重要的内容（如举办地和年份）凸显出来。

第 6 届冬奥会会徽　　　　第 7 届冬奥会会徽　　　　第 8 届冬奥会会徽

图 5　第 6 届至第 8 届冬奥会会徽

同时，冬奥会会徽愈加趋向于将文字视作一种图像资源进行多模态语篇意义的建构。换句话说，也就是将文字模态通过变换字体、颜色、大小等方式，更多地转化为图像模态进行意义的传递。其中，第 22 届索契冬奥会会徽最为典型，"Sochi. ru 2014"本身是具有概念意义的文字表达，但其在具体形式上以蓝色为基调，使用较大字号的粗体来表达文字模态，嵌入在整个会徽语篇的中央位置，实则是将文字与图像模态进一步融合，更多地以一种图像符号资源的形式展现出来。另外，2022 年北京冬奥会会徽也进一步融合了文字模态在中国书法中的艺术表达，将"冬"的文字概念意义以不同颜色的组合形式构成图像，呈现出更为艺术化和具有深层含义的语篇意义（见图 6）。由此可以看出，文字模态在得到焦点化突出的同时，还在向图像模态转化，从而将多模态表达进一步融合，产生新的语篇意义，丰富了冬奥会会徽

第 24 届冬奥会会徽

图 6　第 24 届北京冬奥会会徽

的内涵，发展了多模态语篇的表达形式。

（三）图像模态形体抽象化

图像模态的符号资源从具象的表达方式逐渐向抽象发展。从早期的会徽图像模态可以看出，为了表现冬奥会的办会地点和独有特征，设计者尽量还原所要表达事物的客观真实状态，其中标志性地点、国家民族象征物等尤为明显（见图3），如第1届法国夏慕尼冬奥会中的雄鹰和滑雪橇的运动健儿们，第2届圣莫里茨冬奥会中的雪山和飘扬的旗帜，第3届普莱西德湖冬奥会展现的运动员穿着双板滑雪板在空中腾飞的样子，以及第5届冬奥会中两人在雪地中行走的场景等，都是以较为具象的绘画手法和展现方式还原事物的真实场景，从而传递语篇意义，引导读者进行理解和解读。

然而，具象的图像表达方式是基于现实自然客观事物而进行创作的，本质上受制于所要表达的事物，不利于图像模态在会徽语篇中多层次、多意义的表达。随着冬奥会会徽设计的发展，图片模态的表达方式向抽象化过渡，从根本上实现了图像模态内涵的多样性和丰富性，传递更加具有创新性的含义。通过线条、色块、平面立体表达相结合等，以符号表征现实事物的方式给受众更多的想象空间和理解方式，在会徽语篇的布局上也更加合理、节省空间，可在有限的空间内表达更为丰富的意义。以2022年北京冬奥会会徽为例（见图6），其展现了汉字的"冬"，同时蕴含了传统中国书法的笔法和形态美，又好像一个"舞动的人形"，象征奥运健儿们在冬季展现奥林匹克精神。这些抽象化的发展都使得图像模态能够在会徽语篇中容纳和承载更多的意义、提供不同的解读方式，从长远来看这是会徽语篇中图像模态发展必然的趋势，是符号资源发展的自然选择。

（四）图像模态语法前景化

图像模态在会徽的呈现中由背景向前景不断转化得以突出。早期冬奥会会徽中的图像模态多以背景化的方式呈现，更多地用以提供背景信息和补充相关知识。而近些年会徽中的图像模态逐渐前景化，其地位和作用越来越明显，不断凸显图像模态在会徽语篇中表达意义的重要性。这种前景化的变化可以从两个方面去理解，一是从方形的图片形式向不受图形约束的图像符号变化，二是图形在会徽中所处相对位置的变化。早期的会徽是类似海报的一种宣传形式，是较为传统的宣传手段，所以我们可以看到第1届、第2届、第5届冬奥会会徽均以垂直的长方形图案呈现，同时以一种背景化的图像形式进行信息的传递，真正想要表达的主体是图片中的人、物、事件等。另一方面，会徽中图像的主体地位越来越明显，图像模态作为一个整体，无一例外地被放置在会徽的正中心位置，从相对隐性地提供背景信息转变为显性突出的前景位置，使读者能够一眼捕捉图像的内容从而理解其意义，这是图像模态在会徽语篇中历经与文字模态的互动和协商后的结果，也能够帮助我们更好地审视模态间的关系变化。

三 历届冬奥会会徽图文模态关系演变

根据张德禄多模态话语分析综合框架中的多模态话语形式及关系图（见图2），我们可以从文字与图像两种模态间是否具有互补性的角度去理解模态间关系，并据此结合冬奥会会徽的实际情况，从历时角度对其关系变化做出分析和解读。在多模态语篇当中，模态间互补关系和非互补关系很可能以交叉相融的形式出现，两者间界限并非明确而清晰的，模态间关系是动态变化的，在一定的语境或交际过程中不断交替变化，如演讲辩论、课堂展示等。而在会徽这样的静态语篇中，文字和图像的模态间关系变化需要从历时角度进行观察和分析，从而对会徽这一多模态语篇的意义建构做出解释。

（一）非互补关系向互补关系变化

非互补关系指的是在多模态语篇中，一种模态对另一种模态或整体语篇意义的建构没有明显的贡献作用，模态间没有互相补足；而互补关系强调整体语篇的意义需要多种模态共同建构，不同模态互为补充。在早期冬奥会会徽中，文字和图像两种模态间存在着一定的交叠和内包现象，使得两者形成一种非互补关系；其中最为典型的是对于"奥林匹克冬季运动会"概念意义的表达，"五环"的图像自 1913 年奥林匹克之父顾拜旦构思设计以来，便指称"奥林匹克运动会"，五个圆环最初代表了奥委会成员国的国旗颜色构成要素，后来象征着五大洲的各个国家及地区。通过观察研究可以发现，奥运五环的图案是除第 1 届以外，每届冬奥会会徽的必要组成元素。与此同时，为了区别于夏季奥运会，早期的会徽均在文字模态上用不同语种表达了"Olympic Winer Games"（奥林匹克冬季运动会）的含义。由此看来，文字模态在对图像产生交叠的基础上，存在一定的内包现象，即文字模态重复表达"奥林匹克运动会"的概念，并对五环的图案进行了具体信息的说明，而未有额外信息的补充。

所以，在早期的会徽语篇中，模态间呈现出一种非互补关系，文字和图片间呈现出交叠和内包的现象。而随着会徽理念的不断进步以及符号化的高度发展，我们发现两者间关系向互补发生转变，即文字模态不再重复表达图像已经传达的意义，在整体的语篇意义构建中发挥了互为补充的作用，仅在文字模态中展现举办年份和城市，对图像模态的意义做出补充，提供额外信息，避免了原有的重复表达，进而形成一种互补关系。

（二）非强化关系向强化关系变化

在互补关系当中，又可以分为非强化关系和强化关系两种。非强化关系强调多模态的模态构成缺一不可，缺少了便影响语篇整体意义的表达；强化关系不强调每个模态存在的必要性，而是在重要性上进行区别，即一种模态是主要形式，其他模态起到辅助作用。在会徽这种有限的语篇空间中，其最基本模态由文字和图像两种构成，在文字模态不断减少的过程中，我们可以发现其扮演的角色愈来愈不重要，逐渐被图像模态占据和替代。冬奥会会徽从"文字+图像"两者必不可少的模式，向"图像主导、文字可有可无"的方向发展，呈现出从协调的非强化关系向突出主次的强化关系发展。

第 14 届萨拉热窝冬奥会、第 15 届卡尔加里冬奥会会徽正是如此（见图 4），会徽空间内除了五环和一个抽象图形的结合以外，没有任何文字模态。然而这样的模态构成方式似乎欠妥，这两届会徽在语篇意义完整性上有所缺失，对于这两届冬奥会是在哪一年举办、在哪里举办的，受众不得而知。但无可否认的是，在文字与图像模态关系发展和变化过程中，图像的地位愈加凸显而文字模态越来越不被重视。在后期的冬奥会会徽中，文字模态基本上保持了"城市+年份"这一相对局限的表达方式，与图像模态更加抽象化、前景化的丰富表达形成了对比，文字模态逐渐将会徽语篇中意义建构的空间让渡给图像模态，而自身只传递固定的、基本的词汇概念意义。

四　冬奥会会徽的语篇意义建构

从历时视角，我们发现虽然冬奥会会徽的语篇模态构成较为固定，且会徽为静态的意义表达，但是在对历届会徽的研究中，我们发现文字和图像在词汇语法层面分别历经了变化，文字模态逐渐单一简化、焦点化和图像化，图像模态向前景化和抽象化发展。两种模态间关系从非互补向互补关系、非强化向强化关系发展。莱姆基[7]认为所有模态在理论层面上的地位是平等的，但在实际运用中不同模态作用的程度是不相同的。历时视角帮助我们更好地以动态观点来解构多模态语篇中不同模态及关系的演变，从而对于多模态语篇的意义构成研究补充新的研究视角，对冬奥会会徽的发展及奥林匹克精神的传递做出有益的解读。

（一）语境层面

从语境层面上来看，冬奥会会徽的语篇并非孤立存在，它的产生受到各种语境因素的制约和相互作用，其意义的构成及变化也在语境中不断发展。冬奥会会徽的话语范围限定在整个奥林匹克赛事当中，是奥林匹克精神的集中体现，是历届冬奥会选址和办会主旨的浓缩，同赛事吉祥物、文化礼品、其他 logo（徽标）等一同出现，涉及话题均与奥林匹克相关，构成了冬奥会基本话语范围。冬奥会会徽语篇的语境基调是依托于国际赛事的展示平台，举办单位向世界各国进行介绍和宣传，各参赛国家和地区的运动员到主办单位进行比赛，彰显主办国在举办国际赛事上的担当，展现其国家体育文化实力。冬奥会会徽的话语方式采用了空间相对狭小且有限的书面语篇进行展示，本质上来讲会徽的图文模态利于传播和扩大影响力，在各参赛国家及地区之间形成传播效果。冬奥会会徽的模态形式变化大多与语境化相关，冬奥会会徽的创作语境逐渐成了人们的一种共识，不需要进行全面阐释，如对"奥林匹克冬季奥运会"的概念无须再用文字叙述，现存的语境已经为受众提供了这类信息。由此，会徽的语篇空间可以更多用来表达主旨、特色等非同质性的内容。这样的语境化为模态形式变化起到了风向标的作用，也使得模态间的关系在语境的影响下不断发展变化，丰富会徽语篇的意义。

（二）文化层面

从文化层面上来讲，会徽作为一种独特的语篇形式，在社会交际当中已经形成了一定共识，这种共识是文化层面上的知识共享和认同。人们对于奥林匹克运动会的了解程度随着每一届运动会的举办而不断加深，对于冬奥会的会徽认识程度同样如此。人们逐渐形成了对于冬奥会每四年举办一次，选择世界范围内有能力承办赛事的国家的某个城市，设计每一届的会徽、吉祥物、奖牌等一系列习惯及规约的认知，这也使得有些会徽的设计中直接使用简洁的数字表达，如用"92""94"的文字模态来代表年份，实际体现出了人们文化层面的共识。与此同时，人们对于会徽的认识也逐渐趋向统一，它是在冬奥会举办时的一种符号象征，体现了历届冬奥会的特色，对于冬奥会会徽的意义潜势和交际过程有基本的文化共识。在此基础之上，人们也想看到表意更加丰富、更加多元和新奇的会徽，这便使得会徽语篇中的模态及关系发生了变化，使用承载更多意义的抽象符号等，都是多模态语篇内模态间互动协商的结果。由此，从历时视角进行多模态话语分析，对语篇意义的建构可做出更多的合理解释。

参考文献：

［1］徐静. 奥运会会徽互动意义的多模态话语分析——以 2014 年索契冬季奥运会会徽为例［J］. 语文学刊(外语教育教学)，2014(8).

［2］龚先美. 2022 北京冬奥会会徽的多模态话语分析[J]. 湖北文理学院学报，2016(7).

［3］Kress, G. & Van Leeuwen, T. *Reading Images: The Grammar of Visual Design*［M］. New York：Routledge，2020.

［4］Barthes, R. *Elements of Semiology*［M］. London：Cape，1967.

［5］Halliday, M. A. K. *Exploration in the Functions of Language*［M］. London：Edward Arnold，1973.

［6］张德禄. 多模态话语分析综合理论框架探索[J]. 中国外语，2009(1).

［7］Lemke, J. Multiplying meaning：Visual and verbal semiotics in scientific text［C］//J. R. Martin & R. Veel（eds.）. *Reading Science: Critical and Functional Perspectives on Discourses of Science*. London：Routledge，1998.

《红楼梦》中奴仆配置与费用书写不误

——论《红楼梦》的等级书写与意义

樊志斌*

摘　要：学界一般认为《红楼梦》中地点、时间、年龄、主奴、费用书写多存在混乱，本文吸收以往相关（时代背景、时空设置、时间书写、人物年龄、模糊性书写、倒叙等）研究成果，结合《红楼梦》的书写背景与模糊书写、不写之写技法，对《红楼梦》中各级主子的奴仆配置（数量、等级、人名）与费用进行系统梳理、考察，深入解析《红楼梦》对贾府主奴等级、费用等生活细节的细致书写，进一步辨析曹雪芹对《红楼梦》的时代设置与书写素材的关系。在此基础上，解析贾宝玉丫鬟的变动、男仆的名字改动，为《红楼梦》的系统阅读、细节阅读提供佐证，避免粗疏阅读和相应问题的诸种猜测。

关键词：《红楼梦》；主仆；费用；时代设置；书写素材；书写技法

《红楼梦》以写人写事真实细腻、复杂多变著称，这种真实就是《红楼梦》中所说的"合乎情理"，而符合人物的自身身份、等级的描写就是这种真实的重要组成部分。

等级社会中主子通过继承或购买，拥有级别、数量不等的奴仆，并通过支付费用，获得奴仆的服侍。《红楼梦》中所有的主子、半主子（妾，甚至高等奴才）每人有多少奴仆、各级奴仆分别有多少等，不仅关系到《红楼梦》的文本阅读，更关系到如何理解曹雪芹《红楼梦》诸多细节书写的把控能力、《红楼梦》的文本书写前后差异的原因等。对此问题，学界缺乏专门探讨。相关研究虽也涉及《红楼梦》中的奴仆，但多集中于对《红楼梦》文本、版本异同及其原因方面的推测[1]，或者大概言及[2](P311—329)，或者有待深入[3](P196—237),[4]。同时，由于曹雪芹多处使用模糊性书写、倒叙、泛说等技法，《红楼梦》抄本传播过程中抄录者、作批语者有意无意地讹误，导致诸多读者、研究者在阅读和研究《红楼梦》中时代、地点、方位、年龄、奴仆等问题时，认为曹雪芹对《红楼梦》的书写、整理没有做到精细处理，存在失误。①笔者曾结合《红楼梦》的系统书写、书写中的倒叙与泛说手法、早期抄本的异文、明清风俗，指出相应文章所谓《红楼梦》中的书写矛盾，非出于曹雪芹，而是出于早期传抄者的失误与后来读者的误解。曹雪芹对《红楼梦》的时代设置（明朝中叶）、空间设置（贾宝玉一家生活在北京，南京为旧宅）、时间与年龄（《红楼梦》叙述了二十年，从贾宝玉一岁写起，写到宝玉出家的次年五月前后）的书写都是清晰的。②因此，关于《红楼梦》中奴仆的研

---

* 作者简介：樊志斌（1979—　），曹雪芹纪念馆研究馆员，研究方向为红学、曹学、北京史地等。

究还需要系统、细致地梳理，并就其等级、数量、费用等问题进行辨析。

本文拟在批判吸收前人研究的基础上，系统梳理、辨析《红楼梦》中贾府女眷的奴仆（女眷奴仆皆为女性）使用情况，并结合曹雪芹模糊性书写、不写之写等技法使用，解析各主子的奴才名称、所属级别、费用等问题，解读贾府经济运作情况的一个侧面，辩证地看待《红楼梦》的时代设置与作者书写的时代元素，推动《红楼梦》的系统、细节阅读。

一　贾府中各等级女主人的丫鬟配置情况

（一）贾母身边丫鬟的等级之一：八个一等大丫头

作为贾府的老祖宗，贾母在贾府的地位独一无二，这也反映在她的丫鬟配置的等级上（《红楼梦》中"丫头""丫鬟"混用，为方便表述，本文亦同）。《红楼梦》第三十六回《绣鸳鸯梦兆绛芸轩　识分定情悟梨香院》中写道：

> 王夫人……半日又问："老太太屋里几个一两的？"凤姐道："八个。如今只有七个，那一个是袭人。"王夫人道："这就是了。你宝兄弟也并没有一两的丫头，袭人还算是老太太房里的人。"[5]（P595）

那么，除了袭人（即贾母原来的一等大丫头珍珠）外，贾母处月银"一两"的其他七个大丫头都有谁呢？

第二十九回《享福人福深还祷福　痴情女情重愈斟情》中，写奉元妃之命，贾府人等前往清虚观打醮，丫头们乘坐一辆车，贾母的丫头有"鸳鸯、鹦鹉、琥珀、珍珠"[5]（P502），这里的"珍珠"即袭人离开贾母后改名补入的一名一等大丫头。不过，袭人虽去服侍宝玉，却仍归属在贾母八名大丫头名额内，可知，袭人、鸳鸯、鹦鹉、琥珀、珍珠占据了贾母八大丫头中的五个名额。

第五十九回《柳叶渚边嗔莺咤燕　绛云轩里召将飞符》中，写某老太妃薨，贾母等有职女眷均须送灵："离送灵日不远，鸳鸯、琥珀、翡翠、玻璃四人都忙着打点贾母之物。"[5]（P930）可知，贾母一等大丫头又有翡翠、玻璃二人。另有一名大丫头名字不详。

（二）贾母身边丫鬟的等级之二：数量不等的二等大丫头、小丫头

除了八个拿一两银子月银的一等大丫鬟外，贾母身边还配备有数量不详的二等大丫头（月钱一千文）和若干月钱数百文的小丫头。

第三回《金陵城起复贾雨村　荣国府收养林黛玉》写林黛玉进贾府："贾母见雪雁甚小，一团孩气，王嬷嬷又极老，料黛玉皆不遂心省力的，便将自己身边的一个二等丫头名唤鹦哥者与了黛玉。"[5]（P67）这里出现了"二等丫头"的名目。第三十回《宝钗借扇机带双敲　龄官划蔷痴及局外》写大家在贾母房中闲话：

> 可巧小丫头靛儿因不见了扇子，和宝钗笑道："必是宝姑娘藏了我的。好姑娘，赏我罢。"[5]（P519）

"小丫头靓儿"当是在贾母房内伺候的小丫头之一。

（三）王夫人身边丫鬟的配置：四个一等大丫头与其他

王夫人是荣国府二房的内当家——因为身体不好，才让侄女王熙凤来帮忙管家，她的丫鬟配置低贾母一等。第三十六回中，平儿解释金钏死后，几家仆人前来送礼之事：

> 我猜他们的女儿都必是太太房里的丫头，如今太太房里有四个大的，一个月一两银子的分例，下剩的都是一个月几百钱。如今金钏儿死了，必定他们要弄这两银子的巧宗儿呢。[5]（P593）

可知，王夫人身边原有金钏、玉钏、彩霞、彩云（后二人与贾环都曾一度相好）四个月银一两的一等大丫头，还有一些月钱几百的小丫头。也即是说，王夫人房内没有二等大丫头的配置。

第六十二回《憨湘云醉眠芍药裀　呆香菱情解石榴裙》写宝玉生日："翠墨、小螺、翠缕、入画、邢岫烟的丫头篆儿，并奶子抱巧姐儿，彩鸾、绣鸾八九个人，都抱着红毡笑着走来。"[5]（P968）彩鸾、绣鸾二人当为王夫人处小丫鬟，第二十三回《西厢记妙词通戏语　牡丹亭艳曲警芳心》写道："贾政在王夫人房中商议事情，金钏儿、彩云、彩霞、绣鸾、绣凤等众丫鬟都在廊檐底下站着呢。"[5]（P393）可知，王夫人的小丫鬟中，有绣鸾、绣凤等。

（四）尤氏的丫鬟配置

荣宁二府夫人有四个大丫鬟的配置，在宁国府主妇尤氏身上也可以发现。尤氏虽小王夫人一辈，但却是宁府主妇，有一随身丫鬟银蝶。第七十五回《开夜宴异兆发悲音　赏中秋新词得佳谶》中，贾母叫尤氏在她处吃饭，"又指银蝶道：'这孩子也好，也来同你主子一块来吃，等你们离了我，再立规矩去'"[5]（P1171）。八月十四，贾珍夫妻花园赏月，"佩凤吹箫，文花唱曲"[5]（P1177）。第六十三回《寿怡红群芳开夜宴　死金丹独艳理亲丧》中，平儿在榆荫堂摆几席新酒佳肴还席，"可喜尤氏又带了佩凤、偕鸾二妾过来游顽"[5]（P77）。佩凤是贾珍的妾，又吹箫，则佩凤、偕鸾与银蝶、文花似应皆为尤氏丫鬟，后佩凤、偕鸾被贾珍纳为妾室。

（五）荣国府姨娘的丫鬟配置：两个拿小丫头月钱的二等大丫头

妻妾身份、等级、待遇不同，贾政有周姨娘、赵姨娘二妾，各有丫鬟二人。第三十六回中，王熙凤道："这原是旧例，别人屋里还有两个呢。"[5]（P594）"别人屋里"说的就是周、赵二姨娘屋里。在王夫人谈到有人说少了一吊钱时，王熙凤解释道姨娘们每位两个丫头，本来各有一千月钱，后改为每人月钱五百钱，故而少了一吊钱（一千文）。[5]（P594）

《红楼梦》第七十三回《痴丫头误拾绣春囊　懦小姐不问累金凤》提到赵姨娘的丫鬟小鹊给宝玉送信："老婆子开了门，见是赵姨娘房内的丫鬟名唤小鹊的。"[5]（P1132）赵姨娘的另一个小丫鬟叫作"吉祥"。第五十七回《慧紫鹃情辞试忙玉　慈姨妈爱语慰痴颦》写雪雁告诉紫鹃赵姨娘管她借衣服之事："明儿送殡去，跟他的小丫头子小吉祥儿没衣裳，要借我的月白缎子袄儿。"[5]（P899）由此可知，赵姨娘的两个小丫鬟分别是小鹊、吉祥（"小吉祥儿"概是口语）。

二　贾府小姐、少夫人的丫鬟配置情况

（一）入大观园前贾府诸小姐的丫鬟配置情况：二等大丫头二人

《红楼梦》第三回写贾府为林黛玉配置丫鬟：

> 贾母见雪雁甚小，一团孩气，王嬷嬷又极老，料黛玉皆不遂心省力的，便将自己身边的一个二等丫头名唤鹦哥者与了黛玉，外亦如迎春等例，每人除自幼乳母外，另有四个教引嬷嬷，除贴身掌管钗钏盥沐两个丫鬟外，另有五六个洒扫房屋来往使役的小丫鬟。[5]（P67）

由此可知，贾府四春的奴仆都是一个乳母、四个教引嬷嬷，还有两个二等大丫头近身侍候，扫洒役使小丫鬟五六个不等。

（二）入大观园后贾府诸小姐有二等大丫头六人

由于各人的性格、行事不同，书中对贾府诸小姐丫鬟的描写也有详略之别，以致我们对某些丫鬟的情况知之不清，不过，《红楼梦》第二十九回中有一个比较清楚的说明："林黛玉的丫头紫鹃、雪雁、春纤，宝钗的丫头莺儿、文杏，迎春的丫头司棋、绣桔，探春的丫头侍书、翠墨，惜春的丫头入画、彩屏。"[5]（P502—503）按照贾府小姐有贴身丫头二人的原则，紫鹃为贾母送给黛玉的二等大丫头，可知诸小姐的前两个丫鬟都应是二等大丫头。宝钗的丫头文杏、迎春的丫头绣桔名字相对，则文杏当是贾母指派给宝钗的。黛玉的丫头多一人，主要是考虑黛玉身体不好，需要照顾，自然也与贾母喜欢黛玉有关。

诸小姐搬进大观园后，也增设了四个二等大丫头。第二十三回中诸人搬进大观园后，"每一处添两个老嬷嬷，四个丫头"[5]（P396），使得各小姐的二等大丫头达到了六人（宝玉为七人）。只是少有故事写及这些丫鬟罢了。

另外，姑娘们还有小丫头若干。第六十一回《投鼠忌器宝玉瞒赃　判冤决狱平儿行权》写道：

> 忽见迎春房里小丫头莲花儿走来……莲花儿赌气回来，便添了一篇话，告诉了司棋。司棋听了，不免心头起火。此刻伺候迎春饭罢，带了小丫头们走来。[5]（P955—957）

书中言莲花儿为迎春房内小丫头，后文又说"小丫头们"，可知小丫鬟不是一两个，大概就是第三回中所谓迎春等人每人"五六个洒扫房屋来往使役的小丫鬟"，还有搬进大观园后增设的专管收拾打扫的小丫鬟若干。

（三）贾府少夫人的丫鬟配置

李纨（荣府二房贾政儿媳）、王熙凤（荣府长房贾赦儿媳）作为贾府的少夫人，丫鬟配置与各小姐相同：两个二等大丫头、若干小丫头。第二十九回中，各人丫头随主子前往清虚观："李氏的丫头素云、碧月，凤姐儿的丫头平儿、丰儿、小红。"[5]（P503）小红本是宝玉怡红

院的杂使小丫头，因王熙凤喜她口齿伶俐、头脑清楚，特别从贾宝玉处讨来，应仍是小丫头的待遇。

至于王熙凤院子内的小丫头，第四十四回《变生不测凤姐泼醋　喜出望外平儿理妆》写道：

> 凤姐儿……才至穿廊下，只见他房里的一个小丫头正在那里站着……刚至院门，只见又有一个小丫头在门前探头儿，一见了凤姐，也缩头就跑。……外面众婆子、丫头忙拦住解劝。[5](P709—712)

何以贾府少夫人并小姐们都没有一等大丫头的设置呢？这大概与贾母、邢夫人、王夫人的辈分、等级有关。贾母系荣国公贾代善夫人，邢夫人为一等将军贾赦夫人，王夫人系贵妃元春之母，皆系诰命[6]，故彼等配置八个或四个一等大丫头，如图1所示。

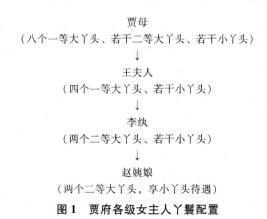

图1　贾府各级女主人丫鬟配置

三　贾宝玉的丫鬟配置情况

（一）贾宝玉早期四个丫鬟的配置

贾宝玉出生时，口内衔有宝玉，被认为来历不凡，最得贾母、元妃宠爱，且自幼多病，故贾母为之配备丫鬟独多。

《红楼梦》第五回《游幻境指迷十二钗　饮仙醪曲演红楼梦》中，写宝玉在秦可卿卧室午睡："众奶母伏侍宝玉卧好，款款散了，只留袭人、媚人、晴雯、麝月四个丫鬟为伴。"[5](P92)此时，宝玉十岁，明写有四个丫鬟，袭人、媚人名字相对，晴雯、麝月名字相对。这是林黛玉进贾府后的第四年：林黛玉初入贾府(六岁)，与宝玉(七岁)同在贾母处居住，次年，薛宝钗入贾府，年底前后，宝玉、黛玉各自分房居住。[7]

不过，宝玉的四个大丫头，却分为三种情况：袭人系贾母的一等大丫头，借给宝玉使用；晴雯本来是贾母的二等大丫头(赖嬷嬷将自己的丫鬟晴雯送给贾母)，贾母转给宝玉使用；剩下的媚人、麝月两个二等大丫头才是宝玉在贾府本来拥有的丫鬟。

（二）晴雯归宝玉的时间

晴雯归宝玉的时间信息隐藏于第七十八回《老学士闲征姽婳词　痴公子杜撰芙蓉诔》，贾宝玉作《芙蓉女儿诔》："窃思女儿自临浊世，迄今凡十有六载……玉得于衾枕栉沐之间，栖息宴游之夕，亲昵狎亵，相与共处者，仅五年八月有畸。"[5]（P1234）此时为《红楼梦》第十五年八月中，而倒推五年八月，则正是《红楼梦》第十年初，即贾宝玉神游太虚境之年初。

（三）消失了的媚人、死了的可人、撵了的茜雪

媚人后不知所终，或死或嫁人，又为宝玉补了可人。第四十六回《尴尬人难免尴尬事　鸳鸯女誓绝鸳鸯偶》中鸳鸯向平儿言及：

> 这是咱们好，比如袭人、琥珀、素云、紫鹃、彩霞、玉钏儿、麝月、翠墨，跟了史姑娘去的翠缕，死了的可人和金钏，去了的茜雪，连上你我，这十来个人，从小儿什么话儿不说？[5]（P740）

可人死后，又补了茜雪。之所以说"去了的茜雪"，指第八回《比通灵金莺微露意　探宝钗黛玉半含酸》中，因宝玉醉酒，恼火茜雪给李嬷嬷吃了自己的枫露茶，被从贾府差使上赶回家中——贾宝玉要撵其乳母不得，遂殃及茜雪。

鸳鸯所言的十人是一拨被选入贾府的丫鬟，其中，琥珀、袭人（原名珍珠）、鸳鸯、紫鹃（原名鹦哥）都是贾母的丫头，彩霞、玉钏、金钏是王夫人的丫头，素云是李纨的丫头，翠墨是探春的丫头，翠缕是史湘云的丫头（史湘云早年在贾府长大，袭人也曾服侍过她），袭人、茜雪都是宝玉的丫头。鸳鸯不言媚人，又不言晴雯、麝月、彩云等人，当因其与媚人、晴雯、麝月、彩云等人来府时间不同。

（四）绮霰、秋纹、碧痕与贾宝玉怡红院时期丫鬟配置：七个二等大丫头、八个小丫头

元妃省亲后，宝玉的丫鬟中出现了绮霰、秋纹、碧痕。第二十回《王熙凤正言弹妒意　林黛玉俏语谑娇音》写宝玉要睡，天气尚早，"晴雯、绮霰、秋纹、碧痕都寻热闹，找鸳鸯、琥珀等耍戏去了"。而至第二十三回，元妃令贾府诸女儿、贾宝玉入住大观园，"每一处添两个老嬷嬷，四个丫头，除各人奶娘亲随丫鬟不算外，另有专管收拾打扫的"[5]（P396）。第三十六回中，凤姐谈到贾宝玉的诸多丫鬟："袭人原是老太太的人，不过给了宝兄弟使……晴雯、麝月等七个大丫头，每月人各月钱一吊，佳蕙等八个小丫头，每月人各月钱五百。"[5]（P595）可知，此时宝玉身边包括袭人在内，有八个大丫头、八个小丫头。其中，七个二等大丫头中晴雯、麝月、秋纹、绮霰、碧痕为入怡红院前配备，入怡红院后，复增两个二等大丫头，与绮霰、碧痕二人，合为诸小姐大观园另添四个大丫头之数。

（五）贾宝玉的八个大丫头、八个小丫头都有谁

袭人、晴雯、麝月、秋纹是长期跟随宝玉、令人印象深刻的四个大丫头。此外，宝玉入怡红院之前复配了绮霰、碧痕二人，入怡红院后，复配了紫绡、檀云两个二等大丫头，使得宝玉的大丫头达到了八人。紫绡见于第二十七回《滴翠亭杨妃戏彩蝶　埋香冢飞燕泣残红》，红玉（即小红）往稻香村，顶头碰到"晴雯、绮霰、碧痕、紫绡、麝月"等人[5]（P468）。檀云则见于第二十四回《醉金刚轻财尚义侠　痴女儿遗帕惹相思》："檀云又因

他母亲的生日接了出去。"[5](P418)

贾宝玉的八个小丫鬟有四儿(与宝玉同生日,本名芸香,袭人改为蕙香,宝玉改为四儿)、小红(本名红玉,林之孝女)、佳蕙(与小红交好)、坠儿(因偷窃被逐)、春燕(小名小燕)、某某、某某、良儿。良儿见于《红楼梦》第五十二回《俏平儿情掩虾须镯 勇晴雯病补雀金裘》:"那一年,有一个良儿偷玉。"[5](P822)其后,小红被王熙凤要走(第二十八回),良儿、坠儿因偷窃(第五十二回)被逐。第六十回《茉莉粉替去蔷薇硝 玫瑰露引来茯苓霜》中芳官对柳五解释怡红院小丫鬟情况:

> 我听见屋里正经还少两个人的窝儿,并没补上。一个是红玉的,琏二奶奶要去,还没给人来;一个是坠儿的,也还没补。如今,要你一个也不算过分。[5](P949)

芳官称,宝玉的小丫鬟还有两个窝儿,可知芳官补了良儿的缺。如果芳官自己没有补良儿的缺,宝玉八个小丫鬟当还有三个空缺。

(六)令人疑惑的碧痕出资问题

第六十三回写袭人对宝玉称,怡红院诸丫鬟凑份子为宝玉单过生日:

> 我和晴雯、麝月、秋纹四个人,每人五钱银子,共是二两。芳官、碧痕、小燕、四儿四个人,每人三钱银子,他们有假的不算。[5](P986)

碧痕系怡红院七个二等大丫鬟之一,不知何以归入小丫鬟行列,可能是与前四人相比,其资历稍浅或仅为集资方便有关。

四 贾府女性主奴的费用问题

一切机构的运作都建立在费用的收支上,贾府的主奴也不例外。除了家族共同的支出外,每人还有固定的月钱。

(一)贾府主人的费用等级

贾府女主人的费用分三个等级。第四十五回《金兰契互剖金兰语 风雨夕闷制风雨词》中,王熙凤对李纨笑道:

> 你一个月十两银子的月钱,比我们多两倍银子。老太太、太太还说你寡妇失业的,可怜,不够用,又有个小子,足的又添了十两,和老太太、太太平等。[5](P822)

也就是说,按照规定,贾母、王夫人每月二十两银子收入,李纨每月十两银子收入,其另外的十两,是贾母等的特恩。而李纨一个月十两银子的月钱,比王熙凤多两倍银子,那么,似乎王熙凤每月只有三两银子。但是,李纨、王熙凤同为一辈儿媳,何以有这样的差别呢?

实际上，如果考虑当时人的说话口气，在一些随时口语中，"多着两倍"和"是两倍"是一个意思。也就是说，作为少夫人，李纨、王熙凤的月钱都是五两，而李纨的丈夫贾珠早逝，他的五两月钱，并未裁减，使得李纨每月支取两人的费用。也就是说，王熙凤对李纨所说的"你一个月十两银子的月钱，比我们多两倍银子"，意思是说，你一个月有十两银子，是我们这些儿媳妇的两倍。

这一点在第七十二回《王熙凤恃强羞说病　来旺妇倚势霸成亲》有所体现。王熙凤对旺儿媳妇说道："这屋里有的没的，我和你姑爷一月的月钱，再连上四个丫头的月钱，通共一二十两银子。"四个丫头（两个二等大丫头平儿、丰儿月钱一千，小红、某某月钱五百）月钱三千，王熙凤、贾琏月钱各五两。

贾府的少爷、姑娘们每月的月钱是二两。《红楼梦》第五十五回《辱亲女愚妾争闲气　欺幼主刁奴蓄险心》中探春说："环哥的是姨娘领二两，宝玉的是老太太屋里袭人领二两，兰哥儿的是大奶奶屋里领。"此外，每人每年有八两吃点心、买纸笔的费用。[5](P873—874)第五十六回《敏探春兴利除宿弊　时宝钗小惠全大体》中探春对平儿说道："因想着我们一月有二两月银外，丫头们又另有月钱。前儿又有人回，要我们一月所用的头油脂粉，每人又是二两。"

除了王夫人、李纨等正主子，贾府半主子们（男主人的妾）的月钱也只有二两。第三十六回中，王夫人问赵姨娘、周姨娘的月例，王熙凤回答："每人二两。赵姨娘有环兄弟的二两，共是四两，另外四串钱。"[5](P594) 由此可知，贾府的姨娘每月二两月钱，少主人（未成年）的月钱也是二两，这是定例，但姨娘们每月每人还多两千铜钱的使费。

（二）贾府丫鬟的费用等级

按照第三十六回王熙凤的讲述，贾府丫鬟的费用分三个等级：

1. 贾母八个一等大丫头、王夫人四个一等大丫头处在最高级别，每人每月工钱一两银子；

2. 贾宝玉的七个二等大丫头、迎春等的每人六个二等大丫头处于第二等级，每人每月铜钱一串（一千文）；

3. 贾宝玉的八个小丫头，每人每月铜钱五百。

倒是各位老爷的姨娘每人两个丫头，本来按照二等大丫头月钱一千钱配置，后却被改为月钱五百，同洒扫小丫头一般待遇。

（三）贾府丫鬟的月钱与清前期的货币兑换、购买力问题

秦朝统一后，将秦半两钱推向全国，成为统一货币，历朝承之。金朝、宋朝，白银作为贵重金属，开始在国家货币体系中扮演相应角色。明代张居正推广"一条鞭法"，把各州县的田赋、徭役以及其他杂征总为一条，合并征收银两，按亩折算缴纳，使得白银成为国家货币系统中的支配性角色，从而造就了明清时代特有的银铜二位货币制度（银钱兼行）。

关于白银铜钱的兑换比例，朝廷规定，一两黄金合十两白银，一两白银合一千文铜钱。故而，第五十三回《宁国府除夕祭宗祠　荣国府元宵开夜宴》中，贾蓉对乌进孝说："一百两金子，才值了一千两银子。"[5](P840) 但是，由于中国白银、铜产量不足，在实际生活中，一两白银往往兑换不到一千铜钱，只能兑换到七八百个——嘉庆道光以后，因为鸦片输入，白银外流，才导致一两白银兑换一千三四百铜钱。

既然如此，曹雪芹为什么还要写《红楼梦》中贾府一等大丫头月银一两、二等大丫头月钱一千呢？是曹雪芹以特定的一两白银兑换一千余铜钱的时段作为书写对象，还是曹雪芹不了解当时银钱兑换比例的随意写作呢？

曹雪芹写作《红楼梦》虽然将时代背景设置到明中晚期（主要体现为贾雨村知府的纱帽猩袍、贾雨村举唐伯虎祝枝山为近之"正邪两赋"者、在苏州言神京路远等），但书写细节却要依靠自己在康雍乾时代的所见所闻（曹雪芹的身份交游、大观园的风格、御田胭脂稻、广泛的奴才使用）[8]，其写作生活实际当然以所见所闻作为素材。

根据杨端六《清代货币金融史稿》的研究，清初至乾隆三十年（1765）以前的银铜兑换比例有三次反常，即一两白银可以兑换一千以上铜钱："这一时期，银钱比价……有几次在一千文以上。例如康熙九年（1670），康熙三十六年到五十六年（1697—1717），雍正七年（1729）。"[9][P180]

可知，曹雪芹《红楼梦》中银钱兑换比例的书写细节当取于康雍之交的现实。

五　贾宝玉的男性仆从情况

与姑娘们大门不出、二门不迈不同，作为男主人，贾宝玉多少要有社交活动。一方面考虑公府少主人的身份，另一方面也要考虑宝玉年幼，有安全以及礼仪、咨询等问题，故贾宝玉出门时，有各色人等跟随。

（一）宝玉的奶母与四个保姆："宝玉的奶兄"李贵和王荣、张若锦、赵亦华

宝玉年纪小，为防止不测并时刻教导，宝玉平日出门都有成人跟随。第九回《恋风流情友入家塾　起嫌疑顽童闹学堂》写道："贾政因问：'跟宝玉的是谁？'只听外面答应了两声，早进来三四个大汉，打千儿请安。贾政看时，认得是宝玉的奶母之子，名唤李贵。"[5][P171]可见，平时跟随宝玉外出的有三四个成年男丁，领头的就是李贵（李嬷嬷之子）。

第五十二回："老嬷嬷跟至厅上，只见宝玉的奶兄李贵和王荣、张若锦、赵亦华、钱启、周瑞六个人，带着茗烟、伴鹤、锄药、扫红四个小厮。"[5][P829]这里的"宝玉的奶兄"只指李贵，还是包括后面几个人呢？

林黛玉进贾府一回中交代，贾宝玉和贾府姑娘们各有一个乳母、四个教引嬷嬷。第六十二回写贾宝玉生日，"出二门，至李、赵、张、王四个奶妈家让了一回，方进来"[5][P967]。"四个奶妈"当是保姆李嬷嬷和"教引嬷嬷"的泛称。那么，何以只有李、赵、张、王四个奶妈呢？或者宝玉当年四个教引嬷嬷中一人已死，且无儿子？则王荣、张若锦、赵亦华都是宝玉四个教引嬷嬷的儿子，亦在"宝玉的奶兄"范畴内。

（二）王夫人的陪房

周瑞是王夫人陪房的男人。按照贾宝玉六个随从的分工、宝玉的称呼，钱启与周瑞一样亦是王夫人陪房的男人。第六十二回又云："宝玉慢慢的上了马，李贵和王荣笼着嚼环，钱启、周瑞二人在前引导，张若锦、赵亦华在两边紧贴宝玉后身。宝玉在马上笑道：'周哥，钱哥，咱们打这角门走罢，省得到了老爷的书房门口又下来。'"[5](P829)

第七十四回《惑奸谗抄检大观园　矢孤介杜绝宁国府》中写道："一时，周瑞家的与吴兴家的、郑华家的、来旺家的、来喜家的现在五家陪房进来，余者皆在南方各有执事。"[5](P1152)则钱启在京师贾府执事，钱启家的或在南京，或已死亡。

（三）宝玉的小厮

宝玉出门一般带四个小厮伺候。第九回《恋风流情友入家塾　起嫌疑顽童闹学堂》中写宝玉小厮闹学堂："茗烟早吃了一下，乱嚷：'你们还不来动手！'宝玉还有三个小厮：一名锄药，一名扫红，一名墨雨。"[5](P178)贾府中仆人的名字往往都是相对的，茗烟对墨雨，扫红对锄药。第二十四回写道："贾芸吃了饭便又进来……只见焙茗、锄药两个小厮下象棋，为夺'车'正拌嘴，还有引泉、扫花、挑云、伴鹤四五个，又在房檐上掏小雀儿玩。"[5](P415)焙茗就是前文的茗烟，锄药名字不变，少了墨雨、扫红（未知与扫花是否一人），却多出了前文不曾出现的引泉、挑云等名字。

也就是说，在作者没有交代的某一时间，宝玉为茗烟改名焙茗，以与锄药相配。如此，推测此时扫红改名扫花，墨雨更名引泉，似乎可通。

第二十八回《蒋玉菡情赠茜香罗　薛宝钗羞笼红麝串》中，宝玉小厮又有变化，宝玉"命人备马，只带着焙茗、锄药、双瑞、双寿四个小厮去了"[5](P490)。复多出"双瑞、双寿"两个人来，似乎是前面七八个小厮中两位改名而来，与薛姨妈的丫头同喜、同贵名字相类。第五十二回中，宝玉出门，带的小厮则是茗烟、伴鹤、锄药、扫红四个。第九十七回《林黛玉焚稿断痴情　薛宝钗出闺成大礼》写宝玉娶亲时，紫鹃看到"墨雨飞跑"[10](P37—68)，说明宝玉又给小厮改回原名。则宝玉的小厮情况变化如下：

　　　　第九回：茗烟、锄药、扫红、墨雨
　　　　第二十四回：焙茗、锄药、引泉、扫花、挑云、伴鹤
　　　　第二十八回：焙茗、锄药、双瑞、双寿
　　　　第五十二回：茗烟、伴鹤、锄药、扫红
　　　　第九十七回：墨雨

如此而言，似乎宝玉出门，跟随小厮四人：茗烟、锄药、扫红、墨雨。不过，在第二十四回，茗烟曾改名焙茗，扫红曾改名扫花，墨雨曾更名引泉；而在第二十八回扫花、引泉复改名双瑞、双寿；至第五十二回，焙茗复改回茗烟，墨雨也就改回原名了。此种书写方法正是《红楼梦》中常有的不写之写。

至于贾府其他男性主人的小厮配置，因书中只是偶尔叙及，并不系统详尽，此文不加赘叙。惟第五十五回言及赵姨娘的弟弟赵国基跟随贾环上学，第六十回提到赵姨娘的内侄钱槐派跟贾环上学。第六十五回《贾二舍偷娶尤二姨　尤三姐思嫁柳二郎》中所叙稍详，贾珍的心腹小厮有喜儿、寿儿，贾琏的心腹小童有隆儿、兴儿。至于他们的身份，兴儿自称是二门上该班的人，一班四个，有两班。

六 贾府奴仆的名字书写与《红楼梦》的模糊性写作技法

《红楼梦》使用中国传统文化中虚实对照的写作技法，有的事情详细书写，有的则不加描写，而在某处点染，此所谓不写之写，也可以称为模糊性书写。对此，笔者有多文论及。

书中袭人的改名也好，第六十三回中芳官、葵官等的改名也好，都是明写："再起个番名，叫作耶律雄奴。"湘云将葵官改名为"大英"，宝琴的荳官"园中人也有唤他作'阿荳'的，也有唤作'炒豆子'的。宝琴反说琴童书童等名太熟了，竟是荳字别致，便换作'荳童'"[5]（P999—1000）。而上文写到的，贾母丫鬟中珍珠的补名（珍珠给与宝玉，改名袭人后，另以一人名珍珠）、某些丫头的一笔而过，茗烟、墨雨、扫花等人的改名，甚至包括鹦哥改名字紫鹃则都属于不写之写。

模糊性书写本是《红楼梦》最卓越的文学技法，也是《红楼梦》最有魅力的地方之一。[11]但是在阅读中，读者往往以为《红楼梦》中某些人、事没有明确写及，而将其视为曹雪芹的疏忽或者抄录过程中出现了版本上的失误。这样的学术敏感性和文本的精细阅读自然是极好的，但是，不考虑文本的系统书写、文本书写的特殊技法，轻易做出判断则甚不可取。《红楼梦》的一切阅读、理解、解析应在多系统考量文本基础上，结合书写技法、时代背景再加阐释才比较妥当。

总之，曹雪芹通过其对社会的细心观察，用高超的文学技法，详细生动地再现了他生活时代封建大家族的种种等级秩序、主奴关系、费用收支、人物名称等，推动了《红楼梦》故事情节的发展，加强了人物性格的塑造。而对这种书写的仔细梳理与详细辨析，则为我们深入理解曹雪芹和《红楼梦》提供了一个极好的侧面视角。

注释：

① 曹金钟更是集中探讨《红楼梦》中的书写矛盾问题，作有相应文章十数，如《〈红楼梦〉中时序"矛盾"研究述论》，《湖南文理学院学报（社会科学版）》2006 年第 1 期；《〈红楼梦〉中地点"矛盾"考论》，《红楼梦学刊》2006 年第 4 期；《〈红楼梦〉中人物关系"矛盾"考论》，《红楼梦学刊》2007年第 6 期；《〈红楼梦〉"矛盾"现象研究述略》，《武汉大学学报（人文科学版）》2008 年第 5 期。另有曹金钟、言已：《〈红楼梦〉"矛盾"现象考论》，《红楼梦学刊》2021 年第 6 期。在此基础上，进一步撰成《〈红楼梦〉"矛盾"现象考论》一书，由人民出版社于 2021 年出版。

② 樊志斌：《〈红楼梦〉中年龄、时间叙述不误——兼谈〈红楼梦〉传抄中出现的"数字错讹"与故事讲述的"模糊化书写"》，《曹雪芹研究》2020 年第 2 期；《制度、历史、文学合一视野下的林黛玉财产问题及其他——与陈大康先生关于林黛玉财产下落说之商榷》，《文学与文化》2021 年第 1 期；《〈红楼梦〉怡红夜宴位次书写不误及其他》，《北方工业大学学报》2022 年第 6 期；《〈红楼梦〉书写中的倒叙与泛说等模糊性书写技法》，《曹雪芹研究》2023 年第 1 期；《贾元春年龄、身份变迁与〈红楼梦〉人物属相考》，《吉林师范大学学报（人文社会科学版）》2023 年第 4 期；《论"脂批"者的妄添与抄本中的"脂批"误入、误出——谈林黛玉进贾府"十三了"和巧姐大姐问题》，《中国

古代小说戏剧研究》第十九辑，学苑出版社 2023 年版。

参考文献：

［1］曹金钟.《红楼梦》中人物关系"矛盾"考论［J］. 红楼梦学刊，2007（6）.

［2］胡文彬. 红楼梦与中国文化论稿［M］. 北京：中国书店，2005.

［3］陈大康. 荣国府的经济账［M］. 北京：人民文学出版社，2019.

［4］张云. 荣府的人事与经济研究［J］. 红楼梦学刊，2020（5）.

［5］曹雪芹著，黄霖校理. 红楼梦：脂砚斋评批［M］. 济南：齐鲁书社，1994.

［6］樊志斌.《红楼梦》中的爵位承袭书写［J］. 河南教育学院学报（哲学社会科学版），2022（6）.

［7］樊志斌.《红楼梦》中年龄、时间叙述不误——兼谈《红楼梦》传抄中出现的"数字错讹"与故事
讲述的"模糊化书写"［J］. 曹雪芹研究，2020（2）.

［8］樊志斌. 从《红楼梦》对北京的暗写明书谈其著作权问题及其他［J］. 明清小说研究，2021（1）.

［9］杨端六编著. 清代货币金融史稿［M］. 武汉：武汉大学出版社，2007.

［10］樊志斌. 红学十论［M］. 北京：新华出版社，2017.

［11］樊志斌. 留白与《红楼梦》叙事——论《红楼梦》叙事中的不写与不写之写［J］. 深圳社会科学，
2024（3）.

明清小说中元节叙写的民俗史价值及其文学功能[*]

陈鹏程^{**}

摘　要： 明清小说的中元节叙写非常丰富，生动展现了祭祀祖先亡灵、放河灯、斋醮、宴饮等诸多中元节俗。这些节俗描写既体现了由鬼节本质所决定的追怀先祖和超度亡灵的中元节核心内容，又昭示了明清节日共有的娱乐与交往功能。明清小说中元节叙写的文学表现功能主要体现在标识故事时间、点染感伤悲凉的叙事色彩、被用作重要叙事节点、塑造人物形象等方面。

关键词： 明清小说；中元节；民俗史；文学功能

中元节即七月十五，俗称七月半，亦称盂兰盆节，"它源于祖先崇拜，后来融合了儒、释、道三家的某些思想"[1]，成为一个意蕴丰厚的节日。中元节在明清社会影响广泛，并体现于时人小说中。

一　明清小说中元节叙写的民俗史价值

明清时期，中元和清明一起构成两个重要的鬼节。在"事死如生"的儒家伦理、道教和佛教的宗教信仰观念共同作用下，中元节形成了以追怀逝者、超度亡灵为基本内涵的一系列民俗，它们在明清小说的中元叙写中得到了生动展现。

（一）祭奠祖先和家族亡者

追怀逝祖是明清社会中元节主要内涵。"中元祭扫，尤胜清明"[2](P27)，其核心民俗事象是祭奠祖先亡灵，从小说中可见一斑。《欢喜冤家》第9回言王小山的杂货店"只因正是中元之际，故此店中实实忙的"，由此能够看出明人对中元节及祭祖习俗的重视。即便是店主王小山与合伙人张二官买卖如此忙碌，对祭奠祖先也丝毫不敢轻慢。小说交代王小山"到晚来……拜了祖宗"，张二官则安排仆人张仁回家"打点做羹饭，接祖宗"。[3](P106)《野叟曝言》第26回也叙及张老实一家中元祭祖情形，"到了七月十五这一日，老实作缯了祖先，备下一桌素饭"[4](P341)。由此可见精心置办羹饭是中元敬祖的重要形式。

作为祭奠亲人亡灵基本形式，明清小说对中元坟地祭扫的叙写颇为繁富。《林兰香》第

---

 * 基金项目：本文为国家社科基金后期资助项目"伦理叙事与明清通俗小说的文化史研究"（项目编号：21FZWB039）的阶段性成果。

** 作者简介：陈鹏程（1971—　），天津师范大学文学院副教授，历史学博士，主要从事先秦文学和文艺民俗学研究。

58回非常具体地描写了耿家女眷中元上坟场景："本月十五，节又中元。小户大家，俱都拜扫。是日云屏、爱娘、春畹仍是会齐，一同上坟。"[5](P230)随后作者详细描写了田春畹哭拜亡夫及伯母、老主人燕御史、恩人全内相的上坟情形。由此看来，中元上坟在明清人心中是极其郑重之事。正是通过这一庄严的仪式，生者对逝者的追怀之情得以释放。

在明清人看来，祖先魂灵生活于另一世界，亦需各种用度，基于此产生了中元"烧包"习俗，并见诸小说。《子不语》卷24"烧包"条云："粤人于七月半多以纸钱封而焚之，名曰'烧包'，各以祀其先祖。"[6](P325)《金瓶梅词话》第83回则提到了与"烧包"相近的"烧箱库"节俗："次日却是七月十五日，吴月娘……往地藏庵薛姑子那里，替西门庆烧盂兰会箱库去。"[7](P1150)这一民俗当与佛教灵魂超度仪式有关，且在佛寺内举行。

（二）放河灯

中元节俗多与佛教文化相关，放河灯即其一。《帝京景物略》卷2"春场"条云："十五日，诸寺建盂兰盆会，夜于水次放灯，曰放河灯。"[8](P69)这表明放河灯源于盂兰盆会。盂兰盆会就是佛教为超度亡灵做的水陆道场，放河灯就是其中的水道场，其寓意是点灯照亮冥河，来引领亡魂平安渡过。宗教仪式和民俗在审美超越这一本质上息息相通。"宗教很像艺术，它也就是一种艺术。没有现实世界的返照，便没有彼岸世界的图景；没有诉求超越的渴望，便没有信仰的激情；没有美的事物的追求，就没有虔诚的崇拜；没有庄严的灵魂超度仪式，就没有精神的天国永恒。"[9](P200)同样，民俗的"产生往往都伴随着美，体现着人类对美的创造和追求"[10]。随着宗教世俗化，许多仪式渐变为大众习俗。放河灯这一中元节俗即是如此。这主要源于两个因素，一是以河边作仪式场所，其广袤空间更易于吸引大众参与，二是作为仪式核心意象的夜灯更易于激发参与者的生命激情而使其自发融入这种集体氛围中。许多民俗志著作都有中元放河灯的描写。《帝京岁时纪胜》卷7就生动地描绘了顺治朝京城河灯盛况："每岁中元建盂兰道场，自十三日至十五日放河灯，使小内监持荷叶燃烛其中，罗列两岸，以数千计。又用琉璃作荷花灯数千盏，随波上下。"[2](P28)场面何其壮观。《燕京岁时记》"放河灯"条亦有生动叙写："运河二闸，自端阳以后游人甚多。至中元日例有盂兰会，扮演秧歌、狮子诸杂技。晚间沿河燃灯，谓之放河灯。"[11](P76)明清小说多处描写了中元放河灯的习俗，如《林兰香》第26回提到了明清时期北京市民游玩佳处泡子河的中元放河灯之俗："再说七月十五日，耿服……当晚满街上佛号钟鸣，释氏建兰盆之会；玉音笛奏，道家修宝盖之斋。无情无彩，到泡子河看了一回河灯。"[5](P102)《儒林外史》第41回描绘了秦淮河中元放灯的壮观景象："满城的人都叫了船，请了大和尚在船上悬挂佛像，铺设经坛，从西水关起，一路施食到进香河，十里之内，降真香烧的有如烟雾溟蒙。那鼓钹梵呗之声不绝于耳。到晚，做的极精致的莲花灯，点起来浮在水面上。又有极大的法船，照依佛家中元地狱赦罪之说，超度这些孤魂升天，把一个南京秦淮河变做西域天竺国。"[12](P508)这些描写颇具写实色彩。在中元节，整个秦淮河畔被繁盛而庄严的佛事氛围所笼罩。白日礼佛、进香、诵经、施食；晚上则变成灯的海洋，通过放河灯来完成孤魂的超度。《品花宝鉴》第56回亦提及南京中元放河灯习俗，并点明其宗教内涵："此时正是中元时候，是个兰盆鬼节。南京风俗，处处给鬼施食，烧纸念经，并用油纸扎了灯彩，点了放在河里，要照见九泉之意。"[13](P553)《西湖游览志馀》卷20叙写了明代杭州人中元放河灯的情景："七月十五日为中元节……僧家建盂兰盆会，放灯西湖及塔上、河中，谓之照冥。"[14](P372)《拍案惊奇》卷 34 亦言及杭州中元河灯之俗："不觉已是穿针过期，又值七月半盂兰盆大斋时节。杭州年例，人家做功果，点放河灯。"[15](P589) 明清小说中元放河灯之俗叙写不胜枚举，足见其构成了中元核心节俗。

（三）明清小说所见中元其他节俗

中元节还有其他仪式和习俗，斋醮即为其一。斋醮本为道教信徒的祈祷祭祀活动："道教诸多科仪归纳有三：斋、忏、醮。'斋'是在祭祀礼典前道士斋戒、沐浴；'忏'是指对于自身谢罪忏悔；'醮'是指祭礼的仪式。三者也合称'斋醮'……俗称'道场'或'法事'。"[16] 斋醮仪式契合人们祈求福祉的生命意识，且观赏性较强，易于激发公众参与热情。这一习俗于明清小说多有展现，如《醒世姻缘传》第 58 回描写相于廷调侃薛素姐中元节到三官庙游乐时就提及"头年七月十五，待往三官庙看打醮"[17](P776)。在这里，庄严肃穆的祭祷灵魂仪式被俗众游乐观赏的氛围所淹没。明清时期，随着宗教世俗化，寺院和道观迎合大众需求，竞相为民众提供践行人生仪式、平衡心灵、娱乐等精神信仰方面的服务。中元节是佛道二教招徕信众、扩大影响、聚敛布施的重要契机。宗教和世俗的互动为斋醮这种恢弘庄严的宗教仪式注入了强烈的狂欢色彩。《二刻醒世恒言》第 2 回就描绘了在七月中旬，北直大相国寺盂兰大会期间做七日七夜道场的情形。凡此足证明清中元节僧道的斋醮道场等宗教典仪已然演变成为节俗的有机部分，娱乐色彩极为浓厚。

虽为典型鬼节，但中元节在明清社会亦承担着鲜明的人际交往功能。中元节亲友邻里邀约宴饮之俗屡见于时人小说。《欢喜冤家》第 9 回就言及王小山应邻人之邀参加宴会，"恰好又是中元节了。这晚，王小山邻家招饮"[3](P108)。《野叟曝言》第 26 回叙写张老实妻子愧疚于从未宴请过邻里，在七月十五过节时建议丈夫利用祭祖所备素菜宴请邻舍，"把这三四家邻舍请来坐坐"[4](P341)。邻里也被他们的盛情所感动，尽管"大家都有节事"[4](P343)，却欣然赴会。这些描写凸显了中元作为一个节日的交往功能。浓郁的人伦色彩是明清节日的共同特征，于此得到了充分印证。

二　明清小说中元节描写的文学功能

按照巴赫金的理论，小说构成一个艺术时空体，"在文学中的艺术时空体里，空间和时间标志融合在一个被认识了的具体的整体中。时间在这里浓缩、凝聚，变成艺术上可见的东西；空间则趋向紧张，被卷入时间、情节、历史的运动之中。时间的标志展现在空间里，而空间则要通过时间来理解和衡量。这种不同系列的交叉和不同标志的融合，正是艺术时空体的特征所在"[18](P274—275)。显然，在这一时空体中，时间居于更基础的地位。小说更是如此，"小说，才能把真实的时间，也就是柏格森的'绵延'，归入它的一系列基本原则之中"[19](P111)。这一点是由小说叙事本质所决定的。"在叙述的所有元素中，最丰富、最难描述、最迷人的，莫过于时间。时间是叙述及其意义存在的条件，也是归宿。叙述的本质在于它的时间性。"[20] 时间是自然时间和社会时间两种属性的辩证统一。在不同文明形态中，时间的标识与界分和族群的生产生活息息相关。在中国传统农耕社会中，节日在人们日常生活中标识和界分时间的功能颇为突出，从而大量出现于明清小说中。缘此，节日在明清小说文本中发挥着重要的文学功能，其中尤以清明、元宵、春节、端午、中秋等更为明显。中元节在明清小说中的文学功能无法和上述节日相提并论，但也不宜轻忽。

（一）故事时间的定位与标记功能

这是包括中元节在内的所有传统节日在明清小说文本中的基本功能。在叙事文学中，故事与时空存在着对应关系，即所有"事"均被置于相应的"时"与"地"之中。小说对故事性的追求主要体现于人、事、时、地四个元素。就时间元素而言，与人生仪式息息相关的诞日、洗三、满月、周年、祭日等时日与节日在明清小说中屡屡作为故事时间出现。节日作为故事时间在明清小说中出现的频率极高，举凡重要节日，皆于明清小说中被用作时间标记。这主要源于节日在传统农耕社会生产生活和时间观念中的重要地位，以之作为故事发生的时间点易于给读者留下鲜明印象。同时在古人看来，节日蕴含着神秘的宇宙信息，以之作为故事时间，能够凸显"尚奇"取向，契合古典小说的审美追求。

在明清小说中，中元节屡屡被用作故事时间。《醒世恒言》卷37叙写太上老君点化扬州巨贾杜子春成仙故事，杜子春败光家产，被亲友鄙薄，告贷无门，太上老君化身的陌生老人却三次慷慨赠以巨金，使其最终看穿世态炎凉，悟道成仙。小说关键情节是太上老君与杜子春华山相会，作者将其安置在中元节："此时乃七月十五，中元令节，天气尚热，况又许多山路，走得子春浑身是汗，连忙拭净敛容，向前顶礼仙像。"[21](P778)这一时间点的设置，盖因小说主题是宣扬道教成仙，小说场域是杜子春遇见作为道教神祇的太上老君，作为道教重要节日的中元节被设置为故事时间就非常自然了。另外，作家以中元节之炎热渲染杜子春为赴约所历经的一路艰辛，显示了他的虔诚，为其终能成仙做好了铺垫。

再如《野叟曝言》自第26回至第32回叙写公子连城谋娶璇姑，终至失败遭到报应，萌生悔意，经由妻子与璇姑和好。小说以石氏、璇姑为一方，连公子、聂元、凤姨、张老实夫妇、李四嫂等人为一方，叙写正邪双方的较量。作者主要以中元、中秋、重阳三个节日构成一个完整的时间链条来展现这一过程。中元节构成情节的故事起点，张老实夫妇于此日邀请邻舍和石氏、璇姑宴饮，连城宠爱的通房丫鬟春红得见璇姑，被其美貌倾倒，返家后告诉主人时引发了好色的连公子的觊觎之心，衅端遂起。第30回叙写中秋李四嫂以男女情欲事诱引璇姑，无功而返。第32回以连妻重阳宴请石氏、璇姑道歉作为这一部分叙事告终的标志。中元节的故事时间标志功能颇为显豁。

（二）点染感伤悲凉的叙事色彩

色彩是一种颇具生命冲击力和审美感染力的视觉元素，它往往能够唤起审美主体的情感反应与内在生命意识的涌动，"色彩作为色彩自身在我们的感觉里所激起的是谜样的东西。因此人们必须也在谜样的方式里运用它们……就要利用着它们本身的性质，内在的、神秘的、谜样的力量"[22](P49)。色彩具有强烈的艺术张力，这源于其对人的生命力量的唤起。叙事行为也内蕴着这种艺术张力，任何叙事行为和叙事作品必然浸润着叙述主体的情感和生命体验。基于此我们提出"叙事色彩"这一概念，即蕴含在叙事作品中的叙述主体的情感倾向和审美取向，它是叙述主体和叙述客体交互作用的结晶，是评价叙事作品艺术水准的一个重要范畴，它遍布于作品的每一空间，但绝非以均匀状态呈现。

包括中元节在内的传统节日常常成为作品叙事色彩的重要点染之处。高明的作家特别注意发挥这一艺术功能，《林兰香》就是如此。充盈于整部小说之中的是挥之不去的悲剧意蕴，而且随着情节发展愈加浓厚。这似乎是许多明清长篇经典共有的现象。《林兰香》悲剧意蕴的主要来源就是作者对人生苦短的悲怀，美好事物在平庸现实之中的凋零乃至陨落，浮华散尽后一片白茫茫大地真干净的伤感。第58回就集中展现了这一主旨，从回目之中"中元"和"重九"两个节日意象可见一斑。这两个节日分属于孟秋和季秋，天然被赋予了感伤的氛围。"秋天衰败零落的景物，凛冽肃杀的气象，寂寥凄清的山河……由此而联想到人的生命就像自然中的草木一样也存在由盛而衰的客观规律，从而体悟到人的生命的脆弱。这种对人的生命悲剧性的慨叹往往在秋季最易触发，从文化心理结构来看，还是植根于中国人的农耕文化心态。"[23]同样作为鬼节，肃杀的秋日景象使中元节较之于春和景明的清明节，更容易催生人们悲凉幻灭的生命体验。在《林兰香》第58回中，作家非常细腻地描写了春畹一行中元节上坟的情景。本回开篇先用极为简洁的笔墨描写了耿家迎接新生命到来的喜庆氛围："却说耿顺自生耿佶，一家欢喜非常。作三朝，办满月，十分闹热。"然后却陡然一转，直接将读者引至中元节令："谁知伤因喜至，乐极悲生。本月十五，节又中元。"喜悲情感两极的瞬间转换，使中元节的悲凉氛围更趋浓厚。作家聚焦于春畹，集中描写了四个情境。一是"春畹因得了孙儿，在棠夫人、耿朗坟前痛哭两场"[5](P230)，这一场景紧密衔接前文耿家喜得孙辈的欢乐情形叙写，极其顺畅自然地展现了田春畹作为未亡人与丈夫、伯母亡灵的对话。祭祀和上坟被视为生者和逝者的郑重交流，孙辈降世是家族繁衍昌盛的表征，自然以之告慰亡灵，而由家族的生生不息又念及长眠地下的夫君和伯母，自然而然增加悲痛与伤感，"痛哭"是田春畹丰富复杂内心世界的真实显示。二是拜谒燕玉坟墓时田春畹对往昔和燕小姐相处美好时光的追怀："又看那各处的林亭，想起当年与夏亭、秋阶、冬阁随着小姐来坟上时，看他们在何处放烟火，在何处打秋千，在何处抖风筝，在何处斗花草，在何处扑蝴蝶，在何处招蚂螂，在何处粘蜩蝉，在何处挖蟋蟀，少年情事，宛然如昨，转眼间好似一场春梦。"写足了青春的欢乐时光，蕴含着田春畹对旧主燕梦卿的无限追思，体现了她重情守礼的性格，字里行间也充溢着作家人生无常的生命体验。三是田春畹观看燕梦卿题诗旧迹，"但见那墙上石灰，光如玉版，亮似银盏，棠花照旧红，蕉叶依然绿，与昔日光景一毫不差，又不觉凄然泪下"[5](P230)，物是人非之感，写足了田春畹对已然仙逝的燕小姐的深切思念，更传达出作者笔下生命脆弱、盛美难久的感伤情怀。四是田春畹对全内相坟墓的遥拜，从其对墓主亡灵的话语看出她礼数周至、重情感恩和心思缜密。这四个情境统摄于中元节，都笼罩在小说人物田春畹追念逝者的痛切和作家人生梦幻的生命体验中，给整回小说涂抹上一层感伤悲凉的色调。

（三）经常被用作叙事的重要节点

任何一部优秀的叙事作品，都有其内在的叙述节律。我们这里所说的节点是凸显叙事节律变化的内涵与形式有机结合的元素。在明清小说中，包含中元节在内的节日经常被用作叙事节点。在有的小说中，中元节和轮回转世这一主题融为一体，成为重要的结构元素。如《续金瓶梅》第1回中，地藏菩萨化身的普净禅师在中元节夜里"自知众生遭劫，来此超度"，"说揭已毕"，"将杨柳枝拈起甘露，放这饿鬼的施食"[24](P6)，接受西门庆、李瓶儿、潘金莲和庞春梅诸鬼超度的祈求，然后命轮回判官宣判，点明四人今世托生之人。《续金瓶梅》叙事即主要围绕沈金哥（西门庆托生）、袁常姐（李瓶儿托生）、黎金桂（潘金莲托生）、孔梅玉（庞春梅托生）四人展开。借助中元亡灵超生仪式这一载体，铺设了整部小说的基本架构和内涵，点明了其与《金瓶梅》紧密的互文性关系。

再如《欢喜冤家》第 9 回叙写王小山心术不正，因买卖经营不善，为摆脱困境，便设计让自己的妻子方二姑色诱张二官合伙经营，骗其钱财。哪知二人互生情愫，气死了王小山，遂结成夫妻。中元节是这一叙事的重要节点。两人经过漫长的相互试探和引诱后，终于在中元节偷情成功。如果说在这个中元节双方只是身体结合的话，到了两年之后的中元节，方二姑情感的天平彻底倾向了张二官。方、张二人产下了私生子，三人关系发生了显著变化，"又过了几时，那孩儿已长二岁了，小山因二官生了这个儿子，日逐与妻子相吵，要赶二官出去"，并对他们严加防范。二人只有利用中元节王小山赴邻人宴邀才得欢会，方二姑给张二官出谋划策如何转移财产，这表明她已将自己与张二官的感情置于丈夫之上，正如她自己所说"王小山是我花烛夫妻，二叔是我儿女夫妻"[3](P108)，最终她完全投入了张二官的怀抱，由此可见中元节是这一艳情叙事的重要节点。

（四）人物塑造功能

正如人是社会生活的主体一样，人物是小说文本的核心元素。在明清小说中，包括中元节在内的节日是人物活动的重要场域。人物的性格和内在心理借由其在中元节的活动得以展现，是许多明清小说的习用手法。

任何个人都是个性与社会性的辩证统一。一方面，个人不能脱离社会存在，个人的生存、人生意义的获得、人生价值的实现须依赖于社会。另一方面，个性的自由相对独立于他人与社会而存在，个体意志实现、欲望满足的过程中，不可避免地会与他人产生矛盾甚至对立。节日本质上是这样的时段，即个体和群体在谐和与对峙中实现一种动态的平衡。一方面节日强化个体对群体的认同感，另一方面节日的狂欢性在一定程度上又会引发每一个体冲决群体规制的冲动。《鼓掌绝尘》第 3 回中杜开先之仆曾规劝他不要在元宵进城观灯："那闹元宵夜，人家女眷专要出去看灯。你们读书人倚着后生性子，故意走去，挨挨挤挤，闯出些祸来。"[25](P23)这是传统心理对热闹节日易引发触犯社会规则行为的规避与警戒。杜仆无疑是道德传统统摄下礼制、观念与秩序的符号，而杜开先则是冲决社会规制的生命力量的表征。因此，在明清小说中，节日往往成为反社会规则人物形象和叛逆行为展现的重要场域，中元节亦是如此，其中《醒世姻缘传》第 56 回颇具典型意义。中元节作为一个极富艺术张力的场域，对于展现薛素姐狡黠刁蛮、忤逆公婆的悍妇形象发挥着重要的表现功能。首先，明水镇的中元节被作者刻画为浇薄世风的象征，其淳朴之习已荡然无存，成为奸邪道徒敛财的工具，"明水镇东头有三官大帝的庙宇，往时遇着上中下三元的日子，不过是各庄的男子打醮祭赛、享福受胙而已。近来有了两个邪说诬民的村妇，一个叫是侯老道，一个叫张老道……专一哄骗人家妇女上庙烧香，吃斋念佛，他在里边赖佛穿衣，指佛吃饭，乘机还干那不公不法的营生……这七月十五日是中元圣节、地官大帝的生辰，这老侯、老张又敛了人家布施，除克落了，剩的在那三官庙里打三昼夜兰盆大醮，十五日夜里在白云湖内放一千盏河灯"[17](P746—747)，其热闹景象吸引了许多民众。其次，观看打醮和放河灯的活动造成男女混杂，"不惟哄得那本村的妇女个个出头露面，就是那一二十里外的邻庄，都挈男拖女来观胜会"[17](P747)，这有违男女有别的伦理正统理念，因此为正经人家所鄙夷。薛素姐的嫡母、父亲和婆婆都是这种观念的捍卫者。为了达到观看打醮和放河灯的目的，薛素姐和父母、婆婆斗智斗勇。她"狠命的缠薛夫人要往三官庙里看会、白云湖里看放河灯"，足见其动机之强烈，遭到了嫡母的激烈反对，"这些上庙看会的都不是那守闺门有正经的妇人。况你一个年小女人，岂可轻往庙里去?"[17](P747)生母龙氏出面替她请求薛教授时却遭到责打，她知道无法在娘家实现自己目的，便借口返回婆家，"俺爹睃拉我不上，我也没脸在家住着，我待回去看看俺婆婆哩"[17](P749)，表现出机诈狡狯的性格。返回婆家后径直去三官庙看打醮，在婆婆阻止她时，她直接恶语相向，将婆婆"气的发昏"。在三官庙看打醮和在白云湖看放河灯时，还全然不顾及大家闺阁形象，回娘家后还故意气自己父母，"狄婆子、薛教授两下里气的一齐中痰……同是七月十五日起，半夜得病，从此都不起床"[17](P750)。正是通过中元节场域，薛素姐骄横、诡诈、悖理、任性的恶妇形象得以充分展现。

再如《金瓶梅词话》第79回叙西门庆纵欲而亡，自此小说以迅疾的叙事节奏转入西门家庭分崩离析和败落场景的描写。小说主要从三个方面着力表现：一是恶奴欺主，如韩道国、汤来保背主侵财；二是应伯爵等"故交"悭吝薄情；三是群妾各自打算，营谋自己归宿，如李娇儿盗财归院，孟玉楼改嫁，孙雪娥勾搭上来旺以谋出路。作为小说主要人物的潘金莲似乎并未将心思用在这上面，而是变本加厉地放纵情欲，达到了鲜廉寡耻的程度。她与西门庆的女婿陈经济早就暗通情款，如第19回和第24回就借助花园和元宵的时空场域描写二人相互调情，但二人彻底突破人伦底线勾搭成奸则是在第80回西门庆二七时。第83回更是利用中元鬼节这一场域描写他们的淫纵放荡，而此时距西门庆死去未及半年。这些描写凸显了潘、陈二人淫荡无耻的性格特征。

在明清小说中，中元节和其他节日一样，还经常被用来作为人物命运转换的时间点。如《水浒传》第51回叙写雷横和朱仝两位英雄先后走上梁山的过程。就朱仝走上梁山叙事而言，义释雷横和中元节是两个重要场域。在一定意义上，我们可以将一部(篇)小说视为一个自足独立的文学场。小说中的人物和其他各种元素作为场中活动的"粒子"而存在，构成一个相互吸引、相互作用的互体。每一个文学场又可以分为若干文学场域，即时、空、人结构而成的艺术单元。明清小说中，在包括中元节在内的传统节日往往会发生小说人物之间的密集互动，从而使人物的心理世界、性格特征、身份地位等得以展现。对于朱仝而言，中元节就是一个重要场域，多种意志、力量、人物关系交织在一起，互相作用，最终在合力作用下，朱仝不得不走上梁山。第一种力量是梁山领袖晁、宋延请朱仝上山的努力，通过吴用的计谋、雷横的游说和李逵的蛮横来实施。第二种力量是这一场域核心人物朱仝的抵制和拒绝。这一种力量主要由三方面构成：一是他遵循正统观念认为梁山英雄是盗匪，雷横拉他入伙是"陷我为不义"，二是他渴望通过自己讨好太守、交好诸人的表现，"一年半载挣扎还乡，复为良民"[26](P685)，三是对家乡妻儿安危的牵挂。梁山好汉正是利用他中元节带太守小衙内看河灯的机会，杀死小衙内，断其归路，逼其不得不走上了梁山，人生轨迹彻底改变。凡此凸显了中元节鲜明的人物塑造功能。

三 结语

由明清小说可见，在明清社会中，中元节是一个典型的鬼节，祭奠祖先、上坟、放河灯、斋醮等民俗都体现了这一本质特征。相对于其他节日，中元节的人伦色彩和娱乐功能明显较弱，但明清社会节日总体娱乐化的时代氛围又影响到了中元节的文化内涵和表现形态，其人际交往功能和狂欢性的一面在明清小说中也多有体现。作为文学功能的构成元素，中元节和一些节日，如元宵、清明等相比，其艺术效能并不明显，但一些重要的民俗元素，如上坟、放河灯和鬼节的情绪氛围也发挥着重要的文学表现功能。

参考文献：

[1]杨思民. 论中元节的形成、发展及文化价值[J]. 贵州文史丛刊，1991(2).

[2][清]潘荣陛. 帝京岁时纪胜[M]. 北京：北京古籍出版社，1981.

[3][明]西湖渔隐主人. 欢喜冤家[M]. 北京：华夏出版社，1995.

[4][清]夏敬渠著，郑言愚校点. 野叟曝言[M]. 郑州：中州古籍出版社，1993.

[5][清]随缘下士编辑，徐明点校. 林兰香[M]. 北京：中华书局，2004.

[6][清]袁枚编撰. 子不语[M]. 上海：上海古籍出版社，2012.

[7][明]兰陵笑笑生著，陶慕宁校注. 金瓶梅词话[M]. 北京：人民文学出版社，2000.

[8][明]刘侗、[明]于奕正. 帝京景物略[M]. 北京：北京古籍出版社，1983.

[9]高长江. 宗教的阐释[M]. 北京：中国社会科学出版社，2002.

[10]宋德胤. 民俗美论[J]. 社会科学战线，1986(3).

[11][清]富察敦崇. 燕京岁时记[M]. 北京：北京古籍出版社，1981.

[12][清]吴敬梓著，李汉秋辑校. 儒林外史汇校汇评[M]. 上海：上海古籍出版社，2010.

[13][清]陈森. 品花宝鉴[M]. 北京：华夏出版社，2016.

[14][明]田汝成著，陈志明编校. 西湖游览志馀[M]. 北京：东方出版社，2012.

[15][明]凌濛初著，陈迩冬、郭隽杰校. 拍案惊奇[M]. 北京：人民文学出版社，1991.

[16]黄发友. 道教斋醮仪式的教化作用[J]. 牡丹江大学学报，2014(11).

[17][清]西周生. 醒世姻缘传[M]. 北京：人民文学出版社，2015.

[18][苏]巴赫金. 巴赫金全集(第3卷)[M]. 钱中文译. 石家庄：河北教育出版社，1998.

[19][匈]卢卡奇. 小说理论[M]. 燕宏远、李怀涛译. 北京：商务印书馆，2012.

[20]谭光辉. 故事时间与叙述时间的错位与变形[J]. 广州大学学报(社会科学版)，2016(1).

[21][明]冯梦龙著，顾学颉注. 醒世恒言[M]. 北京：人民文学出版社，1956.

[22][德]瓦尔特·赫斯. 欧洲现代画派画论[M]. 宗白华译. 桂林：广西师范大学出版社，2002.

[23]唐永泽. 论中国古代文学中的"悲秋"意识[J]. 曲靖师范学院学报，2006(2).

[24][清]丁耀亢著，禹门三校点. 续金瓶梅[M]. 济南：齐鲁书社，2006.

[25][明]金木散人. 鼓掌绝尘[M]. 北京：华夏出版社，1995.

[26][明]施耐庵、[明]罗贯中. 水浒传[M]. 北京：人民文学出版社，1975.

赵南星《笑赞》故事来源考

张大江*

摘　要：《笑赞》是明代赵南星编撰的一部文言笑话集。考其故事来源，大部分来自前代书传笔记中的轶事和口耳相传的笑谈，如《笑林》《启颜录》《南唐近事》《鹤林玉露》《事文类聚》等。赵南星多方采撷，着意点染，通过艺术加工，赋予了传统故事以新的意义和内涵。

关键词：《笑赞》；"笑林体"小说；故事来源；再创作

与同时代其他"笑林体"小说集一样，《笑赞》中的故事大多不是原创。近世学者往往忽视《笑赞》故事的来源，而直接讨论其艺术特色和价值，这显然是不够严谨的。对于《笑赞》故事来源的探讨，前人已有涉及，但大多不够系统，且有讹误之处。因此，对其进行全面系统的考察是很有意义且很有必要的。

一　《笑赞》故事来源基本情况

最早对《笑赞》故事追根溯源的是周作人，他在《苦茶庵笑话选》中注出来 12 则与《笑赞》意思相同或者近似的记录，分别为冯梦龙《笑府》9 则，陈皋谟《笑倒》1 则，石成金《笑得好》2 则。[①]而事实上，以上三部书的完成时间都要晚于《笑赞》[②]，自然不能算作《笑赞》故事的源头。1936 年，赵景深在《十日杂志》上发表了《〈笑赞〉的来源》一文，考证出 9 则故事的来源，后收入《中国小说丛考》。周作人和赵景深所作考证无疑是具有开创意义的，但其存在的问题也比较明显：一是对于《笑赞》故事文本来源的考证不够系统；二是所考部分故事来源不够准确；三是所做考察大都只是粗陈梗概，未做详细分析。

为进一步厘清《笑赞》故事本事的真正来源，笔者以中华书局版周作人校订、止庵整理本《明清笑话集》为主，补充参考中州古籍出版社版卢冀野校订本《清都散客二种》，考得《笑赞》故事来源如表 1。

表 1　《笑赞》故事来源对照表

序号	故事题目	故事来源	故事影响	编撰类型
1	《太行山》			传闻笑谈记录

---

　* 作者简介：张大江(1981—　)，河北师范大学文学院博士研究生，讲师，主要研究方向为中国古代小说戏曲。

（续表）

序号	故事题目	故事来源	故事影响	编撰类型
2	《推官》	嘉靖年间事		时下见闻记录。清徐芳《悬榻编》称："认推敲而颓官矣，赵忠毅《笑赞》首及。"
3	《僧与士人》	赵景深《中国小说丛考》考其出自宋沈俶《谐史》，实出自宋张耒《明道杂志》。	清崔述《考信录·论语余说》明显受到《笑赞》影响。	辑录改编。《笑赞》中删除冗余人物和不必要的情节，故事中人物不著名姓，故事性更加突出。
4	《贼说话》			传闻笑谈记录
5	《欧阳修》	宋沈括《梦溪笔谈》卷九"人事"		辑录改编。《笑赞》掐头去尾，只保留了核心内容。
6	《屁颂文章》		明冯梦龙《笑府》；清游戏主人《笑林广记》卷二"腐流部"《颂屁》	传闻笑谈记录
7	《医生》			传闻笑谈记录
8	《仆入城》			传闻笑谈记录
9	《仙女》			传闻笑谈记录
10	《和尚》	明乐天大笑生《解愠编》卷四《财酒误事》		辑录改编。《笑赞》中多用口语、俗语。
11	《僧窃布》			传闻笑谈记录
12	《者也》		清游戏主人《笑林广记》卷一"古艳部"《念劾本》	时下见闻记录
13	《钟馗》		清游戏主人《笑林广记》卷十一"讥刺部"《担鬼人》	传闻笑谈记录
14	《妙姓》			传闻笑谈记录
15	《惧内》			传闻笑谈记录
16	《张江陵》	张居正丁忧事		时下见闻记录
17	《王安石》	赵景深《中国小说丛考》考其出自明屠隆《清言》，实出自宋施德操《北窗炙輠录》。		辑录改编。《笑赞》中不同于前书之处在于通篇全用口语。
18	《端公》			传闻笑谈记录
19	《卜者子》			传闻笑谈记录
20	《杨衡》	宋祝穆撰《事文类聚》"别集"卷六"文章部"《佳句不敢偷》		辑录
21	《高洋》	唐李冗《独异志》		辑录
22	《赵孟頫》	元陶宗仪《南村辍耕录》卷十		辑录
23	《三教》		清游戏主人《笑林广记》卷十一"讥刺部"《搬是非》	传闻笑谈记录

（续表）

序号	故事题目	故事来源	故事影响	编撰类型
24	《岂有此理》			传闻笑谈记录
25	《手本》	明陆容《菽园杂记》；明天顺年间实事，考之内容，与明焦竑《玉堂丛语》更为接近。		辑录
26	《南风诗》	《南风歌》相传为舜帝所作。《礼记·乐记》曰："昔者舜作五弦之琴以歌《南风》。"		辑录改编。《笑赞》只是改了《南风歌》中的一个字，就巧妙营造出了强烈的讽刺效果。
27	《草书》	宋释惠洪《冷斋夜话》卷九《草书亦不自识》		辑录
28	《佛印》	宋苏轼（托名）《东坡居士佛印禅师语录问答》；宋王楙《野客丛书》卷十九《以鸟对僧》注明出自《东坡佛印语录》。		辑录
29	《认鞋》			传闻笑谈记录
30	《吃猪肚》			传闻笑谈记录
31	《高绰》	唐李百药《北齐书》卷十二列传第四《武成十二王·南阳王绰》		辑录
32	《邵篪》	宋佚名《桐江诗话》		辑录改编。《笑赞》掐头去尾，选取诗话故事中一部分，所作评论十分新奇。
33	《象太小》			时下见闻记录
34	《好酒》			传闻笑谈记录
35	《李觏》	赵景深《中国小说丛考》考其出自元佚名《拊掌录》，实出自宋王晞《道山清话》。		辑录改编。删繁就简，删去文中诗句和一些细节，修改结尾，纪实性降低，笑话意味增强。
36	《毡帽》			传闻笑谈记录
37	《儒士》			时下见闻记录
38	《李胡子》			传闻笑谈记录
39	《谢公墩》	诗歌出自宋王安石《临川集》卷二十八《谢安墩二首》；故事出自宋陆佃《增修埤雅广要》卷三十五"文物门""字书类"《名偶同字》。		辑录
40	《甘蔗渣》			传闻笑谈记录

（续表）

序号	故事题目	故事来源	故事影响	编撰类型
41	《神像》	宋苏轼《艾子杂说》		辑录
42	《贺礼》		清游戏主人《笑林广记》卷九"贪吝部"《据金》	传闻笑谈记录
43	《殷安》	隋侯白《启颜录》，已佚。故事从宋李昉《太平广记》卷二百六十"嗤鄙三"《殷安》条辑出。殷安故事应为唐人所加入。鲁迅《中国小说史略》称《启颜录》中"有唐世事者，后人所加也；古书往往有之，在小说犹甚"。		辑录改编。《笑赞》在本事的基础上，删除烦琐的情节，修改结尾，笑话意味增强。
44	《西字脸》	元佚名《拊掌录》		辑录改编。《笑赞》中删除了妨碍主线的情节，使故事更简洁。
45	《秀才买柴》			传闻笑谈记录
46	《丁右武》			时下见闻记录
47	《德行》			传闻笑谈记录
48	《贫士》			传闻笑谈记录
49	《刘贡父》	宋陈晦《行都纪事》		辑录
50	《石敢当》			传闻笑谈记录
51	《打差别》			时下见闻记录
52	《买靴》			传闻笑谈记录
53	《贯休》	宋李颀《古今诗话》，原书久佚；宋徐无党《五代史记注》、宋阮阅《诗话总龟》辑录时均注明出处为《古今诗话》。		辑录改编。《笑赞》删除了冗余情节，修改了结尾，笑话意味增强。
54	《王知训》	赵景深《中国小说丛考》考其出自宋郑文宝《江南余载》，实出自宋郑文宝《南唐近事》，近源则为宋祝穆的《事文类聚》。		辑录
55	《冯希乐》	宋赵令畤《侯鲭录》		辑录
56	《尽孝》			传闻笑谈记录
57	《惧内》			传闻笑谈记录
58	《谜》			传闻笑谈记录
59	《隐身草》	三国魏邯郸淳《笑林》"楚人以叶自障"		改编。《笑林》为以叶自障，《笑赞》为以草隐身；《笑林》滑稽为主，《笑赞》则讽喻现实。

（续表）

序号	故事题目	故事来源	故事影响	编撰类型
60	《米》	明陆灼《艾子后语》	清游戏主人《笑林广记》此条明显来源于《笑赞》，但格调明显低于《笑赞》。	辑录改编。《笑赞》删其名姓，去其细节，略其对话，笑话文体特征更加明显。
61	《聱者》		清游戏主人《笑林广记》卷四"形体部"《聱笑》，明显来源于《笑赞》。	传闻笑谈记录
62	《聱者》		清游戏主人《笑林广记》卷四"形体部"《被打》，明显来源于《笑赞》。	传闻笑谈记录
63	《说合人》			传闻笑谈记录
64	《代受打》			时下见闻记录
65	《字学》	赵景深《中国小说丛考》考其出自宋罗大经《鹤林玉露》卷十三《字义》；近源实为明杨慎《丹铅总录》卷十五"字学类"《荆公字说》。		辑录改编。删其枝节，只留主干，目的在于引出赞语中张新建（张位）的滑稽事来。
66	《善忘》			传闻笑谈记录
67	《僧与雀》			传闻笑谈记录
68	《官判案》			传闻笑谈记录
69	《经义》	宋沈作喆《寓简》	明冯梦龙《古今谭概》"苦海部"卷七，参考《笑赞》赞语。	辑录
70	《杨大年》	远源为宋李昌龄《太上感应篇》；考其文字，近源则是元佚名的《拊掌录》。		辑录
71	《取经》			传闻笑谈记录
72	《盗眂》			传闻笑谈记录
73	《孟黄鼬传》	述赵州孟广文事		时下见闻自创

　　《笑赞》中共收录有笑话故事七十二则，附《孟黄鼬传》一则③，其故事来源各有不同。通过查阅文献，笔者在前人研究的基础上，新考出故事来源 21 则，其中包括辨析赵景深《中国小说丛考》中结论不够准确的 5 则。同时，笔者还对《笑赞》故事的编撰类型及故事影响进行了分类考察，为进一步分析研究提供了材料支撑。

二　《笑赞》故事来源辨析举隅

　　赵南星在《笑赞题词》中开宗明义，明确交代了《笑赞》故事的来源情况："书传之所纪，目前之所见，不乏可笑者，世所传笑谈乃其影子耳。时或忆及，为之解颐，此孤居无闷之一助也。"[1](P3)概括起来，其来源主要有三：一是采撷前人书传中的故事，此类故事共27则，约占全书的三分之一，如《欧阳修》《王安石》《谢公墩》《杨大年》等；二是汇集世代口耳相传的笑谈，这类故事共37则，约占全书的一半，如《屁颂文章》《仙女》《瞽者》等；三是记录时下所闻所见中可笑的人和事，这类篇目共9则，如《推官》《张江陵》《丁右武》《孟黄鲋传》等。赵南星将他素日积累的笑话素材进行筛选、整理并加以改编，在每则笑话的末尾加上自己的评点和感受，最终结撰成集。

通过表1，我们能够清楚地看到这些故事的来源和编撰情况，但表格所展示出来的内容终究过于简单，无法真正还原故事流传的全部过程。实际上，《笑赞》中故事的流传情况远比表格所呈现出来的更为复杂。如《笑赞》第五十四则《王知训》，赵景深在《中国小说丛考》中称其源自宋代郑文宝的《江南余载》，这一结论其实是很有问题的：一是《江南余载》的作者本就不是郑文宝，而是另有其人；二是《江南余载》也不是这则故事的源头，真正最早著录这则故事的是《南唐近事》；三是赵南星编撰《笑赞》时真正参考过的故事应该不是《南唐近事》和《江南余载》，而是《事文类聚》。

《四库全书总目提要》曾对《江南余载》的成书过程做过较为详细的考证：

> 《江南余载》二卷，不著撰人名氏。《宋史·艺文志》载之霸史类中，亦不云谁作。马端临《文献通考》、戚光《南唐书音释》并作《江南馆载》，字之讹也。陈氏《书录解题》载是书原序，略云"徐铉始奉诏为《江南录》，其后王举、路振、陈彭年、杨亿皆有书。大概六家皆不足以史称，而龙衮为尤甚。熙宁八年，得郑君所述于楚州，其事迹有六家所遗或小异者，删落是正，取百九十五段，以类相从"云云。振孙谓"郑君"者，莫知何人。考郑文宝有《南唐近事》二卷，作于太平兴国二年丁丑，又《江表志》三卷，作于大中祥符三年庚戌，不在此序所列六家之内，则所称得于楚州者，当即文宝之书。检此书所录杂事，亦与文宝《江表志》所载互相出入，然则所谓"删落是正"者，实据《江表志》为稿本矣。[2](P5103—5104)

据此可知，《南唐近事》完成于太平兴国二年丁丑（977），《江表志》完成于大中祥符三年庚戌（1010）。两部书均为郑文宝所作且都记载了这一故事，相较而言，自然《南唐近事》更早一些。至于"不著撰人名氏"的《江南余载》，则最终完成于熙宁八年（1075），这一时间距《南唐近事》的成书已经过去了近百年，郑文宝也已经去世六十多年了，故《江南余载》绝非郑文宝所撰，而其《南唐近事》才是这则故事的真正源头。不过，我们也注意到了《江南余载》虽非郑文宝所撰，但其编纂是以《江表志》为稿本"删落是正"修改而成。毕琳琳对《江表志》和《江南余载》进行了仔细对比，结论是："《江南余载》一书所述史事全部本自《江表志》，仅在文字表述上有所删改和添加，但不对史实内容进行改写，也没有参用他书，基本保留了《江表志》所记述的史事原貌。"[3](P109)由此可见二者关系之密切，这也是两部书在后世容易混淆的原因所在。

从《南唐近事》开始，这一故事辗转流传，几经散佚，《江表志》《江南余载》《类说》《事文类聚》等丛书、类书都对这一故事有过著录，到赵南星的《笑赞》，已经过去六百多年，故事文本也已经发生了不小的变化。接下来，我们就对比一下几种文献中的记载情况，如表2所示。

表 2 　《笑赞》第 54 则"王知训"故事来源及演变对照表

《南唐近事》	《江表志》	《江南余载》	《事文类聚》	《笑赞》
魏王知训为宣州帅，苛政敛下，百姓苦之。因入觐侍宴，伶人戏作绿衣大面胡人若鬼状。傍一人问曰："何为者？"绿衣人对曰："吾宣州土地神，王入觐，和地皮掠来，因至于此。"④	魏王知训为宣州帅，苛暴敛下，百姓苦之。因入觐侍宴，伶人戏作绿衣大面胡人若鬼神状。旁一人问曰："何？"绿衣对曰："吾宣州土地神，今入觐，和土皮掠来，因至于此。"	徐知训在宣州，聚敛苛暴，百姓苦之。入觐侍宴。伶人戏作绿衣大面若鬼神者。傍一人问曰："谁？"对曰："我宣州土地神也。吾主人入觐，和地皮掘来，故得至此。"	王知训帅宣州，入觐赐宴，伶伦戏作绿衣人，大面如鬼状，或问："何为者？"答曰："吾宣州土地神。"问："何故到此？"曰："王知训入觐，和地皮卷来，因得至此。"	王知训帅宣州，入觐赐宴，伶人戏作一神，或问："何人？"答言："吾是宣州土地。"问："何故到此？"答言："王刺史入觐，和地皮卷来。"

　　经过比较，上述文献记载中的不同之处主要表现为以下四个方面：一是故事的主人公在《南唐近事》和《江表志》中为"魏王知训"，在《江南余载》中为"徐知训"，在《事文类聚》和《笑赞》中则为"王知训"，毕琳琳在《郑文宝及所著南唐二史研究》中对此有过考证，认为："徐知训未曾封王或追赠，所谓'魏王'者应为其弟知证。"[3](P96)而实际上，这一故事的主人公既不是"魏王知训"，也不是"徐知训""王知训"，更不是"魏王知证"，其真正的主人公应为徐知询。⑤二是《南唐近事》和《江表志》中为"和地/土皮掠来"，到了《江南余载》中改用"掘"，《事文类聚》和《笑赞》中则用"卷"，将地皮前面的动词改为"卷"，显然比"掠"和"掘"更加生动形象。自此以后，"卷地皮"一词逐渐成为人们所熟知的俗语，来形容地方官吏的贪酷和剥削。三是《南唐近事》中土地神与旁人的对话只有一句"何为者"，《江表志》只有一个字"何"，《江南余载》中也是一个字"谁"，到了《事文类聚》和《笑赞》中，对话变为了两句，第一句是"何为者"或"何人"，第二句为"何故到此"，增加了"何故到此"一问，使得故事中的人物对话更加合理。四是《笑赞》中去掉了土地神"绿衣大面若鬼神"的戏剧扮相，赵南星这样处理可能有两方面的原因：一方面，这一装扮是唐宋参军戏的典型装扮⑥，参军戏发展到元代逐渐演变为了元杂剧，元明戏曲表演中的土地神装扮也逐渐变为一个衣着朴实、平易近人、慈祥可亲的老人形象了；另一方面，晚明笑话文体逐渐走向成熟，篇幅短小，故事情节简单，简化主干情节之外多余的修饰和干扰已经成为文人们对于笑话这一文体的基本认知。如此，赵南星删掉"绿衣大面若鬼神"的这一形容就不足为奇了。

　　综上所述，虽然《南唐近事》和《江表志》在完成时间上有先后，但是由于二者皆为郑文宝所作，故其内容非常接近，只在个别字词上略有差异。同时，《事文类聚》和《笑赞》无论是在内容上，还是遣词用语的细节上都更为相近一些。因此，我们可以断定，赵南星《笑赞》"王知训"故事的远源固然是《南唐近事》，而对其真正产生重要影响的近源，则是南宋祝穆的《事文类聚》。

三 《笑赞》故事的改编与再创作

《笑赞》中的故事大都不是原创，但也并非简单地剽窃古人。赵南星以其深厚的文化底蕴与卓越的文学造诣，巧思妙解，运斤如风，通过改编与再创作，赋予了原有故事以全新的魅力和风貌。王恒展在《中国文言小说发展研究》中评价赵南星《笑赞》时称："赵南星官高位重而能清醒看透本质，且以形象而夸张的漫画手法，生动而鞭辟入里的语言予以生动表述，十分难得，中国文学史上堪称空前，文言小说史上更属绝后。"[4](P361)实为确论。

精练短小的文本结构、简单巧妙的故事情节是笑话文体的基本特征。赵南星在编撰《笑赞》的过程中，面对着纷繁芜杂的材料，往往能够有意识地做到删芜就简，去粗留精，准确地契合了笑话这一特殊文学样式的文体要求。如《笑赞》第四十三则《殷安》：

> 唐朝山人殷安尝谓人曰，自古圣人数不过五，伏羲、神农、周公、孔子。乃屈四指，自此之后，无屈得指者。其人曰，老先生是一个。乃屈五指曰，不敢。[1](P24)

这一则故事的源头是隋朝侯白的《启颜录》卷下《殷安》：

> 唐逸士殷安，冀州信都人，谓薛黄门曰："自古圣贤，数不过五人：伏羲八卦，穷天地之旨，一也。"乃屈一指。"神农植百谷，济万民之命，二也。"乃屈二指。"周公制礼作乐，百代常行，三也。"乃屈三指。"孔子前知无穷，却知无极，拔乎其萃，出乎其类，四也。"乃屈四指。"自此之后，无屈得指者。"良久乃曰："并我五也。"遂屈五指。而疏籍卿相，男征谏曰："卿相尊重，大人稍敬之。"安曰："汝亦堪为宰相。"征曰："小子何敢！"安曰："汝肥头大面，不识今古，噇食无意智，不作宰相而何？"其轻物也皆此类。[5](P82)

相较而言，《启颜录》虽为小说，但所记文人轶事更近于实录，而《笑赞》则是有意作笑话，故事的真实性和完整性并不是其考量的关键要素。赵南星掐头去尾，删除了《启颜录》中冗长烦琐的对话和与之关系不大的情节，同时，在结尾处，将殷安自己说"并我五也"，改为别人说"老先生是一个"，而殷安口称"不敢"，却悄悄屈下了第五个手指，这一改编更加凸显了殷安口是心非的滑稽行为和自大傲慢的艺术形象，大大加强了故事的喜剧效果和讽刺意味。

赵南星《笑赞题词》云："时或忆及，为之解颐，此孤居无闷之一助也。然亦可以谈名理，可以通世故，染翰舒文者能知其解，其为机锋之助良非浅鲜。"[1](P3)可见，除了逗人发笑之外，笑话往往还能够委曲婉转地讽喻时弊，折射出现实社会中的一些黑暗和丑恶，起到讽世喻世的作用。卢冀野在《笑赞后记》中说："《笑赞》之作，非所以供谐谑之资，而赞者故刺之谓也……见者往往以短书少之，不知其言外之义，抑为可惜已。"[6](P27)赵南星在改编前人故事的时候，常常会在原有的笑话故事中融入强烈的讽刺意味，巧妙地将笑话与现实社会联系在一起，寄讽喻于戏谑之间，寓怒骂于嬉笑之中。如《笑赞》第五十九则《隐身草》：

> 有遇人与以一草，名隐身草。手持此草，旁人即看不见。此人即于市上取人之钱，持之径去，钱主以拳打之，此人曰，任你打，只是看不见我。
>
> 赞曰：此人未得真隐身草耳，若真者谁能见之。又有不用隐身草，白昼抢夺，无人敢拦阻者，此方是真法术也。[1](P31)

此则故事源自三国魏邯郸淳《笑林》：

> 楚人贫居，读《淮南方》，得"螳螂伺蝉自障叶可以隐形"，遂于树下仰取叶，螳螂执叶伺蝉，以摘之。叶落树下，树下先有落叶，不能复分别。扫取数斗归，一一以叶自障，问其妻曰："汝见我否？"妻始时恒答言"见"，经日，乃厌倦不堪，绐云："不见。"嘿然大喜，赍叶入市，对面取人物。吏遂缚诣县，县官受辞，自说本末。官大笑，放而不治。[7](P32)

这一故事，在邯郸淳的《笑林》中只是一个轻松的笑话，并无太多深意，而经过赵南星的艺术加工之后，便赋予了故事以全新的内涵，外表看似戏谑调笑，实则发人深省，短短几句话，却揭示了一个残酷的现实真相。晚明社会混乱不堪，皇帝庸弱、吏治腐败、忠良尽逐、阉宦当道，各级官吏巧取豪夺，就连皇帝也打着"矿税"的旗号明火执仗地大肆搜刮，帝国倾颓之势已至无可挽回的地步。赵南星意欲"扶大厦之将倾，救百姓于水火"，奈何奸人当道，小人盈朝，纵有一腔热血，却无力回天，最终也只能将满腔的怒火借笑话故事宣泄出来。

总之，《笑赞》是赵南星文学创作中非常重要的一部作品，王恒展在其《中国文言小说发展研究》中称《笑赞》为"明末'笑林体'志人小说的开山之作"[4](P360)。赵南星在汲取前人佳作精华的同时，充分发挥想象与才思，从而创造出了既具文学价值又富含社会文化意蕴的杰出作品，不仅如此，《笑赞》还深刻反映了对社会问题的关切与反思，已然成为晚明"笑林体"小说的一座高峰。

注释：

① 参看赵景深：《中国笑话提要》，载《中国小说丛考》，齐鲁书社 1983 年版，第 52—54 页。

② 参看高洪钧：《冯梦龙的俗文学著作及其编年》，《天津师大学报（社会科学版）》1997 年第 1 期，第 53—58 页。肖银：《赵南星年谱》，河北师范大学 2015 年硕士学位论文，第 54 页。据高洪钧考证，冯梦龙的《笑府》完成于明万历四十二年（1614），而据肖银《赵南星年谱》，《笑赞》完成的时间不会晚于万历四十一年（1613）。《笑倒》是明末清初人陈皋谟所作，周作人称："陈皋谟的事迹无可考，但看《一夕话》的各项序文，可以推定他是明朝的遗老，在清初所写的。"至于《笑得好》，则是清代石成金纂辑的笑话作品集。

③《笑赞》现在通行的本子中，均收录有笑话文本七十二则，附一则《孟黄鼬传》，共七十三篇。卢冀野《笑赞记》云："笑赞之作，非所以供谐谑之资，而赞者，故刺之谓也。所录共七十一则……"卢冀野所言七十一则应为七十二则之误。

④《南唐近事》，后世散佚严重，现存于世的万历本和崇祯本均无此条内容，以上所引为傅璇琮《五代史书汇编》从明陶宗仪《说郛》中辑入《集外逸文》的条目。除《说郛》之外，宋曾慥《类说》、元佚名《群书要要》、清彭元瑞注《五代史记注》中也有此条内容，注明源自《南唐近事》，且内容亦基本相近。

⑤五代十国末期，后吴齐国公徐温共有六子：知训、知询、知诲、知谏、知证、知谔，另有养子知诰，即后来南唐烈祖李昇。《南唐近事》等文献中所记载的故事主人公不是徐知训或魏王徐知证，而应该是徐温的第二子徐知询，王知训应为"魏王知训"之误，有关于此，笔者将另撰文详细论述。

⑥参看王国维撰，叶长海导读：《宋元戏曲史》，上海古籍出版社 1998 年版，第 13 页。王国维引用《江南余载》中"徐知训"条内容，认为"南唐伶人之绿衣大面，作宣州土地神，皆所谓参军者"。

参考文献：

［1］［明］赵南星等编，周作人校订，止庵整理. 明清笑话集［M］. 北京：中华书局，2009.

［2］傅璇琮、徐海荣、徐吉军主编. 五代史书汇编（九）［M］. 杭州：杭州出版社，2004.

［3］毕琳琳. 郑文宝及所著南唐二史研究［D］. 复旦大学硕士学位论文，2012.

［4］王恒展. 中国文言小说发展研究［M］. 济南：山东教育出版社，2015.

［5］曹林娣、李泉辑注. 启颜录［M］. 上海：上海古籍出版社，1990.

［6］［明］赵南星著，卢冀野校订. 清都散客二种（全一册）［M］. 郑州：中州古籍出版社，1991.

［7］江畲经编辑. 历代小说笔记选（汉魏六朝）［M］. 广州：广东人民出版社，1984.

因古与羼今：《淮阴节妇传》明代嬗变新探[*]

王　凯　辛志英^{**}

摘　要：宋传奇《淮阴节妇传》情节离奇且极富社会教化意义，在嬗变过程中逐渐形成了固定的经典叙事模式，对后世文学产生了较大的影响，明代出现了多部《淮阴节妇传》的嬗变作品。明代作家在宋传奇的基础上对该题材进行改编与再创作，早期嬗变作品以因袭宋传奇故事情节为主，改动较少，后期作品则逐渐羼入反映现实社会的故事情节，对晚明色彩斑斓的社会生活进行更直接、更全面、更广泛的反映，体现出鲜明的时代特征。新羼入的情节既有精华亦有糟粕，其正反两方面的创作经验值得总结与深思。

关键词：《淮阴节妇传》；叙事模式；明代嬗变作品；嬗变特征

宋传奇《淮阴节妇传》情节离奇且极富社会教化意义，对后世文学产生了较大的影响，在南宋时期便有嬗变作品问世。至明代，该作品特别为明代文人所青睐，出现了五部（篇）嬗变作品。明代早期的嬗变作品基本沿袭《淮阴节妇传》而来，后期作品出现了较多的改编与再创作，羼杂进若干反映明代时代特色的情节，体现出鲜明的晚明时代特征。学界关于《淮阴节妇传》明代嬗变作品的相关研究较少，本文旨在对该问题进行详细论述。

一　《淮阴节妇传》发端及南宋嬗变作品概略^①

北宋著名史学家吕夏卿撰传奇小说《淮阴节妇传》，该作原文散佚，赖宋人庄绰《鸡肋编》得以传世。该作略云北宋淮阴地区一妇人姿色出众，里人觊觎妇人的美貌，假意与其丈夫交好，一起外出做生意，途中杀害其夫。里人归来后刻意善待妇人一家，后娶妇人为妻。婚后数年，夫妻欢睦。一日里人无意中透露杀害其前夫的真相，妇人向官府告发后夫。后夫伏法，妇人投淮河而死。《淮阴节妇传》故事从未见于前朝作品，当属宋人自创，素材的具体来源不详，很可能是吕夏卿根据当时淮阴地区出现的真实案件改编而来。作品篇幅虽然简短，但是主题深刻，具备很强的社会教化意义，对宣扬封建伦理道德大有裨益。

宋代理学家徐积在《节孝集》中也记载此事。作为理学家，徐积非常重视文学作品的社会

---

* 基金项目：本文为2023—2024年度河北省高等教育教学改革研究与实践项目"新课改背景下高师语文论课程内容优化研究"（项目编号：2023GJJG554）的阶段性成果。
** 作者简介：王凯（1986—　），石家庄学院文学与历史学院讲师，研究方向为中国古代小说；辛志英（1972—　），石家庄学院文学与历史学院副教授，研究方向为中国古代小说。

教化功能，他对淮阴节妇故事进行若干改动，尤其是安排节妇将亲生子女溺死，以此凸显节妇的刚烈与节义，深化故事的教化意义。徐积还在文本的后半部分直接发表议论，认为节妇杀子行为是其节义品性的集中表现。徐积将淮阴节妇事上升到国家、君臣的高度，极大地增强了《淮阴节妇传》的教化作用。《淮阴节妇传》在南宋时期已经出现了嬗变作品，洪迈《夷坚支丁》卷九《淮阴张生妻》和《夷坚志补》卷五《张客浮沤》都由《淮阴节妇传》嬗变而来。《淮阴张生妻》沿袭徐积《节孝集》而来，主要故事情节与《节孝集》所载基本一致，而《夷坚志补》卷五《张客浮沤》则出现了深层次的嬗变。由此可见节妇复仇题材的流行程度与影响力。

总之，《淮阴节妇传》问世后影响较大，南宋时期已经出现嬗变作品，在流传与嬗变过程中逐渐形成了"杀夫骗妇—真相大白—揭发奸人/杀死子女—妇人最终结局"的经典叙事模式。节妇复仇的故事题材颇受明人青睐，在明代出现了改编、重写淮阴节妇故事的高潮，出现了多部（篇）嬗变作品。

二 《淮阴节妇传》明代嬗变作品群

明代最早的节妇复仇故事当属《虾蟆传》，作者不详，亦未见著录，该作以文言写成，现节存于陆容《菽园杂记》卷三，原文如下：

> 洪武中，京民史某与一友为火计。史妻有美姿，友心图之。尝同商于外，史溺水死，其妻无子女，寡居。持服既终，其友求为配，许之。居数年，与生二子。一日，雨骤至，积潦满庭。一虾蟆避水上阶，其子戏之，杖抵之落水。后夫语妻云："史某死时，亦犹是耳。"妻问故，乃知后夫图之也。翌日，俟其出，既杀其二子，走诉于朝。高皇赏其烈，乃置后夫于法而旌异之。好事者为作《虾蟆传》，以扬其善。今不传。[1](P27—28)

陈大康认为此篇乃明初洪武年间文人独创作品："《虾蟆传》成功的关键之一，就在于它以闾阎间发生的新鲜故事为素材，直接地反映了明初的社会现实，若关在书斋中编造拼凑，是决不可能写出这样的动人作品的。"[2](P79)然而细观全文，发现其故事梗概与宋传奇《淮阴节妇传》高度相似，除了没有明确节妇最终结局外，其他部分明显沿袭《淮阴节妇传》而来，明初洪武年间未必实有其事。作者之所以将故事背景放在洪武朝，盖因明太祖朱元璋大力整顿社会风气，提倡忠孝节义之故。一个普通的节妇被朝廷表彰，其意义已远远超出事件的本身，上升到与家国命运攸关的高度，借此歌颂明太祖的圣明统治。

《虾蟆传》虽自言为洪武年间之事，但是有理由认为它更有可能是沿袭《淮阴节妇传》而来，只是人物姓氏与故事发生地等细节略有改动。《虾蟆传》只有节文存世，但是它拉开了明代节妇复仇故事创作的序幕，在明代节妇复仇故事嬗变历程中具有开拓性的意义。

《虾蟆传》问世近百年后，出现了明代第二部节妇复仇的嬗变作品《池蛙雪冤录》，该篇收入明孝宗年间建安名士雷燮所撰文言小说集《奇见异闻笔坡丛脞》。故事以元末明初乱世为背景，略云元末滁州人罗汀家贫，其妻何氏不仅姿色绝美，且贤惠有见识。元丞相脱脱家人陈威乃悍恶之辈，仗势欺人。陈威过滁见何氏而悦之，百计不可得，乃入其店，邀罗汀合伙经商，罗汀同意。何氏以家贫亲老不宜远行，况陈威其人鸷恶不可交劝阻罗汀，罗汀不听，何氏泣谏亦徒劳。罗汀刚离家即被陈威杀害，并沉尸江中。陈威归来称罗汀病死，何氏疑罗汀乃其所害，但无从查证。正值元末乱世，何氏生活悲惨，陈威多次威逼何氏嫁他，何氏不从。后何氏遇兵燹，险被乱兵掳走，被逼无奈嫁与陈威为妾。国朝（明朝）平定天下后，陈威与何氏居于涿州，何氏生二子。何氏于某夜梦见罗汀，罗汀言其已化为池蛙，要何氏替他申冤报仇。后某日何氏与陈威同游园亭，偶然看到一蛙坠于池中，挣扎而不得起。陈威见此情状大笑不止，泄露内情。何氏听后大怒，要拉陈威见官。陈威恐吓何氏如泄露此事必杀她灭口，何氏只得说自己是戏言。一年后何氏听闻御史按部到来，对天祷告"吾夫之冤雪矣"，夜杀二子，而后向御史鸣冤。陈威下狱处以极刑，御史要把陈威的半数家财分给何氏生活，何氏认为自己没有为亡夫守节，遇到战乱没有自杀，还被迫服侍仇人，辱身害理，没有面目自立于人世，最终自杀身亡。《池蛙雪冤录》的基本情节依然沿袭《淮阴节妇传》叙事模式而来。不过该作可谓明代节妇作品中对原作改动力度最大的作品，或曰最不忠实于宋代原著的明人作品。它改变了恶人的身份，同时对"杀夫骗妇"部分情节进行改动，改变了节妇对事件真相的了解程度。

故事中的恶人不再是市井小民，而是元代丞相脱脱手下的恶奴陈威，恶人身份的改动加大了故事的社会批判力度，且带有浓厚的政治色彩。一个小小的家奴都敢仗势欺人，为非作歹，足见元代统治的腐朽与黑暗。元代政治黑暗、吏治腐败等问题并非明人雷燮的杜撰，正史中颇多记载："（至元二十八年）建宁路总管马谋，因捕盗延及平民，搒掠至死者多，又俘掠人财，迫通处女，受民财积百五十锭。……（桑哥一党）衔命江南，理算积久逋赋，期限严急，胥卒追逮，半于道路，民至嫁妻卖女，殃及亲邻，维扬、钱塘受害最惨，无故而殒其生五百余人。"[3]（P3227—3228）类似记载在史书中比比皆是，可见元代政治腐败问题的严重程度，当时的实际情况很可能比这些文字记载更严重。而最终为罗汀冤案平反昭雪的是明朝官员，以反衬明代的圣明统治。该情节的改动符合明太祖朱元璋大力推行律法的史实："洪武帝颁布的第一批官方文告之一是在1368年发布的《大明律令》。这部法典包含285条律和145条令，按政府的六部予以排列。……（洪武帝）花了几年时间逐条加以修改。他又命令编纂一部《律令直解》，于1368年刊行。"[4]（P146—147）由此可见明太祖稳定社会秩序、保障百姓安定生活的决心。雷燮在结尾处云"然此皆胡元乱世之事，亦可觇世变矣"，在雷燮的意识中，元朝代表黑暗与动乱，而明朝代表光明与安定，普天之下的百姓想要摆脱被欺凌的悲惨境地，就要借助于圣明的统治者及其官员的庇护与救助。从这个角度看，该篇可视为政治寓言，意在歌颂明朝的圣明统治。

《池蛙雪冤录》还改动了节妇对于前夫死亡事件的了解程度，以深化节妇的人物形象。节妇何氏不仅姿色过人，而且"甚贤有智识"，当陈威邀请罗汀做生意时，何氏便以其人鸷恶不可结交苦劝罗汀。而当陈威告知其夫坠江时，何氏当即怀疑其夫是被陈威害死，但是无可奈何。此处情节的改动具有关键性，因为前代所有节妇复仇作品中，节妇对后夫毫无怀疑之心，而何氏从一开始就怀疑前夫之死乃是陈威所为。雷燮打破前人作品中节妇完全被蒙在鼓里的模式，让何氏最初便有自己的判断，人物形象较《淮阴节妇传》有了进一步的发展。而当何氏得知全部真相后，隐忍不发，苦苦等待时机，一年后听闻御史按部到来，她夜杀二子，向御史鸣冤，终于替前夫罗汀报仇。故事中的何氏继承并深化了前朝节妇刚烈的性格，雷燮成功将何氏塑造成集美貌、智慧、见识与节义于一身的明代奇女子。

同样在《池蛙雪冤录》问世约百年后，节妇复仇故事在晚明时期出现了创作的小高潮。自万历到崇祯年间陆续出现了无名氏所作《轮回醒世》卷一二《谋妻报》、张应俞《杜骗新书》中《因蛙露出谋娶情》篇、西湖渔隐主人《欢喜冤家》第七回《陈之美巧计骗多娇》等三部嬗变作品。这三部作品的篇幅明显增长，情节描写更为细致，语言也更加通俗易懂，但却比《池蛙雪冤录》更遵循宋人原作。整体而言，几部作品都遵循着"杀夫骗妇—真相大白—揭发奸人/杀死子女—妇人最终结局"的经典叙事模式，只是在该模式的基础上新羼入或改动某些支线情节。具体而言，每部作品又各有特点。

《谋妻报》出自《轮回醒世》，由书名便知此作充斥着佛教因果报应等观念，作者编纂此书的目的在于"醒世"，即劝诫人们规范自己在现实生活中的立身行事。该书兼收文言小说与话本小说，文言小说文字浅显，基本上算是半文半白，可见编纂者对世俗阅读市场的努力争取。《谋妻报》前半部分与《淮阴节妇传》情节基本一致，后半部分当节妇得知事件真相后，节妇王氏骗恶人上官清将此事写成诗，并灌醉上官清，先缢杀亲生子，再亲自动手，割掉上官清的人头。为前夫完成复仇后，节妇王氏到官府自首，县令了解内情后，执笔写下判词："雄哉女子！不用三尺法，已吐诗中奸计；止凭一把刀，可报泉下沉冤。妻刑夫而罪莫挽，仇报冤而适相当。情长法短，不得如常以入律；割新恋旧，犹当格外以姑容。免加刑戮，复旌贞烈。"[5](P424) 王氏最终被无罪释放。《谋妻报》最大的变化在于让节妇手刃后夫，亲手为前夫复仇。该情节可能是作者借鉴唐传奇《谢小娥传》中的相关情节而来，节妇王氏堪比唐代烈妇谢小娥。

《因蛙露出谋娶情》出自《杜骗新书》，万历年间张应俞撰，该小说以浅显的文言写成。所谓"杜骗"即防骗指南。小说对社会上形形色色的骗局进行总结与揭露，同时对市井世俗的生活有较为细致的描写，可视作晚明现实生活的真实写照。《因蛙露出谋娶情》的主要故事情节仍然不出宋传奇的叙事模式，其故事情节与晚明世风的变化保持高度一致，在传承前作的基础上逐渐羼入某些独创的情节，于细节处多有增饰，已带有世情小说的特征。

晚明白话小说集《欢喜冤家》中的《陈之美巧计骗多娇》则与《因蛙露出谋娶情》存在直接的因袭关系，可谓"嫡亲后代"。该作长达七千余字，细节描写更为具体与生动，但是细观其文本，"不仅故事梗概全同于《杜骗新书》中的《因蛙露出谋娶情》，且其文字也多雷同。后者比之前者，只是增加了一段陈彩引诱潘玉上钩的故事，以及铺叙了陈彩娶得潘妻后的恩爱云雨。换句话说，就是略添了一些情色的佐料而已"[6]。节妇故事中出现情色描写乍看让人诧异，但如果考虑到该篇出自《欢喜冤家》一书，这种现象便不难理解。因为《欢喜冤家》是晚明艳情小说的代表作品，专门叙写男女私情，并多为先恩爱而后成仇。每则故事在讲述男女私情时都会出现或多或少的秽亵描写，这些充满低级趣味的文字恰是该书的最大特点与卖点。《陈之美巧计骗多娇》虽是由节妇复仇故事改编而来的作品，但它既然被编入《欢喜冤家》，自然要服从该书整体的创作宗旨与写作特点，最终在节妇复仇作品中羼入了情色内容。

以上五部（篇）构成了明代节妇复仇作品群，它们在故事情节方面大同小异，某些作品之间还存在着直接的因袭关系。

三　文体、情节与美学风格：明代作品嬗变的三要素

上述作品群，如果从小说史发展的角度进行整体观照，会发现这些作品大致可分为两个发展阶段，且呈现出若干规律性的变化。

《虾蟆传》与《池蛙雪冤录》属于明代前期作品，与宋传奇《淮阴节妇传》的关系更为密切，属于第一阶段；而《谋妻报》《因蛙露出谋娶情》《陈之美巧计骗多娇》属于晚明时期作品，虽然故事题材仍可追溯至宋传奇，但此时期作家的视野面向明代现实社会，对明代的现实生活有更多的描写，属于第二阶段。这两个阶段的作品在文体特征、故事情节、美学风格等方面存在明显的不同。

明代节妇复仇作品由文言体例逐渐转变为白话体例，与整个明代小说的发展态势相一致。[②]具体而言，明代早期的节妇复仇作品用文言写成，显然沿袭了宋传奇《淮阴节妇传》文言小说的文体特点。文言小说的优点在于"入于文心"，深得士大夫阶层读者的青睐，缺点是不够通俗，尤其在明代中后期读者阶层迅速扩大，很多读者文化程度不高，他们希望看到更为通俗易懂的小说。这时期的节妇作品在语言方面出现了变化，《谋妻报》虽然以文言写成，但是颇为通俗，浅显易懂，已经与明初文言小说迥然不同。《杜骗新书》的文体分类尚有争议，有人将其归为文言类，有人将其归为白话类，今将其视为文言白话之间的过渡型文体应无不妥。[③]而明代最后一部嬗变作品《陈之美巧计骗多娇》已经是标准的白话小说。作家将文言小说改编成通俗的白话小说，吸引了更多的底层读者，有利于作品的进一步扩大与传播，最大程度地发挥其劝诫及娱心的作用。

此外，明代前期文言类作品篇幅较短，多以精练的笔墨记载社会上发生的奇闻轶事，对故事背后广阔的社会生活描写较少。明代后期的作品用白话写成，篇幅更长，将描写重心转向广阔的现实生活，明显带有世情小说的影子，更加全面深刻地展现了晚明的社会生活。《轮回醒世》已经开始展现万历时期的社会生活与风土人情，只是碍于文言小说的篇幅限制，描写相对简略，可视为尚处于萌芽期的准世情小说。相比较而言，大约同时期成书的《杜骗新书》已经是很典型的暴露型世情小说："虽然在暴露的深度上、广度上，以及在艺术表现的能力方面都与同时期出现的《金瓶梅》有着较大的距离，但它作为一部文言短篇小说集，相对于白话长篇的《金瓶梅》自有其独特的意义。"[6]具体到《因蛙露出谋娶情》篇目，张应俞对潘、陈两家的背景做了较为细致的建构，某些细节描写体现了当时的乡情风俗，譬如潘家贫困，筹划要为儿媳招赘女婿，并与陈彩商议："至半年后，璘父潘玉年老，有二幼孙不能抚养，欲以媳招人入赘，代理家事，与彩商议。彩曰：'入赘事久远，必得得当人方可，不然，家被他破害，后悔何及？依彩愚见，小心支持守节，勿嫁人为尚。'彩言虽如此，而中藏机械甚深。后有议入赘者，玉亦与彩议，彩皆设机破之。"[7](P103—104)得知潘家有让儿媳再嫁之意后，陈彩开始行动，准备骗娶游氏。陈彩心思缜密，担心游氏拒绝，于是"贿游氏之外家，布谋已定"，先通过游氏娘家向游氏施加压力，而后才正式向潘玉提出娶游氏的要求，这种

安排与《金瓶梅》中西门庆谋娶孟玉楼时所采取的方法颇为相似。虽然情节描写的细致程度无法与《金瓶梅》相提并论，但是无疑呈现出了世情小说的特征。

故事情节方面，明代节妇复仇作品呈现出从单一到丰富的嬗变趋势。随着时代的发展，明代第二阶段的节妇复仇作品羼入不少新的故事情节，鲜明地反映出晚明的时代特色。之前作品中节妇告发后夫之后大多选择自杀，故事至此基本宣告结束。而《因蛙露出谋娶情》在陈彩下狱后，用颇多笔墨交代陈彩与游氏的财产分割问题。陈彩抱怨游氏享受的都是陈家钱财，游氏闻言将财产与后子交割明白，空身返回潘家。该情节揭示了金钱在晚明社会生活中的重要性，以及民众对金钱的重视程度。与宋代夫妇不同，在金钱的强力冲击下，明代夫妻关系中加入了复杂的经济因素。节妇最终将财产退还后夫家，返回前夫家过清贫的生活，该情节与一刀杀死后夫便戛然而止的结局相比，更为真实，同时也更符合当时的社会现实与风俗人情。

某些新增入的情节体现了明人的进步思想。其中最典型的便是节妇对于后生子女的态度问题。宋代理学家徐积《节孝集》开节妇杀后子的先河："二子仇人之子也，义不可复生。即缚其子赴淮，投之于水。"[8](P6)节妇固然节义，"杀二子则过甚，宋儒道学之偏执，此可见焉"[9](P178)。明代前期的两部作品包括之后的《谋妻报》均沿袭《节孝集》中的节妇杀子情节，以凸显节妇的刚烈与节义。而《因蛙露出谋娶情》中节妇与后子关系比较融洽，未见游氏迁怒于二子的情节，相反，母子之间还有一段推心置腹的谈话：

> 游氏曰："我在你父家二十余载，恩非不深，但不知他机谋甚巧。今已泄出前情，则你父实我仇人，义当绝之。你二人是我毛里天性，安忍割舍？你父不说富贵是他家的，我意已欲还潘家；今既如此说，我还意已决。当你母已死，勿复念也。"二子曰："母亲为前夫报仇，正合大义，我父不得生怨。须念我兄弟年幼，方赖母亲教育，万勿往他家也。"游氏不听，召集陈门亲族，将家业并首饰等项交割明白，空身而还潘家。[7](P106)

从"二子仇人之子也，义不可复生"，到"你二人是我毛里天性，安忍割舍"，节妇所秉承的理念从贼人之子不可留于世，发展成为其父杀人但与子女无关，不能因此连累无辜子女，可见随着时代的发展，人们的思想观念也在逐渐进步。

然而并非所有羼入的故事情节都具有进步意义，最为典型的反例来自《陈之美巧计骗多娇》。在这部歌颂节妇品质的作品中竟然出现了格调低下的情色描写。④这些情色描写使得作品主题出现歧义，读者不禁产生疑惑：作者到底是在歌颂节妇的高尚品质，还是与晚明大量的艳情小说一样，给见不得光的情色内容裹上一层伦理道德的外衣？作品的最终目的是弘扬节妇高尚品质，还是借助节妇复仇故事来宣淫射利？总之，羼入情色内容影响了作品的思想价值与美学风格，削弱了作品的教育意义，同时也影响了该作在社会上的进一步流传（《欢喜冤家》在清代被列为"淫词小说"，屡遭查禁）。这种现象出现的原因，除了《欢喜冤家》作者的个人因素外，还与特定的时代背景密切相关。《欢喜冤家》成书于晚明，书中情色内容的大量出现与晚明特定的时代背景和文学思潮有着密切的关系。对于这个问题学界已有深入的研究,本文不再赘述。⑤在节妇故事中羼杂情色内容,这样的嬗变对节妇复仇作品而言无疑是失败的,但是此现象客观上揭示了晚明男女关系混乱的真实情况,同时也反映了文学作品受到特定时代环境影响的客观规律。

故事情节的种种变动导致作品的美学风格也会出现变化。明代五部(篇)嬗变作品呈现出稳中有降的整体趋势,前四部(篇)作品的主题思想明确,节妇形象生动感人。《虾蟆传》篇幅较短,风格与宋传奇《淮阴节妇传》相似,含蓄质朴。《池蛙雪冤录》沉郁之中透出悲怆,节妇何氏从头至尾都在怀疑陈威,最终大仇得报,何氏以死明志,作品感人至深,具有隽永悲壮的悲剧之美。《谋妻报》中王氏手刃仇人一段描写,将故事推向高潮,其文似由清风云霞变为雷霆闪电,风格由阴柔转为阳刚,读来令人扼腕叹息。《因蛙露出谋娶情》篇幅较长,风格冲淡自然,作者娓娓道来,将一桩公案如实记录,看似平静的叙述却带给读者深沉的思考。以上四部作品虽然故事情节各有不同,但总体而言,它们都具有崇高的美感,给读者带来美好的阅读体验。而《陈之美巧计骗多娇》打破了前面几部节妇作品形成的崇高美学风格,在故事中强行羼入轻佻猥琐的情色内容,导致故事情节不伦不类,主题思想与美学风格受到严重破坏,甚至可以说是对节妇复仇题材的亵渎。与前面四部作品相比,《陈之美巧计骗多娇》风格猥琐卑下,是《淮阴节妇传》在明代最失败的嬗变作品,这一点毋庸讳言。

如上所述,随着时代的发展,明代节妇复仇作品从前期主要沿袭、改编宋传奇《淮阴节妇传》,到后期逐渐羼入各种新的故事情节,即作者根据对现实生活的提炼而羼入新内容,并改变作品的风格等,逐渐形成了明代节妇复仇故事的嬗变历史。当然,被明代作家羼入的故事情节未必都是积极的、进步的,甚至还有一些糟粕,这些代表着明代时代特色的新内容因为各种原因被羼入节妇故事,使得明代节妇复仇作品的嬗变历程变得丰富而复杂,其中正反两方面的经验都值得总结与深思。

结语

宋传奇《淮阴节妇传》有着巨大的示范与启迪作用,对明代的五部(篇)节妇复仇作品产生了重要的影响。明代小说家作为有着鲜活生命与独立思想的个体,写什么、改什么、新增什么,虽然看似有很大的自由度,但在文学创作的实际过程中,他们必然会受到诸多显性及隐性因素的制约。具体而言,他们既受到前人作品故事情节、艺术水准、思想主旨,乃至文言小说文体以及文学惯例的重重限制,同时也为所处时代的外部文化、思想和环境的影响所笼罩。从文学创作的宏观历史角度看,后人的创作必然在前人的基础上进行,必然受到前人作品方方面面因素的影响与限制。正如马克思所言:"人们自己创造自己的历史,但是他们并不是随心所欲地创造,并不是在他们自己选定的条件下创造,而是在直接碰到的、既定的、从过去承继下来的条件下创造。"[10](P9)

从另一方面看,作为源头的《淮阴节妇传》虽然对明人创作的节妇复仇故事产生影响,但这只是影响文学创作的外部因素。即便再重要的外因,最终也要通过内因方能起到作用,撰写节妇复仇故事的明代文人及其所生活的明代现实社会是文学创作的内部因素。明人在沿袭、改编，乃至于重写《淮阴节妇传》时，必然受到明代现实生活的影响与制约，而促使作家们面对现实的最强动力，恰恰正是明代现实生活本身。明代作家在改编宋人作品的过程中，必然受到自己所处的时代环境的影响，或有意或无意地羼入明代的现实因素，虽然这些被羼入的情节未必一定都具有进步意义，但是我们不能苛求古人，毕竟与大时代相比，作为个体的作者实在显得微不足道。无论如何，他们所羼入的故事情节更直接、更真实地反映明代社会生活，给作品打下了深深的时代烙印，留给后世读者通过这些作品去窥探明代社会生活的可能性。

注释：

① 关丁北宋传奇小说《淮阴节妇传》的相关内容以及南宋时期嬗变作品的具体情况，本文只做概要式的梳理，详情可看拙作《〈淮阴节妇传〉后世演变研究》，《西部学刊》2021 年 7 月上半月刊。

② 关于明代文言小说与白话小说二者之间的复杂关系与发展趋势，陈大康先生《明代小说史》有详细论述，可参看。

③ 关于《杜骗新书》的文体归类问题，可参看 2010 年安徽师范大学李敏的硕士学位论文《〈杜骗新书〉新论》第一章第二节《〈杜骗新书〉的文体定位》。

④ 《陈之美巧计骗多娇》中的情色描写，虽然就整篇作品而言只占极小的比例，但是在节妇复仇故事中羼入此类自然主义描写，如同佛头着粪，影响极坏。究其原因，既与作者自身庸俗的审美趣味有关，也与晚明时期文学作品高度商品化有关。低级趣味描写颇能吸引一般市民读者的欣赏兴趣，从而为作者与书商带来更丰厚的经济利润。在这种大的时代背景下，即便是歌颂节妇品质的作品，也要在其中羼入情色描写，以此媚俗牟利。

⑤ 鲁迅《中国小说史略》第十九篇《明之人情小说(上)》较早对晚明时期情色小说泛滥问题进行了精辟的论述。此外，张廷兴《中国古代艳情小说史》则对该问题有进一步深入详细论述，可参看。

参考文献：

［ 1 ］［明］陆容. 菽园杂记［M］. 上海：商务印书馆，1936.

［ 2 ］陈大康. 明代小说史［M］. 北京：人民文学出版社，2007.

［ 3 ］许嘉璐主编. 二十四史全译：元史(第六册)［M］. 上海：汉语大词典出版社，2004.

［ 4 ］〔美〕牟复礼、〔英〕崔瑞德编. 剑桥中国明代史(第七卷)［M］. 张书生等译. 北京：中国社会科学出版社，1992.

［ 5 ］［明］无名氏. 轮回醒世［M］. 北京：中华书局，2008.

［ 6 ］黄霖.《杜骗新书》与晚明世风［J］. 文学遗产，1995(1).

［ 7 ］［明］张应俞著，孟昭连整理. 江湖奇闻杜骗新书［M］. 天津：百花文艺出版社，1992.

［ 8 ］［宋］徐积. 节孝集//文渊阁四库全书集部四〇册(第 1101 册)［M］. 台北：台湾商务印书馆，1983.

［ 9 ］李剑国. 宋代志怪传奇叙录［M］. 北京：中华书局，2018.

［10］〔德〕马克思. 路易·波拿巴的雾月十八日［M］. 中共中央马克思恩格斯列宁斯大林著作编译局编译. 北京：人民出版社，2015.

仲振奎戏曲探考

——以《红楼梦传奇》《怜春阁》等为中心*

吴佳儒　武　迪**

摘　要：乾嘉文人仲振奎创作的《葬花》暗藏自喻性，是作者对个人爱情悲剧的"借题发挥"。《怜春阁》旧说为仲氏自传，实为友人陈燮爱情悲剧的真实再现。士人的游幕治生与爱情悲剧为这类戏曲创作提供了本事，而仲氏的《红楼梦传奇》《怜春阁》曾搬演于曾燠幕府，私人情感得以借戏曲外放于公共场域，主宾"同题异调"的题词隐藏着对游士幕客情感焦虑的不同集认。以现存仲氏剧作为考察中心，结合清代其他传记性生旦剧，可归纳此类剧作在创作手法上的共性与差异。

关键词：《葬花》；传记性剧作；红楼戏；《怜春阁》

晚明以降，以戏曲直书或隐括作家本人或朋侪生平事迹的剧作肇兴。从隆庆末张瑀《还金记》始，袁于令《西楼记》、黄周星《人天乐》、朱素臣《秦楼月》、廖燕《柴舟别集四种》与张繁《双叩阍》先后问世，此类作品因纪实题材与寓言、虚构的趣味，成为别具特色的"创新产物"，可称之为"传记性剧作"[1](P509)。就性质而言，可分为自传性、他传性与自喻性三类作品，但不包括假托自传，实系"乩仙笔"[2](P383)的剧作（如《箜篌记》）以及演绎前代人物事迹与旁观政局时事的作品。

清中叶传记性剧作蔚然大观，蒋士铨、程尚赟、徐爔、徐昆、瞿颉、江周、仲振奎、仲振履、左潢、许鸿磐、朱凤森、刘永安、饶重庆、钮祜禄氏等，分别据本人或朋侪的真实事迹编创了《空谷香》《再生缘》《镜光缘》《雨花台》《桐泾月》《赤城缘》《怜春阁》《双鸳祠传奇》《冰绡帕》《兰桂仙》《桂花塔》《守潺记》《鸳鸯扇》《皇华记》《遇合奇缘记》等三十多部戏曲，其中尤以悼念妻妾、记述情事的生旦剧居多。这些作品体现着清中叶戏曲写情、写性与抒写个人经历的合流，上承清初朱素臣《秦楼月》，下启道咸彭剑南《香畹楼》、梁廷枏《圆香梦》、严保庸《盂兰梦》、顾太清《桃园记》等，代表"中国古典戏曲史中的一种新的题材类型"[3]。

在这股潮流中，仲振奎据个人或友朋情事创作了15种生旦剧①，"传记性"是其剧作

---

* 基金项目：本文为中国人民大学2024年度拔尖创新人才培育资助计划成果、中国社会科学院"青启计划""清代《红楼梦》文献与文学研究"（项目编号：2024QQJH018）阶段性成果。

** 作者简介：吴佳儒（1996— ），中国人民大学文学院博士研究生，主要研究明清戏曲小说；武迪（1992— ），中国社会科学院文学研究所助理研究员，主要研究明清戏曲小说。

的重要特征，过去曾有学人撰文予以揭示②。但仲氏《葬花》一出是否有作者自我情感的投射而具备自喻性，他的《怜春阁》究竟是否为学界公认的"作者自传"？像仲振奎一般的游子幕客，为何热衷于将自己的爱情故事谱为传奇，这背后暗含着怎样的复杂心态？这些传记性/纪实性的剧作为何往往嵌套着鬼神叙事的格套？上述问题尚待厘清。

一　个人情事的"借题发挥"：《葬花》的再解读

乾隆五十七年（1792）重九日前，仲振奎在好友陈燮的陪同下，自河南固始北上游幕京师。同年秋，他患病卧床首次翻阅《红楼梦》，有感宝黛爱情的缠绵悱恻，受同社刘嵩梁之请，择"黛玉埋香"情节创作了《葬花》一出。咸丰间青莲堂刻行《续缀白裘新曲九种》收录此出，编者刘赤江评之"以玉茗之笔墨，抒登徒之性情"[4]，显然将其视为作者艳羡群芳之作，这也是学界解读《葬花》时的常见说辞。

然而，仲氏乡友邹熊在嘉庆二十年（1815）诗《吊仲云涧》（其一）却对《葬花》的创作动机有不同提点，诗曰：

> 造物何心造此公，赋才八斗数偏穷。百家诗侣题襟遍，一代文人被褐终。
> 淮海迹留鸿爪雪，京华魂断马头风。悲歌谱出红楼梦，声泪交流一曲中。[5](P259)

尾联小注："有《红楼梦传奇》行世，《葬花》一曲自写牢骚。"作为"三十年来老弟兄"[6](P18a)的邹熊，其评价当非无的放矢。那么，"声泪交流"而成的《葬花》究竟是不是"自写牢骚"，又自写了何种牢骚？

从仲振奎诗文与剧作，可知他执着于搜集、创作爱情悲剧，有借戏"自写牢骚"的动机。他为友人张曾虔叙写秦淮河妓女事迹的《青溪笑》题词："我因脂盝谱阳秋，君为青溪纪胜游。一样怜花修艳史，两翁分替古今愁。"[7](第7册,P3053) "脂盝阳秋""修艳史"即以戏曲为女性立传之意；"分替古今愁"指张氏以古校书事迹为素材，仲氏则以当下女性事迹为题材，同理愁绪。仲氏《文钞外集》还收录娇红、王琼奴、高娃、幽妍的爱情悲剧，合编为《情海伤心集》。可见写情、写愁是他文学创作的一贯动机，借《葬花》"自写牢骚"确有可能。

朋侪的戏曲序跋，证实仲氏谱曲多借戏写心，暗藏怀悼之意。嘉庆六年（1801）秋末，杨芳灿（1753—1815）在燕台客舍为友人董达章所作、仲振奎评点的《琵琶侠传奇》作序时，翻阅仲氏平生剧作并为仲氏戏曲作《红豆斋乐府序》。在这篇总括性的序言中，有几句话值得留心。一是"嗟乎！有怀难语，暂寄托于排歌；独处工愁，惟流连于短翰"，可见仲氏借戏写愁，戏中暗藏难言之隐，在朋侪间并非秘密。二是"重以奉倩神伤，安仁叹逝；香桃骨瘦，玉豆心寒……每当篆销寒兽，月上明螺，银蒜帘垂，冰荷镫炧，影泠娉而无主，思结缤以谁知"一段，透露作者似有三国魏人荀粲、晋人潘安一样的悼亡经历。③仲氏每逢孤静寂寥时，难以言表的伤痛自与其经历的爱情悲剧有关。三是"真珠密字，和泪点以俱圆；叠雪轻绡，写愁丝而不断。人之情也，能无叹乎？是以辞缘苦而弥工，言因悲而转幻"[8](P623)，再次述说作者心怀哀悼情志。

仲振奎确实经历过丧妻之痛，谓其剧作有"奉倩神伤，安仁叹逝"之感未尝不可。但据《留云阁合稿》所载，仲振奎一生仅娶一妻，别无姬妾，而仲妻赵笺霞亡于嘉庆十一年（1806）秋[9]（第10册，P441—442），晚于《葬花》与《红豆斋乐府序》的创作时间，"奉倩神伤，安仁叹逝"显然并非悼妻，而是追忆某段前情。

与《葬花》同时创作、"同志其憾"[7]（第7册，P3150）的另两部传奇——《火齐环传奇》和《红襦温酒传奇》虽已亡佚，但保存至今的两篇自序，却揭示出《葬花》创作前后的作者心境与一段埋藏心底二十年的婚前爱情。乾隆五十七年（1792）夏秋，仲振奎于京中偶遇友人虞生，再度听他讲述了多艰的情事，并受托将爱情悲剧谱为传奇。这次相会后不久，仲振奎因病卧榻，闲阅《红楼梦》，深感宝黛情伤，继而回想起虞生和自己的亲身经历，决心在赴山东任城前，完成友人之托，遂将虞生情事谱为《火齐环传奇》。同时着手将自己二十年前的一段"生平憾事"谱为《红襦温酒传奇》，该剧自序云：

> 叹二十年前，酒痕墨沉，意气如虹。今则白发渐生，盛年已去，青衫潦倒，客路飘零，岁月忽其如驰。酒地花天，岂堪回首，则所谓沦落不偶者，独玉儿也乎哉？夫以玉儿之情意绵密，予既为其所心许而目成，而迄不免与饼妻厮养妇埒，岂遇合之道，果有数焉否耶？遂述其往事如此。付诸《火齐环》后，彼斯曲者，鄙为淫哇也可，目为情痴也可，即以浪费楮豪以作无益，亦无不可。[7]（第7册，P3151）

与玉儿的爱情终无结果，不免令作者抱恨万分，时过境迁仍深藏心底。本人情事与红楼故事形成天然的情感呼应。黛玉与玉儿，一幻一真而名同一字，玉儿的逝去与黛玉的自悼，或许是触动作者谱曲的直接原因。《葬花》、《红襦温酒传奇》与《火齐环传奇》内容有别而情感同一，互相映照，是感于现实、缘恨而作之心态的表征。苦痛情感的前后延宕与剧作间的内在关联不言自明，自喻性、自传性与他传性剧作由此形成了奇特的对照，"自写牢骚"的根源或在于此，《葬花》中云"今生得一知己，可以无憾"[10]，可视为作者自道。

研究者可能会质疑，悼念情人能否称为"奉倩神伤""安仁叹逝"，对此我们倒不必作狭义解。一是仲氏剧作多叙情人、姜室之逝，杨芳灿的序言以荀粲、潘岳悼亡类比之，未觉不妥；二是同时代的文坛巨擘蒋士铨，以《空谷香传奇》叙好友顾瓒园妾姚氏早逝事迹，第29出《宾挽》亦以荀粲神伤比之。足见彼时的"悼亡"并不拘囿于"悼妻"的语境，而重在对"情"的追念。

清人以红楼戏自喻的并非只有仲振奎。嘉庆丙寅（1806），女作家吴兰征病亡，其夫俞用济为吴氏的红楼戏《绛蘅秋》续谱《珠沉》《瑛吊》二出，妹夫万荣恩称此数出以"奉倩之神伤，安仁之心苦"[11]（P351）谱成，《瑛吊》出末"妹妹呀妹妹！怎样和你图个天上姻缘补恨多？"可视为俞氏的悼喊。只不过，俞氏以宝玉悼颦自比，而仲振奎以黛玉葬花自喻。

二 误为"自传"的《怜春阁》：友人情感史的真实再现

谈及仲振奎的悼亡经历，不免联想到他的另一部剧作——作于嘉庆三年（1798）的《怜春阁》。剧叙李塘在一妻二妾之外，复在扬州买妾丽华，丽华为原有二妾所不容，遂随夫返籍，居于怜春阁，后因产疾卒。李塘归家哀悼，复于扬州纳其妹艳华。严敦易、陆萼庭、郭英德等前辈学者均将剧中主人公的经历、情感视为作者的自传式陈述，认为主人公即作者化身——此剧"所写实为其家庭间事"，仲振奎"借此自抒身世之感"，还提出"剧中宾白，多可间接考见作者生平事迹"[④]的看法。该剧看似是仲氏思悼亡妾之作，但细究之下，主人公的生平事迹却与作者颇多抵牾，实系一部他传性生旦剧。

《怜春阁》自序并非仲氏自白，显然是以旁观者的冷峻目光审视剧中主人公。自序云："五声既定，八折初成。用寄忆园，聊安芳魂。以桃根续桃叶，君本钟情；修妒史批妒，客能逃罪。""君"为敬称，可证此剧并非自传性作品；又云"斯即金泥报捷，无解于酸辛。玉帐招魂，倍伤于喟叹矣"[12]，说明主人公在妾亡之后方有登科捷报之事，与友人鲁汾题词"怜春阁里辛酸别，悔弃琼枝折桂枝"不谋而合，但与仲振奎以监生终老的事实大相径庭。仲氏在《留云阁和稿》之末撰文自慨"才拙运蹇，淹滞场屋"，而妻子赵笺霞"属望过痴"[9](第10册,P441—442)，及至病逝未能看到丈夫题名金榜。这段写于嘉庆十一年（1806）的挽词，迟于《怜春阁》近十载，足证仲氏"名场十五度，辜负九秋鹏"[13]绝非妄语，序云"金泥报捷"与他无涉。

友人周之桂、董达章题词也透露出主人公另有其人，如"忆园才子耐情磨，词客知音写照多""漫笑荒唐寄新曲，断肠声要遇知音"[12]。主人公原型为忆园才子，作者实系词客知音，与自序中的"用寄忆园"恰合。这位忆园才子其实就是乾隆壬子年（1792）陪仲振奎北上京师的好友、《忆园诗钞》和《忆园词钞》的作者——陈燮。陈氏字理堂（一作澧堂），剧中李塘实乃"理堂"之谐音，即陈燮化身。

细绎剧情，可知《怜春阁》剧情多与陈燮家事相合。陈氏《忆园诗钞》为系年诗集，其中《白秋海棠》诗末注："姬人张淑瑛于六月化去。"[14](P615)此诗之前有成于秋日的《秋湖舫苽诗为宾谷先生作》与作于暖春时节的《水亭怀古》《题琼花观图》诗，可知《白秋海棠》作于曾燠（1759—1831，字宾谷）题襟馆"秋湖舫苽"雅集[⑤]的次年——嘉庆三年（1798），则张姬卒于是年六月。嘉庆十四年（1809）后，友人叶兆兰、邹熊选辑陈燮诗作入《芸香诗钞》，陈氏名下记"戊午（即嘉庆三年，1798）举人"[6](P7b)，中举之事恰与张姬夭亡同年。剧叙李塘赴南京应试、丽华因病而卒、李塘返家哀悼的情节，正是陈燮赴南京应试，与张姬天人永隔的真实写照。爱妾之死与功名得成相继而至，"金泥报捷，无解于酸辛"也就不难理解了。

《白秋海棠》之后为《悲怀悼张姬四首》，第二首的前两联曰："儿女居然耐冷官，冰床雪被话心酸。学裁大妇鸳鸯锦，笑侍先生苜蓿盘。"结合陈燮生平，可知他在嘉庆二年（1797）前曾携张姬赴崇川（今江苏南通），任职教谕一类的职务。官卑职小，常有"苜蓿盘空"之忧，张姬随侍左右，不以贫寒为苦。《怜春阁》亦叙李塘携妾丽华赴崇川之任，"授官司铎"[12]，主管地方文教事务，与陈燮履历相符。董达章题词中的"措大风流苜蓿盘，冰肌玉骨自生寒"一句，与《怜春阁》第二出【剔银灯】"忒亏你蔬盘苜蓿欢欣过，想伊家知我这冷官难做，包罗吃辛受苦，早则见丰姿新来瘦"的唱段相合，描述的正是陈燮在崇川的清苦生活。从张淑瑛"学裁大妇鸳鸯锦"的诗意复知她与陈燮正妻相处尚洽，与剧中所写李塘妻妾的相处场景亦可榫合。《悲怀悼张姬四首》其三的首联："法曹官阁暮云遮，幕府人归乌帽斜。"[14](P615)与李塘应法曹之召，入扬州幕府的剧情何其相似。核以《忆园诗钞》，可知陈燮在嘉庆二年春应两淮盐运使曾燠之邀重返扬州，作于此年的《题襟馆四章呈宾谷先生》诗，"观海归来兴未降"一句下注"时归自崇川"[14](P611)，诗后有《西溪鱼隐图为宾谷先生赋》《秋湖筋芰诗为宾谷先生作》《题襟馆种梅各以其姓为韵》等诗，可知剧中的"法曹之召，佐幕扬州"实即入曾燠幕府，而非前人所说的李春舟幕府。

《怜春阁》的传记性源于作者对友人经历的熟稔，这种戏曲演绎实则灌注着自己的相似情感，必然引起作者、事主与同好的情感共鸣。仲振奎以戏立传，目的不仅是纪念，更有借女性悲惨命运以自悲的动机，这种香草美人的传统自古有之。仲振奎《卍字阑传奇》自序言"色愈美者，命愈蹇；情愈深者，缘愈艰；才愈高者，境愈迫"，由美人玉殒而叹才士命运多舛、有志难伸，更可刺激周遭寒士羁子的敏感神经，那些来自朋侪自剖苦志、同病相怜式的观剧题咏，正反映出他们对于剧中主人公经历与情感的深切体认与共情。

三 远游治生与士人的"爱别离"

仲振奎的戏曲自序充斥着"客""游""恨""伤"的字眼，是苦于羁旅的明证，他笔下的陈燮、黄钰、榕村诸友无不长期身处游幕治生的现实中。游幕远行催生出士人与佳偶别离的情感焦虑，以及离家漂泊的孤寂感，为传记性生旦剧的创作提供了大量本事素材。

文士远游治生之风肇于先秦，将夫妻分离、重逢情状诉诸笔端者代不乏见，譬如东汉秦嘉离家远行前的《赠妇诗》、唐人杜甫久别归家时的《自京赴奉先县咏怀五百字》、清人李渔寄内的《粤游家报》等，形成了绵延千年的文学传统。乾嘉时期科举入仕的希望日渐黯淡⑥，游幕之风蔚然，意味着远游治生诱发的情感危机远超前代。"天子右文，王公大臣，相习成风，延揽儒素"[15](P3350)，博学高文而困于场屋的素儒或林隐之士"藉恣游览而广著述考，往往栖托其间"[16](P7b)。通才夙学而功名蹭蹬的仲振奎，正是李春舟、曾燠乐于延揽的人才，时人称之为"老幕"。

老幕与老吏、老胥同属幕僚，但生存状态却不相同。后两者本系州县"同通而解组者"[17](P62)或笔士书吏，固守家园，与老幕离妻别子、远游谋生之道迥然有别。我们从陈燮《忆园诗钞》所载《上闸和云涧》《晓月同云涧作》，顾仙根《藕怡诗钞》所载《迎秋曲和仲云涧》《望太行和陈理堂韵》《醉来和仲云涧韵》《夜雪久坐柬仲云涧、陈理堂》《醉后对月偶感兼赠仲陈二子》等诗，可知老幕们糟糕的生存境遇。他们常年曳裾官衙豪门，诗文中充满了"牢落风裘影，相于共苦辛"[14](P580)、"夜坐增新寒，乡心梦不得"[18](P374)、"日月怜迟暮，天涯有弟兄"[18](P378)的羁旅之苦。

老幕生涯固苦，空守家宅的妻妾亦未舒心。仲振奎妻赵笺霞所作《辟尘轩诗钞》同样充盈着凄苦情调，甚至有风格苍凉、暗含悲调的拟边塞诗，如《秋笛》"西风野店客垂泪，夜月荒园人倚楼。思妇空闺添别恨，十年征战滞凉州"[9](第10册,P223—224)寄托着夫妻分离之痛。相似情调在《秋塞》《梨花和云浦韵》《梅魂》《春归自遣》《雁影》《秋笛》中频繁流露，"徘徊""未归""回首""西风""伶仃"和茕茕孤立的女性成为诗中常客。当仲振奎自河南归家恰逢不惑，赵氏欣喜若狂，置备酒宴并赋《恭祝大人初度 时自睢阳归》诗以示团圞。虽说如此，赵氏却从未"悔教夫婿觅封侯"，这一点与张淑瑛对离家赴试的陈蘡欲留还送的态度如出一辙。《寄外》诗化用唐人元稹的悼亡诗《梦井》之"瓶绠"[19](P114)典故，彰显丈夫远游时妻子的坚强自立。

女性囿于现实活动空间及其在文学创作中的边缘身份，无法将悲情宣之于众，只能暗自悲嗟；但士人在饱受情伤之余，还可以将私人情事借戏曲公演于幕府氍毹之上，获得情感的共鸣。嘉庆二年春夏，仲振奎始入曾燠幕府参加题襟馆"秋湖觞荭"雅集⑦，同年秋完成《红楼梦传奇》并搬演于府署，获得 16 位幕府主宾的 50 多首具有多样情感指向的题词。翌年冬，他又将陈蘡的悲情史谱成《怜春阁》，继续搬演于幕府，获得 16 位友人的 57 首题词。在曾燠幕府这一"琴歌酒宴，无间寒暑"[20](P248)的文学空间里，据私人情事制曲的并非只有仲振奎。同时参加"秋湖觞荭"雅集的钱东，曾据亲身经历的爱情悲剧谱成《玉鱼记》；同客幕府的吴嵩梁之妾岳绿春夭亡事也被谱作《碧桃记》⑧，可说是承续了仲振奎《怜春阁》的余波。幕客们对此类题材的偏爱与同悲，反映出情事坎坷与借戏写恨的普遍性。即使是演绎宝黛悲剧的《红楼梦传奇》也极易在这个"琴尊繁会，歌吹迭兴"[21](P1a)的幕府中引发"直把唾壶敲破"的情感联动。

人生境遇有别的幕府主宾对演绎"死别生离之苦"[22](P5b)剧作的体验差异，在同一文学空间中被迅速放大，观剧题词的"同题异调"形成了富有意味的文学张力。同病相怜的"天涯客"以悲悯目光看待宝黛悲剧，通过题词发泄郁结于胸的自悲时，幕主曾燠对宝黛悲剧以及门下客的情感焦虑似乎缺乏恻隐。试看他的两首题词：

> 不解冥冥主者谁，好为儿女注相思。许多离恨何尝补，姑听文人强托辞。
> 有情争欲吊潇湘，说梦人都堕梦乡。与奏《玉圆》辞一阕，免教辛苦续《西厢》。[10]

"生而颖异"，"耆宿见其诗文多折行辈与论交"[23](P464)的曾燠，不能理解幕客们缘何会在"雨馆残灯夜"因一部"梦中死去梦中生"的生旦剧就萌生出"愁泪几沾巾"的惆怅。

剧作编演于幕府，意味着它能否被理解，与原生文人圈的聚散离合休戚相关。题材的近似、趣味的单调、情感表达的文人化，意味着舞台生命力的衰弱，一旦失去原有文学空间的依托，这些缺乏群众基础的"场上传记"势必难以持续。即使是出自蒋士铨妙手的《空谷香》也只在案头上传阅较广，除咸丰间被觐光改编为《忠义全传》外，舞台演出记录很少，近世只有旗人溥绪为尚小云改编同名京剧，演过数遭罢了。其他剧作脱离原生文人圈后再未泛起涟漪，连同所承载的士人情感与人物本事一并湮没于戏曲史的长河中，如同《儒林外史》的原型人物一般，"百年后亦已茫然莫识"[24](P305)。

四　实事中有鬼神：传记性生旦剧的创作策略

我们将仲振奎的剧作置于共时与历时建构的坐标中，结合清代其他传记性生旦剧，剖析剧情与现实情事的同步或错位，探究作者如何在"于史有征"语境下对真实事件进行艺术改造，可归纳出传记性生旦剧的创作策略。

传记性生旦剧的共性主要有两方面：一是主要创作动机为纪念易逝的爱情或婚姻。乾嘉士人没有"以礼法顾忌之故，不敢多言男女间关系"[25](P99)的心理负担，讲述情事不见一丝顾忌忸怩，甚至乐于将私密情感呈诸知己，"示我以情中三昧"[22](P2a—2b)，"特留一段伤心事，谱作千秋佳话传"[22](P4a)。二是"命题"为最主要的创作缘起。任何传记性书写都绕不过当事人或知情者的述说、授意，而私密情事在友朋间的相对公开，使戏曲演绎成为可能。蒋士铨自述乾隆庚午（1750）冬友人王宗之谈及姚姬之死，受其之请谱成《空谷香》[26](P434)。仲振奎的《卍字阑》《愢情侬》《牟尼恨》亦复如是，当事者讲述情事、请作传奇在自序中均有交代。

传记性生旦剧是对现实人事的记述追怀，但将现实原样搬入剧作，暗藏"作品不成其为文学""语言不成为文学语言"[27](P58)的危机。故不可全然秉笔直书，虚构必不可少。假托名姓、改易时空、虚设情节，营造朋侪已知而外人不能尽知的戏剧情境是核心原则。

假托名姓是传记性剧作的常见手法，明代已见使用，如朱期以"朱其"为主人公叙写赴试、反严嵩、入胡宗宪幕府等生平事迹；叶小鸾《鸳鸯梦》借昭綦成、琼龙雕、蕙百芳之首字暗喻叶氏三姊妹以寄托哀思。传记性生旦剧也沿袭这一传统，利用谐音有限度地改换事主名姓、字号。清初张蘩《双叩阍》改时人冯大奇为"马大骐"，叙写妻汪氏血疏叩阍救夫故事。《镜光缘》"小生姓余名羲，表字镜缘，吴郡江枫人也"，实为作者徐爔（号镜缘子）的姓名去部首。《怜春阁》主人公李塘即事主陈燮之字——理堂，也使用了"谐音梗"。

也有利用姓氏起源、史典隶事暗示名姓之举，如朱素臣《秦楼月》捃采明末姜实节与陈素素的情感事迹，因吕姓出于姜氏，"实"繁体为上"宀"下"贯"，遂改姜实节为"吕贯"，剧中人袁武子实为题词者吴薗次之名的换音。[3]传记性生旦剧对女性名姓，一般直书不讳或径直代以"某氏"，只有叙写私情或出自女作家之手的作品才会为女性避讳，如道光间肃亲王永锡次子敬叙之妻钮祜禄氏以"长白女史桂仙氏"之名作《遇合奇缘记》记述了与存华的一段不伦之恋。

也有以男女真名入戏的剧作。蒋士铨《空谷香》演绎友人顾瓚园妾姚氏尽节故事，仲振履《双鸳祠传奇》记述李亦珊妻蔡氏自尽葬夫的伦理悲剧，均以事主真名谱就。但它们往往与点染爱情之作不同，多以"足资劝惩感发"[26](P433)，使"愚夫愚妇闻声兴感，悯其遇，高其节而各成其志"[28](P275)为目的，意在借戏曲羽翼经史、表扬忠节，因此不必隐讳名姓。

意在风化世人的传记性生旦剧卷首常附事略、小传、墓志等"副文本"以记录本事，把戏曲变为传记的通俗鼓吹，纪实性叙事囿限了剧作家的创作能动性，戏曲成为比诸碑传的"纪事本末"，以"字字实情实事，不加修饰"[22](P1a)为轨范，但改易时空、虚设情节仍不乏见，"据实以作+增饰虚事"的"撰写"[29](P248)是主要手法。

一种情况是重织故事脉络继而改变原事结局。明末姜实节与陈素素未结连理的现实悲剧，被朱素臣《秦楼月》改为状元及第、花烛成婚的团圆结局，目的是"为多情开生面"[30](P76a)。剧中穿插的岱山草莽劫艳、将军杀贼等虚构情节，皆为增加爱情圆成的难度与增强舞台场面的热闹，虽为凭空设想，倒也情理宜然。朱素臣带着强烈的补恨心理完成对友人事迹的戏曲改编，尝试着虚构终成眷属的美梦，但剧末附刻的诸名媛评点《二分明月女子集》揭破虚构的"大团圆"结局背后的悲情本事。"从今明月团圆好，占断清光二十分"[31](P4b)的期盼，终抵不过现实中的悲离之哀婉流荡。

另一情况是出于现实考量的微调——为避文狱而将故事移置他时，模糊本事。张蘩于康熙四十五年（1706）闻姻亲口述谱成《双叩阍》，将彼时获嘉县令冯大奇因黄河水患受诬入狱之事，移至明万历间。该剧第 3 出《建院》、第 4 出《济饥》所写主人公马大骐修大悲禅院、施粥救济百姓、修学宫诸事均可从《获嘉县志》"寺观""学校"诸志中觅得康熙二十三年（1684）至二十八年（1689）的冯大奇本事。知情人欲令如实记述，但作者深知应"避嫌于涉世"[7](第4册，P1748)。这部传奇是立传颂德的创作动机与躲避文网的主观意图合力之结果。

乾嘉时期的传记性生旦剧，大多无意于调整本事或虚设事迹，而是具有浓重的"当代人"记述"当代史"的意味，"以戏立传"成为一种潜意识。但这并不表明"虚构"的彻底退场，与清初朱素臣、张蘩相比，此时的剧作家"不约而同"地将目光投向了缥缈的前世与后世，承袭汉魏以来神仙传记的谪升传统，为剧作扣上"谪仙"的帽子或续接"转世"的尾巴，形成了新的建构情节的"内在机制"[32](P26)。诚如吴梅《兰桂仙传奇跋》："开首必云天仙谪降，收场必云仙圆，皆《空谷香》《香祖楼》之流毒也。"[33]传记性生旦剧以非现实世界包裹现实世界的"套式双重空间结构"[29](P340)，确以蒋士铨《空谷香》为嚆矢。该剧开篇写幽兰仙史迟赴华严佛会二十九刻被贬下凡，又以姚氏二十九岁而夭飞升做结，中间排演真实事迹。左潢《兰桂仙》首出叙兰仙、桂仙迟赴龙华大会二十刻、十九刻被贬下凡，结尾同样重回仙界；《镜光缘》虽未全然搬袭这一套路，却也为徐燨与李秋蓉的爱情故事套上了仙童、仙女盗丹被谪与重返仙界的"外衣"。吴梅认为此法"全拾藏园唾余"，后人袭之"遂成剧场恶套"[34](P617)。需要肯定的是，谪仙与转世为剧作蒙上了一层因果报应、宿命虚无的浮尘，却也体现了"一种真正的宗教情怀"[35]，一种剧作家潜意识中对消逝生命的怜悯和关爱。

这一时期，仅有钮祜禄氏《遇合奇缘记》与仲氏兄弟《怜春阁》《双鸳祠传奇》一定程度上跳出开场谪仙、终场飞升的窠臼，走向实录。这些剧作符合明清戏曲理论家提出的奇事乃在"饮食居处之内"[36](P130)的观念，与西方现代派提倡的自然主义亦有共通之处。《遇合奇缘记》设置神话开场，但"结局并没有类似'仙圆'的情节"，直接"在戏剧的高潮部分收尾"[37]。《怜春阁》《双鸳祠传奇》则据实演绎，本事洵为作者、事主或朋侪所知，"欺之不得，罔之不能"[38](P42)，必须按事件"本来的面目去接受"[39](P117)。因此，它们都没有惊险、玄幻的情节，只是演绎一个又一个朴实无华又真实可感的生活片段，偶尔穿插一些神幻元素。《怜春阁》以陈燮、张淑瑛为陈后主、张丽华转世为结尾，《双鸳祠传奇》增插广东都城隍冥审鬼魂以褒蔡氏之节的情节，虽留下转世轮回观念蚀刻的痕迹，但剧作主体仍是全纪实的"录像回放"，在同类剧作中写实倾向更为突出。

道光以降尚有多部传记性生旦剧，如彭剑南《香畹楼》、梁廷枏《圆香梦》、严保庸《盂兰梦》、陈森《梅花梦》、黄燮清《玉台秋》、顾太清《桃园记》、姚燮《梅心雪》、春桥《四喜缘》等，继承实录精神与神鬼叙事而有新变。如《盂兰梦》以"自来传奇家所未有"的"梦中相会"[40](P3b)打破同类剧作的叙事模式,以本系离恨天司花侍者的张佩珊与严保庸化名的"庄守中"梦里相会结撰成剧,梦中同游、梦中结合、梦中庄生复任山东事,似幻实真。梦中歌伎唱的四支【青阳扇】,分别演鬼赶斋、鬼看灯、鬼趁钱、鬼散场,实是张姬化鬼游湖的暗谶。剧前《佩珊女史墓志》《张姬小传》《孤篷听语录序》所载张姬亡于道光戊戌(1838)六月四日清河旅舍的事实,与作者中元节焚寄《与佩珊地下书》,为引实入虚的梦幻叙事提供了现实抓手。蒋士铨婿夏世堂在题词中以《空谷香》作比,道破严氏以忽生忽死之结构演绎繁杂"事实"与迷离"境况",可见同类剧作的前后承继与艺术的适度突破。

传记性生旦剧大多难以剔除谪仙模式与神鬼叙事,即使是按年编录实事的《遇合奇缘记》也不能免俗。究其原因,一是此类剧作因兼容传记和戏曲的双重品格,难免游移于虚实间。戏曲"须是虚实相半,方为游戏三昧之笔"[41](P313),即使有人物原型,也不意味着作家的创作必按本事演绎、丝毫不易⑨;二是传记性生旦剧潜藏着"补恨"基调,体现着"破镜重圆"的愿望。现世无法更改的悲剧,只得利用转世、谪仙母题提供超越现实的叙事架构,挣脱本事的束缚而扩大创作自由度。因此,谪仙模式在清代生旦戏中几成惯例⑩;三是与立传赞誉传主同理,传记性生旦剧也有颂美的现实需要。谪仙是对主人公高尚品格的最简赞语,将夭亡、早逝、分离的遗憾归为天意劫数,是自我排遣与无奈的选择;四是"神道设教"的文学传统鼓励剧作家借神鬼之口劝人讽世,《空谷香》《双鸳祠传奇》表现得最为明显,《双孝娥》藤花书舫刻本内封题"表孝传奇"亦同此意。加之"寓义于事"的叙事价值论是中国古代历史叙事的重要准则⑪,一些传记性剧作具有寓言特征,引导着作者、观者借助虚幻世界去认同传统伦理道德或激发本能的情感心理。

要言之,无论剧作家如何腾挪虚实从事创作,乾嘉时期重辞采、结构而轻戏剧性的"以文为曲"的创作倾向,在传记性生旦剧中已显露无遗。"以戏立传"意图与私人化的怀悼诉求,使作品天然具有脱离俗众、聚焦文人的自我封闭的质素,成为文人生活、情感的别样的传记。

注释:

① 仲振奎的戏曲作品至少有 15 种取自仲氏或友人虞生、王生、梁生、云溪子、李生、唐生、祝生、黄钰、甄生、榕村、蕉生、玉郎的情感经历。其中 13 种剧本已佚,仅存自序,均出自泰州图书馆藏稿本《绿云红雨山房文钞外集》。参见郭英德、李志远:《明清戏曲序跋纂笺》第 7 册,人民文学出版社 2021 年版,第 3127—3162 页。下文凡引均出于此。

② 参见严敦易:《仲云涧的〈红楼梦〉与〈怜春阁〉》,载《元明清戏曲论集》,中州书画社 1982 年版,第 279—281 页;陆萼庭:《仲振奎与吴镐》,载《清代戏曲家丛考》,学林出版社 1995 年版,第 191—193 页。

③ 参见江巨荣:《仲振奎〈红豆斋乐府〉与杨芳灿序》,载《诗人视野中的明清戏曲》,复旦大学出版社 2018 年版,第 98—100 页。

④ 参见齐森华等主编:《中国曲学大辞典》,浙江教育出版社 1997 年版,第 520 页;郭英德《明清传奇综录》,河北教育出版社 1997 年版,第 1116 页。

⑤ 据曾燠《秋湖觞芰诗并序》(《邗上题襟集附续集》,清嘉庆二年刻本,第 83a 页)载,"秋湖觞芰"

雅集发生在"嘉庆丁巳闰月"，即 1797 年 8 月。仲振奎、陈燮均出席，仲作《秋湖觞芰诗》七绝四首。

⑥ 参见商伟：《小说戏演：〈野叟曝言〉与万寿庆典和帝国想像》，《文学遗产》2017 年第 3 期。

⑦《邗上题襟集附续集》现存两种版本：一为 2 册本，清嘉庆二年四月曾燠序，共 61 题唱和诗，未见仲振奎之名；一为 6 册本，清嘉庆二年九月章学诚跋，共 119 题唱和诗，收仲振奎《秋湖觞芰诗》。故其入曾燠幕府在嘉庆二年四月至九月间。笔者认为仲振奎与李中简、李春舟父子关系密切，客扬期间虽出入曾燠幕府，但主要寓居李春舟处，参见仲振奎跋李中简《嘉树山房文集》，清嘉庆六年嘉树山房刻本。

⑧ 参见杨飞：《曾燠扬州幕府戏曲活动叙论》，《求是学刊》2011 年第 6 期。

⑨ 参见刘勇强：《古代小说创作中的"本事"及其研究》，《北京大学学报（哲学社会科学版）》2015 年第 4 期。

⑩ 参见王汉民、黄胜江：《乾嘉文人戏曲研究》，中华书局 2020 年版，第 207—210 页。

⑪ 参见郭英德：《明清传奇史》，人民文学出版社 2012 年版，第 511 页。

参考文献：

［１］王瑷玲主编. 明清文学与思想中之主体意识与社会·文学篇［Ｍ］. 台北："中央研究院"中国文哲研究所，2004.

［２］［明］吕天成撰，吴书荫点校. 曲品校注［Ｍ］. 北京：中华书局，2006.

［３］郭英德. 新戏生成、女性阅读与遗民意识：朱素臣《秦楼月》传奇写作与刊刻的前因后果［Ｊ］. 戏剧研究（中国台湾），2011（7）.

［４］［清］刘赤江. 续缀白裘新曲九种［Ｍ］. 清咸丰元年青莲堂刻本，1851.

［５］［清］邹熊. 声玉山斋诗集//卢佩民主编. 泰州文献（第四辑第 51 册）［Ｇ］. 南京：凤凰出版社，2015.

［６］［清］叶兆兰、邹熊编. 芸香诗钞［Ｍ］. 清嘉庆间刻本.

［７］郭英德、李志远纂笺. 明清戏曲序跋纂笺［Ｍ］. 北京：人民文学出版社，2021.

［８］［清］杨芳灿. 芙蓉山馆文钞//清代诗文集汇编（第 435 册）［Ｇ］. 上海：上海古籍出版社，2010.

［９］肖亚男主编. 清代闺秀集丛刊续编［Ｇ］. 北京：国家图书馆出版社，2018.

［10］［清］仲振奎. 红楼梦传奇［Ｍ］. 清嘉庆四年绿云红雨山房刻本，1799.

［11］阿英编. 红楼梦戏曲集［Ｍ］. 北京：中华书局，1978.

［12］［清］仲振奎. 怜春阁［Ｍ］. 中国国家图书馆藏稿本.

［13］［清］仲振奎. 绿云红雨山房诗钞［Ｍ］. 清嘉庆十六年兴宁署刻本，1811.

［14］［清］陈燮. 忆园诗钞//清代诗文集汇编（第 491 册）［Ｇ］. 上海：上海古籍出版社，2010.

［15］［清］缪荃孙编，王兴康等整理. 续碑集传（卷八十一）［Ｍ］. 上海：上海人民出版社，2019.

［16］［清］杜贵墀. 桐华阁文集（卷四）［Ｍ］. 清光绪刻本.

［17］［清］欧阳兆熊、［清］金安清撰，谢兴尧点校. 水窗春呓［Ｍ］. 北京：中华书局，1984.

［18］［清］顾仙根. 藕怡诗钞//清代诗文集汇编（第 401 册）［Ｇ］. 上海：上海古籍出版社，2010.

［19］［唐］元稹著，冀勤点校. 元稹集［Ｍ］. 北京：中华书局，2010.

［20］［清］叶衍兰、叶恭绰编. 清代学者像传合集（第一集）［Ｍ］. 上海：上海古籍出版社，1989.

［21］［清］刘嗣绾. 尚絅堂诗集（卷三十四）［Ｍ］. 清道光六年刻本，1826.

［22］［清］徐熳. 镜光缘［M］. 清乾隆四十三年梦生堂刻本，1778.

［23］［清］包世臣撰，李星点校. 艺舟双楫//包世臣全集［M］. 合肥：黄山书社，1993.

［24］李汉秋. 儒林外史研究资料集成［G］. 上海：上海古籍出版社，2017.

［25］陈寅恪. 元白诗笺证稿［M］. 上海：上海古籍出版社，1978.

［26］［清］蒋士铨撰，周妙中点校. 蒋士铨戏曲集［M］. 北京：中华书局，1993.

［27］［日］川合康三. 中国的自传文学［M］. 蔡毅译. 北京：中央编译出版社，1999.

［28］［清］仲振履. 双鸳祠传奇//卢佩民主编. 泰州文献（第四辑第51册）［G］. 南京：凤凰出版社，2015.

［29］郭英德. 明清传奇戏曲文体研究［M］. 北京：商务印书馆，2004.

［30］［清］朱素臣. 秦楼月［M］. 清康熙文喜堂刻本.

［31］［清］陈素素. 二分明月女子集附名媛题咏［M］. 清康熙间文喜堂刻本.

［32］吴光正. 神道设教：明清章回小说叙事的民族传统［M］. 武汉：武汉大学出版社，2012.

［33］［清］左潢. 兰桂仙传奇［M］. 中国国家图书馆藏嘉庆七年刻本，1802.

［34］任中敏编著，许建中、陈文和点校. 新曲苑［M］. 南京：凤凰出版社，2014.

［35］孙逊. 释道"转世""谪世"观念与中国古代小说结构［J］. 文学遗产，1997（4）.

［36］［清］李渔著，吴战垒点校. 笠翁一家言诗词集//李渔全集（第2册）［M］. 杭州：浙江古籍出版社，2014.

［37］郑志良. 虽说是奇缘，其实是孽缘——清宗室曲家存华与《遇合奇缘记》考论［J］. 文学遗产，2020（3）.

［38］［清］李渔撰，杜书瀛评注. 李笠翁曲话［M］. 北京：中华书局，2019.

［39］〔法〕左拉. 戏剧中的自然主义//朱雯等编选. 文学中的自然主义［M］. 上海：上海文艺出版社，1992.

［40］［清］严保庸. 盂兰梦传奇［M］. 清道光十九年刻本，1839.

［41］［明］谢肇淛撰. 五杂俎［M］. 上海：上海书店出版社，2009.

生态批判、生态人格和动物形象的塑造

——当代生态小说发展综论*

汪树东　杨晓慧**

摘　要：当代生态小说已经构成了小说百花园中的一片绚丽风景，产生了较大的社会反响。当代生态小说经历了 20 世纪 80 年代的萌芽阶段、90 年代的发展阶段和新世纪头 20 年的繁荣阶段。当代生态小说对中国生态问题展开了较全面的精细书写，呈现出鲜明的生态区域性，少数民族作家和西部作家贡献了更多精品力作，其对生态人格和动物形象的塑造具有深远的文学史价值。但是当代小说家需要继续超越生态意识不够成熟、艺术思维模式化等弊病，创作出更具民族性和世界性的生态文学经典。

关键词：生态小说；生态人格；动物形象；生态文学

鲁枢元在《生态文艺学》中曾说："现代化进程错置了人与自然的关系、损伤了作为人的外部生存环境的自然界，扭曲了人的内在自然的人类天性，从而酿下自然界与人类内在精神的双重危机。"[1](P34)有鉴于此，生态文明建设业已成为我国的基本国策之一，是关乎华夏民族未来生存的千年大计。而生态文明建设的要务是唤醒人们的生态意识，重建尊重自然、敬畏自然、与自然共生共荣的生命共同体意识。生态文学，尤其是生态小说在唤醒人们的生态意识方面可以发挥积极作用，从根本上推动生态文明的道路转型。改革开放以来，不少小说家非常关注生态问题，积极投身生态小说创作，推动生态小说经历了 20 世纪80 年代的萌芽阶段、90 年代的发展阶段和新世纪头 20 年的繁荣阶段。乌热尔图、陈应松、阿来、张炜、迟子建、满都麦、郭雪波、雪漠、姜戎、杨志军、南翔、老藤、王怀宇等已经成为代表性的生态小说家；而《九月寓言》《老海失踪》《大漠狼孩》《豹子最后的舞蹈》《森林沉默》《猎原》《狼图腾》《额尔古纳河右岸》《蘑菇圈》《雪山大地》等生态小说无疑可以跻身当代小说的经典行列。当代生态小说为遭受破坏的自然生态而高声疾呼，为生态保护和经济发展的两难困境而殚思竭虑，精心塑造生态人格和动物形象，曲尽其妙地讲述生态文明建设道路上的纷纭故事，极大地拓展了当代小说的主题范围和艺术世界，构成了当代

＊　基金项目：本文为国家社科基金一般项目"中国当代生态文学史暨生态文学大系编纂（1978—2017）"（项目编号：17BZW034）的阶段性成果。

＊＊　作者简介：汪树东（1974—　　），武汉大学文学院教授，博士生导师，研究方向为生态文学、20 世纪世界文学；杨晓慧（1975—　　），武汉大学文学院博士研究生，研究方向为 20 世纪世界文学。

小说百花园中的一片绚丽风景。本文试图以宏观的文学史视角描述当代生态小说发展的总体景观，把握当代生态小说的发展脉络和基本特征，从而推动当代生态小说的创作和研究，为生态文明建设做出力所能及的贡献。

一

20 世纪 80 年代我国面临的生态危机主要是历史上的生态破坏和当时日益加速发展的经济活动造成的。历史上的生态破坏，主要是指建国后到改革开放前各地罔顾生态规律大肆砍伐原始森林、开垦草原和湿地、围海围湖造田、猎杀野生动物以及无节制的矿产开发和道路建设等造成的生态破坏，例如"大跃进"运动期间的大炼钢铁就对全国森林造成毁灭性的破坏。而改革开放以后我国为了发展经济，往往也忽视生态规律，对环境保护置若罔闻，经济的高速发展和环境的急剧恶化相伴而生，生态危机触处皆是。正是激愤于种种生态危机，作家奋笔直书，创作了不少令人耳目一新的生态小说。

较早一批生态小说多为具有边疆生活经验的少数民族作家所作，代表性作品有白族作家张长的《希望的绿叶》《最后一棵菩提》，鄂温克族作家乌热尔图的《老人与鹿》《七叉犄角的公鹿》等短篇小说。张长曾长期在云南西双版纳工作，他的《希望的绿叶》等小说写当地人刀耕火种的原始生活方式和极"左"思想对原始森林的生态破坏；而乌热尔图则关注鄂温克人面临的大兴安岭森林遭伐、野生动物日渐稀少、生活无法维持的窘迫状况，为鄂温克人遭遇的生态之殇而扼腕叹息。后来还有作家持续关注边疆、边地少数民族的生态叙事，例如丁小琦的短篇小说《红崖羊》关注云南边疆少数民族猎杀珍稀的红崖羊造成人羊俱亡的悲剧，蒙古族作家郭雪波的《沙狐》《沙狼》等短篇小说关注内蒙古科尔沁草原沙化的历史和现实，阿来的短篇小说《猎鹿人的故事》关注动物保护和个人身份的民族认同问题，哈尼族作家存文学的短篇小说《死河》叙述了云南边疆地区因森林砍伐造成的泥石流摧毁了整个哈尼人寨子的惨剧，仡佬族作家赵剑平的短篇小说《獭祭》讲述了黔北山区乌江的一个支流流域内水獭灭绝的悲剧故事，土家族作家李传锋的长篇小说《最后一只白虎》则叙述了神农架林区最后一只白虎惨遭猎杀从而威胁到当地人文化传统存续的悲剧。这些作品为当代生态小说提供了丰富多样的边地色彩，其风格将在随后的生态小说发展历程中发扬光大。

其次，此阶段较多的生态小说萌发于知青小说、寻根小说浪潮中，较有代表性的是阿城的《树王》和孔捷生的《大林莽》这两部中篇小说。阿城的《树王》源于他到云南当知青的经历，重新审视了知青砍伐原始森林建设种植场的生态后果，从而为知青小说开辟出一种全新的生态视野。"如果说阿城的小说《棋王》找到了传统文化中的道家思想为历史反思的基点，那么可以说他的《树王》的历史反思基点是存在民间的朴素生态意识。"[2](P53) 而孔捷生的《大林莽》写的是知青到海南岛五指山去砍伐原始森林，结果遭到大自然报复的悲剧故事。老鬼的长篇纪实小说《血色黄昏》则对知青到内蒙古去开垦草原，结果造成草原沙化的历史展开了痛彻心扉的生态反思。至于寻根小说，多关注各地民间文化、边缘文化，有些作家无意中创作出了较有代表性的生态小说，例如李杭育的中篇小说《最后一个鱼佬儿》写了葛川江生态退化后各种鱼类渐次稀少乃至濒临灭绝的窘境，郑万隆的《老马》《空山》等短篇小说写出了人和动物之间珍贵的生态情谊，而邓刚的《大鱼》《蛤蜊滩》等短篇小说写出辽东海域海鱼日渐稀少的海洋生态危机。

针对历史上的生态大破坏，20 世纪 80 年代还出现了杨志军的中篇小说《环湖崩溃》和宋学武的短篇小说《干草》。前者主要围绕 20 世纪 50、60 年代青海湖周围的草原垦殖展开，作者写到当初人们豪情万丈地去开垦草原，想着建成千里良田，结果却造成草原沙化，导致人类无法居住；而后者则叙述了主人公少年时辽宁北部故乡的草甸子被开垦，结果沙化的历史悲剧。

此外，张炜、袁和平和刘醒龙在 20 世纪 80 年代也创作了较有价值的生态小说。张炜的短篇小说《梦中苦辩》写到不能肆意杀狗，人需要别的自然生命的陪伴，呼吁人珍爱动物；短篇小说《三想》则呼唤人要和野生动物、植物和平相处，做到众生平等。袁和平非常喜欢俄罗斯作家普里什文和巴乌托夫斯基，亲近俄罗斯文学中的森林情结，因此他的长篇小说《南方的森林》《蓝虎》都具有自觉的森林情结和生态意识，呼唤人们保护森林和野生动物，较早展开了关于武夷山森林保护和开发、珍稀动物保护的生态叙事。至于刘醒龙的短篇小说《灵猩》写的是大别山护林人猎杀獐子后遭到大自然的报复，最后他幡然悔悟，积极守护森林的生态故事，是刘醒龙"大别山系列"小说中较早出现的生态小说。

整体看来，20 世纪 80 年代的生态小说多为中短篇小说，缺少长篇巨制，这与当时作家的生活积累和艺术积累普遍不足有关，也体现了当时作家的生态意识不够自觉。就题材的丰富性而言，80 年代的生态小说也有所欠缺，它们关注历史上的生态破坏，但对当时现实生活中的许多生态问题都没有能够做出及时的艺术反映；它们开始关注自然生命的内在灵性，但是对自然生命的情感世界却缺乏细腻描绘。当时作家的博物学、生态学知识积累也明显不足以支撑较为深邃厚重的生态小说。作家在创作生态小说时也较缺乏宏大的现代文明反思意识，往往就事论事，尚未发现生态危机背后的现代文明运作机制问题。而且 20 世纪 80 年代的生态小说也普遍缺乏广阔的文化视野，因而显得不够浑然厚重。

二

到了 20 世纪 90 年代，随着我国经济发展进一步加速，环境污染、生态危机更为突出。空气污染加剧，酸雨、雾霾、沙尘暴对于许多地方而言都成了见惯不惊的常态；江河湖海污染加剧，河流消失、湖泊萎缩、湿地锐减，沿海地区赤潮频见，水生态全面恶化；森林进一步减少，野生动物锐减，草原沙化日渐加重；垃圾泛滥，垃圾围城现象日益严重，随着农药、除草剂和化肥的大量使用，农村地区的环境污染也日益明显。当然，与此同时，随着全球环境保护运动的风起云涌，尤其是在 1992 年巴西里约热内卢召开的联合国环境与发展大会的深刻影响下，中国作家的生态意识进一步觉醒，对生态的书写更为自觉，当代生态小说的发展也进入了稳步推进的发展阶段。

首先值得关注的是张炜、莫言、哲夫等重要作家创作出了更有影响力的系列生态小说。张炜的长篇小说《九月寓言》和长篇散文《融入野地》互为镜像，在现代化大潮中高扬返回大自然、返回荒野的生态旗帜，成为当代生态小说的经典之作。在《九月寓言》中，张炜对海边小村中人融入大自然的诗意生活的绚丽描绘令人向往，呈现了大自然的极致魅力；同时他也写到煤矿开采最终掏空了小村的地底，导致小村沦陷，美丽崩溃，因而展示了他对现代工业文明的生态批判。莫言在1993年连续推出两部长篇小说《食草家族》和《酒国》，全都洋溢着荒诞奇崛的诗性魅力，前者表达了莫言的食草哲学，和他对大自然的敬畏与膜拜，批判了现代人对大自然的狂妄征服态度，后者则呈现了人对万千自然生命的虐食奇观，呼唤现代人抛弃饕餮之欲，重建简朴生活。而哲夫在20世纪90年代连续推出了《黑雪》《毒吻》《天猎》《地猎》《人猎》"黑色生态浪漫系列"长篇小说，产生了较大的社会影响。这些生态小说一度成为畅销小说，把现代人贪得无厌的丑陋形象暴露无遗，以魔幻现实主义的艺术手法对现代人造成的生态危机加以陌生化的呈现，对读者产生强烈的冲击。

其次是作家创作了不少反映各种生态问题的生态长篇小说。姜滇的长篇小说《摄生草》聚焦于留云山矿产开发造成的生态破坏，在当代生态小说中较早触及采矿业对生态环境的破坏问题，还难能可贵地写到了佛教对生态环境的保护立场。朱启渝的长篇小说《梦断源头》写的是岷江源头的大片原始森林、草地和湖泊因为人类活动而消失，从而导致干旱、洪水、泥石流、地震频频降临川西大地，引发天人失和、民不聊生的生态悲剧。谌容的长篇小说《梦中的河》（又名《死河》）写的是市场经济大潮中环境保护事业的艰难，讲述了南方某省环保局局长金滔和清河市环保局局长姜贻新、干部林雁冬为了治理清河市马踏湖、清河的环境污染与各种污染势力斗争的环保故事。而亦秋的长篇小说《涨潮时分》则以南方小城青州市为背景，写出了经济发展和环境保护之间的两难状况，化工厂污染了河流，森林破坏又导致水源丧失，结果地处南方的城市极度缺水，人民生活陷入困境。克非的长篇小说《无言的圣莽山》围绕着川西北圣莽山林区中护林和毁林的冲突展开，呼吁人们保护森林、保护自然家园。这些生态长篇小说多采用现实主义手法，对中国过去几十年间的生态状态和当时经济发展造成的生态破坏有着较为自觉的绵密书写。

再次是少数民族作家创作的生态小说层出不穷，影响日益扩大。藏族作家意西泽仁的中篇小说《野牛》批判"文革"期间藏区人对野牦牛的残忍屠戮。满族作家关仁山的短篇小说《苦雪》写海边两代猎人之间的代际冲突，其实反映的是两种不同生态观的冲突，老猎人虽然也猎杀海狗，但尊重海狗，适度猎杀，而年轻猎人海子仗着现代化的武器，肆无忌惮地猎杀海狗，利欲熏心，漠视自然生命的内在价值。郭雪波的中篇小说《沙葬》和《大漠魂》都关注内蒙古科尔沁沙地的生态故事，前者试图从喇嘛教中汲取生态智慧，后者则试图从萨满教中获得生态意识的启发，两者都极大地拓宽了生态小说的文化视野。蒙古族作家满都麦的短篇小说《马嘶·狗吠·人泣》《四耳狼与猎人》持续关注内蒙古草原上的沙化、野生动物报恩的生态故事。白族作家张长的长篇小说《太阳树》讲述了20世纪云南西双版纳陇江县勐洛镇一家三代人种树的传奇故事，控诉了战争和错误政策对西双版纳原始森林的破坏，赞美了陈志一家三代人坚持种树的崇高追求。存文学的长篇小说《兽灵》则叙述了在玛格拉峡谷一个哈尼人山寨里的一家三代猎人的故事，较全面地反映了20世纪下半叶云南南部尤其是思茅地区哈尼人生活的山林里的生态变迁全过程。哈尼族作家洛捷的《独霸猴》《大独猪》等短篇小说则多聚焦于中国、越南、老挝三国交界处的野生动物故事，关注它们因为生态环境的退化而遭遇的灭绝命运，或关注野生动物与人的恩怨情仇，同时肯定了少数猎人生态良知的觉醒。维吾尔族作家托合提·阿尤甫的长篇小说《狼母》对狼世界的神奇演绎也洋溢着动人的生态意识。回族作家石舒清的短篇小说《清水里的刀子》对那头坦然接受死亡的老牛的描绘极为动人，敬畏生命的生态意识汩汩流淌于字里行间。

此外，还有其他一些各有风姿的生态小说相继出现于文坛，呈现出一片勃勃生机。张抗抗的中篇小说《沙暴》延续了20世纪80年代阿城的《树王》、孔捷生的《大林莽》等知青小说的生态叙事，讲述了北京知识青年到内蒙古草原插队时大肆捕杀猎鹰，结果导致鼠害猖獗，毁掉草原，最终使得北京也笼罩在沙尘暴威胁下的生态故事。方敏的中篇小说《大绝唱》对河狸生活的精细描摹，中篇小说《大迁徙》对印度洋小红蟹的出彩描绘，《大拼搏》对濒危的褐马鸡的鲜活呈现，都体现出非常宝贵的生态意识；而她的长篇小说《孔雀湖》也是一部言近旨远的生态寓言小说。红柯以新疆生活为素材的多数中短篇小说都具有鲜明的生态意识，其中《美丽奴羊》《奔马》等短篇小说则是较为典型的生态小说，写出了羊、马等新疆动物的内在灵性，他还认为只有自然生命才能真正引领现代人走上幸福的人生之路。胡发云的中篇小说《老海失踪》是20世纪90年代较为经典的生态小说，叙述了记者老海发现珍稀物种乌猴，结果导致乌猴面临盗猎者的威胁，为了保护乌猴他不惜牺牲生命的生态悲剧。该小说把经济发展和生态保护之间的两难选择呈现得非常充分，直接影响了杨利民新世纪重要的生态话剧《大湿地》。

相对于20世纪80年代的生态小说而言，20世纪90年代的生态小说有了很大的发展。首先，长篇生态小说屡见不鲜，反映的生态问题也更为繁复。莫言的《食草家族》《酒国》、哲夫的《黑雪》《天猎》、姜滇的《摄生草》、朱启渝的《梦断源头》、谌容的《梦中的河》、克非的《无言的圣莽山》等长篇生态小说争奇斗艳，反映了虐食、环境污染、水污染、森林砍伐等各种生态问题。其次，90年代生态小说虽然以现实主义手法为主，但同时也采用了其他艺术手法，艺术色彩更为丰富多元。例如莫言的《食草家族》《酒国》、克非的《无言的圣莽山》等对魔幻现实主义艺术的采用，哲夫的《黑雪》《天猎》《毒吻》等小说对荒诞、变形、意识流等艺术手法的采用，都值得关注。再次，90年代的生态小说开始出现较为典型的生态抒情小说，例如张炜的《九月寓言》、红柯的《奔马》等小说，多着力于对大自然内在魅力的诗意描绘，对天人合一诗意境界的追寻。最后，90年代的生态小说对文化开掘已经较为深入。虽然谌容的《梦中的河》、亦秋的《涨潮时分》等小说还基本上停留在浅层次的环境保护层面，但是郭雪波的《沙葬》《大漠魂》、张长的《太阳树》、存文学的《兽灵》等小说都已经深入到文化层面，拷问生态保护和文化引导之间的深刻关系，极大增添了生态小说的文化魅力。

三

相对于20世纪八九十年代，生态问题成为新世纪头20年最为突出的社会问题之一。SARS病毒暴发、汶川大地震、南方冰雪灾害、舟曲特大泥石流灾害、玉树地震、几乎覆盖全国的雾霾、年年频见的洪灾和旱灾，来自大自然的各种灾害横扫人类社会。更兼网络普及，人们更容易获得各种资讯，因此绝大部分人都开始觉察到了生态危机的全球性爆发。与此同时，我国政府也积极地宣传生态文明建设，强有力地把生态文明确定为基本国策之一。因而越来越多的作家投身于生态小说创作，在 20 世纪八九十年代的基础上极大推进了生态文学的发展，促使生态小说进入繁荣阶段。

首先值得关注的是，以姜戎的长篇小说《狼图腾》为代表，出现了一大批呈现野生动物独特魅力、张扬生态伦理的生态小说。其实贾平凹的长篇小说《怀念狼》是先行者，该小说对商州地区野生狼的灭绝问题展开了极富哲理意味的书写，呼唤人保护狼、保护生命野性。姜戎的长篇小说《狼图腾》初版于 2004 年，叙述了北京知青到内蒙古草原插队与草原狼打交道的故事。该小说把内蒙古草原狼写得活灵活现，强调了它们对于草原生态链的重要意义，以及草原狼对于蒙古族人的图腾价值。该小说完全颠覆了常人强加于狼的邪恶残暴的刻板印象，一时洛阳纸贵，影响极大。在其示范下，杨志军的《藏獒》、赵剑平的《困豹》、杜光辉的《可可西里狼》、李克威的《中国虎》、汪泉的《白骆驼》、胡冬林的《野猪王》等长篇小说风靡文坛，刮起了当代文学中少见的动物题材小说旋风。这些生态小说塑造的各种动物形象对于中国文学而言是全新的，是生态文明最直观的阐释。

其次，陈应松、迟子建、张炜等重要作家持续创作出高质量的生态小说，极大地提升了生态小说的文学地位。陈应松自从新世纪以来到神农架深入生活，创作了大量以神农架林区为背景的小说。这些小说多关注底层人民的苦难生活，也关注神农架的野生动物和生态破坏，洋溢着道义激情，一时影响甚大。他的《松鸦为什么鸣叫》《豹子最后的舞蹈》《神鹭过境》等中篇小说，《猎人峰》《森林沉默》《豹》等长篇小说，都是比较典型的生态小说，极为生动地反映了神农架的生态问题。其中，中篇小说《豹子最后的舞蹈》以豹子视角写神农架最后一只豹子被打死的悲剧，读来如泣如诉，震撼人心；而长篇小说《森林沉默》则可以称为神农架林区的一部百科全书，建构了一种独特的森林美学，并借猴娃和花仙子的故事提出返回自然的生态理想。迟子建在新世纪以来也持续创作了一些较重要的生态小说，主要有长篇小说《额尔古纳河右岸》和中篇小说《候鸟的勇敢》，至于她的长篇小说《越过云层的晴朗》《群山之巅》、中篇小说《空色林澡屋》等作品也都有较大比重的生态叙事。长篇小说《额尔古纳河右岸》叙述了大兴安岭深处鄂温克族人近一百年的历史，把鄂温克人的游猎生活智慧写得入情入理、丝丝入扣，具有史诗般的恢宏气象，就像曾繁仁所说的，该小说"为我国当代生态美学与生态文学建设作出了特殊的贡献"[3](P400)。张炜在新世纪继续沿着 20 世纪 90 年代《九月寓言》所开创的融入野地的大道踽踽独行，他的长篇小说《外省书》《刺猬歌》《你在高原》《艾约堡秘史》《我的原野盛宴》等都充满各种各样的生态叙事，虽然不像《九月寓言》那样是较为纯粹的生态小说，但也可以视为广义上的泛生态小说。他继续呈现各种生态问题，批判现代文明的负面因素。

再次，少数民族作家在新世纪头 20 年依然创作了不少生态小说，产生了很大的社会影响。郭雪波集中精力于长篇生态小说创作，《大漠狼孩》写了科尔沁沙地母狼抚育人类小孩的传奇故事，呈现了丰富多彩的狼世界；《狐啸》则讲述了科尔沁沙地白狐姹干·乌妮格的传奇故事，探索了科尔沁草原退化的历史过程，并通过主人公白尔泰寻访萨满教的过程展示了萨满教的生态智慧；《青旗·嘎达梅林》讲述的是嘎达梅林等蒙古族英雄为了保护草原而起义的悲剧故事。满都麦的中篇小说《人与狼》讲述了蒙古草原上人与狼冲突的悲剧，塑造的那两只被活剥皮的狼的形象令人印象深刻；中篇小说《远古的图腾》则对近半个多世纪内蒙古草原的生态变迁做出了精彩描绘。蒙古族作家千夫长的《马的天边》《鼠的草原》《汗的羔羊》等中篇小说则写了内蒙古科尔沁草原的沙化悲剧。满族作家叶广芩新世纪初期曾深入陕西秦岭挂职，关注秦岭的大熊猫、老虎、金丝猴等野生动物的生存境遇，创作了不少反映秦岭野生动物的生态小说，重要的有《老虎大福》《熊猫碎货》《黑鱼千岁》《狗熊淑娟》《猴子村长》《长虫二颤》等中短篇小说。其中《老虎大福》写的是秦岭最后一只华南虎被打死的悲剧，《黑鱼千岁》写的是秦岭渭河中的黑鱼报仇的故事，写得惊心动魄，极尽刻画野生动物的高贵和尊严，而《狗熊淑娟》则"意外地呈现了既有文化中被叙述遮蔽了的人类对非人类的残酷"[4](P71)。阿来在长篇小说《尘埃落定》获得成功之后，专注于创作长篇小说《空山》，写的是川藏交界处的藏族小村庄机村近半个多世纪的历史，尤其关注机村的生态变迁，写出了现代文明对机村森林的摧毁性影响；他的"山珍三部曲"《三只虫草》《河上柏影》《蘑菇圈》围绕着藏区边地的虫草、柏木、松茸三种特产展开，写出了消费主义社会对藏区边地造成的生态破坏，尤其是《蘑菇圈》塑造的斯炯阿妈形象极好地阐释了藏族人众生平等、敬畏生命的生态伦理。藏族作家格绒追美的长篇小说《青藏辞典》、尹向东的短篇小说《鱼的声音》《时光的牧场》、次仁罗布的《放生羊》、万玛才旦的《我是一只种羊》、梅卓的《神授·魔岭记》等都是较为典型的生态小说，对青藏高原的生态破坏有着较为透彻的呈现，同时也展现了藏族人独特的生态伦理。回族作家李进祥的《屠户》《一路风雪》《遍地毒蝎》《狗村长》等短篇小说较为集中地揭示了人的欲望膨胀后导致的破坏行径及生态危机的致命后果；而李进祥的《梨花醉》《亚尔玛尼》、回族作家马金莲的《孤独树》《伴暖》等短篇小说都以生态移民为题材，拓展了生态小说的题材领域。至于仡佬族作家王华的《桥溪庄》、赵剑平的《困豹》等生态小说均对当前生态问题有着积极的回应。存文学的长篇小说《碧洛雪山》展示了云南雪山深处的傈僳族人在自然生态中的艰苦拼搏，长篇小说《牧羊天》叙述了云南的一个偏远小山村在全球环境日益恶化的状态下同样无法避免外来的污染和灾难，而长篇小说《望天树》则揭露了云南傣族地区日益严重的生态破坏。此外，哈萨克族作家朱玛拜·比拉勒的《黑驼》《蓝雪》、米吉提的《巡山》等小说集、叶尔克西的长篇小说《歇马台》《白水台》也对新疆的生态问题多有涉猎，对动物的内在灵性描绘也非常生动，体现了游牧民族与大自然保持着较好的灵性往来的传统智慧。

复次，出现了一大批揭露历史和现实的生态危机、具有强烈的生态忧患意识的生态小说。不少作家依然把眼光投向 20 世纪 50—70 年代的生态大破坏，呈现了生态破坏的延迟效应。例如当初的知青运动造成的生态破坏的恶果还在新世纪持续显现，引起不少作家的关注。王泽恂的长篇纪实小说《逃亡》讲述了当年新疆兵团知青滥伐森林、滥垦耕地、滥修水库，结果导致塔里木河及其两岸出现了荒漠化的生态悲剧。吴仕民的长篇小说《故林旧渊》则围绕着 20 世纪 70 年代鄱阳湖的围湖造田、工业化发展展开，讲述了当地森林被伐、鱼鸟遭殃、工业污染不可控制，结果造成居民流离失所、美丽乡村土崩瓦解的历史悲剧。沙漠化对中国北方的威胁巨大，不少作家纷纷书写沙漠化的生态悲剧。雪漠的长篇小说《猎原》则聚焦于甘肃河西走廊沙漠化地区，写出沙漠化对当地农民、猎人生活的严重危害，可以视为一部沙漠化的生态文学启示录。汪泉的《沙尘暴中深呼吸》《西徙鸟》《枯湖》，唐达天的《沙尘暴》等长篇小说则聚焦于甘肃古浪、民勤等沙化严重地区，写出了当地人与沙漠化艰苦卓绝的斗争。郭严隶的长篇小说《锁沙》则以内蒙古赤峰地区治沙故事为原型，写乌兰布统草原边缘沙化地区人民在大学生郑舜成的带领下植树造林，立体发展沙漠经济，最终初步遏制住沙海孽龙蔓延的励志故事。而贵州作家欧阳黔森的长篇小说《绝地逢生》则聚焦于贵州乌蒙山区的石漠化问题，写了当地居民在先觉者的带领下种植花椒树，既治理了石漠化又获得经济收入脱贫致富，走上人和自然和谐发展的致富之路的故事。此外，王怀宇的《血色草原》、老藤的《北障》、陈集益的《金翅鱼之歌》、林森的《岛》、杨志军的《雪山大地》等长篇小说都积极地呼应着生态文明建设的时代大潮，极尽其妙地展现了新时代的生态典型人物。

最后，还有不少作家聚焦于工业化、城市化发展造成的生态破坏。刘庆邦的长篇小说《红煤》呈现了煤矿开采对自然生态的全面破坏；李晋瑞的长篇小说《原地》讲述商人为了开发玉石矿不惜炸开藏族人世代居住的雪山从而造成当地的生态崩毁；何佳的长篇小说《碧水梦》则关注长江的水污染问题；钟平的长篇小说《天地之间》《塬上》关注陕西经济高速发展造成的空气污染和治理问题；赵本夫的长篇小说《无土时代》讲述现代城市化对土地的侵略和镇压，导致无土时代出现的悲剧故事；赵德发的长篇小说《人类世》讲述了为了支持近几十年高速城市化而出现的移山填海、四处掠夺资源造成的地方性、全球性的生态危机；老藤的中篇小说《青山在》则写了北方某地为了开矿不惜滥伐森林毁坏青山，结果造成泥石流灾害，启示人们金山银山终究不如青山常在。此外，还有不少作家非常关注野生动物保护问题，例如傅泽刚的长篇小说《雪落高原》、夏天敏的中篇小说《徘徊望云湖》写对云南高原黑颈鹤的保护，南翔的中篇小说《哭泣的白鹳》写鄱阳湖区的候鸟保护和盗猎问题，诸如此类，不一而足。

新世纪头20年的生态小说无论是数量和质量都有极大的提高，大量的长篇小说纷纷推出，社会影响日益扩大。陈应松、阿来、迟子建、张炜、郭雪波、雪漠、红柯、姜戎、钟平、汪泉、杨志军等作家长期专注于生态小说，他们的许多生态小说已经成为当代文坛的代表作。而叶广芩、李进祥、漠月、老藤、欧阳黔森、朱玛拜·比拉勒、南翔、王族、王怀宇、沈念等重要作家也对生态小说保持着浓郁的兴趣，在某个创作阶段曾经贡献了不少思想性和艺术价值较高的生态小说佳作。例如南翔曾把自己的小说创作分为三大类主题，即历史、生态、人文，其中生态成为他关注的一个核心兴趣点，他的《哭泣的白鹳》《来自伊尼的告白》《珊瑚裸尾鼠》《果蝠》等中短篇小说既关注本土的动物保护，也关注非洲海边的蝙蝠鲼、澳大利亚因全球气温升高而灭绝的珊瑚裸尾鼠，堪称具有全球视野，高瞻远瞩、忧虑深广。新世纪头20年生态小说的生态意识更为明晰、成熟，作家普遍告别了人类中心主义立场，确立了较为自觉的生态整体观、生命共同体意识；而且他们在充分借鉴现代西方生态思想的同时也充分吸取传统生态智慧和少数民族的生态智慧，具有相当自觉的文化本土情怀，例如郭文斌的长篇小说《农历》就试图在传统农历中寻觅天人合一的乡村理想。

四

近40年来，当代生态小说已经取得了不俗的成就，产生了较大的社会反响。以鲁迅文学奖为例，其中有不少获奖的中短篇小说是典型的生态小说，例如第二届石舒清的短篇小说《清水里的刀子》，第三届陈应松的中篇小说《松鸦为什么鸣叫》、温亚军的短篇小说《驮水的日子》，第五届次仁罗布的短篇小说《放生羊》，第七届阿来的中篇小说《蘑菇圈》，第八届索南才让的中篇小说《荒原上》。至于茅盾文学奖获奖的长篇小说中也有较为典型的生态小说，例如第七届中迟子建的《额尔古纳河右岸》，而第七届中周大新的《湖光山色》、第八届中张炜的《你在高原》虽然不能称为严格的生态小说，但其中的生态叙事也是这两部小说的重要旨趣，包括第十一届的《雪山大地》，都具有较大比重的生态叙事，可以称为泛生态小说。

此外，全国少数民族文学创作奖（骏马奖）历年获奖作品中，生态小说也频繁出现，例如白族作家张长的短篇小说《希望的绿叶》《最后一棵菩提》和长篇小说《太阳树》、乌热尔图的短篇小说《瞧啊，那片绿叶》《一个猎人的恳求》《七叉犄角的公鹿》和中短篇小说集《你让我顺水漂流》、土家族作家李传锋的短篇小说《退役军犬》、满族作家边玲玲的短篇小说《丹顶鹤的故事》、蒙古族作家郭雪波的长篇小说《大漠狼孩》《银狐》和小说集《沙狼》、哈萨克族作家朱玛拜·比拉勒的中短篇小说集《蓝雪》、壮族作家鬼子的中短篇小说集《被雨淋湿的河》、蒙古族作家满都麦的中短篇小说集《满都麦小说选》、蒙古族作家阿云嘎的中短篇小说集《大漠歌》、仡佬族作家赵剑平的小说集《赵剑平小说选》等。还有不少生态小说获得社会上各种不同文学奖项，体现了生态小说受到全社会的重视。

按照所描写的生态区域划分，当代生态小说体现出较为鲜明的生态区域性。例如乌热尔图、迟子建、萨娜、老藤等作家的生态小说之于东北大兴安岭；郭雪波、满都麦、阿云嘎、千夫长、姜戎、老鬼、郭严隶等作家的生态小说之于内蒙古、辽宁西部的草原和沙漠化地区；漠月、雪漠、唐达天、汪泉、李进祥、马金莲等作家的生态小说之于甘肃宁夏沙化、半沙化地区；阿来、梅卓、尹向东、格绒追美、次仁罗布、杨志军、杜光辉等作家的生态小说之于青藏高原地区；红柯、王族、刘亮程、朱玛拜·比拉勒、叶尔克西、米吉提等作家的生态小说之于新疆；贾平凹、京夫、叶广芩、钟平等作家的生态小说之于陕西；张长、朗确、洛捷、存文学、阿城、傅泽刚、夏天敏等作家的生态小说之于云南；欧阳黔森、王华、赵剑平、冉正万等作家的生态小说之于贵州；孔捷生、林森等作家的生态小说之于海南；莫言、张炜、赵德发等作家的生态小说之于山东半岛；陈应松、李传锋、胡发云等作家的生态小说之于神农架、鄂西地区；袁和平、李克威等作家的生态小说之于浙闽山区；吴仕民、南翔等作家的生态小说之于鄱阳湖地区……从这些生态小说的地域归属来看，与内蒙古、新疆、青藏高原、云贵高原等地区相关的生态小说最多，而与华南、华北、华东地区相关的生态小说最少。这无疑和西部的生态形势较为严峻、生态危机容易感知、生态问题处处皆是有关。相对而言，华南、华北、华东地区的生态问题往往不够明显，作家多寄居于城市，与大自然遥遥相隔，创作生态小说的机会不多，动机不够强烈。

少数民族作家和西部作家创作的生态小说更多，艺术质量也更高。这也与少数民族作家多保留着本民族的传统文化，生活在山乡僻远之地，与大自然的关系更为亲近有关。在中国当代生态文学史中，较重要的少数民族生态小说家主要有鄂温克族作家乌热尔图，达斡尔族作家萨娜，蒙古族作家郭雪波、阿云嘎、千夫长、满都麦，藏族作家阿来、尹向东、格绒追美、次仁罗布、梅卓、龙仁青、万玛才旦，哈萨克族作家朱玛拜·比拉勒、米吉提、叶尔克西，回族作家石舒清、李进祥、马金莲，白族作家张长，哈尼族作家洛捷、朗确、存文学，满族作家叶广芩、胡冬林，仡佬族作家赵剑平、王华，等等。至于西部作家，也是因为他们多生活于西部，与大自然保持着较多的灵性往来，对生态危机较为敏感，与动物的交往也更多。除了上述大部分少数民族作家之外，曾经创作了重要生态小说的西部作家有贾平凹、叶广芩、红柯、雪漠、杨志军、京夫、钟平、王族、刘亮程等。

当代生态小说塑造了一大批亲近自然、融入自然、敬畏生命、具有自觉生态意识的生态人格。阿城的中篇小说《树王》中的肖疙瘩基于民间朴素的生态意识，相信树也是生命，要守护那株树王，为此宁愿得罪知青也在所不惜，最终树王被砍，他也郁郁而终，似乎是以身殉树。雪漠的长篇小说《猎原》中孟八爷的生态觉醒是基于对自己狩猎生活的彻底反思，他看到随着狐狸、狼的灭绝，当地老鼠日益泛滥、土地日益沙化，因此幡然悔悟，放下猎枪，开始坚定地守护生态。郭雪波的中篇小说《沙葬》中的云灯喇嘛、阿来的中篇小说《蘑菇圈》中的斯炯阿妈、姜戎的长篇小说《狼图腾》中的毕利格老人等生态人格，都是少数民族生态智慧的集中体现，他们坚持众生平等、敬畏生命的生态意识，在日常生活中惜生护生，实践生态伦理。而张长的长篇小说《太阳树》中的陈志、胡发云的中篇小说《老海失踪》中的老海、赵本夫的长篇小说《无土时代》中的石陀、赵德发的长篇小说《人类世》中的焦石教授等生态人格，则是受过高等教育、充分吸收各种知识从而萌生出生态意识，并坚定地实践生态伦理的典型形象。这些生态人格形象的出现，真正丰富了整个当代小说的人物画廊，提供了截然不同的价值象征，具有巨大的生态文明启示价值。

当代生态小说另一个值得称赞的巨大贡献是塑造了不少特色鲜明的动物形象。中国文学中的动物形象并不鲜见，但是绝大部分都是为了映衬人性、烘托人物的寓言式形象，缺乏动物生命本有的自然性、自在性、自由性，更不要说从生态角度来塑造动物形象了。但是到了当代生态小说中，一切顿然改观，大量的动物形象纷纷登场，彻底摆脱了呆滞的寓言性、象征性，而呈现了自然生命的丰富本真，表现了野性生命的高贵和尊严。例如冯苓植的中篇小说《驼峰上的爱》中能够给予无私的爱的母骆驼，李传锋的长篇小说《最后一只白虎》中饱经患难、不断冲破阻碍、返回森林的白虎，朗确的长篇小说《最后的鹿园》中流离失所、宁死不屈的马鹿，陈应松的中篇小说《豹子最后的舞蹈》中漫游于神农架山林、寻找同类的豹子，郭雪波的长篇小说《大漠狼孩》中视死如归的公狼和大爱无私的母狼，《狐啸》中狐狸姹干·乌妮格的老谋深算和对珊梅高贵的爱，叶广芩的中篇小说《黑鱼千岁》中处心积虑不惜牺牲自己为同伴报仇的渭河黑鱼，《猴子村长》中请求猎人放下猎枪、临死前给小猴留下乳汁的母金丝猴，姜戎的长篇小说《狼图腾》中争取自由的小狼、敢爱敢恨的狼群、高贵无比的白狼王，京夫的长篇小说《鹿鸣》中极富生存智慧的头鹿峰峰，李克威的长篇小说《中国虎》中孤独的华南虎祖祖，胡冬林的长篇小说《野猪王》中所向披靡、几无敌手的长白山野猪王等等，都是当代生态小说贡献出来的重要动物形象。这些动物形象和人类相比毫不逊色，具有同样丰富的情感和理性。更重要的是，这些动物形象又带着各自明晰的自然特征，在各自的生态位上扮演着大自然规定的角色，履行着其他自然生命无法替代的生态使命。陈佳冀曾说："中国当代动物叙事创作以其自身所特有的伦理品格、文化内涵与价值意蕴，参与了人类新世纪的文明进程，并继续发挥着其突出的精神洗礼与道德感召的作用。"[5](P300)的确，当代生态小说塑造的这些动物形象同时也为中国文学增添了真正的大自然气息，弥补了中国文学始终匮乏的野性气息、生态气韵。

结语

当然，整体观照当代生态小说，在肯定其突出成就的同时，笔者也不得不指出其同样存在较为鲜明的问题。首先，有些生态小说的生态意识还不够成熟自觉，20 世纪八九十年代的生态小说尤其如此，例如谌容的《梦中的河》关注河流污染、水污染问题，基本上停留在人类中心主义立场上，少有关于自然权利论、生态整体观的意识与思考。王诺曾说："生态整体主义是生态哲学最核心的思想。"[6](P141)当代生态小说无疑也需要确立这种生态整体主义思想。其次，有些生态小说在书写生态问题、塑造动物形象时，往往不重视对人性的探索、对人的形象的塑造。这就造成了生态小说中常常出现人性探索的空白、人的形象不够完整立体的弊病，极大地限制了生态小说的思想艺术魅力。正如雷鸣说的，"审视绝大部分生态小说，我们感觉文本塑造的形象，缺乏多色泽和立体感，无法呈示充满异质感的、令人惊奇的、超验感的审美景观"[7](P217)。应该说，优异的生态小说始终是在较为广阔的人性视域、社会视域乃至文化视域中关注生态问题，而且能够同步推进生态叙事和人性叙事。最后，不少生态小说在书写生态问题时往往陷入模式化的陷阱中。最常见的模式化陷阱是自然与文化、乡村与城市、野性与文明、保护生态与破坏生态、生态保护和经济发展、欲望的扩张和俭朴的守望之间的冲突。其实，耐人寻味的生态小说需要突破这种非此即彼、非白即黑的是非判断，探寻生态危机的复杂根源，呈现人性的丰富性和复杂性。

不过，随着我国生态文明建设进一步发展，越来越多的中国作家会投身生态小说创作。我们相信，像杰克·伦敦的《荒野的呼唤》、艾特玛托夫的《断头台》、奥尔加·托卡尔丘克的《糜骨之壤》、芭芭拉·金索沃的《毒木圣经》、安妮·普鲁的《树民》、理查德·鲍尔斯的《树语》那样兼具民族性和世界性的生态小说经典一定会相继涌现于当代中国文坛上。

参考文献：

[1] 鲁枢元. 生态文艺学[M]. 杭州：浙江文艺出版社，2024.

[2] 汪树东. 生态意识与中国当代文学[M]. 北京：中国社会科学出版社，2008.

[3] 曾繁仁. 生态美学导论[M]. 北京：商务印书馆，2010.

[4] 李玫. 新时期文学中的生态伦理精神[M]. 北京：中国社会科学出版社，2016.

[5] 陈佳冀. 中国当代动物叙事的类型学研究[M]. 北京：中国社会科学出版社，2018.

[6] 王诺. 生态批评与生态思想[M]. 北京：人民出版社，2013.

[7] 雷鸣. 危机寻根：现代性反思的潜性主调[M]. 济南：山东文艺出版社，2009.

论文学批评对"张贤亮形象"的塑造[*]

白　亮^{**}

摘　要：文学批评是张贤亮作家形象的塑造者，也是其作品的密切合作者。围绕张贤亮所产生的一系列的分歧或共识，实际包含了批评、作家与时代语境之间的对立、妥协和协商。因此，文学批评对张贤亮形象的塑造、改写和修复等现象，需要重新置放于新时期以来的政治/社会、思想/文化发展的具体进程中来考量，去探究"张贤亮形象"被定义和描画过程中的历史信息和微妙用意，从而更深入地发现和了解其中错综复杂的关系及其背后的意识形态、思想动向、社会转型等因素。也正是在这个意义上，有推动意义和充满创造性的历史化研究，应该从多样化的文学批评开始。

关键词：张贤亮形象；文学批评；知识分子；劳动者；"下海"

引言：批评、语境与作家形象

2014 年 9 月 27 日，张贤亮病逝。一个月后，宁夏唯一的省级文学期刊《朔方》在第 11 期刊发"贤哉斯人、亮哉斯文——张贤亮纪念专号"，内设告别、追思、怀念、侧记、访谈、评论、重读、附录八个栏目，通过 38 篇文章以及张贤亮的 4 篇小说、1 篇散文、1 篇自传节选和 1 篇语录，深切缅怀这位作家。当这些文章和经典之作以"专辑"形式成规模地呈现，我们不仅重新获取了许多鲜为人知的作家故事，更重要的是，感知到了"张贤亮形象"的复杂与多义，如专门从事写作的"作者张贤亮"，经过批评家筛选、阐释和塑造的"当代著名作家张贤亮"，借助自传、散文、访谈录等宣扬的"信仰马克思主义的张贤亮"，社会各界不断流传和叙说的"文联主席、董事长张贤亮"，以及载入文学史和文学教育中的"'反思文学'的杰出代表张贤亮"等。^①

从 1979 年"归来"到 2014 年逝世，再延伸至当下，即使众多评价经过历史淘洗增添了冷静、理智的审视眼光，但"张贤亮形象"与集聚在作者周边的制度成规、读者反应、政治走向、历史转型和文化思潮等，带给我们与历史重逢之感，更有被一种陌生感所笼罩的历史惊讶。因为文化生产机制、强势批评话语的运作，张贤亮形象有时会由于某种特殊历史语境的激发而成为文学思潮和批评的附属物，那个夹带着时代口号、思潮、话语和知

　＊　基金项目：本文为北京外国语大学"双一流"重大(点)标志性项目"人类命运共同体视阈下文艺理论创新与实践研究"(项目编号：2022SYLZD047)的阶段性成果。

＊＊　作者简介：白亮(1981—　)，北京外国语大学中文学院副教授，研究方向为中国当代文学史、1980 年代以来的文学与文化现象研究。

识的"批评"所描画的"张贤亮"的多面性仍然有待廓清。况且，种种批评观念之间又存在着明显的差异性——社会史、人道主义、主体性、启蒙、商业、性与政治、语言和形式，以及由此所带来的外围解读和对文本内在张力的阅读相连接，明显扩充了解读作家作品的层次，也丰富了作家创作的内涵。

基于文学批评的差异性和语境所携带的时代特征，再辅之张贤亮自述、访谈及亲友回忆等史料，我们看到文学批评阐释的"张贤亮"与其姿态和自我意识之间的共商、差异与错位。由此带来的问题是，如何界定"作家形象"，如何认识批评的性质与根本意图，它如何与作家对话，它与作品的差异性何在。在笔者看来，对以上问题的探究，可以从两个方面展开：其一，写作本身是非常个人化的实践，作家携作品亮相后，虽然不可避免地会被文学批评"定义"，但是作者本人可以通过一系列文学创作实践去塑造与改变"形象"，从而影响到被阐释的路径；其二，批评家依照新的时代观念，促使新的权威知识或批评程序生产出新的形象内涵，并将其直接作为阐释作品的依据。因此，笔者将文学批评对张贤亮形象的塑造、改写和修复等现象，重新置放于新时期以来的政治/社会、思想/文化发展的具体进程中来考量，去探究"张贤亮形象"被定义和描画过程中的历史信息和微妙用意，以期对其中错综复杂的关系及其背后的意识形态、思想动向、社会转型等因素进行更深入地发现和了解。

——

1979年，《宁夏文艺》②在第1、2、3、5期的头条位置连续刊发了同一作者的4篇小说，同时在第4、5、6期接连推出3篇文章，专门评价这位作者及其作品。随后，该作者的两篇新作再次占据1980年第1、2期的头题位置。一位新人在省级文艺期刊一年间连续发表6篇作品，引发关注，甚至被宁夏回族自治区领导专门询问。这位"新星"即张贤亮，正因这一波高"出镜率"和高层人士的青睐，他获得关注，得以重归文坛。

张贤亮对新时期初期的社会思潮、文学口号和知识话语是敏锐的，他清楚这个阶段文学的主要功用在于表达经历浩劫后的委屈仇恨和莫名压抑。因此，他的创作与国家意识形态和文学成规保持着亦步亦趋的状态，如同他在自述中所讲，《四十三次快车》发表后，开始正正经经把文学当作自己事业，写作中要"把个人的命运和祖国的命运、和社会主义的发展联系起来考虑"，要紧紧地围绕党的三中全会制定的政治路线和思想路线这个重大主题来展开。[1]在最早对张贤亮作品进行评论的文章中，潘自强最先概括出他善于描写人物心理、哲学思辨性强的特点，这也成为一段时间里评论张贤亮小说特色的主要方向。该文指出，张贤亮"不是以空泛的豪言壮语和抽象的政治口号去表现，而是通过他们内心的痛苦和矛盾，以及深入的思考和真诚的反省来揭示"，于是，作品"使我们在丰富的内心世界的开掘中，真切地听到了人物心灵的跳动，看到了人物思想的变化过程，从而使读者产生了强烈的共鸣"。[2]此评论也在《宁夏文艺》随后刊发的几篇专论文章中得到进一步阐发，从而突出了张贤亮的"探索者"形象。

延续前6篇小说的火热态势，张贤亮紧接着在《朔方》1980年第9期"头题"位置上发表了创作初期最重要的小说《灵与肉》。两个月后,《文艺报》编辑部主任谢永旺(笔名沐阳)率先"宣传造势",在其批评文章《在严峻的生活面前——读张贤亮的小说之后》中,他把《灵与肉》视为"一九八〇年优秀小说"。不久,《灵与肉》荣获"一九八〇年全国优秀短篇小说奖",《朔方》随即在1981年第1期"头题"位置发表了中国作协评论家阎纲的批评文章《〈灵与肉〉和张贤亮》,文中评价"宁夏出了个张贤亮!"一时间让张贤亮声名鹊起。随后,批评家西来发表于《人民日报》的《劳动者的爱国深情——赞张贤亮的短篇小说〈灵与肉〉》,以及丁玲对《灵与肉》的评价,大多将作品视为"一首爱国主义的赞歌",与那个时代某种颇具感召力的集体话语发生关联,并肯定张贤亮在社会主义与集体主义的视角下对人性光辉和劳动本质的宣扬。这些批评不仅对《灵与肉》与张贤亮作了最初也是最重要的文学史定位,更在当时形成了一种历史合力,把张贤亮塑造为一个具有社会主义远见的"爱国作家"形象。由此我们看到,围绕《灵与肉》同步展开的关于"爱国""劳动""现实主义的赞歌"等话语构成的批评空间,因为携带着时代的种种信息,在为读者指认作品意义、价值和内涵的同时,实际也在一步步描摹和凸显着张贤亮的新形象。

获奖后的《灵与肉》引起了读者和批评家们的热烈反响,不同意见相互碰撞。《朔方》借此首度开辟"争鸣"栏目,在1981年第4—9期,围绕《灵与肉》共刊发7篇文章和1篇"来稿来信综述",讨论的话题包含作品内蕴、许灵均的形象塑造和"许灵均与秀芝的婚姻是否真实"等多个方面。在这些"争鸣"中,即使有质疑声音的存在,如汤本的《一个浑浑噩噩的人——评小说〈灵与肉〉的主人公许灵均的形象》,但似乎被视为"标靶",与其针锋相对的多是肯定和赞扬,特别是曾镇南先后发表的《灵与肉,在严酷的劳动中更新》和《深沉而广阔地反映时代风貌——张贤亮论》,对这一时期张贤亮形象的"定型"产生了重要影响。在曾镇南看来,《灵与肉》最大的新意是写出了"在与人民的相濡以沫、相呴以湿的交往中灵与肉发生的深刻变化",表现了知识分子"充实和稳定的人生信念与崭新的气质、感情",以及与"普通劳动人民""社会主义制度"血肉相连的亲密联系。[3]那么,张贤亮的创作是否如批评家们所言,仅仅是对劳动的赞扬、对爱国的忠诚?

面对赞誉和争鸣,张贤亮谈道,《灵与肉》并非要表现人们"肉体上和心灵上留下了这样或那样的伤痕",也不是"出于当前有些人想出国,以致人才外流这种背景的考虑写的",而是"表现体力劳动和与体力劳动者的接触对一个资产阶级家庭出身的小知识分子的影响,以及三十年历史变迁对人与人的关系的新调整"。[4]在这段极为关键的自陈中,显示了三个方面的现实指向,即"伤痕文学中的缺陷美"、"伦理下的个体身份"和"制度内的劳动关系"。也就是说,他虽有意尝试将22年的苦难历程展现给读者,但相比劳动、自然和人性对自己的磨炼,更想表达的是伤痕是怎么来的、又是怎样治愈的。一方面,他不断诉说"一个大资产阶级家庭出身的青年知识分子",历经艰难困苦和通过严酷劳动,最终"在精神上获得了劳动人民的感情","在肉体上摒弃了过去的养尊处优",[5]这"灵与肉"的变化正是个体真实的感受;另一方面,他又强调"我们的伤口还是比较容易愈合的",因为"社会制度确实是提供了把这些伤痕转化为更为雄健、更为深沉、更为崇高的缺陷美的巨大的可能性"。[4]因此,伤痕能够展现缺陷美,但人们更应该痛定思痛,这是《灵与肉》的写作基调。然而,这一时期批评家们更在意爱国、制度、苦难、现实主义等

"时代思潮"因素，对张贤亮创作中"个人经验"与"历史认识"复杂的磨合、相融过程"视而不见"，也正是在这些权威的文学批评的阐释中，对张贤亮最初形象——"爱国的劳动者"的认知就自然地内化并沉淀在读者的阅读中了。

二

1983 年，张贤亮发表了《肖尔布拉克》（短篇小说）、《河的子孙》（中篇小说）和《男人的风格》（长篇小说）。关于这三篇小说的创作缘由，张贤亮说道：在"专业文学创作"的三年间（1981—1983 年），"遏制不住对社会主义改革的热情"，总"想在现实问题上发现和表现自己的激情"，所以自己首先是一个"社会主义改革家"，要"写出生活的壮丽和丰富多彩，写出人民群众内在的健康的理性和浓烈的感情，写出马克思著作的伟大感召力，写出社会主义事业不管经历多少艰难坎坷也会胜利的必然性来"。然而，他又话锋一转，说这些"真切的感受"最集中的体现又并非这三篇小说，而是即将面世的《绿化树》。[6](P683)

张贤亮曾宣称要写一部书，书的总标题为《唯物论者的启示录》，总体内容是要描写一个出身于资产阶级家庭，甚至曾经有过朦胧的资产阶级人道主义和民主主义思想的青年，经过"苦难的历程"，最终变成了一个马克思主义的信仰者。《绿化树》就是其中的一部。[7](P162)《十月》杂志在 1984 年第 2 期刊发了《绿化树》，发表后好评如潮。"性与革命"的文学书写，不仅逐渐成为批评界阐释这篇小说的主要向度，而且使张贤亮成为这时期最有争议也最具特色的作家。

1984 年 4 月 16—17 日，中国作协宁夏分会、宁夏《文联通讯》联合《朔方》编辑部召开《绿化树》座谈会，随后，《朔方》在当年第 7—8 期专门开辟"《绿化树》笔谈会"专栏，刊登 7 篇具有代表性的评论文章。专栏的"编者按"对讨论定下了基调，即作品的亮点就是"记录了中国知识分子改造自身的特殊道路"，而"特殊"则体现为"真正和工农兵大众结合在一起，让马克思主义的理论融进自己的灵魂之中"。于是，"劳动者"和"马克思主义"等被定位成《绿化树》的评价"指南"。依循这些充满时代知识的痕迹，再回溯笔谈文章，其中的批评大多充满赞誉，并未有太多新意和创见，倒是其中如"内在灵魂的裂变""野性美与崇高美""反映了生活的主流和斗争的总趋势"等评价，更新和深化了张贤亮的作家形象。随着《绿化树》讨论的升温，1984 年 9 月 26 日《文艺报》召开《绿化树》讨论会，部分在京文学批评家、文学期刊编辑和高校教师、研究生等积极参会。在这次讨论中，与会者大都认为作品"生活基础厚实、艺术描写准确、深刻、出色"，是一部"在当代文学史上重要的、有价值的作品"。讨论中的争鸣主要集中于知识分子的历史道路反思、个人与劳动群众的关系，以及章永璘的知识分子形象是否典型等。[8]为了延续此次讨论热度，《文艺报》又在 1984 年第 9—12 期集中刊发了多篇权威文章，如严家炎、黄子平、张炯等都表达了对作品的认可。根据以上梳理，从地方期刊《朔方》策划小规模的座谈，到《文艺报》组织的讨论和专评，我们可以观察到这些 1980 年代的"知识"是如何通过"认识性的装置"对作家形象、作品内涵、审美意义和价值取向等进行筛选和指认的。

《绿化树》的写作和引发的争鸣，对张贤亮本人而言，其意义是独特的。一是作品与个人经历的互相映照。《绿化树》的故事开始于"一九六一年十二月一日",而这恰恰是现实中张贤亮到宁夏南梁农场当农业工人的日子。从故事情节来看,无论是"读书人落难,女子搭救",还是"资产阶级兼地主家庭的青年知识分子"主动受难以求自我救赎,我们不难感受到作者对这个时间点的历史记忆的特殊性——成为农工的"松弛"。此外,新时期的"归来"意味着重新被体制接纳,并给予"苦难的补偿"——踏上"红毯",参政议政。然而,另一个方面却与这种庆幸和迷狂的感觉大相径庭。据张贤亮所言,《绿化树》12万字的初稿是在"那种谣诼四起的气氛中"写出来的。所谓"谣诼"指的是当时有传言说"中央要点名批判《牧马人》(根据《灵与肉》改编的电影,笔者注)",为此"自治区宣传部召集了一些人研究全部作品,'专门寻找精神污染'"。虽然此后官方澄清"寻找"确系谣言,而且特地让张贤亮"在报纸上发表了谈话,在电视上亮了相",但毕竟让张贤亮虚惊一场,担心"按照过去的经验,要'寻找'总是能'寻找'得出来的"。[6](P683)上述两种更"私密"的情感混杂交织的状况,我们在当时的文学批评中很难见到。

1985年9月,《收获》第5期在头条位置发表了张贤亮的《男人的一半是女人》,并将篇名醒目地刊印在封面第一条。③同《绿化树》相似,这部小说也带有浓厚的政治性叙事的味道,它从男女之间的情爱关系来反观政治,其笔下的身体是精神的外化,也是政治力量的隐喻式印证,力图揭示性、政治、革命之间的隐蔽联系。可是,小说中密集的性心理、性细节,使作品成为"超级畅销书"④,并由此在一年间(1985.10—1986.9)里,引发全国四五十家报刊发表争鸣文章。1985年10月17日,上海《文汇报》率先刊登黄子平的《正面展开灵与肉的搏斗——读〈男人的一半是女人〉》,掀开了作品争鸣的序幕。1985年12月28日,青年女作家张辛欣在《文艺报》发表《我看〈男人的一半是女人〉的性心理描写》,更是将作品的争论推向高潮。时任人民文学出版社社长的韦君宜也专门撰文表达"紧张、惶惑和担心",认为小说"对于两性关系的自然主义的描写实在太多了一些","我自己作为一个女读者,就觉得受不了书里那种自然主义的描写,还会有不少女读者也是如此",因此,该作品"在众多的读者中发生那种不良社会效果",作者和作品是要"负主要责任的"。[9]此后在1987年8月,宁夏人民出版社出版文学评论集《评〈男人的一半是女人〉》,收录了此前有关《男人的一半是女人》的评论文章44篇,从美学风格、文学价值和社会效果等不同角度对作品争鸣进行了集中展示。

在重返《绿化树》和《男人的一半是女人》批评的路径中,多声部的"唱响"体现了知识结构和历史认识的不同,这使得"张贤亮形象"中内嵌着丰富的差异性。我们认识到,张贤亮的创作大多依托自我经历,其中暗含着平反与报偿的原始心理动机。与此同时,这一时期的文学话语、知识生产最为频繁,既拓展了文学批评的"基础知识",也重构了批评家们的眼光和方法,诸如"性与政治""灵与肉的矛盾""灵魂自救""男女关系结构"等成为他们认知张贤亮及其小说最重要的发生点和关键词。更重要的是,当这些话语概念内化为批评家们的一个评价体系,并对作家和作品形成强势性优势的时候,作品内涵的被简化、作家形象的被形塑,以及作家个人声音的微弱也在同时发生。

1989年,张贤亮在《文学四季(夏季号)》上发表长篇小说《习惯死亡》,讲述了"我"出国和三个女人发生性关系并最终开枪自杀的故事。尽管该小说是1989年的畅销书,却鲜见文学批评发声，张贤亮对此自辩说："我知道一般读者不过是慕名而买，买回去会大呼上当……现在的确许多人读不明白，但明白了的人（从正面读或从反面读）还是喜爱或痛骂的（我收到过很多读者来信）。我相信随着时间的推移，明白的人会越来越多。"[10] 言外之意，这是一本并不好读的小说，评论者也难以读懂小说旨趣所在。然而，此阶段社会改革进程加速，经济生活日益多元化，如若张贤亮在创作中还坚持这样的文学立场和价值判断——"提醒他人自己的受害者身份，也就是试图长期保留'申诉、抗争和索求的权利'，获取更大补偿的权利"[11]，那么，他的写作究竟还有多大的"生存空间"和艺术想象的余地？

三

批评家高嵩曾讲述了一个情景，在写作《习惯死亡》的一年时间里（1987—1988），张贤亮很少有笑容，总是一副"长怀千岁忧"的沉重神态，他显然已经意识到"中国当代文学所承担的时代任务，并不是展开关于知识分子改造的托尔斯泰式的主义了，而是要竭尽全力推进邓小平理论的胜利"。[12] 由此看来，作家的创作表面看是个体行为，实际上却折射着他对于时代、社会的不同感应。然而，张贤亮擅写其本人经历过的、熟悉的受难经历，22 年的苦难生涯已积淀为一种创伤性记忆，即使愈演愈烈的市场经济改变了文学处境，但他依然会采取自叙传的形式来构建"受难者"和"幸存者"的角色，却撇清自身所应承担的责任，其中的合理性和有效性确实值得考量。

1992 年，张贤亮写作了长篇小说《烦恼就是智慧》，上部同时发表于《小说界》和《中篇小说选刊》，下部两年后发表在《小说界》（1994 年第 2 期），1995 年作家出版社出单行本时，更名为《我的菩提树》。较之 1980 年代的作品，张贤亮在这部小说中继续讲述着饥饿与死亡，但又有意采用新方法，即对他在 1960 年 7 月 11 日到 12 月 20 日间的"流水账"日记进行注释与加工。小说发表后，批评家谢冕在《小说评论》开辟专栏讨论，特别强调"张贤亮写过许多小说，但是这一本《我的菩提树》的价值超过了以往的任何一本"，小说包含有新的文体意识和审美价值，"在遍地都是迎合世俗趣味的矫情之作的今天，平空出现了这样一本素朴无华的书，的确让人耳目一新"。[13] 不过，相关讨论如石沉大海，在批评界没有泛起一丝涟漪。曾经"习惯了每发表一部作品就坐等四面八方传来的喧嚣，习惯了把自己的书桌当作旋风的中心"，而此时却仅仅收到十几封读者来信，这样的情形令张贤亮深感"失落和某种困惑"，更多的还有不解，即"难道直到今天还使我颤抖、使我经常在熟睡中惊醒的事就这样随风一般地消失了吗？我当然不想让人们再度陷入沉痛，但是，至少应该得到一个会心的微笑吧！"[14](P145—146)

笔者以为，《我的菩提树》虽有意创新，但题材和内容已然给批评家和读者们带来了"审美疲劳"，况且 20 世纪 90 年代的中国文学在市场化、商品化的潮流中显现出众声喧哗的景象，作为文学创作社会意义的阐发者、新思想新思潮的鼓吹者，文学批评的角色也随之调整。诚如程光炜所言，既然文学经历着前所未有的深刻变革，那么"这种变革对于作家来说，既意味着淘汰，也是另一种挑选。历史将会在大浪淘沙中重新遴选作家和批评家"[15](P260)。面对变革,张贤亮将其称为"难得的历史机遇",是"文化和文化人"实现自我价值的一次历史转机,因此,必须"亲身参与市场建设和商品经济",要"下海",在"商品大潮中当一个弄潮儿"。[16](P117) 1993 年 3 月,再次当选宁夏作家协会主席(第三届)、宁夏文联主席(第四届)的张贤亮,在一个月的时间里接连创办四家公司,并担任董事长。起初,批评家和媒体对张贤亮"下海"的大胆之举持鼓励和赞赏的态度,但不时又出现"下海"对文学创作负面影响的批评。张贤亮回应说,"用小说的形式写政治读物是我对社会改革的行动和参与,在中国建设市场经济中投入商海也是我的行动和参与"[17](P130)。对于自己亲手创立的"镇北堡西部影城",张贤亮提出了两个响亮的口号——"立体文学的先行者"和"出卖荒凉"。所谓"文学的先行者",就是看中了"矗立于一片荒野之上,四周平沙漠漠,凄凉无边"的两座残破的古堡的特殊面貌——人工无法重现的岁月磨损的痕迹,以及颓垣断壁充满的厚重历史感。[18](P141) 两个口号彼此关联,相互渗透,以在场的方式勾连起文学与商业的互动。因为将主要精力都投入在华夏西部影视城公司的营建上,张贤亮的小说数量锐减,仅有的几部小说也难以被关注或争论,但其"文化型商人"的形象却自此深入人心。

2009 年,张贤亮在《收获》第 1 期发表了最后一部小说《一亿六》。小说最初计划写成短篇,但在创作期间,"最近 20 多年目睹的社会怪现象"涌到眼前,于是他用了 40 天,每天写作两个小时,完成了这部 23 万字的作品。张贤亮提及的"社会怪现象",在作品中的表现是通过一场"精子争夺战和保卫战"来反省"人们精神空虚、价值标准一切向'钱'看、人文精神失落"的问题。[19] 小说中暴发户、妓女、嫖客等形形色色的人物粉墨登场,且充斥着大量的性描写,作品同年 3 月在上海文艺出版社出版时,甚至在书的封面特意安排了一段导读——"一亿六是关乎生命的神奇数字,一亿六又是某俊男的雅号,一亿六竟成各方人马激烈争夺的优异'人种',一亿六和三个女人的情感纠葛离奇又曲折"。其中的文字宣传极具"卖点",使得该小说首印时的 5 万册很快销售一空。然而,《一亿六》没有得到广泛关注与激烈争鸣,反响也不尽如人意,仅有的几篇评论也大多指责其内容"粗糙而简单",语言"直陈无味,甚而流于粗俗",认为张贤亮现在"沉沦于世俗的'合理性'中而丧失了对现实的怀疑与诘问",因而"没有体现出作为一个作家的思辨高度"和对现实困境的有力批判之声。[20] 面对批评,张贤亮辩解说,这部作品显示了他敢于直面现实生活的勇气,因为他就是要"以低俗制低俗"的方式,抨击当下生活中低俗的现实。可是,作品中那些耸人听闻、光怪陆离的事件大多源自作者的道听途说或触景生情,那些所谓的新鲜的故事,在读者那里早已司空见惯。现在看来,面对现实,张贤亮实际并未想好"该如何去把握和言说",因文债而草就的作品,"所展露的浮躁、焦虑、偏激、片面、肤浅、漫画化、符号化、寓言化等病症,暴露出作者的无能为力"[21]。不知不觉间,徜徉于文坛与商界之间的张贤亮,已然不再享有"风口浪尖"处明星般的荣光,而愈来愈多地以一个"成功的知识分子兼文学界的企业家"的形象生硬地言说着现实和个体。

结语：作家的历史化研究从文学批评开始

因为具有产生文学审美、价值评估、风尚引领等多方面的功能和作用，文学批评不仅指认经典，同时限定了对于经典的理解方式，这种限定往往自然地沉淀为文学史共识。基于此，关于作家张贤亮及其经典之作的认知，我们依然处在 1980 年代以来文学批评的"影响"之中。当笔者写作本文时，除了重读作品，并通过作家自述、访谈和友人回忆等史料去了解张贤亮外，还特别考量了文学批评的言说内容与策略。写作的过程，的确产生了一种重走一遍作家生命轨迹和成名之路的历史心境。从张贤亮的病逝引入，到其最后一部小说《一亿六》的批评收束，笔者采取"回放镜头"的探究方式重演不同时期文学批评对张贤亮形象的塑造和修改，梳理了文学批评与作家之间的对话与碰撞、映衬与补充，这或许能使我们对作家创作、文学批评、时代诉求之间的互动有一些新的理解。

首先，对于张贤亮而言，他运用"自叙"的形式，将亲身经历的登场、落难、复出、转型等个体故事，放置到"小说"这一公共空间之中，以此向人们传递着时代最丰富、最痛苦的感受，这也是其作家形象在当时的政治和公共生活中得以被阐释和塑造的关键性因素。其次，与创作紧密关联的是文学批评，无论是对作品即时性的阐释和叙述，还是与作家之间的对话和争辩，抑或对读者理解的引导和规范，它从来都混合着"当下"的时代意识、文化气候、文坛意气和个人痕迹。因此，批评家们总能按照社会需求而"抽取"其中对叙述有利的信息，这就使得张贤亮形象不断处于改写、修复和定型中。当然，今后我们仍然需要进一步探寻：一是文学批评并非仅仅是一个"整体性"的所指，其中必然存在有批评家们观念和进入方式的分歧，因而值得对文学批评进行"分层"，仔细区分后，深入内部去辨析；另一个可以尝试将张贤亮从社会思潮和文学事件中抽离出来，用更多元的批评方式，如作家年谱、地方路径、民族特色等来研究他的形象。最后，文学批评对"张贤亮形象"的塑造，脱离不开 20 世纪 80 年代到 21 世纪中国的现实语境，我们也是在这个基础上认识这 40 多年间多层化的当代文学样态的。

综上所述，文学作品其实都蕴藏着矛盾多重的情状和丰富多样的信息，文学批评"无非是对作家创作一次次的'当下'评述，同时又是对这些评述的修改、变更和增删的过程"，而"作家留给后人的'创作史'，可以说就是批评家对作家主观愿望和创作意图的'改写史'"。[22] 今日我们对作家作品的再解读，是与文学批评的博弈，也是一种对立、妥协和协商，因而，真正有推动意义和充满创造性的历史化研究，应该从多样化的文学批评那里开始。

注释：

① 张贤亮与世长辞后，中国作家协会在唁电中评价张贤亮为"我国当代著名作家，'反思文学'的杰出代表"，"为我国新时期文学的繁荣发展做出了突出贡献，创作出许多优秀作品"。参见《朔方》，2004 年第 11 期。

②《宁夏文艺》的前身是《群众文艺》，创刊于 1959 年 5 月，1960 年 7 月改名为《宁夏文艺》，1980 年 4

月更名为《朔方》，是宁夏唯一的省级文学期刊。

③《男人的一半是女人》创作完成后，张贤亮将其投给《收获》，稿件寄出后就去美国"国际作家写作中心"进行为期四个月的讨论、交流和访问。《收获》的编辑们看了这个小说以后觉得不错，认为张贤亮写出了人性，有一些真实的体验在里面，就把它作为一部重要作品刊发了。可是一些女作家对此很有意见，认为张贤亮不尊重女性，甚至连冰心也亲自出面打电话给巴金，要他管管《收获》。巴金看完之后却认为没有什么问题，表示这是一部严肃的小说，不是为了迎合市场化的需要而写的，最后的一笔写得有一点"黄"，但是写得确实好。参见程永新、吴越：《巴金与〈收获〉》，《新民晚报》2016 年 9 月 7 日。

④《男人的一半是女人》原名曾为《欠你一朵玫瑰花》《菩提树》，显然这两个名字在吸引读者眼球方面"逊色"不少。小说发表后，更引来多家出版社"争抢"稿件。1985 年 12 月，单行本由中国文联出版公司出版，发行数为 10 万册，可谓风头无两、红极一时。

参考文献：

［1］张贤亮. 满纸荒唐言[J]. 飞天，1981(3).

［2］潘自强. 象他们那样生活——读短篇小说《霜重色愈浓》[J]. 朔方，1979 年(4).

［3］曾镇南. 深沉而广阔地反映时代风貌——张贤亮论[J]. 文学评论，1984(1).

［4］张贤亮. 从库图佐夫的独眼和纳尔逊的断臂谈起——《灵与肉》之外的话[J]. 小说选刊，1981(1).

［5］张贤亮. 牧马人的灵与肉[N]. 文汇报，1982-4-18.

［6］张贤亮. 必须进入自由状态——写在专业创作的第三年//张贤亮选集(三)[M]. 天津：百花文艺出版社，1995.

［7］张贤亮. 绿化树//张贤亮选集(三)[M]. 天津：百花文艺出版社，1995.

［8］文艺报召开《绿化树》讨论会[J]. 渤海学刊，1985(S1).

［9］韦君宜. 一本畅销书引起的思考[N]. 文艺报，1985-12-28.

［10］张贤亮. 关于《习惯死亡》的两封信[J]. 当代作家评论，1990(6).

［11］洪子诚. 《绿化树》：前辈，强悍然而孱弱[J]. 文艺争鸣，2016(7).

［12］高嵩. 儒商张贤亮[J]. 朔方，1996(3).

［13］谢冕、史成芳等. 《我的菩提树》读法几种[J]. 小说评论，1996(3).

［14］张贤亮. 我的菩提树[M]. 贵阳：贵州人民出版社，2014.

［15］程光炜. 当代中国小说批评史[M]. 北京：中国社会科学出版社，2019.

［16］张贤亮. 文化型商人宣言//边缘小品[M]. 西安：陕西人民出版社，1995.

［17］张贤亮. 致王蒙的邀请函//边缘小品[M]. 西安：陕西人民出版社，1995.

［18］张贤亮. 出卖荒凉//边缘小品[M]. 西安：陕西人民出版社，1995.

［19］卜昌伟. "一亿六"遭批，张贤亮"制俗"[N]. 京华时报，2009-3-30.

［20］晓南. 用市井腔讲述俗故事——评张贤亮长篇新作《壹亿陆》[J]. 西湖，2009(7).

［21］江飞. "以俗制俗"：虚妄的知识分子想象——张贤亮长篇小说《一亿六》批评[J]. 艺术广角，2010(3).

［22］程光炜. 魔幻化、本土化与民间资源——莫言与文学批评[J]. 当代作家评论，2006(6).

小说空间下的乡村狂欢

——论《翻身记事》中原笑的重建*

艾　翔　李小茜**

摘　要： 梁斌在《翻身记事》中呈现了与同时代小说关于笑的观念的较大差异，固定的笑的指向性被取消，任何人都处在广义的笑的场域中，具有一定的无差别性。同时，作家还用大量笔墨再现了政治活动中夹杂的侠义和狂欢节因素，展示群众对观看抓捕地主和收缴浮财的热情，还原了深植民间的笑声与发笑机制，通过对原笑的重建，构筑了政治空间下的乡村生态，丰富了现实主义小说的表现范围和表现能力。考察梁斌艺术风格背后的创作性格和艺术观念，不难发现笑的精神在其生活和创作谈中频繁出现，并且基于语言转向出现了"笑"的转向，这正是《翻身记事》等作品出现的根本动因。

关键词： 梁斌；《翻身记事》；原笑；民间

梁斌的作家待遇和经典作家身份主要归功于其首部长篇小说《红旗谱》。响亮的开篇、紧凑的情节、丰满的人物形象和充沛的情感充分体现了作家雄浑阳刚的内心世界，小说的中心事件"二师学潮"中，学生和军警的激烈对抗甚至遭到了来自非文学的批评。可以说，对作家的不公正评判虽然得到豁免，但文学史评价一定程度上仍然局限于批评的简单沉淀，造成重大偏差的原因之一，便是对其后期创作，尤其是第四部长篇小说《翻身记事》的遗漏。重新激活这位文学史经典作家的当下意义，需要关注这部特殊状态下的重要作品。

一　温柔叛逆：笑的平权运动

同其他 1950—1970 年代的小说有所区别，《翻身记事》虽然也混用那个年代规约的创作模式，但整体上是一部轻快、欢乐的作品，具有可读性。小说的故事时间是 1947—1948 年春，此时的解放战争已经从初期的国民党全面进攻、共产党战略防御转变为国民党重点进攻、共产党战略反攻阶段，东北的国民党军被困在沈阳、长春、锦州，刘、邓千里挺进大别山，陈、粟大军挺进豫皖苏和陈赓、谢富治兵团形成进攻的掎角之势，给国民党政府

---

* 基金项目：本文为天津市哲学社会科学规划项目"梁斌评传"（项目编号：TJZW22-002）的阶段性成果。

** 作者简介：艾翔（1985—　），天津社会科学院文学研究所副研究员，文学博士，研究方向为中国当代文学史；李小茜（1985—　），天津社会科学院哲学研究所副研究员，文学博士。

造成巨大压力，华北的石家庄等地也已被解放。与前线战事一同进行的是后方的土地改革，1947年梁斌在冀中区北淹村任土改队长、支部书记，参加土改试点工作，1948年华北土改基本完成，梁斌随军南下到湖北参加新区土改。此时国内的主要矛盾无疑是解放战争及双方的政治矛盾或阶级矛盾。1960—1970年代重提"阶级斗争"，要求文学也必须以此为中心，关于笑的运用技术也围绕着这个中心，即"笑"是一种鲜明的身份标识，什么身份、在什么场合、什么情节阶段能笑，都有相应的文学成规。通过阅读1970年代小说可以发现，笑的能力与人物定位息息相关，以"阶级敌人"为例，当其社会破坏性被拆除，不再具有实际的危害性，那他就会成为一个滑稽人物供群众调笑，也就是说反面人物通过"揭发""批斗"便可以进入宣传教育的革命话语系统，为革命服务。可以说，很长一段时间内，笑声被赋予了其他内涵，是人民民主专政在文艺领域内的生动反映。

《翻身记事》所表现的解放前夜，虽然国民党部队节节败退，国民政府大厦将倾，但美式装备和重点城市的固守仍令解放军的前进并非轻而易举，尤其是大范围内开展或即将开展的土地改革任务艰巨，"阶级斗争"仍然是一项切实有效的话语模式。作为实际工作领导者的周大钟尝试了许多方法，确保动员工作的顺利开展以尽快启动土改，其中包括对历史的回忆、对领袖指示的征引、"帮手"的确立与分工、用作战为喻体的宣传方式，更少不了直接痛陈土改的必要性，当然最不可忽视的手段是笑意的广泛营造。被定位为需要被改造的对象的土改队副队长李蔚是个标准的滑稽角色，小说多次写到他的出丑和被笑。出场不久描述了他与周大钟的意见分歧后，很快出现了扫地这种简单劳动都难以善终的场景，提议受阻遭遇冷落后，李蔚缓解尴尬不成，擅作主张进行激进的土改宣传，由于组织不周详导致现场一片混乱，不仅出现了揪打，而且是无差别乱斗，地主、富农、中农分别受到攻击，并且又激发了反击，最终没有实现任何效果就草草收场。这在让李蔚的组织能力和认识水平暴露而实现滑稽化的同时，也真实反映出土改初期部分干部的激进、急躁与混乱，另外也是此后乡村狂欢的一次预演。梁斌似乎在暗示读者，作为群众运动的土改先天具有各种不可控因素，因此强化周大钟代表的党组织的领导作用，才能有效克服困难。这正是一个标准的1970年代叙述，然而小说还远不止于此。不断被滑稽化的李蔚没有表现出过多衰弱，此外原本不具备"被笑的资格"的地主富农始终没有真正成为千夫所指的强烈情绪负载者。地主王健仲简单的抓鸡场景描写长达三页，既可看作梁斌热衷描写革命中的日常，又可视为一次有意识的滑稽场景。《翻身记事》同1970年代叙事的脱离是显而易见的，对王健仲的滑稽化处理不与情节推进发生任何关联，土改队加快工作进程并与地主群体对峙时，王健仲又有哭穷的滑稽表演，直到后来亲眼看到工作队对李福云、刘作谦的审查后不再表演，而是委曲求全，形成鲜明反差。同为地主的李福云面对土改队抓捕时负隅顽抗，作者给予其类似《巨人传》中形象的描写，显示出一副霸道而滑稽的样貌。

同当时文艺作品相仿，周大钟等人组成的土改队占据绝对优势的主动性，但这不意味着梁斌会按照惯例进行人物的完美化塑造。闻小玉和罗慧错将经过伪装的富农认成贫农，还表示出了亲热，受到周大钟的嘲弄。即使是工作队内部对工作方向也有不了解的地方，反映出工作的复杂程度。在这个场景里，闻小玉和罗慧不是女英雄的形象，而是活泼单纯的小女孩，周大钟的工作节奏始终有条不紊，因此并没有急躁和责备她们，而是摆出了围观者姿态顺便进行教育，对笑的运用方式同小说叙事节奏完美贴合。闻小玉和罗慧也没有从始至终按照读者期待的那样上演一出标准的"姐妹情谊"戏份，讨论到"路线分歧"的时候，两个都经验不足的人反而出现了纷争，因为大学生罗慧本能地按照理论演绎的方式进行思维，引起了只有实践/生活经验的闻小玉的不快，二人闹起了小脾气。通过制造小误解激发了阅读过程中的笑，也真实地反映了当时革命者群体的状态。

就连小说中最核心的人物——村委会主任王二合与工作队队长周大钟，都无法逃避被嘲弄的命运。李蔚有目的地私访治安员刘登华，后者抱怨王二合专权，颇为夸张地说到了一些细枝末节，包括妇会、儿童团乃至村剧团具体剧目和女演员的个人生活，同李蔚一唱一和批判"事务主义"，通过夸张凸显思维逻辑缺陷。基层党支部处理的自然是基层事务，不可能都是所谓的"大事"，借此彰显两人的不切实际，但无论如何王二合也受到了嘲弄。同样是王二合，在与周大钟、刘老堆谈论工作的时候遇见红缨、金缨姐妹进屋，便下意识关心二人的温饱，反被红缨嘲讽只知吃喝不务正业，王二合下意识用教导儿童的语气让姐妹二人去找儿童团或妇女会负责人，又受到红缨奚落其工作嫌麻烦。两次反击干脆利落，直击要害，虽然都是游戏话语，并非真正针锋相对，但表现出干部和群众之间的绝对平等，并不因为王二合具备领导与长辈的双重身份，就能获得面对红缨姐妹的绝对笑语权。

小说前半程有大量插叙介绍主要干部的革命前史，用于证明将其排挤出土改的毫无道理，同时在保证叙事节奏不松垮的前提下也完善了整部小说的叙事线索。柏老槐回忆过王二合抗战时期坚持斗争，面对日军扫荡，王二合无处藏身，无奈之下只得凭借过硬水性潜入水下躲过追击，但藏起的衣服却被不知情的打草幼童拿走，只能继续裸身躲藏，天黑才敢找柏老槐要衣服。在柏老槐充满笑声的轻松回忆中，王二合出现在了一个标准的滑稽场景中。放回情节链中，柏老槐借此段追忆回击了对干部"专权"的指责，通过历史场景的再现生动表明并非王二合家实行"垄断"，而是在革命最艰难时期无人肯出头，只有王二合一家义无反顾勇挑重担，从而形成了卡里斯马式的人物群体。当然，梁斌的立场毋庸置疑，但选择的手段颇为新颖，不是用"痛说革命家史"的方式予以强烈诘难，而是用调侃的方式温和反驳，用笑声承载严肃叙事。

由于小说人物谱系和1960—1970年代创作模式的约定俗成，周大钟自然成为最具笑的权利的人，但他的笑毫不咄咄逼人，并且没有回避成为别人笑的对象。周大钟不但善于种地和组织工作，也会做饭，并且对此颇为自得："我就是做饭出身嘛，吃吃我做的饭吧！不生，不糊，不咸，不淡，管保你们满意。"[1](P82)叙述者对此也是信任的口吻，然而偏偏小玉不服，挑衅似的质疑周大钟做饭水平难比其战斗水平。在这样的游戏式话锋下，后者口风立刻变软，承认自己不如对方，很符合小说人物性格定位。但周大钟也并非时刻都能保持沉稳冷静，谈论到人们对土改的误会时，他难以抑制激动甚至急躁的情绪，表示要跟对立面抗争到底，还做出了摔跤的姿势，这样的"超时空情景幻想"受到李蔚的嘲笑："蒋介石没在这儿，地主老财也没在这儿。"虽然在整体上，李蔚的思想观念被作者用来反衬周大钟，然而结合小说的整体风格和后者的基本性格，这种笑反而是正面向的，不仅笑的权利会发生波动，并且笑的性质也不因人物而固化。同王二合一样，周大钟的革命史也有轻松的部分，抗战时期作战勇武的周大钟并非一个苦大仇深、极端疾恶如仇的人物，近身格斗战胜日本士兵后穿上了敌人的衣服，面对县长还模仿日本人的蹩脚汉语和滑稽做派，生动的漫画场景，获得了众人赞赏式的欢笑，完全是年轻人取得成绩后的真实表现，可见梁斌的创作没有过多来自一体化规训的约束。

《翻身记事》所营造的土改实践，当然会有暴力革命，会有阶级斗争和思想交锋，甚至也有等级秩序。但这种等级秩序并非神圣不可动摇，体现在笑的权利赋予上，便是贯穿始终的平权理念：人皆可笑，人皆能笑。这种书写模式明显区别于1950—1970年代的文学范式，无限趋近于巴赫金所概括的狂欢节样态："与官方节日相对立，狂欢节仿佛是庆贺暂时摆脱占统治地位的真理和现有的制度，庆贺暂时取消的一切等级关系、特权、规范和禁令。这是真正的时间节日，不断生成、交替和更新的节日。它与一切永存、完成和终结相敌对。它面向未完成的将来。"[2](P11)游戏精神和彻底的人民性、参与性给人留下了深刻印象："狂欢式的笑，第一，它是全民的，大家都笑，'大众的'笑；第二，它是包罗万象的，它针对一切事物和人（包括狂欢节的参加者），整个世界看起来都是可笑的，都可以从笑的角度，从它可笑的相对性来感受和理解；第三，即最后，这种笑是双重性的：它既是欢乐的、兴奋的，同时也是讥笑的、冷嘲热讽的，它既否定又肯定，既埋葬又再生。"[2](P14)梁斌在这部小说里向读者展示了全方位、多种类的笑，构建起了一座乡村狂欢的恢宏场景。除了多向度的复杂的笑，小说其他细节也多次流露出狂欢节风格，比如闻小玉和柏老槐的言语咒骂，以及多次表现出对饮食饮酒书写的迷恋，都是巴赫金理论的绝佳回响。在巴赫金看来，骂人脏话与突破宗教禁区紧密关联[2](P20)，饮食则是肉体与世界发生关联的重要途径[2](P320)。《翻身记事》的故事时间是国民政府严酷统治时期，其中的狂欢性贴合解放区的政治理念和文化政策，但其写作时间却落在了1970年代，这种无法克服的年代感时间差也是小说长久被埋没的原因之一。

二　侠义与狂欢建构的乡村政治

狂欢与闹剧，有的时候似乎就是一线之隔，梁斌在这部小说中呈现的也不仅是无明确指向的笑。从作家的艺术经验与观念中，不难发现古典文学对其的长久滋养，他儿时就阅读了四哥的《儒林外史》《水浒传》《二十年目睹之怪现状》等书，后来进行创作时又将这些阅读经验作为必要的辅助，尤其在语言方面还研究了《红楼梦》《水浒传》《金瓶梅》《西厢记》等作的特点和效果，也特别注意到了民间的笑。他在《我与图书》《生活·写作·语言——在保定地、市文艺界一次会议上的讲话》等文中提道："要有一个小本子，在日常生活中，在闲谈中，忽然间有个同志说了一句话，很有意思，很俏皮，能代表一个什么意思，赶快把它记下来，或者写个条子掖在口袋里，回头记在小本子上。"[3](P240—241)

梁斌在传统艺术表现的现代转化方面花了很多心思，但对语言的重视同语言需要表现现代生活这一目的并不冲突，为了更适合当下的叙述，不惜舍弃部分传统方式，甚至在宏观上也有慎重的思考："我没有考虑过用章回体来写，但考虑过中国古典小说里句和段的排法，后来才考虑到毕竟不如现代小说的排法醒目，就写成目前的形式。"[3](P287)其小说中不难发现内在的古典小说影响，尤其在《红旗谱》中塑造出了豪爽干练、敢于维权的朱老忠和仗义疏财的严志和等鲜明人物形象，以至于有研究者发现了这部小说传播接受过程中一个十分明显的误区："迄今为止，不论评论家还是普通读者，大多是把《红旗谱》当作传奇类作品来看，突出其中的'水浒气'。北京电影制片厂1960年拍摄的同名电影突出了阶级斗争，天津电视台2004年拍摄的二十八集同名电视剧则完全把它改编成了一个红色武侠传奇。"[4](P74)由此指出《红旗谱》的"日常性"，颇具学术眼力。可见作家创作风格调整之下，观念并未出现根本性转变。不过传播接受走上这样一路，或许亦非彻底失察。

小说中的周大钟是一个沉稳、冷静、理性的干部形象，然而在抗战时期他也是一个不折不扣的热血青年，作者不吝笔墨详细描写了一场战斗中周大钟连续击毙四个日本兵的场面，其中有器械格斗也有徒手肉搏，有单杀也有围攻，既突出了他长工出身的力量，又展示了格斗技巧，节奏紧凑，镜头转换快速，特写切换灵活，完全就是一出现场的动作戏拍摄。政工干部通晓战斗技能，正是对其进行土改时面对各种情况处变不惊的铺垫，令其性格更加真实，实际也进行了军队文化的宣传。在周大钟打长工艰难养活全家的时候，家中难支，大哥二哥闯关东长年未回，大嫂改嫁，老人过世，留下三个子侄辈小孩外出逃荒寻找叔叔，被偶遇的王二合主动收留，虽然他也是打长工饥饱难料。王二合不但乐善好施讲义气，而且"骨骼精奇"——身材粗壮、古铜皮肤、紫褐面容、短须宽肩、声音低沉，颇具侠客猛将风范。柏老槐在渡口撑船出场，朗声大笑，俯仰天地，虽然年至七旬，仍思维敏捷，处事利落，有廉颇黄忠之感。抗战时期，柏老槐摆渡运送八路军被俘，疾恶如仇，受尽酷刑宁死不屈；土改运动前夕再次展现抱打不平的好汉作风，并且为人直率，刚正不阿，洒脱干脆，惩强扶弱，热情慷慨。遇到反对土改势力贴出的"蒙头贴"后，柏老槐沉不住气，清晨赤膊上街用"沉雷爆响"的嗓音痛斥，十足的鲁智深即视感，甚至声称要用柳篙进行肢体对抗，非常强悍。民兵班则个个身怀绝技，人人有绰号，比如能飞檐走壁的"爬山虎"李开泰、弹弓精准的"弹打飞鹰"王演中、善凫水的"出水龙王"刘黑寸以及"赛关公"和"梦里金刚"等，颇似古代侠义小说的设计。

不仅仅是游击队员、土改工作队拥有这些技能，即使是地主富农也没有被梁斌漫画化写成外强中干的滑稽角色。李福云"能举八十斤的制石，拉十二个劲的硬功，凭他的功夫，要想弄死个人，像杀个小鸡子一样"[1](P403)。他曾作为枪手考过清末武举，并且得寸进尺向对方索取财物，不但骂街，还"来个骑马蹲裆式，瞪眼攥拳头呈出式子要比武。人家不敢惹他，只好给了。每年拉半车东西回来。他还和岗楼上有勾搭，站在十字大街上一骂街没人敢吱声"[1](P62—63)。与柏老槐一样，身份地位迥然不同的李福云说话也像"打雷"。如果说刘作谦是因为曾经做过村长，凭借权力余威或象征资本得势来横行乡里，那么李福云则更多因身体上绝对力量的压迫令村民胆战，抗战伊始只有王二合敢与之发生不甚激烈的碰撞。就是这些生性彪悍的人物，让梁斌小说永远散发着光芒。

由于小玉意外遇袭，工作队决定加快步伐提前日程，实施对地主的抓捕。民兵班在至少有两杆步枪、两把手枪的优势包围下，为了避免违反政策，与李福云形成了对峙，后者赤膊"一筒石碑似的立在院子里"，不过很快在看到周大钟和王二合后，威猛转为滑稽，试图越墙逃跑，被李开泰飞身拦截在了屋顶，开始了一场20岁对阵70岁的比武。李福云虽然70岁，但一身肌肉让李开泰有心无力，却被轻而易举上了房顶的王二合的气势逼迫落地。这时李福云还想一打二，正要起势被柏老槐从身后连敲船篙，王二合趁势令王演中和李开泰上前捆绑，李福云颓势中依然一抖臂膀将二人甩开，直到王二合厉声呵斥声称严守政策不会致死，才浇灭了李福云的反抗斗志。梁斌用生动的笔触详细描绘了一场街头比武式的"非典型"土改抓捕，足见此前设置伏笔的巧妙。

完成对三个地主的抓捕后，工作队紧锣密鼓执行抄家，没收浮财。在刘作谦家中，李固大嫂机敏地发现其妻怀中鼓得异常，于是拉开衣襟果然抽出了包袱，又将荷花的嫂子带进屋，迅速拉扯掉裤子，掏出了私藏的金银首饰，并进行了言语羞辱。到了地主王健仲的药铺，地主婆受到惊吓时的模样被描写成"两只小母狗眼轱辘轱辘地转着"或者"老母猪"，已经被剥夺了人的身份。众人束手无策，李固大嫂利用女性的身份优势做了其他人不方便出头的行为，首先对地主婆出手威胁，身边男性顺势进行肢体干预甚至殴打，并且胁迫其当众脱衣。粗布外衣遮掩下一件件精心缝制、用料考究的服饰逐渐呈现在众人眼前，人们在围观地主阶级狡诈、阴险、虚伪和奢侈的同时，其实也是在围观一场带有色情意味的表演。不但衣服被脱下，裤子也不能幸免，在其以羞耻为名哀求时被众人断然拒绝并催促进程。直脱到接近打底内衣时，才被周大钟叫停。整个过程中，收缴财产的群众始终表现出浓厚的兴趣和高涨的热情："在以往，贫雇农哪里进得去地主家的深宅大院？今天，人们走进这砖堂瓦舍，很觉新鲜。……人们一时高兴，指手画脚地议论纷纷。"[1](P304)面对脱衣"表演"，连女性都充满了欢乐："人们见了哈哈大笑，要多高兴有多高兴。罗慧和杨花儿，伸开手掌，打着哇哇才笑呢，笑得眼泪直流，抬不起腰来。"[1](P310)分别在阶级和物种(人与动物)两个层次上划分了的差异，使这一场景更加趋近观赏性的娱乐，而不携带过多仇恨愤怒的情绪。作家同样没有让这次"表演"突兀出现，之前就铺垫过村里流传关于守寡的李固大嫂和王二合之间男女关系的谣言，小说呈现出来的不是生硬刻板的政治世界，而是鲜活灵动的人世间，虽然必然是政治化的人世间。

以男性为主的比武表演和以女性为主的脱衣表演，明确无误地指向了"暴力"和"性"两个方面。斯马加认为，性本能和攻击本能的满足会诱发游戏的乐趣[5](P55)，加上此前梳理出的关于饮食、咒骂、无差别的发笑机制等因素，可以确认梁斌在《翻身记事》中呈现或者说还原的正是带有鲜明民间节日色彩的狂欢节形象。难以否认这一乡村政治运动中的"比武"、"吃喝"、"身体"、作为言语行为的粗口和嘲笑具有蓬勃的原始生命力和创造力："在拉伯雷的小说里就是这样，血变成了酒，而残酷的激战跟可怕的死亡变成了欢宴，牺牲者的篝火变成了厨房炉灶。血战、切割、焚烧、死亡、杀戮、殴打、诅咒、辱骂，充满了这个'欢乐的时代'，这个时代在进行毁灭的同时又生育着，它不让任何旧事物得以永存，并不停地产生着新的年轻的事物。"[2](P238)表面上看确实生产出了一套唯物史观下的革命话语，然而另一方面也由于民间性的深刻根植，重建了政治空间内不曾有过的"原笑"。这种生成出"原笑"的狂欢节，不但输出着革命话语和民间思维，也夹杂着知识分子意识——抓捕地主和收缴浮财以及附带的女性身体展示，也可视为阿Q对秀才娘子和宁式床幻想的延伸，因此具有内在的复杂性。当然最重要的意义，是很大程度上将笑从1960—1970年代文艺的禁锢中解放了出来，不再压抑，恢复了笑本身的健康感。

考虑到作家的现实主义追求，不妨将《翻身记事》视为某种人类学民族学田野调查文本，在真实可触的政治话语构筑的空间内，完整保留了政治化的乡村狂欢的生态。鲍德里亚指出美国的笑已经高度礼仪化，简化为"免疫性的微笑"[6](P25)或"广告式的微笑"[6](P56)，或者是被制造为电视节目与表演中的导向性笑声[6](P83)。具有悠久历史的区域，如欧洲、南美和东亚，产生过本民族的狂欢节，在中国则是元宵节和融合寒食节之前的清明节，笑的方式则有很大不同①。梁斌的艺术观全方位立足民众和民间，令其创作获得了巨大的能量，也最大限度还原出了民众和民间。梁鸿对此看得清楚："'民间'在许多时候，被知识分子单方面使用，甚至有被阐释过度的嫌疑，我们经常用'藏污纳垢'来叙述民间的意义与局限性，与此同时，却又把它们作为精神最后的阵地，认为自身具备关怀民间、叙述民间的天然情怀。但是，民间也有强大的力量，面对外来的许多东西，能够去伪存真。真正'藏污纳垢'的是我们这些接受了现代文明的知识分子，只不过，我们所拥有的话语权使我们能够很好地伪饰自己。"[7]《翻身记事》呈现的土改，不仅仅传达了政策指令，实现了宣传任务，更描绘出了一个主动吸纳政治话语将自己政治化的、同时保持了积极能动性的乡村社会，将宏大叙事改造成为一个更多层次的文本。

此外，《翻身记事》还有更大的意义。众所周知，民间性是自新文学运动肇始就被确定的重要特性，并于《在延安文艺座谈会上的讲话》之后被确认为新文艺主要方向。但另一方面，精英文学又一直企图消解民间性带来的张力，文艺从内容、形式到制度一直包含着对民间性进行规训的内容。[8](P154—159)到了梁斌开始创作《翻身记事》的 1974 年，虽然对农村的管理相较 1960 年代有所加强，但总体来说激进活动大多被终止，各方面趋于稳定和恢复[9](P331、345、355)，相对而言规范对主体性的压迫略有缓解。当此前被制度化的"笑的模式"不再是强制与规训的，加之梁斌处于"潜在写作"状态，笑就渐渐恢复了流动性，自发寻找笑的场域。借此，被批斗者就通过"原笑"的重建发生了微妙的身份转化，即从单一作为政治展演的教育材料增加了"丑角"因素，"将闹剧引入神圣，表演中最庄严的仪式可与嘲弄并存"。小说提供了三种地主：依靠权力（曾任村长）欺压百姓的刘作谦、依靠身体（习武）欺压百姓的李福云以及依靠药房等经营获得资产的王健仲，尤其最后一种的批斗根基相较前两类略弱，由此难免引发出于自保愿望的防卫焦虑，以及施虐以加强自恋和窥淫等因素，令批斗暗中滑向狂欢，从而间接起到瓦解神圣性、仪式日常化的效果。此外，违抗"超我"产生的乐趣，也有助于实现个体主体性的重建[5](P101、105、108)，蕴含着时代的伏笔。

巴赫金在论述民间诙谐文化时曾有"怪诞现实主义"提法，梁斌的创作当然不能称之为"怪诞"，他基本仍是延续传统现实主义路数，但如果像巴赫金把拉伯雷放回同时代创作序列中去论述则发现其特性那样，把《翻身记事》放在类似题材或相似年代诸作中加以仔细分辨不难发现其中差异。按照巴赫金的说法，"怪诞现实主义的主要特点是降格"[2](P23)，从中世纪逼仄的神性降到物质、身体、大地层面，那么考虑到延安及以后的社会主义文艺本身就不断容纳民间性，梁斌 1970 年代的创作既存在"降格"现象——对曾经作为历史主角的人物、主流价值观的观念和主流生活范式的"降格"，也呈现出独特的"破格"趋向——对于平凡人物的"高大化"处理、底层意识的神圣化提升，这一"破格"趋势在1960—1970 年代文学"高大全"模式中得到极端化发展。那种符合巴赫金本意的文学狂欢化，要在新时期以后才逐渐真正实现。不过即使如此，《翻身记事》也提供了极其丰富的反观现实主义理论和中国社会的视角。

三　主体性对艺术世界的涵化

创作出带有狂欢性质的《翻身记事》，除了时代因素和艺术自律，与作家本人的性格及创作心态也有很大关联。梁斌对自己的创作有明确的政治要求、理论要求和社会影响要求，加之对《讲话》文艺思想的主动服膺，确保了他在红色经典序列中的正典位置。但政治化的解读却不是梁斌作品的全部，虽然对其进行政治性解读绝无冲突之处。在知情人的回忆中，梁斌并非一个高高在上的彻底政治化、整天紧锁眉头的人，相反，在他周围充满了有生活气息的欢声笑语。

梁斌是一个性格随和的人，早在冀中打游击时期，因为通文墨，是少有的戏剧内行，能导能演能编剧也能教授理论，在政治工作、群众工作和对敌斗争方面也颇有经验，很受拥戴。即使是这样一个众星捧月的人物，却完全没有一个"英雄人物"应该有的配置，被称"老梁"而非"社长"[10](P123、103)。从其身上可以看出真正的革命精神，一种对既往社会秩序的彻底性颠覆的新气象。这种普遍的平等观，导致了作家笔下"笑"的平权，或者说正是用普遍铺开的"笑"赋予每个人均等的社会权利。"笑就是突然的荣耀，它是在与别人的弱点或自己的过去比较时突然意识到自己的优越感而产生。"[11](P5)"笑"的平权，结果就是每个人都具有了优越感，于是便取消了优越感，也就取消了等级制。

在冀中打游击、办剧社的时期，不可谓不艰苦，甚至不仅仅是条件的艰苦，还面临着日军围攻的生命危险。百团大战后因为日军展开秋季大扫荡，剧社随分区部队进行游击战，生存都面临压力的时候，梁斌仍然保持着乐观情绪，这或许同作家早年接受的浪漫派作品息息相关。随着革命思想的加固，从根本上决定了作家用"笑"而不是"控诉"的姿态与世界发生联系，用笑的方式宽容、消释种种不良的社会状态，认为一切终究不过是邪不压正、物极必反，当然也就不至于引起作家的愤怒。

甚至到了社会气氛较为紧张的 1960 年代，爽朗、乐观、爱笑的性格始终如一。在结束一天繁重的劳动之后，大家都在抓紧时间休息，梁斌却爆发出一阵笑声，原因是想起中午两位文联干部一个误将被风吹动的豆叶认成了老鼠，另一个纠正他说是麻雀。由此谈起一次批斗会，造反派头目问《红旗谱》是"红旗"还是"黑旗"，梁斌满不在乎地表示随他们怎么说，令前者恼羞成怒。回忆完这段往事，在场的一个造反派人物斥责梁斌，众人都为其捏一把汗，晚上果然被宣传队叫去问话，返回后田间、李满天关切地询问情况，梁斌笑着用戏腔说："叫俺小心行事——别误了党员——登啊——记！"引得众人欢笑。[10](P166—169)

梁斌的笑是一个很复杂的多面体，因此身边人的叙述很容易发现其间的缝隙，即笑的深层结构的单一和多元。在"豆叶"一例中，知识分子的滑稽化是最直观的笑意来源，但是梁斌事后联想发出的笑，暗含了一种象征意味，即造反派"不分敌友"的强硬审判方式，正对应了干部分不清豆叶和老鼠、麻雀的差异——这种内在关联性，令众人对其延迟的笑充满不解。需要注意的是，梁斌的态度是嘲弄，而不是控诉，体现在创作中，就是作为 1970 年代小说的《翻身记事》既不同于 1970 年代前中期的"地下手抄本",也不同于 1970 年代末的伤痕文学。狂欢的"笑"的运用,令梁斌小说呈现出独特的美学品质。

梁斌将笑限制在了最温和的滑稽嘲弄的范围内,对于知识分子干部,他引为同伴,这种笑体现的并不是激进的倒转式的等级观——即无产阶级、小资产阶级、土豪劣绅的金字塔构造——而是与狂欢相一致的平等的民主观。而造反派的出镜是通过知识分子干部滑稽举动的关联联想实现的,处理这两个对象的笑的方式也就互通互联。能够用这种态度对待当时的激进群体,需要涵养、气度和智慧,需要豁达的胸襟、乐观的精神以及充足的自信,梁斌在生活中的表现如回忆文章所见,在创作中的表现如《翻身记事》所见,不是声嘶力竭地控诉,或是赤膊上阵对抗战斗,而是用笑的方式对待历史,这正是其独特之处。

梁斌的作品虽然充满了政治倾向,且自觉以政治性标准规范自己的创作技巧,但他本身并非一个纯粹的"政治宣传者",艺术家是其首要身份,无论是生活还是创作中,他的"笑"不是为了实现一个政治目的,而是首先为了实现一种艺术氛围的营造,当然这种艺术氛围要能配合政治标准的规约且与其不冲突。刘光人回忆梁斌时还说:"对于地主阶级,他了解得很广泛也很深刻。他们梁家庄的地主,都是很有气势的。……梁斌讲起他们的故事,常常是滔滔不绝。说到有趣处,就自己哈哈大笑起来。"[10](P70) 从《红旗谱》创作时就已经展示出梁斌的历史观,他当然认同地主阶级作为历史负面因素的阶级论唯物史观,但他又坚信历史决定论,并不采取激烈的方式,而是用"笑"的手段对之进行惩戒,由此呈现出独特的艺术世界,可以说他是一种特殊类型的古典意义上的"作家"。

在《红旗谱》获得轰动效应数年后,梁斌从峰顶直落谷底。1960 年代后半程的政治风波甫一开端,梁斌就因为成名作"为王明树碑立传"而被戴帽游街;1967—1968 年持续受到冲击;1969 年春到达邢台唐庄农场接受劳动改造;1970 年 1 月,复刊不久的《河北日报》头版批判《红旗谱》和《播火记》,3 个月后据称已收到批判文章 1500 多份,一直持续到 11 月,有学者统计其累计达 40 个版面[12](P315—316);1971 年梁斌又被送至天津汉沽芦台农场继续改造;就在《翻身记事》正式动笔的第二年,再次因为反右翻案风受到冲击。遭受如此多的波澜曲折,梁斌仍保持着平和、开朗的状态②。《红旗谱》尚在修改时,他的文章就颇具诙谐之气:"所谓'新生力量',即暗示:这人除有一定思想水平以外,必须有一定资质、能力,或者有比别人突出的成绩,才能成为'力量'。……如果其他不提,光是比'年轻'……那就只有一岁的人是'新生力量'了。……所谓'老生力量',他们就必须毫不吝惜地把丰富的'生活经验'和'工作经验'传授给后来者,否则……那只是'老生',而不是'力量'。要被人说'老朽',骂'老而不死'。"[13](P115—116) 写出这段机智言论时,作家正处于一段艰难的时期。据他本人回忆,《红旗谱》出版前,菜肉供给紧张,夫人散帼英体重锐减,自己也出现了心脏早搏症状,并且三姐、四姐也需要照顾资助,生活一时困窘。友人也证实梁斌生活一向简朴,此时的苦难记录一定是相当困顿才会令作家觉得有必要记录在案。这种情况一直到《红旗谱》出版后,收到稿费和补贴才结束。作者对时间存在误记,但当时的情景是可信的[13](P5—6),他真正做到了"不以物喜,不以己悲",甚至在晚年病榻上,都是"爽朗的笑,全无沉疴之态"[10](P52)。

四　笑的艺术观及其文学史意义

在梁斌的文学观中，笑也有重要席位："文学的责任，在于美化生活，给人以力量，给人以知识，提高人的素质。也有娱乐作用，叫人看了文学作品以后，感到是艺术享受，这是最好的娱乐。幽默和趣味，也是群众所需要的。写个故事，叫人看了以后，捧腹大笑，也是好的。"[13](P67)梁斌坚定地秉持着"十七年"的正统文艺观——小说不但具有审美和娱乐功能，更重要的是携带着历史与政治的阐释、宣传功能——但他没有觉察的是，他对民间生活真诚地体认与描摹已经让他出现了充沛的丰富性，体现在"笑"上，便是并未像1970年代文学那样精细地布控每一次笑意的营造，相比1970年代公开出版的小说中浓烈的精英性，《翻身记事》多少显得粗犷、不修边幅。

如果放宽视野，就会发现"笑"在梁斌半个世纪的创作历程中从来没有缺席，但是操作的方式发生了明显的改变。写于1930年代的《从叫化子说到土匪》《处世谈》有鲜明的杂文风格，锋芒毕露，极尽讥讽，仍是一种单向度的笑，同文学史给我们呈现的梁斌迥然两样。其转变在于笑的来源的更替："为积累创作素材，梁斌有三个本子：一个记语言，记俚语、歇后语；一个记人物，记英模，记地主、士绅和二流子；一个记民间故事和有趣的情节。"并且鼓励身边人都如此效法。[10](P236)梁斌的"笑"的转向，同其语言转向有深厚的关系，因为选择了民间的语言，其中的狂欢因素渗透进作家思维。对语言的重新认识，则与梁斌自身的经历相关。据梁斌自己在《我怎样创作了〈红旗谱〉》中说，语言的转向是向政治要求的主动靠拢："开始长篇创作的时候，我熟读了毛主席的《在延安文艺座谈会上的讲话》，仔细研究了几部中国古典文学，重新读了十月革命后的苏联革命文学。我在想着，怎样才能把那些伟大的典型性格写出来。为此，我想到要写故乡人民的风貌，写故乡的民俗、故乡的地方风光。为了把故乡的人物、性格、风貌、民俗及地方风光再现在纸上，不得不从这一带人民生活中选择、提炼典型性的语言。我也曾想避免方言土语，但字行之间缺少了它们，总觉得不够味。……我是以有文化的农民及干部为对象写的，使有文化的农民看得懂，没文化的农民听得懂。"[2](P258—259)但如果了解梁斌的身世经历，不难揣测《讲话》或许是其语言转向的重要推力，却并不能完全承担"起源性"的历史叙述。

梁斌的"鲁迅风"杂文阶段终止于1934年。他在初春时节参加革命活动后回到北平即被抓捕，拘留整月因无证据获得释放，作为一个"有案底"的人，以后的命运该向哪去就成了梁斌面临的一个重要问题。一个偶然的机遇，他看到报纸上刊登的山东省立剧院的招生广告，便毅然投考，学了一年有余因反对院长王泊生亲附国民党而离校回北平编刊。又一年，回到故乡蠡县养病，随后参与新世纪剧社工作，1938年担任剧社社长。在现有的文学史叙述中，几乎看不到梁斌的这一段痕迹。同梁斌四部长篇小说相比，在1938—1942年短短五年间创作的五部话剧、一部歌剧和数个短剧显得微不足道。限于文学史体例，作家创作的同时对王林、路一、刘光人、远千里、傅铎等人戏剧进行的导演，在文艺训练班的授课，甚至亲上舞台参与演出都不可能写入，因此不但作家形象的丰满性大打折扣，历史线索也被切断。有人如此评价梁斌主持新世纪剧社时的贡献："梁王二人主张在家乡演话剧既不用北京音也不用当地土腔土调，而用一种介于两者之间的台词语言。经实验证明，这种'话剧地方化'的台词易于群众接受，观众反映听得清楚，感觉亲切。"[10](P235)为了让实地观众听懂看懂，民间语言进入话剧，作为创作储备的话剧因素后来进入小说，与此同时民间的狂欢因素以此行迹渗透进小说。梁斌晚年对笑的认识中，民间几乎成了唯一来源："《红楼梦》中就有许多群众的语言，如说谁谁像狗颠着屁股围着谁转，一句话就把这个人写尽了，如果没有这句话，你写两三篇，也还不如这句话俏皮，语言的活力，力量就在于此。"[3](P241)精英化思维中存在大比重的民间思维。正如前引刘怀章对"豆叶"一事的回忆，其中的笑是多层次的，联想关联和笑的巧妙运用，体现的是知识分子属性，然而最后的戏腔彰显的恶作剧捣乱般的游戏精神，又体现了充沛的民间属性。

当然，如果再往前追溯，剧社时期梁斌的语言观、文学观和笑的意识的转变，也并非后天习得，乃是回归本心。"马尔克斯有个擅长讲故事的奶奶，莫言则有个神奇的庄稼活能手的爷爷。"[14](P20)劳马也有一个有城市经历、下乡后走街串巷做货郎的爷爷，给童年劳马讲述民间传说和历史演义。梁斌也不例外："梁斌童年时代喜欢听故事、听民间传说，也喜欢看戏，受到燕赵风骨的熏陶。他的邻居老庞，扛了一辈子长工，庄稼活样样精通，长得高个子，挺拔的腰板，待人善良和气，爱憎分明，很有气魄，常给他讲故事、说笑话。梁斌说：'这是我遇到的最聪明、最睿智的农民。'"[10](P186)这里描述的农民形象与"十七年"文学中的农民典型相似度很高，或许是记忆与文学的相互影响，但其中作家童年经历的基本事实大抵不会因此发生偏折，属于可信材料。坚定地扎根于土地，崇尚民间最本真的狂欢式的笑，怀有政治正义却不刻意追求政治正确，追求良心正确、生活真实。《翻身记事》中呈现出的笑声并非仅体现其政治意图，而是试图描摹出一个本真状态的乡土民间世界，这种尝试正是以狂欢式原笑的重建而非1970年代的笑的重复为立足点的。

今天回看《翻身记事》这部被淹没的重要小说，不但需要重视其对历史信息的保存作用，也要重视其隐含的深意。《翻身记事》所记述的土地革命，无疑是人类文明史上的一次大胆尝试，作为"十七年"经典序列作家的1970年代创作，情节中当然必不可少党员英雄人物的积极动员、精心部署和组织内部统一思想，乃至阶级斗争手段的采用。因为有解说"革命起源"的《红旗谱》在前，《翻身记事》将土改的历史起因简化折叠在了主题情节中，便呈现出党组织自上推进，动员群众积极配合的故事。因为"狂欢节"在阶级斗争中的实际发生，便形成了表达语系的一致，在推动整个土改的过程中发挥了关键的作用。不过有趣的是，"狂欢节"的发生并不在"主要英雄人物"周大钟的预期范围内；或者说，周大钟进行号召动员的是批斗大会，不过机缘巧合地被民间社会转化成了狂欢节。正是这种设计，令读者相信作者所宣扬的土改的先进性、必然性和广泛的群众基础，确信这种政治运动能够为普通民众迅速接受，从而避免了简单的说教和猜测性的"反真实观"创作。

另外一点也不容忽视，梁斌通过在虚构世界里摒弃1970年代的笑意生成模式，重建带有原初意义的游戏性"纯笑"，实现了对真实的再现，更通过这种还原进一步改变现实。一方面，"批斗大会"向"狂欢节"的转化使得一种政治话语被部分接受，从而形成了一种对话交流、互相理解的态势。"笑"的平权实现了更充分的平等和民主化进程的深入，并且这种深入是周大钟预料之外的，是一种同乡土社会融合的自然发展，并非单纯的政治化产物。"狂欢节"和"阶级斗争"的并立，也是政治和社会并存的彰显。

另一方面的重要意义，则是体现出乡土文化中独特的自保自净机制，在遵守政治要求的前提下，通过内涵替换实现对自己的保全和更新。正是这种强大的内生机制，表明 1970年代既是统一的，也是分裂的，"狂欢节"和"阶级斗争"之间的语义游移造成了乡土社会对精英既服膺又违逆的复杂内面。从今天乡土文化面临城市咄咄逼人的扩张而展现出的凋敝破败，回看《翻身记事》更显意义非常：即使在强大的政治力量下，仍然存在过巴赫金意义上尚未被"国家化"或"日常化"的、"不断生长和不断超越自身界限的"[2](P39,31)、充溢着生命力的民间文化。如果仅就艺术成就而言，《翻身记事》无限趋近的狂欢风格或可充当 1980 年代《红高粱》酒神精神的直接思想源头，然而由于出版后被冷处理，其自身巨大的艺术创新和思想资源被悬置，从而未发生任何历史作用，《翻身记事》成了一部孤立的作品，同其积累的现实主义变革尝试的宝贵经验一起被文学史抛弃。

注释：

① 1990 年代在文化史上具有转折意义，1993 年英达受美国"情景喜剧"直接影响创作的《我爱我家》开播，"罐头笑声"逐渐为国人所接受。稍早之前的 1991 年，黑豹乐队推出首张专辑，其中《脸谱》直指"佯装笑颜"和"虚伪生活"。两种不同形式的艺术先后出现，有其深藏的社会转型期文化逻辑，也分别发出了历史的先声。

② 写于 1979 年的《〈播火记〉再版后记》是极少的个例，呈现出愤懑不平之气，力陈自己作品的本衷，当然其间的雄浑豪迈仍然与伤痕文学、反思文学划出了鲜明的界线。参见《梁斌文集》（第六卷），人民文学出版社 2005 年版，第 301、307—309 页。

参考文献：

［1］梁斌. 梁斌文集（第四卷）［M］. 北京：人民文学出版社，2005.
［2］〔苏〕巴赫金. 巴赫金全集（第六卷）［M］. 李兆林、夏忠宪等译. 石家庄：河北教育出版社，2009.
［3］梁斌. 梁斌文集（第六卷）［M］. 北京：人民文学出版社，2005.
［4］阎浩岗. "红色经典"的文学价值［M］. 北京：人民出版社，2009.
［5］〔法〕埃里克·斯马加. 笑［M］. 肖梅译. 北京：商务印书馆，2016.
［6］〔法〕让·鲍德里亚. 美国［M］. 张生译. 南京：南京大学出版社，2011.
［7］梁鸿. 知识分子的庙堂之痛与民间之痒——读阎连科《风雅颂》［J］. 文艺争鸣，2008(10).
［8］张均. 中国当代文学制度研究(1949—1976)［M］. 北京：北京大学出版社，2011.
［9］〔美〕莫里斯·迈斯纳. 毛泽东的中国及其后——中华人民共和国史［M］. 杜蒲译. 香港：香港中文大学出版社，2005.
［10］宋安娜编. 百年梁斌［M］. 天津：百花文艺出版社，2014.
［11］〔美〕埃德蒙·伯格勒. 笑与幽默感［M］. 马门俊杰译. 北京：中国人民大学出版社，2011.
［12］王洋、田英宣. 梁斌传［M］. 天津：南开大学出版社，2008.
［13］梁斌. 梁斌文集（第七卷）［M］. 北京：人民文学出版社，2005.
［14］叶开. 莫言评传［M］. 郑州：河南文艺出版社，2008.

流散经验、疾病叙事与文学的心理疗救

——论郁达夫小说的疾病叙事

潘　磊*

摘　要：郁达夫从医者和患者的双重体验出发，在文本中创造了一个独特的疾病世界。"忧郁症"是弱国子民在流散过程中因身份认同的危机、精神家园的迷失而产生的心理疾病，郁达夫通过对这一疾病的书写唤醒了故国沉睡的人们的自我意识，使其带上了个性解放的色彩，同时它又成为人的异化、精神孤独等资本主义病症的象征。肺病、精神分裂症则往往与被贫穷折磨的知识分子关系密切，有力地烘托了主人公的悲剧命运，是郁达夫在"他者"的视角下表现故国政治腐败、民生艰难等社会病症的象征。祛除意识形态的因素，郁达夫的写作还开启了以写作来达到心理疗救的途径。

关键词：郁达夫；流散经验；"忧郁症"；疾病叙事

"流散"（diaspora）源自希腊语"diaspeiro"，"dia"表示"跨越"，"speiro"表示"播撒"。截止到 20 世纪中叶，"流散"一直用来指犹太人的流亡。伴随着经济的全球化进程，人们的跨国生活越来越常态化，现在"流散"一词也指称全球化时代的世界性移民活动。郁达夫 1913 年随长兄郁曼陀去日本留学，郭沫若、成仿吾、张资平、郑伯奇等创造社同仁也都有留日的生活经验。作为较早地体验了流散者的人生创痛和文化冲突的中国现代作家，郁达夫与其创造社同仁的写作与这种人生经验有着密不可分的关系。

相较于郭沫若激情澎湃地宣扬人的主体性而写下诗作《女神》《天狗》，张资平将留日的流散经验化为爱情小说中的跨国元素，郁达夫的写作则处处彰显着流散经验带来的身体与心理上的创痛，"忧郁症""脑病""呼吸器病"（肺病）、神经衰弱、精神错乱等频频出现，疾病成为叙事的重要动力和结构性元素。很难设想，如果没有了对于疾病及其所带来的痛苦的描写与叙述，郁达夫的小说会是何种面貌？当今，跨国的流散、移民生活成为常态，全球化时代现代人的精神困境成为人类共同面对的课题，我们可以在当今时代的疾病叙事与郁达夫的疾病叙事之间发现确切的关联，从而理清中国现代以来文学的疾病叙事传统，由此发掘郁达夫疾病叙事的独特价值及其当代启示。

一　郁达夫小说中的疾病叙事

"郁达夫小说中的自我形象多是生性忧郁的孤独者，残酷的现实磨碎了他纯洁的心，

---

* 作者简介：潘磊（1978—　），郑州大学文学院副教授，研究方向为中国现当代文学。

纤敏的神经又驱使他细细地咀嚼这磨碎了的心瓣的苦味，柔弱的性格又折断了反抗和奋飞的翅膀，这就铸成了他孤独苦闷、凄苦无依的气质。"[1](P558) 小说中那些处在社会边缘的"零余者"最显著的特征就是身患多种疾病，神经衰弱、"忧郁症"、肺病是其最明显的标志，他们性格柔弱、内向、敏感、自卑，情感细腻，缺乏足够的社会交往能力。以病人的视角来观察社会，致力于疾病叙事以批判社会不公及其对弱小者的压迫与伤害，成为郁达夫小说主要的文本诉求，也在很大程度上塑造了他的文风。

《沉沦》、《银灰色的死》和《南迁》的主人公都是在日本留学的中国青年，他们不善社交、经济拮据、生活穷困、缺乏安全感和身份认同，常常自哀自怜。无例外的，这些小说的主人公都是"忧郁症"患者——这与郁达夫的留日经历颇为相似，具有深厚的自叙传色彩。应该说，"忧郁症"的发掘和表现与郁达夫在日本的流散生活中所经受的物质、精神双重磨难密切相关，由自身的悲惨处境生发出对国家的命运和前途的思考及对日本早期资本主义社会形态的审视和批判，构成郁达夫写作的自然理路。三篇小说中的主人公并非只关注自己的世界，而是由对自己内心的探索开始，延展到对社会的批判性反思与审视。《沉沦》中的"我"在孤独的流散生活中未能经受欲望的诱惑，但清醒后又惭愧得想自杀，在自杀前念念不忘的却是祖国的强大。《银灰色的死》中的"他"在异国过着漂泊无依的困窘生活，常常借酒消愁，郁郁寡欢，对日本侍女静儿的朦胧幻想也被她的出嫁所打碎，最终突发脑溢血倒毙于街头。《南迁》中的中国留学生伊人，因肺病及自身遭际而罹患"忧郁症"，对同样患有肺病的女生 O 生出了朦胧的爱意，但无情的疾病使得这段恋情只得黯然收场。在小说中，"忧郁症"与对社会的批判性省思总是紧密勾连在一起。内向自卑、愤世嫉俗的伊人由自己的遭遇联想到穷困童工的悲惨境遇，进而发出对日本早期资本主义社会的强烈批判与控诉："这些同饿犬似的小孩儿，长到八九岁的时候，就不得不去作小机械去。渐渐长大了，成了一个工人，他们又不得不同他们的父祖曾祖一样，将自家的血液，去补充铁木的机械的不足去。吃尽了千辛万苦，从幼到长，从生到死，他们的生活没有半点变更。"这不禁让人想到美国哲学家弗洛姆对发达资本主义社会的批判："一个人，一个活生生的人，自身不再是目的，而成了他人或自己或某个非人的巨物——经济机器——实现其经济利益的工具。"[2](P75)

事实上，在中文语境中，是郁达夫首次将"Hypochondria"这个现代医学词汇翻译为"忧郁症"，将流散者的痛苦与焦虑凝结为一个个精彩文本，从而使之成为轰动性的文学事件、社会事件。在当时的中国，"忧郁症"还是一个陌生的事物，它有别于中国古代文人的哀情传统。这一概念的使用带有启蒙的意味，"借助于易厌、烦闷、情热、疯狂以及其他种种特征的'世纪病'文学说辞，尤其是'神经衰弱''忧郁症'这样的现代西方医学知识和词汇的翻译，中国人那些未必一点也不具有传统性的情感和身体经验被重新命名，以科学的话语方式描绘出来，从而显现为全新的、现代的事物"[3]。在西方，"忧郁症"曾被医生和患者共同拒绝，以"神经衰弱"或"神经质"取代，"对精神病医师来说，神经质这块遮羞布提供了一个绕过收容院的机会，使他们能从事面向中产阶级患者的赚钱的私人诊疗。对于患者来说，这种掩饰提供了一个机会，以躲避精神失常带来的耻辱以及与遗传疾病和退化的牵连"[4](P146—147)。郁达夫对"忧郁症"的大胆书写不仅是对国人的医学启蒙，而且通过将这一病症与弱国子民的流散经验联系起来，赋予它一种新的解释与强烈的社会批判意味。在不同的社会语境下，桑塔格曾致力于将萦绕在疾病之上的、充满偏见的隐喻彻底清扫，还疾病以本来面目。但对"忧郁症"这种病症来说，发掘其人格及社会原因恰恰是必需的，因为"神经疾病是非常社会性的"[4](P189)，郁达夫的疾病叙事在此意义上值得重视。

当时对《沉沦》这三篇小说的批评及解读也不断赋予这一疾病以隐喻功能。20 世纪 20 年代的新文学批评有意将郁达夫的小说定位为一个具有叛逆性的"现代青年"的写照："他的清新的笔调，在中国的枯槁的社会里面好像吹来了一股春风，立刻吹醒了当时的无数青年的心。他那大胆的自我暴露，对于深藏在千年万年的背甲里面的士大夫的虚伪，完全是一种暴风雨式的闪击，把一些假道学、假才子们震惊得至于狂怒了。"[5]由此，"忧郁症"被赋予背叛中国旧文化的含义，甚至成为个性解放的标志。1947 年陈翔鹤在回忆郁达夫的小说时曾说道，是《沉沦》教青年懂得什么是"sentimental"，教会他们怎样彻底"自我解放"，怎样将自己心中所感觉到的苦闷，大无畏地叫了出来。[6]这一病症对郁达夫等海外归来的知识分子来说，更是现代的标志。1868 年美国神经学家彼尔德将神经衰弱称作"美国病"，因为美国更现代化，相对而言，人的压力也更大。1890 年，涂尔干也曾经说过："今天的神经衰弱与其说是一种弱点，不如说是一种区隔的标志。在我们这个为知识着迷的优雅社会中，神经紧张的人们几乎就成了一种高贵。"[7](P8)因此，郁达夫借助对这一病症的文学书写，某种程度上也使得当时的中国文学更加"现代"。值得一提的是，郁达夫小说中的"忧郁症"在很大程度上是资本主义社会的象征，源于中国留学生在日本这一早期资本主义社会中的流散经验。郁达夫留学日本的时期，日本经历了明治维新、甲午战争、日俄战争，已经成为世界上的主要资本主义国家，有着成熟的资本主义教育体制、市场和消费模式。这三篇小说中的主人公正是在资本主义的教育体制及消费文化中感到心灵的异化与精神的孤独。作为处于社会底层的留学生，由于故国的贫穷，他们生活拮据，时常搬家，居无定所，强烈的无家可归感使他们成了精神上的漂泊者。可以说，正因为郁达夫将"忧郁症"、"神经衰弱"与流散经验、文化批判联系起来，这些疾病才有了更加丰富的文化内涵和社会批判意味。"忧郁症"折射出的其实是流散者自我身份、精神家园的迷失。

如果说郁达夫写于日本的三篇小说注重流散经验带给弱国子民的人生创痛，那么他归国后的小说则侧重于从"他者"视角对故国社会病痛进行揭示，以此引起疗救者的注意。印度裔流散作家拉什迪曾说过，一个远离故土的人不得不沉湎于记忆的碎片中，但记忆只是一面"破碎的镜子"，折射的并不是真实，而是幻象。意味深长的是，郁达夫的三篇小说中被"忧郁症"困扰着的留学生似乎并不从对故国的记忆碎片中寻找精神安慰，对故国他们只有深深的失望。由这一细节，我们可以感受到小说中中国留学生身份认同的危机，他们不属于异国，也不属于故国，他们难以建构起自己的文化身份，由此陷入精神的迷失。当他们回到故国，仍旧处于社会边缘，成为故国的"他者"，常常习惯以外来者的视角审视故国，这尤其体现在郁达夫那些以肺病为主题的小说中。在这些小说中，身患肺病的小知识分子往往都是社会的弱者、失败者，生活贫困，挣扎在社会边缘，但又有非常脆弱的神经和异常发达敏感的思想，借由疾病叙事开掘他们的精神世界不仅可能、必要，而且显然能揭示更丰富的社会面与文化内涵。《迟桂花》中的翁则生仿佛是郁达夫自己的写照，他曾在日本留学，患有肺病，身体瘦削，咳痰里有血丝，脸色苍白。最终他回到乡下山间，当了一名小学老师，娶了一位乡下女子，在朴实的乡下女子与大自然中得到治愈。小说中的叙事人"我"生活在上海，是翁则生的朋友，由他讲述翁则生的故事，从而达到远距离的思考、审视的效果。翁则生的肺病及其在故国的凄凉生活，成为故国社会病痛的象征。《过去》中的社会批判色彩更为浓厚。"我"是一个肺病患者，因为疗养肺病之故，流落到 M 港市，意外碰到了老三。之前，"我"喜欢的是活泼可爱的老二，对沉默寡言的老三并不曾上心。后来老三被长辈当作礼物送给富商，在没有爱情的婚姻中苦苦挣扎。"我"想与她交好，但在老三的眼泪中洗净了自己的情欲，一切都成为过去了。小说流露出一种伤感的气息，"肺病"在这里并无浪漫色彩，而是象征着势单力薄、善良的被社会碾压的弱小者。小说中的"我"，一个出身卑微的知识分子，他所追求的爱情都被社会地位比他高、比他富有的人们占去了，只能落得飘零一人，颠沛流离。在这些小说中，肺病并不浪漫，而是成为坚守善良、正义的贫穷的知识者的象征，透视出当时社会由强权政治、丛林法则主导的黑暗现实。

精神分裂症则是郁达夫对鲁迅的《狂人日记》的某种回应，有着强烈的文化批判色彩。在精神病学中精神分裂症被认为"是一种大脑发育方面受遗传影响的疾病，可能肇始于子宫，也可能肇事于分娩时的外伤，因为孩子的大脑还没有适当地发育。它让这个人常常从青年时期开始，就不能应付正常的人际关系，不能处理生活中常有的压力，或不能成功地组织他或她的思想"[4](P79)。文学对其的书写超越了医学的范畴，常常将之归因为社会的压迫和环境的影响，从而成为社会批判的有力武器。有留日经验的鲁迅以"他者"的视角审视中国传统文化，《狂人日记》经由狂人的被迫害妄想症，有力地对古老的中国传统文化进行了审视与批判，将其吃人的本质形象地展示出来，以"被迫害妄想症"开启了现代小说的叙事。郁达夫借助这一病症审视了当时社会对贫寒知识分子的精神碾压，从而达到强烈的批判效果，在看似平淡的叙述中，将一个善良、朴实的知识者在社会的挤压下最终被迫害致精神分裂的过程细致地展现出来。《微雪的早晨》中，叙述者"我"与主人公一样都是社会的边缘人，主人公朱雅儒是农家之子，面容清秀，为人谦和，读书用功刻苦，家中有一位童养媳。因为家境贫寒，他读书的费用是由村上的富户陈家负担的。家庭的贫穷，婚姻的不幸，使他萌生了对陈家女儿的爱情，但这段无望的爱情让他备受折磨，性情也逐渐发生了变化，"本来他用钱是很省的，但是新学期开始之后，他来拖了我上酒店去喝酒。拼命的喝几杯之后，他就放声骂社会制度的不良，骂经济分配的不均，骂军阀，骂官僚"，同时"他的身体也一天天瘦下去。两道很浓的眉毛，投下了两层阴影，他的眼窝陷得很深，看起来实在有点怕人……他的饭量也渐渐的减下去了"。然而，随着陈家女儿嫁给了一个小军阀，他终于看到了爱情的无望，并因此罹患精神分裂症，竟将门房看作破坏他爱情的军阀。最后，服错药导致剧烈腹泻的朱儒雅离开了让他痛苦的世界。小说渐进的叙事展现了郁达夫对精神分裂症这一病症的细致探索，不仅对其人格、社会等多种原因有深度挖掘，而且揭示了精神分裂症患者复杂、微妙的心理波动与动荡，具有很高的心理学价值与意义。这样一个善良、贫穷的知识分子最终被黑暗的社会吞噬的故事，极为醒目地说明了精神分裂症如何成为小说叙事的重要推动力量，又如何成为贫寒、善良的知识分子不能承受社会重压的象征。郁达夫通过将精神分裂症文本化来质疑现存世界的合理性，赋予精神分裂症以思考、审视现存世界的文化隐喻，从而使我们更能理解这段话的内涵，"由于疯癫打断了世界的时间，艺术作品便显示了一个虚空，一个沉默的片刻以及一个没有答案的问题。它造成了一个不可弥合的缺口，迫使世界对自己提出质疑。艺术作品中必然出现的亵渎成分重新出现，而在那种陷入疯癫的作品中的时间里，世界被迫意识到自己的罪孽"[8](P268—269)。

二　郁达夫流散生活中的疾病体验

郁达夫在小说中对肺病、"忧郁症"的书写集中表现了"五四"时期知识分子对故国的沉疴重疾的深度思考、有力批判以及对当时尚在沉睡中的人们自我意识的强烈呼唤，而郁达夫之所以会深度介入疾病叙事，显然也与他在异域流散生活中的生命体验有着密不可分的关系。

1932年出生于英属殖民地特立尼达岛，后到牛津大学留学的英国流散作家奈保尔，曾在小说中真实地写出了流散给流散者带来的地理空间、心理情感上的错位感。他们没有根基，找不到家园，缺乏安全感和归属感："这片神秘的大地是他们的，而你只是个陌生人。那儿雨中的宅子没有一幢属于你……此刻，只有噪音、拥挤的人群和行李、火车、汽车。一点不错，你人地两生，仿佛是戴着眼罩的人。"[9](P92)1913年，初到日本的郁达夫也体味着和奈保尔一样的情感。他在自传中写到自己跟随长兄初次到东京的感受："由神户到大阪，去京都，去名古屋，一路上且玩且行，到东京小石川区一处高台上租屋住下，已经是十月将终，寒风有点儿可怕起来了。改变了环境，改变了生活起居的方式，言语不通，经济行动又受了监督，没有自由，我到东京住下的两三个月里，觉得是入了一所没有栅锁的牢狱，静静的回想起来，方才感觉到了离家去国之悲，发生了不可遏制的怀乡之病。"[10](P301)将东京比作"一所没有栅锁的牢狱"，可见他作为流散者情感的孤独已经到了极致，难以排遣和化解。郁达夫在日本居留近十年，先后在东京第一高等学校、名古屋第八高等学校（名古屋大学）和东京帝国大学（东京大学）学习，涉猎广泛，涉及医学、法学、经济学、政治学等，1922年在东京帝国大学拿到经济学学士学位以后回国。近十年的流散生活对他产生了重要的影响，他的自述或许有夸大的成分，但在一定程度上道出了他的内心世界："一直到现在（这篇自传发表于1935年）为止，我在精神上，还觉得是一个无祖国无故乡的游民。"[10](P309)

异域求学生活带给他的不仅仅是情感的隔绝与孤独、身份的迷惘，还有文化冲突所带来的弱国子民的精神创伤。从某种程度上来说，后者对于郁达夫来说更为根本，也更加深刻地影响了他的写作，决定了他疾病叙事的基本样貌。当时的日本一般民众的确存在对中国的蔑视和敌意，郁达夫的同学曾坦陈，尽管朋友之间没有这种情绪，但当时的社会风气是极端蔑视中国的。[11](P67)郁达夫初到日本时只有18岁，青春年少，盼望得到异性的好感与垂青。但是，在两性关系中，他体会到的是弱国子民的痛苦与悲哀："支那或支那人的这一个名词，在东邻的日本民族，尤其是妙年少女的口里被说出的时候，听取者的脑里心里，会起怎么样的一种被侮辱，绝望，悲愤，隐痛的混合作用，是没有到过日本的中国同胞，绝对地想象不出来的。"[10](P307)郁达夫在日本居留的时期，正是日本特别强盛的大正时期。19世纪末，明治天皇引入欧美各种制度，锐意改革，使日本走上富强之路。一方面，新政府确立西化的国家制度，设立帝国议会，制定大日本帝国宪法；另一方面，又以培植产业及加强军力为国策，急速地发展成近代国家。第一次世界大战期间，日本的贸易顺差使得国内产生了众多的暴发户，促进了都市消费市场的形成，"不只神户，在暴发户时代日本全国各地都过着浮华奢侈的生活"，"整个城市都因好景气而沸腾着，一流的高级餐厅没日没夜地接待着大把花钱的暴发户们，艺伎们的预约都排满了"[12](P67)。而其时的中国虽然经由辛亥革命推翻了清朝皇帝，在形式上建立了民国，但实际上权力落入军阀手中，政治腐败，民众生活艰难。陈独秀曾如此评价当时的中国："试观国中现象，若武人之乱政，若府库之空虚，若产业之凋零，若社会之腐败，若人格之堕落，若官吏之贪墨，若游民盗匪之充斥，若水旱疫病之流行；凡此种种，无一不为国亡灭种之根源，又无一而为献身烈士一手一足可救治。"[13](P270)由此，不难想象初到日本的郁达夫所经历的文化休克（culture shock）。有的流散者可能会在文化震荡中返回到故国文化中寻找精神庇护，以达到心灵的平衡。对曾就读于教会学校视野相对开阔的郁达夫来说，他却在文化休克的冲击下勇敢地选择直面故国文化的缺陷，正视日本的强大，但也由此更深切地体会到弱国子民的伤痛，如他在自传中所说："新兴国家的气象，原属雄伟，新兴国民的举止，原也豁荡，但对于奄奄一息的我们这东方古国的居留民，尤其是暴露己国文化落伍的中国留学生，却终于是一种绝大的威胁。"[10](P304)

弱国子民的精神创痛加之在日本现代学院体制下紧张的学习节奏使郁达夫遭受着神经衰弱、"忧郁症"的困扰。《沉沦》、《银灰色的死》和《南迁》中被"忧郁症"所困扰的主人公，并非完全是文学的虚构，在很大程度上恰恰是郁达夫自身经验的写照。现代学院制度是资本主义全球化后，普及全球的一种制度。按照福柯的观点，监狱、军队、学校都是重要的规训机构。现代学校通过严格的时间计划和空间设置，通过对学生身体和精神的规训，生产出资本主义的劳动者。这种规训一方面促进了资本主义的发展，一方面将人禁锢在技术理性之中，造成人的异化。为了考入由官费保障的五所学校，郁达夫学习异常刻苦。1916年他在给大嫂陈碧岑的信中写到自己的病情："此番春假考，弟考一半，共七科目，弟只考三科耳。官立学校无补考。此番不考各科，须待暑假考完了后，再定分数矣。所以不能考者，因半途神经病发作故（所谓神经病者，即刺激性神经衰弱，一时昏绝如羊癫病，但无痉挛状态耳，记忆力，忍耐力，理解力皆已去尽矣）。"郁达夫也常常有放逐自己的想法，譬如出家，"弟来名古屋后，觉为人无趣味可言。每有弃红尘，逃归山谷，做一野人想。"[14](P8)可以说，在日本留学时郁达夫的精神已多少陷于抑郁、悲观、消沉、避世，经受着神经衰弱、"忧郁症"的折磨。无独有偶，郭沫若在日本留学时也曾出现过类似的症候，他自述有段时间"得了剧度的神经衰弱症"，以至"悲观到了尽头，屡屡想自杀"[15](P289)。从留学时期郁达夫给家人的书信中可见，神经衰弱、"忧郁症"的确对其生活和精神世界构成重大困扰，但由此造成的情绪、思维和感知觉上的诸多变化，包括不安、狂热、亢奋、易怒，强烈的情绪体验、变化多样的思维、迅捷的联想，也正是创造性思考所需具备的特征，这些变幻莫测的情绪体验无疑极大打开了郁达夫疾病叙事的丰富维度，从而造就他独具特色的文学创作。

在郁达夫的留学生活中，肺病更无半点浪漫色彩，而是穷困、没有归属感的流散生活的产物。到日本的第一年，他因为要补日语，学习日程极为紧张，"早晨五点钟起床，先到附近的一所神社的草地里去高声朗诵'上野的樱花已经开了''我有着许多的朋友'等日文初步的课本，一到八点，就嚼着面包，步行三里多路，走到神田的正则学校去补课。以二角大洋的日用，在牛奶店里吃过午餐或夜饭，晚上就是三个钟头的日本文的夜课"。日本的冬季异常寒冷，经济拮据的郁达夫甚至没有御寒的衣物，呼吸道必然受到寒气侵袭，"这半年的苦学，我在身体上，虽则种下了致命的呼吸器的病根，但在知识上，却比在中国所受的十余年的教育，还有一程的进境"[10](P302)。他的自述虽然重在强调学习上的收获，但"致命"一词可见肺病对他的伤害之重。由此，我们也可以明了郁达夫何以特别喜欢围绕肺病病人及其治疗展开故事，如《过去》《蜃楼》《迟桂花》《东梓关》等，肺病又何以成为郁达夫笔下在社会边缘挣扎的"零余者"的象征。

尽管在流散生活中有"忧郁症"、神经衰弱、肺病的疾病体验，但精神分裂症对于郁达夫则是陌生的。体验上的空白恰恰说明了郁达夫在精神分裂的文学书写上鲜明的理念色彩。与鲁迅相似的是，通过知识者被社会压迫致使精神分裂的文学叙事，郁达夫赋予这一病症强烈的社会批判色彩。精神分裂症患者不再仅仅是医学意义上的病人，更是不能被社会接纳的精神孤独者与清醒的社会批判者。桑塔格指出，精神错乱患者是一个太过敏感以致不能承受这个粗俗而平凡的世界的人[16](P5)，弗洛姆则将神经症患者视为在争夺自我的战斗中不准备投降的人，从人类的价值角度来看，他们要比那些完全丧失了个体性的常人更健全些。

三 郁达夫疾病叙事的独特性及其心理疗救功能

学者黄子平曾指出在现代文学中"将社会、国家、种族等等看作一个健康或病态的有机体"，"对伟大'医国手'的回春之术的期待和对种种'治疗方案'的讨论和争论"成了"五四"以来界定文学的社会功能、文学家的社会角色重要标准。[17](P156)在这个意义上，郁达夫的疾病叙事正是五四时期许多知识分子期待故国治疗自身痼疾，从而融入世界的精神焦虑的体现。

在五四时期的文学中，"病态的身体与病态的社会互为映衬，共同呈现着时代的情绪与社会的创伤，具有鲜明的时代特征和历史青春期的气息"[18](P182)。对于鲁迅、胡适、郁达夫、冰心等五四时期的知识分子来说，恰恰是在异域的流散生活所提供的跨文化视角使他们在揭示故国文化的病症时更具力度，更切中要害。冰心的《两个家庭》中陈华民留学回国，婚姻不幸，又无法实现自己的理想，最终死于肺病，"肺病"成为社会不公及对人才忽视的象征。鲁迅同样以"他者"的视角审视中国传统文化，借由《狂人日记》疯癫世界的建构质疑现存世界的合法性，以被迫害狂、精神分裂症的意象剖析了中国传统文化"吃人"的现实；《药》中"肺结核"则是中国传统文化疾病的象征，彰显出即使是启蒙者的鲜血也难以治愈中国传统文化的沉疴痼疾。通过揭露、批判故国文化的沉疴重疾，五四时期的知识分子希望日渐式微的故国能够融入世界的大格局之中，"五四"一代作家有着明显的忧国忧民情怀和家国情怀，夏志清更是由此认为中国现代文学中有一个绵延流荡的"感时忧国"传统。郁达夫自述是"无祖国无故乡的游民"，这其实是流散经验带给他的文化身份。流散生活的体验使得郁达夫能够以跨文化的思维审视本国文化的沉疴重疾。郁达夫与其创造社同仁学成归国后，大多身处社会底层，承受着社会的重压、爱情与事业郁郁不得志的苦闷，"所谓'象牙之塔'，一点没有给他们准备着，他们依然是在社会的桎梏下呻吟着的'时代儿'"[19]。留学时曾学过医学，曾祖和祖父又都是当地的儒医，这使郁达夫能够从医者和患者的双重体验出发，在文本中创造出一系列独特的疾病意象。在他的作品中，"忧郁症"既是弱国子民在流散过程中因身份认同的危机、精神家园的迷失而产生的心理疾病，同时又是人的异化、精神孤独等资本主义病症的象征，这一疾病的书写具有唤醒故国沉睡的人们的自我意识的意图，具有鲜明的个性解放色彩。而肺病、精神分裂症则与被贫穷折磨的知识分子关系密切，有力地烘托了主人公的悲剧命运，表现了郁达夫在"他者"视角下对故国政治腐败、民生艰难等社会病症的审视、批判，是其对"良心病了的社会"的把脉。从小说美学上来说，郁达夫的疾病叙事既衬托出"零余者"们人生的飘零与凄凉，同时病人碎片化、注重主观感受的自我叙述又使小说形成了独特的美学风格——不描摹戏剧性的场面和人物的外在冲突而着力于捕捉人物的心理现实和情绪的起伏从而创造出一种直抒胸臆的不讲形式的小说形式。

当今中国已成为世界第二大经济体，跨国的流散、移民生活成为常态，小说也不再如郁达夫写作的年代，是现代民族国家建构的重要载体，但这并不影响抑郁症等疾病叙事在处理当前在全世界蔓延的流散生活时的日渐丰富，也不能淹没郁达夫式的疾病叙事在当今时代的绵延与发展。如果仔细观察，我们无疑可以在当今时代的疾病叙事与郁达夫的疾病叙事之间发现确切的关联，从而清理出一个中国现代以来文学的疾病叙事传统。五四时期郁达夫、鲁迅等现代作家对精神分裂症、肺病、抑郁症等病症的书写往往与民族、国家等宏大叙事产生关联，当下世界华文文学中的疾病叙事虽然一般而言不再具有宏大叙事的色彩，但仍极为有力地切入我们这个全球化的时代，有力地表现"现代人的病态"，探索现代文明的病源，从而表达出一定的反思批判指向。20世纪末严歌苓的小说《人寰》即凸显了异域文化环境中移民的精神创伤这一问题。小说中的女主人公逃离母国文化、逃离创伤记忆来到美国，可是逃离并没有带来心灵上的平静——在异质的文化土壤里"文革"时期的创伤记忆反而更加清晰，强烈的心理压抑使得她不得不向美国医生倾诉以摆脱那种心理和精神的双重纠缠。小说揭示出移民既失去了母国文化的归属又为所在国的强势文化所排斥的两难境遇，缺乏文化归属感的飘零之痛使他们不得不进行艰难的自救和痛苦的文化认同建设。2014年，李晓桦的《世纪病人》试图以清理历史的方式挖掘出流散生活中"我"精神抑郁的根源。小说中，在20世纪80年代"我"曾经是一个有着英雄主义情结的军人，也是一位军旅诗人。对那段生活"我"不无留恋，但在20世纪90年代下海经商后面对社会文化的转型、物质主义的盛行，"我"充满了精神迷惘；跟着儿子到加拿大温哥华陪读之后，身份与文化环境的改变让"我"进一步迷失自我，逐渐走向自我禁闭。"自我禁闭使'我'对风景之美视而不见、排斥与人交往，但'我'精神又非自足的，离开人群的孤独感和失落感'我'也有，因而又深感生活之'无聊'"[20]，久而久之，"我"这个"温哥华第一惯儿子的爹"，成了一个准抑郁症病人，非但"英雄主义"已成遥远旧梦，就是自我认同也成为一个严重问题。小说揭示出全球化语境中移民普遍面临的文化断裂和身份迷失，以及由此而产生的人物内心的痛苦和精神抑郁。"属于我的世界不要我了，属于别人的世界更不想要我"，这个抑郁症案例无疑加深了我们对于全球化时代流散、移民生活的"精神体察"和切身感知，从而帮助我们探知全球化时代的"内面"。

尤为值得注意的是，郁达夫的疾病叙事除了在五四时期凸显出揭示、疗救中国病症的意义，还具有更为幽微层面的个体及群体心理治疗的意义，后者无疑更具有当下性。作家将诸多的疾病经历、体验等转化为一种带有普遍意义的疾病叙事，疾病就不仅仅是生理上的表现，而可能成为饶有深意的批判依托和心理治疗依据。曾因有自杀倾向的抑郁而不得不接受治疗的英国小说家格雷厄·格林明确指出了写作在个体心理治疗中的意义，认为写作对于个人而言是一种治疗，通过文学、绘画和音乐创作，人类才能摆脱疯狂、抑郁和那些很早就根植于人类境遇中的精神痛苦。[21](P104)对严歌苓来说，写作与其说是回忆，不如说是治疗，写作"文革小说"成了她治疗和救赎的方式之一。对于现代人来说，伴随着物质生活水平的极大提升，精神生活的质量低下越发成为一个亟待直面并加以解决的问题。进一步说，正是建立在物质生活水平提升的基础上，精神生活的诸多问题开始被注意、被重视，有着迫在眉睫的"疗救"的必要性："就抑郁症这个'现代瘟疫'而言，尤其应当鼓励人们从个人的生活史和社会中探究病痛的隐喻，使用病痛来创造故事。"[3]疾病叙事在这里不只具有解释疾病发生的价值，更有个人及群体心理疗治的作用。2008 年李兰妮的长篇小说《旷野无人》聚焦个人抵抗抑郁症的过程，呈现出催生抑郁症的多种历史原因和当下社会因素。在这里，不仅写作本身成为一种治疗手段和救赎方式，写作产生的文本还将在更大范围生发影响，疗救心灵。与《旷野无人》将抑郁症的根源追溯到在"文革"时期度过的懵懂童年以及知识者在 20 世纪 80 至 90 年代社会转型的过程中产生的精神迷惘不同，《世纪病人》则以"絮絮叨叨"的语言消解惯常小说的叙事模式，触及全球化时代人类生活中的身份认同困惑及其创伤。在这些作品中，抑郁症褪去了郁达夫作品中弱国子民精神焦虑的象征色彩，致力于对个人病症的心理学根源进行探索，对全球化时代对个人心理和精神的全面冲击进行探查，在某种程度上承继并丰富了郁达夫疾病叙事的个人及群体心理疗救意义。

最后，疾病叙事的内外辐射性往往使得它可以包容涵纳个体及群体心理疗救与全球化、现代化时期的社会批判等，使得其深具复合价值与当下内涵。在这一意义上，疾病叙事也许将会是未来文学书写的一个必要主题，进一步生发壮大。《旷野无人》和《世纪病人》不约而同地触及了中国现代化进程中个人的碎片化及认同感的缺失等现实问题，不乏对中国现代化之路的深度思考与审视。弗洛姆曾颇为犀利地指出资本主义现代化运转机制的"一致性"：人们盲目地自动"求同"，缺乏自我意识，但事实上"只有当'他'这个独一无二的特殊实体发展到他能真正意识到'我是我'时，他才能获得一种身份感"[2](P163)。

从这一角度来说，李兰妮和李晓桦等人的疾病叙事既是心理和精神意义上的疗救和救赎，也是在全球化时代对"同质化"和"一致性"的必要抵抗，是对"自我"的寻找和重新发现。无疑，这样的书写精准切中了当下这个时代。

参考文献：

［ 1 ］杨义. 中国现代小说史（第一卷）［M］. 北京：人民文学出版社，1986.

［ 2 ］〔美〕艾里希·弗洛姆. 健全的社会［M］. 孙恺祥译. 上海：上海译文出版社，2018.

［ 3 ］李音. 用病痛创造叙事——抑郁症的解剖、"达夫式文学"与现代情感教育［J］. 南方文坛，2020（6）.

［ 4 ］〔美〕爱德华·肖特. 精神病学史：从收容院到百忧解［M］. 韩健平、胡颖翀、李亚明译. 上海：上海科技教育出版社，2017.

［ 5 ］郭沫若. 论郁达夫［J］. 人物杂志，1946（3）.

［ 6 ］陈翔鹤. 郁达夫回忆琐记//王自立、陈子善编. 郁达夫研究资料［M］. 天津：天津人民出版社，1982.

［ 7 ］〔美〕凯博文. 苦痛和疾病的社会根源：现代中国的抑郁、神经衰弱和病痛［M］. 郭金华译. 上海：上海三联书店，2008.

［ 8 ］〔法〕米歇尔·福柯. 疯癫与文明：理性时代的疯颠史［M］. 刘北成、杨远婴译. 北京：生活·读书·新知三联书店，2003.

［ 9 ］〔英〕奈保尔. 自由国度［M］. 刘新民、施荣根、徐畅译. 上海：上海译文出版社，2008.

［10］郁达夫. 郁达夫全集（第四卷）［M］. 杭州：浙江大学出版社，2007.

［11］袁庆丰. 郁达夫传［M］. 北京：中国传媒大学出版社，2010.

［12］〔日〕竹村民郎. 大正文化：帝国日本的乌托邦时代［M］. 欧阳晓译. 上海：上海三联书店，2015.

［13］陈志让. 袁世凯传［M］. 长沙：湖南人民出版社，2013.

［14］郁达夫. 致陈碧岑//郁达夫全集（第六卷）［M］. 杭州：浙江大学出版社，2007.

［15］郭沫若. 王阳明礼赞//郭沫若全集·历史编（第三卷）［M］. 北京：人民出版社，1984.

［16］〔美〕苏珊·桑塔格. 疾病的隐喻［M］. 程巍译. 上海：上海译文出版社，2003.

［17］黄子平. "灰阑"中的叙述［M］. 上海：上海文艺出版社，2001.

［18］谭光辉. 症状的症状：疾病隐喻与中国现代小说［M］. 北京：中国社会科学出版社，2007.

［19］郑伯奇. 中国新文学大系·小说三集（影印本）［M］. 上海：上海文艺出版社，2003.

［20］胡红英. 时代故事、他人与痛苦——李晓桦小说《世纪病人》中的历史追忆［J］. 中国现代文学研究丛刊，2021（1）.

［21］〔美〕凯·雷德菲尔德·杰米森. 天才向左，疯子向右：躁郁症与伟大的艺术巨匠［M］. 聂晶译. 杭州：浙江人民出版社，2013.

题像：戎冠秀女性解放形象的跨媒介生成[*]

朱文文[**]

摘 要：被授予"拥军模范——子弟兵母亲"称号的戎冠秀，一生积极响应党的号召。戎冠秀是在家国危难之时涌现出的兼具崇高革命热情和朴素道德情怀的晋察冀农村女性形象的典型代表。几十年来，她的英雄事迹不停地被记录、被言说。在主流叙事审美和政治归一的双重诉求下，戎冠秀的故事逐步内化为一套符号叙事系统，成为中国共产党领导下的女性解放、女性成长叙事的重要部分。通过对其叙事脉络的考察，不同叙事作品对其"本事"的遮蔽与张扬，让其形象有了多元面向。戎冠秀的英雄形象跨媒介生成之路也成为家国文化的"记忆之场"。

关键词：戎冠秀；女性解放；历史记忆；媒介互动

被誉为"子弟兵母亲"的戎冠秀，其英雄事迹早已在中华大地传播。解放战争时期，她支援前线、保卫解放区，动员男子参军打仗、妇女生产支前，为夺取解放战争的胜利贡献了重要力量。新中国成立后，戎冠秀继续发扬战争年代的革命精神，积极参加家乡的社会主义建设。改革开放以后，戎冠秀又以实际行动宣扬艰苦朴素、勤劳节俭、任劳任怨的传统美德。戎冠秀的英雄事迹和她的个人经历与20世纪的中国紧密相连。因此，戎冠秀的故事并不仅仅是个人成长的历史印迹，同时也是国家、民族历史记忆的重要组成部分。作为英模人物宣传的重要路径，题像是塑造英模形象、宣传进步思想的有效手段。以戎冠秀为题材的创作涵盖了文学(诗歌、散文)、影像(图片、木刻、绘画、电影)、地方戏剧(河北梆子、河南豫剧)等不同表现样式。本文在历史、文本与影像的互动关联中，尝试探讨"题像"中的英模形象在不同媒介特征下的艺术建构，以期管窥英模人物的形象演变。

一 戎冠秀的历史记忆

为了鼓舞晋察冀边区人民和子弟兵的斗志，1943年12月，时任晋察冀边区副司令员萧克、副司令政治委员程子华和刘澜涛等提议举办群英会，用以表彰在反"扫荡"中涌现出来的英雄模范。"中共平山县委接到上级指示后，迅速安排部署，收集先进的典型材料。但在审查材料过程中，发现有关战斗英雄、模范游击队等方面的材料多，而缺少军民团

———————————

[*] 基金项目：本文为河北省教育厅2022年博士研究生创新资助项目"晋察冀叙事的建构与影像再生产研究"（项目编号：CXZZBS2022065）的阶段性成果。

[**] 作者简介：朱文文（1989— ），河北师范大学文学院博士研究生，河北科技大学影视学院讲师，研究方向为影视文化。

结、支援部队作战的典型。……没有人民群众的支援，反'扫荡'的胜利不可能取得。"[1](P8)戎冠秀便是在此时涌现出来的模范代表。1944 年春节过后，晋察冀边区党政军群领导机关在阜平县史家寨村召开了北岳区群英会。会上，戎冠秀被授予"北岳区拥军模范——子弟兵的母亲"的称号，并获得了锦旗一面，大红骡子一匹。"会议闭幕后，军区副政委刘澜涛和政治部代主任朱良才同志搀扶戎冠秀跨上大红骡子，并派一个班的战士护送她回到平山县。"[1](P9)1944 年 3 月，《晋察冀画报》第 5 期做了晋察冀边区北岳区反"扫荡"战役和战斗英雄、战斗模范大会的专号，专号以拥军模范戎冠秀和战斗英雄邓世军、爆破英雄李勇三个人的合影作为封面，并刊登了《边区党政军民联合决定》，文中提到戎冠秀照顾伤员的细节："先用温水向其口内灌送……再用豆腐脑儿慢慢喂他（伤员）……把自己女儿棉衣内襟撕下，给伤员包脚防冻……"[2](P288)同期的《晋察冀画报》还以专栏的形式做了"边区模范人物记"。其中，林江、苍夷撰写的《戎冠秀——子弟兵的母亲》一文，生动记录下戎冠秀在下盘村工作的场面，还将戎冠秀朴实的语言进行地道的还原。当她号召妇女们做军鞋要保证质量，让子弟兵穿在脚上说好，她便会说："这是谁家的好姑娘媳妇做的好手艺！"要动员男性参军入伍，不让妇女"拖尾巴"，她会说："子弟兵是谁的？咱们要好好地撩清！边区八路军——子弟兵是咱老百姓的！"鲜活的语言表达与清晰的人物行动构建出真实人物的记忆轮廓。时任平山县委秘书的谷受民同志不仅对戎冠秀获得光荣称号的经过进行回顾，还讲述了戎冠秀救护伤员的细节："她拔下头上的簪子撬开伤员的牙关，用小铜勺一勺一勺地把饭汤灌了下去。当伤员苏醒后，敌人又进山扫荡来了，情况异常紧急，戎冠秀和担架队将伤员转移到村外远处一个山沟里。担架队走后，她让这个伤员踩着自己的双肩爬上山崖，把他荫蔽（隐蔽）在一个山洞里……"[3]这些真实的闪光细节生动体现戎冠秀拥军爱国的举动，也为后续的故事提供了基本的事实和情感依据。随后，《关于开展戎冠秀运动的决定》下发，号召全体党员全体人民向戎冠秀学习，《决定》中这样赞扬戎冠秀："一切事实说明戎冠秀同志的行动，是我们共产党员的光荣范例；是我们新民主主义劳动妇女的典型。她不但在拥军工作上是模范，在大生产运动中，戎冠秀同志的方向也成为招呼我们前进的旗帜。"[3]新中国成立后，戎冠秀作为榜样活跃在新闻报道中。有学者统计，仅在《人民日报》这一官方媒介上，1949 年至 1979 年间涉及戎冠秀的文章有 70 余篇，仅在 1949 年和 1950 年，涉及戎冠秀的文章就达 26 篇。[4]

"记忆总是拥有两个合理的形式，要么是历史的，要么是文学的。直到今天这两种形式还是分离又平行进行的。"[5](P113)对于戎冠秀的文本创作并不局限于这两者。随着学习戎冠秀运动的热烈进行，胡可、田间、江波、娄霜等文艺工作者分别创作了话剧《戎冠秀》、叙事长诗《戎冠秀》、摄影《黎明的钟声》、连环木刻《戎冠秀》等多种艺术表现形式的作品，以戎冠秀为原型的艺术创作在这一时期达到了高峰。新中国成立以后，戎冠秀的故事继续被言说。1952 年，上海广益书局出版了工农兵系列图书，其中有《子弟兵的母亲戎冠秀》。1962 年，八一电影制片厂拍摄《槐树庄》，胡朋饰演的郭荣秀便是以戎冠秀为原型创作的。1976 年，河北美术出版社出版了插画图书《抗日英雄谱——子弟兵的母亲戎冠秀》，以上图下文的方式讲述了戎冠秀的英雄事迹。1982 年，戈红的《子弟兵的母亲戎冠秀》（妇运史资料）出版，分 12 章讲述了戎冠秀的生平事迹。1989 年 8 月 12 日，戎冠秀与世长辞，聂荣臻口述唁电："战争年代戎冠秀同志的英雄业绩，鼓舞了晋察冀边区千千万万的人民和人民子弟兵，我也深为她的精神所感动，正是这种军民鱼水情，使我们赢得了革命战争的胜利。"[6] 8 月 23 日，中共石家庄地委、石家庄地区行署、石家庄军分区联合发出了《关于在全区开展向戎冠秀同志学习活动的决定》："学习戎冠秀同志，就要学习她继承和发扬我们党的优良传统和作风，克己奉公，艰苦奋斗，在改革开放的新时期，党员、团员要时时处处把党和人民的利益放在第一位，廉政勤政，用自己的模范行动，影响和教育人民群众。"决定同时指出，要"利用报刊、电台、电视台等新闻媒介，宣传戎冠秀的英雄事迹"。[7](P117) 1990 年，戎冠秀编辑小组主编的纪念文集由新华出版社出版，这部文集不仅收录了戎冠秀本人的文章、信件，也涵盖了众多文艺工作者对戎冠秀的回忆记录和悼念文章，以及以戎冠秀为原型的文艺创作，包括魏巍的诗《怀戎妈妈》、杨润身编写的电视连续剧《戎冠秀》的文学剧本等，这是一次较为全面的文献辑录。新世纪以来，有关戎冠秀的艺术创作从未间断。文学作品有《戎冠秀传奇》（宋紫峰，河北教育出版社，2005）、《100 位为新中国成立作出突出贡献的英雄模范人物——戎冠秀》（马秀琴编著，吉林文史出版社，2011）、《中华红色教育连环画——戎冠秀》（张冰洁等绘，河北美术出版社，2012）、《中国好母亲戎冠秀》（赵志国编著，河北人民出版社，2017）、《英雄模范共产党员故事汇——戎冠秀》（高宏然、孙彦平、智全海编著，青海人民出版社，2021）、《拥军模范戎冠秀》（刘峰著，花山文艺出版社，2021）等。此外，还有以戎冠秀为原型创作的现代戏《戎冠秀》（刘兴会编剧，2003）、豫剧《蓝花碗·金豆子》（东风剧团，2007）、河北梆子《子弟兵的母亲》（平山县河北梆子剧团，2013）、电影《戎冠秀》（河北电影制片厂，2002）、现代民族歌剧《戎冠秀》（陈建忠编剧，2019）以及多种电视专题片等。

历史故事属于过去，但讲述始终是进行时。因此，记忆建构作为一种文化现象，又体现着当下多重的张力关系。伴随文化环境和艺术观念的变迁，这些作品在结合各自的艺术表达特性的基础上，均对戎冠秀的事迹进行了不同程度的改写，试图在集体性的、大批量的历史记忆中找寻到与不同时代的受众可对接的、个性化、形式化的叙事表达。

二　媒介互动中的形象生成

历史记忆的浮沉与勾连和媒介再现息息相关。20 世纪是媒介发展迅猛的时期，随着"电影和音乐、电话和文本通过光缆进入各个家庭，先前泾渭分明的各种媒介都会融合到一起，使用标准的传输频率和字节格式"[8](P1)，媒介的转换不是新瓶装老酒的包装工程，而是一次从内容到形式的美学革命。媒介之间不仅共用故事资源，也在悄然地改变着故事资源。有关戎冠秀的叙事文本也在不同媒介的延伸中形成了特有的记忆场。

（一）文学创作与革命征召

田间的叙事长诗《戎冠秀》，作为影响最大印刷版次最多的叙事文本，不仅用朴素、形象的语言叙述了戎冠秀的翻身过程，勾勒其英雄形象，赞扬其精神风骨，也成功地将历史符号化，并在符号化的基础上，将个人叙事上升到民族、国家的叙事高度。

全诗将戎冠秀的生平组织为四部分：穷光景—翻身乐—热爱革命、照顾伤员—群英会得表彰。诗歌的叙事框架是意识形态规训的必然结果。其一，《戎冠秀》的故事架构不仅符合为人物做传的写作逻辑，也满足了人民群众对传统英雄故事叙事结构的阅读期待——从悲到喜，从旧到新，从穷人到英雄，从奉献到嘉奖。民间叙事传统技巧被巧妙征用，服务于革命叙事。其二，诗歌在不自觉中将戎冠秀放进了"人在历史中成长"的成长叙事序列。戎冠秀个人生命轨迹的变化有强大的能量支撑。诗中冷与暖、黑与暗的符号象征重复出现，小细节与大情节合力推动，将个人叙事与家国变化交织交融，形成了特有的文体观念。其三，田间的长诗写于 1945 年 11 月，艰苦卓绝的抗日战争胜利之后，战斗的坚决、胜利的喜悦、改换天地的澎湃都变成一种迫不及待要溢出胸腔的情感抒发，按时间顺序叙事最适合直抒胸臆的情感喷涌。葛文在《铁的交往——记田间和戎冠秀》中这样写道："他（田间）从戎妈妈那明亮的眼神和温敬的谈吐中，获得了诗的启示。用人生价值这句话去述说子弟兵的母亲，显得人生意义太渺小了。历史，那只是往昔，不必为它感慨，它已被我们埋葬了，今天，我们在创造着新的历史。在这一历史的进程中，我们要做人，要做主人。"[1](P131)带着诗人与战士的双重热情，田间的叙事诗预设并召唤了时代的最佳读者。

诗歌取材于人民，最终也要归还于人民。诗歌语言质朴、生动、精练、恣意，大量使用明喻，使用生活中常见的意象，如"一盏灯""一张弓""一支箭"。在《题像》中："我唱晋察冀，山红水又清……这位老好人，好比一盏灯，战士给她火，火把灯点明，她又举灯来，来照八路军。"[9](P3—4)诗人用简练的连贯性叙事动作将军民之间深厚感情凸显出来，永恒的明灯在青山绿水间亮起，符号产生的意象突破了"个人题像"，走向更深的叙事范畴。海登·怀特指出，历史内容的任何叙事形式都是"包含具有鲜明意识形态甚至特殊政治意蕴的本体论和认识论选择"[10](P1)。从立意到结构再到修辞语言，诗歌既体现了解放区抗战文艺的时代要求，又体现了文艺战士强烈抒怀的情感需要。田间的诗是在强烈的主观情感抒发中用最简单的语言创造了人民最熟悉的意象，它是对戎冠秀英雄事迹的赞扬，更是对党解放人民的赞扬，在歌颂与赞扬中完成革命征召。

（二）摄影修辞与英雄题像

为英雄"题像"的不仅有以文字媒介为代表的叙事范式，更有以影像媒介为代表的叙事修辞。图像作为保存历史记忆的"直接证据"，以其强大的说服力进入视觉外宣。有关戎冠秀的视觉图像主要分为两类：模范事件的真实还原图，如图 1 和图 2；表彰入像，如图 3。前者以极具戏剧张力的历史瞬间作为记忆点，在接收者的想象激发中，打破取景框，延长瞬间，补充情节，完善历史记忆。这类照片没有太多艺术成分，以纪实的手段塑造母亲的形象，塑造人民与子弟兵之间的亲密关系。也正是这种看似不加修饰的"真实"写照成为真人真事宣传的最佳图谱。后者以英雄入画的方式获得摄影的"题像"，在胶片没那么普及的时代，"题像"作为传统的权力表达，不仅是纪念和表彰，更是召唤和动员。这类图片大多展现英雄的精神面貌，相机镜头微扬，前后景层次分明，把人置于景物中。通常刊登在报刊的照片还要附上文字说明，以文字图像相结合的方式让照片的公证力真正体现出来。以上两类图片互为叙事因果，用视觉的形式构建了合理的叙事链条。

图 1　戎冠秀照顾八路军伤员①

图 2　戎冠秀让八路军踩在肩上②

图 3　《晋察冀三英雄》③

图 4　《黎明的钟声》④

　　在晋察冀边区的影像资料中，很多照片既真实地再现了"历史时刻"，同时又赋予其符号化的联想，既写实又写意。1942 年，江波拍下了戎冠秀凌晨敲钟的照片（图 4），这张图片既描述了事件，又为英雄题像，同时还是高度艺术化的：一位女性站在高处敲响钟声，天地之间形成强烈的明暗对比，人在天地间，与高高悬挂的钟形成了三角构图。这样构图既隐喻着战争的动荡，同时又显示出巨大的能动性，那是人民克服困难必胜的决心，凸显改天换地的力量。剪影可以是戎冠秀，也可以是任何一个觉醒的中国人民。特别是摄影的主体对象还是女性，就更彰显了革命的力量。1982 年，江波在《胜利和希望的象征》一文中说明他的创作动机："我站在坡下，仰望着祖国蓝蓝的天空，天空下站着这位觉醒了的中国妇女，随着她的动作，钟声响彻天空。随即我仿佛看见，应着钟声有千军万马在行进……这一切，不正是抗战必胜的形象画面和新中国的象征吗？那位高举木棒的击钟者，不正是我们这一代中国人民革命精神的化身吗？于是，我毫不迟疑地拍了这个镜头，并命题为《黎明的钟声》。"[1](P107) 后来在 1945 年晋察冀日报社出版的《戎冠秀》中，娄霜用木刻的形式再现了这张照片（1950 年版本将木刻改为绘画），与田间的诗歌意象相互补充。

（三）戏剧表现与舞台仪式

戏剧中也有戎冠秀的"题像"。1944 年，胡可创作了多幕报道剧《戎冠秀》。戏剧关注如何塑造人物，胡可在遵从历史事实的基础上，塑造了戏剧性的人物形象——从口口声声喊着"好人不当兵"到成为"拥军模范"，从被人欺凌到接受嘉奖，人物思想的变化成为人物塑造的核心点。在为人物戎冠秀的台词编写中，也着力表现这种变化。

> 戎冠秀：我也觉得我变了。自打八路军一来，自打有了农会妇救会什么的，也不知怎么了，我这心里就老想着公家的事儿，往常那些年，他爷爷活着的时候伺候他爷爷，他爷爷死了伺候他爹，伺候了大人伺候孩子，就顾自己这个家！（笑）嘻嘻，八路军一来，我这心里忽啦一下子亮堂了，觉着天也大了，地也大了，觉着我从前真是白活了半辈子！[11](P77)

这段接地气的、具有时代感的台词不仅塑造了角色，同时把戎冠秀放在女性解放这一宏大议题之中。文艺作品中，对女性的"小家"和"大家"、女性"在家"和"离家"不同程度的重视和凸显无疑是有意味的。鉴于战争动员，"五四"时期未完成的女性启蒙被轰轰烈烈的抗战行动接续，女性从小家中解放出来服务于更高的革命理想。剧中，戎冠秀痛说悲惨历史："那时节，老有（李有）的脾气也赖，说打就打，说骂就骂，自打八路军一来，我看他这脾气强多了。"[11](P77) 可见，胡可谈到了女性解放这一论题，但在剧作中并未深入挖掘。鉴于当时抗战的急迫与紧张，留给革命动员以外的性别书写空间非常有限。1994 年胡可重新谈到这部剧本时写道："学习了毛泽东同志《在延安文艺座谈会上的讲话》以后，我开始要求自己严格地从实际生活出发，从人物塑造出发……这个戏（《戎冠秀》）过分注意了摹写生活实有的过程，确在戏剧构思上偷了懒，只是由于戎冠秀本身事迹的动人和导演演员十分熟悉农村生活，才保证了它的良好效果。"[11](P2) 胡可所说的过分摹写生活，实际上是报道剧的一贯特点。以真人真事的真实性，超越戏剧化的虚构，用强调事实的方式引导宣传，完成戏剧的政治任务。相较而言，新世纪后的戏剧创作在既定任务之上，努力营造更加戏剧性的舞台呈现。豫剧、河北梆子等地方戏剧在保留艺术特性之余，在剧作构思上更加完整。豫剧《蓝花碗·金豆子》就提炼出代表戎冠秀选票的大黄豆这一隐喻符号。这颗黄豆，既是民间的又是官方的，正是在这双重认可之中，戎冠秀的生活轨迹有了实质性的转向。同时，戏剧把女性的解放勾勒出来，"放足子、剪辫子、生娃子"等唱词配合男女演员们在舞台上对抗性的走位，成功地把女性解放的议题舞台化。现代戏《戎冠秀》、歌剧《戎冠秀》也在实践中不断探索全新的表达方式，要么在现实主义的舞台中引入想象空间、心理空间，要么打破线性叙事时间，跨历史地展现人物，建构舞台上的一种戏剧仪式。在艺术的仪式完成的同时，受众也完成了他们现代政治生活的仪式洗礼。

（四）影视追忆与历史反思

2003 年，河北电影制片厂拍摄了电影《戎冠秀》，在新世纪语境中重塑了戎冠秀的故事。电影用朴实的镜头语言讲述了戎冠秀传奇的一生，结构上采用倒叙的方式，对观众而言，这是一种被带领走进历史、走进人物、解开悬念的叙事结构，这样的结构方式容易召唤当下的年轻观众。同时，它也奠定了一种与之前不同的叙事基调——它是回忆的、追溯的、纪念的、反思的。因此，在尊重历史事实的写实框架下，电影用戏剧化的手法艺术化地处理了部分细节，让观众获得了不同的审美快感。

在艺术构思上，电影尝试解决"为什么"的问题。相当长时间内，革命叙事中的英雄在"他是谁，他做了什么"的层面持续停留，而鲜少发出"大历史观"中"为什么"的进一步追问。尽管艺术中的"牺牲"与"献祭"征服了观众的眼泪，然而长此以往，在文艺作品的角色塑造中，"邪恶的反派"总比"正义的英雄"多了些叙事层次。在这部电影中，编剧和导演给出了解释——用子弟兵与戎冠秀"拌嘴"似的相处解释了军民"母子"关系的由来；用"屋里的""外边的"和"戎冠秀""李有"的称谓变化解释了共产党给一位普通的农村妇女带来的尊严。影片中有这样一个场景，戎冠秀参加完开国大典回来，乡亲们问毛主席有没有带什么话，戎冠秀说："毛主席说了，人民万岁。"瞬间，"人民万岁""毛主席万岁"的叫喊声此起彼伏。这样的情节处理就是艺术对历史的解释。

在人物塑造上，影片致力于把戎冠秀身上的三重标签"英雄""母亲""女性"融合，将英雄还原为人，去体味她生活的酸甜苦辣。电影第一个情节，戎冠秀为了让八路军小战士赶紧撤退，亲手烧了自己家的粮食，反倒引来小战士的"告状"。"救命"与"救粮食"的不能两全直接破坏了"高大全"的绝对英雄叙事。儿子去参军，戎冠秀"求情"想和儿子见见面，可当她见到和儿子一样的战士，又将母亲的安慰给了其他的孩子。镜头将两个孩子与母亲之间的错位关怀处理得十分生动。它一方面解释"戎冠秀是如何将别的战士当自己的儿子"的情感逻辑，同时也解释了"别的战士为什么把戎冠秀当母亲"。在解释中，影片不仅塑造了生动的英雄母亲形象，也描绘了战争中隐忍又可贵的情感。影片拒绝将戎冠秀变成"高大全"的英雄，将人物形象分层次多面向地处理，使其丰满、鲜活、可信。

影片根据历史史实，写了戎冠秀参加群英大会的情节，却对戎冠秀的大会发言场景做了大胆的改动。与田间诗歌、胡可戏剧中欢天喜地的"嘉奖"不同的是，电影中戎妈妈在领奖台上以"点名"的形式喊那些在他家住过的战士的名字，这一情节和战士教戎冠秀识字的细节互为补充。对影片里的戎冠秀而言，识字的初衷是识人，可是字认得了，那些教她识字的人却永远逝去了。群英会上，当她念到一些战士的名字却得不到回应时，静默的战士们突然发出"母亲"的呐喊，不仅形成了反思战争、悲悼生命的文本叙事，也形成了"从沉默到呐喊"的视听语言震撼。在特定时期，革命的英雄叙事很少描述悲痛，悲痛通常作为故事情节出现，而不是文艺作品的叙事氛围。在新世纪后的戎冠秀叙事中，对戎冠秀的小儿子兰金在朝鲜战场牺牲这一事件并未回避，并且都不约而同地把戏集中，将迎接战士归来和丧子之痛放在同一个场面中去展现。一边是迎接战士的兴高采烈，一边是丧子的痛彻心扉，张扬的乐与强忍的痛形成鲜明的对比。乐与悲之间不仅是对立关系，胜利的背后隐藏着无数的悲痛。事实上，对卷入战争的人而言，哪里又有什么"乐"呢？在电影中，有这样的场景设置：戎冠秀看着韩国电影《母亲》里的金色大丽花，泪流不止。她情不自禁地朝银幕蹒跚走去，将苍老的手颤抖着伸向银幕，但此刻电影放映结束了。李有冲着放映员大喊："放电影的，再给我'家里的'放一遍！"悲情的反思战争叙事开始显现。

随着时代变迁，戎冠秀的叙事文本显现出了多重样貌。从叙事内容上看，对拥军支前、劳动建设、朴素道德精神的不同程度的强调与时代弘扬的精神内核紧密相连。在不同的叙事作品中，对"子弟兵的母亲"、"劳动模范"、人道主义拥护者、被解放的被唤醒的普通又伟大农村女性等不同身份标签的侧重构成了"戎冠秀"文艺形象建构与变迁的核心内容。从抗战时期的革命动员、社会主义建设时期的精神征召到新世纪的历史反思，戎冠秀的英雄故事都提供了身为榜样的绝佳素材。不同媒介在参与讲述这一过程中，既找寻了时代性的主流叙事视角，也探索和实践了自身的审美特性。

三　形象生成与叙事延伸

历史记忆并不是直接生成的，它依靠叙事文本不间断地言说来达成记忆的历时性，并由此进入与当下有关的话语表述序列，成为新的故事（思想）资源。"当下的处境好像是一种'触媒'，它会唤醒一部分历史记忆，也一定会压抑一部分历史记忆，在唤醒与压抑里，古代知识、思想与信仰世界，就在选择性的历史回忆中，成为新知识和新思想的资源，而在重新发掘和诠释中，知识、思想与信仰世界在传续和变化。"[12]从解放区文学的真人真事的模范事迹报告到回忆纪实再到纷繁多元的文艺作品创作，在历史事实、艺术真实与回忆想象之间，以戎冠秀为代表的英模人物如何再度成为"触媒"，接续历史，继续释放精神能量，是在随处"怀疑"随意"猎奇"的当下值得探讨的问题。

一方面，有关戎冠秀的素材不断地被整理、勘误、翻新。如《拥军模范戎冠秀》的作者刘峰就记录了戎冠秀的孙女李秀玲对于既定记忆的更新与订正："表演艺术家田华，在文章中回忆戎冠秀亲口跟她说，想儿子了，伤心了，就蒙着被子哭……李秀玲说，她奶奶是有口音的，估计说的是在背地旮旯哭，田华误听为蒙着被子哭。……那时候家里很穷，往往是几个人合盖一床被子，蒙着被子哭，也是不现实的。李秀玲的堂叔和她说：'有一次，村里有人听见你爷爷的父母坟前有人在哭，过去一看是你奶奶在哭。'李秀玲猜想，奶奶是想叔叔了，他不愿意在下盘松村哭，也不愿意让别人听见她哭，也许她就是借着哭老人的机会，来宣泄自己思念儿子的这种情感。这是她和奶奶相处多年，对奶奶的理解。"[13](P103—104)这段文字，不仅对记忆里的"戎冠秀"进行了重要的个性化的性格书写，同时也让我们看到了英雄身份下的母亲隐忍克制的悲痛写实。1964年，戎冠秀在《石家庄日报》上发表《孩子是自己的，更是国家的》文章，她写道："虽说孩子是自己生的，可都是党培育教育过的人，应该归国家。为国家、为人民远走高飞，流血牺牲是应该的，当娘的也为孩子这种行动感到光荣，因为我们尽到了做父母的责任。"[1](P48)李秀玲这段更新的记忆与戎冠秀的文章相互支撑，提供了真实感人的生活细节，这既是对英雄叙事中那些习惯性被忽视的个人化情绪的具体展现，也彰显了戎冠秀的牺牲奉献精神。个人记忆对历史记忆的补充与更新影响了艺术创作的再生产。

另一方面，历史记忆又是伴随时代变迁而生发的一种自觉书写。新时期以来，中国文学经历了两次"祛魅"。一次是祛除"以'文革'时期的样板戏为最高典范的无产阶级革命文学之魅，是以'阶级斗争为纲'的'工具论'的文学之魅，是'三突出'的创作方法之魅和'高大全'的英雄人物之魅"[14](P2)。另一次是祛除知识分子精英文学的魅。两次祛魅对革命叙事、英雄叙事形成了强大的冲击。随之相伴的事实是以电影、电视为代表的大众工业和以网络为平台的消费快餐市场的急速增殖。昔日话语被有着强烈民间色彩、商业价值的大众文化工业接替，众声喧哗的影像狂欢成为记忆生产的重要力量。在多重合力的"自觉书写"中，影像独有的叙事性、强大的传播力和影响感召力成为被征用、被改造的重要资源。叙事内核的重新筛选、叙事媒介的转换及叙事范式的变化都是适应新文化语境历史书写的必然选择。这也意味着，当我们用当下的眼光在戎冠秀生平往事中去寻找英雄"麦高芬"的时候，所找到的情节点及所企盼的讲述方式较之以往都是有所差异的。事实上，对故事主题不同的侧重、对不同的艺术形式的采纳、对故事题材不同情感浓度的调和、对塑造英雄人物的表达差异，构成了英雄叙事流变中的重要方面。在对原素材的筛选、侧重、填补、重述与想象之中，叙事以延展的方式得以再生。

但延展并非无界限。世纪之初，"红色经典"改编热潮下"记忆失真"已经为我们上了生动的一课。摆脱"高大全"限制的英雄叙事在娱乐化的自由氛围中一发不可收。《红色娘子军》"青春偶像式"的改编、《林海雪原》轰动一时的三角恋、《小兵张嘎》的神勇无敌……这些故事的延伸恰恰打着历史的名义抽空历史，并暴露了"当下"的欲望投射。那些出于更容易让观众接受的"给历史打个比方"的创作理念极易失衡，在影像实践中也缺乏精准度。更有甚者，将"严酷惨烈的历史简化为一种讲述故事的大背景，把历史戏化为传说、传说演变成神话，魔幻、恶搞、武侠等淆杂元素缠绕交织，最终成为一出出危机四伏、充满悬念的游戏"[15]。历经电视改编的迷雾与狂欢，革命叙事的电影实践一边在献礼性的、类型化的、商业巨制的新主流大片中寻唤新一代观众，一边在命题式的、传记色彩的、同时兼具探索性的人文想象中拓宽叙事内涵，试图构建一种新的历史记忆的想象性表述。两种道路殊途同归，他们共同建构起以英雄模范为主要表现对象、以家国叙事为主要内容、以创伤、苦难之下高扬的民族精神为主要情感的历史表达。

弗雷德里克·詹姆逊曾指出："（历史）作为缺场的原因，它只能以文本的形式接近我们，我们对历史和现实本身的接触必然要通过它的事先文本化，即它在政治无意识中的叙事化。"[16](P26)总体来看，在历史叙事化的艺术生产中，历史意识、人文精神是叙事再生产的大前提。在此前提之下，对媒介特性本体的挖掘与应用、对叙事范式的继承与开拓、对叙事类型的采用与突破也是重要的变革元素。

结语

在新中国成立 60 周年之际，由中央十一部委联合组织开展的"100 位为新中国成立做出突出贡献的英雄模范人物"的评选活动中，戎冠秀光荣当选。与同入选的其他英雄模范的历史故事被频繁改写、广泛传播的热闹相比，戎冠秀的英雄故事改写则较为冷清。作为历史记忆的一部分，戎冠秀的故事如何持续释放能量取决于如何继续书写。

在跨历史跨媒介交互实践中，时代语境和艺术观念的转变在根本上构成了"累积"式文本再发展的内在驱动力。从文本到图片再到影像的层层书写中，其涉及范畴既是叙事学的，也是本体论的。就叙事话语实践的文化表征而言，再现的英雄在根本上与基于先验的文化认知有关。伴随时代演进，英雄谱系更新，通过历史线索、叙事模式及媒介交互，建构新时期的英雄叙事生产机制并非一个不能完成的任务。

注释：

① 照片重现在 1943 年反"扫荡"斗争中，戎冠秀救护八路军伤员的场景。石少华摄影。
② 照片重现在 1943 年反"扫荡"斗争中，戎冠秀让八路军伤员蹬着她的肩膀爬入山洞的场景。曾刊于《戎冠秀》(新华出版社，1990)插页，由平山县提供，摄影师待考证。
③ 1944 年，晋察冀边区第一届群英会时合影，戎冠秀(中)、战斗英雄邓世军(左)、爆炸英雄李勇(右)，叶曼之摄影。
④ 1942 年，江波在冀西平山幡松村采访戎冠秀时拍摄。

参考文献：

［1］张德良主编. 戎冠秀［M］. 北京：新华出版社，1990.
［2］石志民主编.《晋察冀画报》文献全集(第一卷)［M］. 北京：中国摄影出版社，2015.
［3］谷受民、戎冠秀获"子弟兵的母亲"称号经过［J］. 文史精华，1994(5).
［4］关于开展戎冠秀运动的决定［N］. 晋察冀日报，1944-4-13、14.
［5］石超. 毛泽东时代榜样塑造及其当代价值研究——以戎冠秀为对象的考察［D］. 华东师范大学硕士学位论文，2018.
［6］冯亚琳、〔德〕阿斯特莉特·埃尔主编. 文化记忆理论读本［M］. 余传玲等译. 北京：北京大学出版社，2012.
［7］倪良端. 聂荣臻与拥军模范戎冠秀［J］. 党史博采(纪实版)，2008(9).
［8］马秀琴编著. 100 位为新中国成立作出突出贡献的英雄模范人物［M］. 长春：吉林文史出版社，2011.
［9］〔德〕弗里德里希·基特勒. 留声机 电影 打字机［M］. 邢春丽译. 上海：复旦大学出版社，2017.
［10］田间撰，娄霜、裴伯浒绘图. 戎冠秀［M］. 上海：平明出版社，1953.
［11］〔美〕海登·怀特. 形式的内容：叙事话语与历史再现［M］. 董立河译. 北京：文津出版社，2005.
［12］胡可. 胡可剧作选［M］. 北京：中央戏剧出版社，1996.
［13］葛兆光. 历史记忆、思想资源与重新诠释——关于思想史写法的思考之一［J］. 中国哲学史，2001(1).
［14］刘峰. 拥军模范戎冠秀［M］. 石家庄：花山文艺出版社，2021.
［15］陶东风主编. 当代中国文艺思潮与文化热点［M］. 北京：北京大学出版社，2008.
［16］景俊美. 中国抗战影像叙事：从集体狂欢到理性回归［J］. 艺术评论，2015(10).
［17］〔美〕弗雷德里克·詹姆逊. 政治无意识：作为社会象征行为的叙事［M］. 王逢振、陈永国译. 北京：中国社会科学出版社，1999.

【主持人语】本栏目旨在选取人类历史上具有重要影响的"器物"或"事物"，书写物的"社会生命"和"文化传记"，深描人们"与物为春""求物之妙""随物宛转""神与物游""胜物而不伤"的美好片段和生动画卷，展现物与人"相刃相靡""相摩相荡""相辅相成"的生态共存愿景。《"椅子/身体感"的丝路旅行与会通》将"椅子"与"身体感"融而为一，在其大范围、长时段、不间断"旅行"和往复熔铸的动态进程中，彰显"椅子/身体感"的物性能供性、具身嵌入性和交流会通性，借此展现椅子及其身体感自下而上地推动"文明互鉴"的隐秘作用。《仰韶彩陶鱼纹的文化分析》将鱼纹置于整个仰韶文化背景之下，结合社会背景和文化语境进行总体研究，呈现彩陶鱼纹的千姿百态和生动气韵。《声乐之器与天下之道——论古琴的道器地位与士人品格》以中国古代物质文化中与士人阶层结合得最为紧密的乐器"琴"为窗口，探察士人品格在社会历史进程中的隐现与沉浮。《晚明瓶花艺术美学意蕴与审美制度转变》以袁宏道的《瓶史》为参照，展现晚明士人在日常生活美学偏重下对于传统器物美学思想以及审美制度所产生的变化心态。四篇文章在器物的文本、图像、物质性和行动力之间或有侧重，但都能凸显器物的"事件性"及其与社会生活之间的深刻关联，在器物的多模态阐释方面做出了有益的尝试。敬祈各位专家和读者朋友批评指正！（张进）

"椅子/身体感"的丝路旅行与会通*

张 进**

摘 要：椅子最早出现在古埃及，在"丝绸之路史前史"时代传播至西亚、地中海沿岸、中亚及印度，后随佛教沿丝路网络传入中国，至今已"播撒"到世界各地，无远弗届，形成了难以计数的椅子文化和椅子样态。椅子在丝路网络循环往复的流通中深刻塑造了沿线人民的"椅子/身体感"，"改变中国"并"征服世界"。"椅子/身体感"对中国文化最重要的影响，是将中国人"席地跪坐"改变为"垂足高坐"，并因此重塑了国人的身体感知、起居习性和文化观念。在其大范围、长时段、不间断的旅行中，"椅子/身体感"的物性能供性、具身嵌入性和交流会通性得到彰显，不仅使自身发生着巨变，而且在文明互鉴的历史进程中推动了感知方式的会通和共享。

---

* 基金项目：本文为国家社科基金重大项目"丝路审美文化中外互通问题研究"（项目编号：17ZDA272）的阶段性成果。

** 作者简介：张进（1966— ），兰州大学文学院教授，博士生导师，兼任中国中外文艺理论学会副会长，研究方向为文艺理论和文艺美学。

关键词：椅子/身体感；丝绸之路；旅行；会通；感官共轭

引言

椅子，是有靠背或兼有扶手的垂足坐具，用来支撑人体，供人坐着工作或休息。常见的椅子类型，依其形态分为靠背椅、扶手椅、躺椅、摇椅、转椅、折叠椅等；依其材质分为藤椅、实木椅、钢木椅、曲木椅、铝合金椅、金属椅、藤椅、塑料椅、玻璃钢椅、亚克力椅、板式椅等；依其功能分为交椅、太师椅、官帽椅、圈椅、灯挂椅、禅椅、皇宫椅、健身椅、按摩椅、快餐椅、酷刑椅（电椅）、多功能椅等。可见，椅子材质多样，功能多变，千姿百态，不胜枚举。当然，万变不离其宗，椅子作为"高足坐具"的基本属性是一贯的，且在长时段、大范围、不间断的"流通"中改变了使用者的"椅子/身体感"，进而"改变中国"并"征服世界"。[1](P64—70)汉语中的"主席"与英文"Chairman"之间的关系具有十分丰富的包孕性，显示出中世纪以前中西方文化中"席地跪坐"与"垂足高坐"的重要区别。"椅子"传入中国并逐渐代替"席子"而成为国人的主要坐具，使国人从"席地而坐"转变为"垂足而坐"，两词之间的碰撞与龃龉，即是这一过程在语言文字方面的表征。

坐具所引发的改变，首先从使用者的"身体感"开始。"身体作为经验的主体以感知体内与体外世界的知觉项目（Categories），是人们于进行感知的行动中关注的焦点。经由这些焦点，我们展开探索这个世界的行动，做出判断，并启动反应。"[2](P12)因此，"身体感可谓是感知行动和培养感知技能的标的。身体感的项目于人们和体内、体外的世界长期互动中形成，并经由实践的方式学习/传递，内化入感知行动与技能里，成为我们探索世界的焦点，是形成感知内涵与文化意涵的关键"[2](P19)。作为坐具，椅子与人的各种感官相交接，其中最直接也最具综合性的感官即是"身体感"，这是一个由全部身体感官参与的"身体感范畴"。因此，身体感事实上是以一种"多感官共轭"（Conjugate of the senses）的方式感知世界，而非某个感官（如视觉或触觉）占主要地位的问题。[3](P233)正如提姆·英戈尔德（Tim Ingold）指出的，实际生活中人们并不单独使用个别感官，而是整合不同感官传递的信息，随时感知周围的情况而做出反应。[4](P268)

需要特别强调的是，任何"身体感"都是历史具体的，总是"嵌入"在特定感知对象的具体物质性之中，又通过"具身化"而体现出来。椅子体现出使用者的身体感的需求和状貌，身体感又嵌入到椅子及其环境之中。因此，不存在完全脱离感知对象的"身体感"，也不存在完全脱离人的感知的椅子。有鉴于此，本文以"椅子/身体感"这个特定术语来标示人们对椅子的身体感的综合性、物质性和历史具体性，彰显身体感知与感知对象的一体两面和内在统一；从椅子及其身体感切入，以椅子的丝路旅行与沿线人民"身体感"的交往交融现象为研究对象，分析作为"物"的椅子与丝路沿线人民身体感交融共享的历史过程及其所表征的社会文化意义，进而从特定侧面彰显椅子的"社会生命"和"文化传记"。

一 椅子/身体感的丝路旅行和流通

古丝绸之路是连通亚欧非大陆的巨型网络，"见证了某些群体几千年来的货物运输、技术革命、新的宗教信仰和艺术形象的传播……而且是一个跨越了古代和中世纪的巨大的、流动的历史和文化空间，在亚洲终端和西方国家的不同人群之间反复迁移"[5](PXVI)。椅子的出现、发展以及为世界所接受，即得益于其在这个"行动者网络"（Actor Network）中的往复旅行、流通和交换。大多数学者认为椅子起源于古埃及，随后在古埃及、西亚、中亚、地中海沿岸和印度地区"旅行"，后随佛教这一文化"媒介"沿丝绸之路传入中国，深刻地改变了丝路沿线人民的坐具系统和身体经验，最终"征服了世界"。

研究者对公元前 4000—前 1300 年的古埃及椅子种类和样式进行了深入细致的考古学研究，详细解释了古埃及工匠在制作椅子时使用的材料、技术和设计，考察了古埃及墓穴中的墓主及其妻室、亲属使用椅子的场景。[6](P243—264)弗洛伦斯·德·丹皮埃尔（Florence de Dampierre）《椅子的历史》对各个时代的椅子进行了深入探索，追溯了古埃及出现的椅子，并研究了从古希腊、罗马帝国和文艺复兴时期直到当代的各种形式的经典设计的座椅。该书将椅子分为古代世界、中国和非洲的椅子，中世纪和文艺复兴时期的椅子，乡村、花园和殖民风格的椅子，高级风格的巴洛克、洛可可和新古典主义椅子，19 世纪的"锁链椅"以及现代椅子。丹皮埃尔认为椅子诞生于古埃及，精致而优雅的古希腊椅子在丹麦、英国、法国和俄罗斯延续了几个世纪。罗马帝国崩溃后，椅子的设计实际上陷入停滞。进入 19 世纪，权威性的椅子风格开始消失，哥特、埃及和中国风格的椅子出现。进入 20 世纪，在英国人的引领下，椅子"舒适感"的吸引力随着其松散的礼仪、举止和行为而增强。今天的"人体工程学"椅子，复杂到极致，有可调节的靠背、座椅和头枕，这些都是为新计算机时代设计的，但它们的极度复杂性使得它很难实现让每个人都感到完全舒适的目标。[7](P7—49)

大致说来，早在 4600 多年前的古王国时代（约前 2686—前 2181 年），古埃及人已坐在折叠板凳即胡床上了，相应地，桌子等高足型家具在那时也已经出现。在距今 3000 多年前的古埃及新王国时期，不仅折叠板凳和桌子等家具的工艺日益精湛，风格上也朝华丽的方向发展，而且"在这一时期还涌现出新的家具，椅子大约就是在这时出现的"[8](P89)。此期，古埃及开始了扩张战争，其版图一直达到西亚的两河流域。以战争为形式的文化交流，使得椅子等高型坐具传入西亚的两河流域。公元前 8 世纪兴起于西亚的亚述帝国和公元前 6 世纪兴起于伊朗高原的波斯帝国，都是横跨亚非两洲的大帝国，尤其是波斯帝国，在国王大流士的率领下，发动了对欧洲的希腊的长期战争。大约在这一时期，椅子和折叠板凳等高型坐具由西亚传入希腊，后来又以希腊为中心辗转传遍欧洲。[8](P89)公元前 334 年，欧洲马其顿国王亚历山大发动了著名的东征，灭亡了西亚和中亚的许多国家。最终，历时 8 年，亚历山大和他的军队打到了印度河流域，东征也就此结束。这次东征，打通了从欧洲经西亚、中亚到达印度河流域的商路，椅子、折叠板凳也由此传入印度和中亚地区。

那么，椅子又是如何传入中国的呢？"中国古代人们大多是席地而坐的，随着丝绸之路的开辟，域外的高足家具，如胡床、胡坐，也传入中国境内。"[9](P174)文献最早关于西域家具传入中原的记载见于《后汉书》："灵帝好胡服、胡帐、胡床、胡饭、胡空侯、胡笛、胡舞，京都贵戚皆竞为之。"[10](P3272)从现有史料可以推断，椅子是随着佛教传入中国的，大约在南北朝时期开始出现。最初的椅子，只是佛教僧人的坐具，世俗人基本没有使用椅子的。大约到唐朝中期，在文化包容性的大背景下，由于佛教偶像的引领作用以及唐代中期追求奢华、安逸、享乐的社会风尚的兴起，椅子逐渐流行开来，并且最终引发了坐姿革命。而跪坐受此冲击，正逐渐退出历史舞台。到唐代晚期，跪坐已十分鲜见了。柯嘉豪也认同椅子伴随佛教沿丝绸之路传入中国的观点，而《汉语大词典》及《现代汉语词典》只说"椅子"是"有靠背的坐具"，他认为"现代人对椅子的了解，是经过几百年慢慢形成的概念……语言的变化往往比物质性的变化慢一步"[11](P217—218)。"椅子"这个词最早出现在唐朝，当时《济渎庙北海坛祭器杂物铭》中有记载"绳床十，内四椅子"，这句话的意思大致是说，在十件绳床中有四件是可以倚靠的椅子。不过当时中国流行的坐具，主要还是矮型的。到了宋朝，"高足高座"的椅子在民间也普及开来，也就是从这时候开始，中国人从"席地而坐"的时代普遍地进入"垂足而坐"的时代。当然，也有观点认为，高坐的起居方式"至唐末五代已接近完成"。唐代以后，根雕艺术在制作椅子的过程中被使用，其形式的"有机美"吸引了珍视自然并与自然和谐相处的佛教徒和道教徒。宋代高桌椅普遍使用，也发展出了多种类型的椅子。也有人认为扶手椅在唐朝时期即已在中国的精英阶层中常见，但直到明朝才成为"低等级"家庭的"固定装置"。

椅子作为"可倚靠的垂足坐具"，就是具有靠背可供人身体倚靠，又具有一定高度可使双腿垂直落于地上。这是椅子的物理特性，椅子提供给人的"身体感"不同于其他坐具，它凸显了人与作为物的坐具之间的互动关系。那么，椅子传入中国，引发了哪些文化反应呢？研究者认为，佛教的高型坐具改变了中国世俗生活的坐具，在使椅子流行的同时，也改变了人们的起居方式、娱乐方式（一桌二椅的戏剧表演格局）和社会习俗。研究者通过对中国传统绘画中椅子形象的梳理发现，文人也以特定方式参与到椅子的制作中。[12](P1—20)通过考察椅子在文人书房的使用，可见椅子成为文人承托身心的坐落之处，其威仪、端庄、刚健的造型体现的是中国古代的修身思想及其造就的"中立而不倚"的礼仪规范。椅子的传播和流通，不仅改变了中国人的坐姿、席地而居的生活方式和饮食文化，更重要的是使"跪拜礼"成为一种"卑贱的"礼仪。"椅子所引发的一系列反应，使跪坐时代的中国人逐渐摆脱了以地面为中心的室内生活和室内劳动的方式，出现了席地而居与垂足而坐并在的局面。椅子的流行导致了跪坐的被取代，这也给晚唐、五代士大夫的精神风貌带来了重大影响，传统的士大夫精神正在消逝，颓废之风渐起。"[8](P68)而统治者则围绕椅子建构了礼法对身体姿态的规训，以彰显尊卑等级秩序，摧毁了"席坐"时代相对客观的人权。[13]与椅子的广泛使用联袂而行的，是文化体位变迁，"被解放之后的双腿"成为"家居变革的新起点"。[14](P177—178)椅子传入中国后经历了各种各样的本土化改造，而中国古代造物艺术作为中国传统文化的产物，必然有其内在的法则与规律存在。作为"物"的椅子彰显着情感支撑下的中国多元文化精神，成为人进入文化系统的精神秘密。

总之，汉朝以前，中国人有自己的坐姿礼仪，人们席地而坐，坐姿主要是跪坐。汉初人们还将席子作为最主要的坐具。改变这一局面的是"胡床"的出现,"胡床"在汉灵帝时传入中国,一开始只在北方使用,后渐次流入南方。胡床传入中国后影响了国人的起居方式,但跪坐方式仍占主流。经由丝绸之路,西晋时期出现了中国最早的椅子,并沿着丝绸之路域内段传播、交流和发展;直到唐代晚期,椅子在全社会普遍使用,成为与社会生产、个人生活和人际交往密不可分的器具;宋至明清,椅子在中国经历了深刻的本土化改造,代表工艺和审美高峰的明式椅子广泛流传到欧洲等地区。自鸦片战争之后,列强的经济、文化、政治入侵也带来了西式椅子,包括椅子在内的中国家具文化在世界范围内的影响力逐渐衰落。

尽管目前谁也无法绘制椅子在世界范围内"旅行"的完整路线图,但其大致轨迹和轮廓也渐渐清晰起来。椅子在域外和域内的旅行与身体感的改变紧密结合在一起,在"椅子/身体感"流通的基础上,椅子文化深刻塑造了中国的社会生活、政治制度、文人情感和文化审美;在中外椅子文化交流中,社会文化与审美文化的交流和碰撞也对其他文化造成了影响和改变。

二 椅子/身体感的物性能供性

麦克卢汉认为"椅子是屁股的延伸"(the extension of our backsides in the form of chair)[15](P184),椅子属于广义的"媒介","媒介"统摄主体和客体,"媒介"本身即是"信息"。然而,在人/物二分构架中,"西方观念的人(person)是行动主体,有着意志,物(object)则是客观存在,无意志。人与物是截然二分的两个范畴。莫斯强调人与人借着礼物来达到互惠,以完成社会关系的平衡与交换,此为社会之所以能持续维持的基本结构。物本身并未引起莫斯的注意或详细讨论。能供性(affordance)是吉布森的研究与近年物的研究可以提出的概念,亦即,物本身并非毫无意义,并非任何物都能承载人的人格(personhood),人在对(礼)物做选择时,物的能供性(物自性)起了一定程度的作用"。人在选择礼物时,物的附加价值(Value),还有人加入的自我,都已经超过了莫斯所提的"物承载了人格"。[2](P77)那么,椅子自身具有哪些"能供性"呢?

美国实验心理学家詹姆斯·吉布森(James Gibson)提出的"能供性"概念,从动词"afford"(提供)而来,用于强调"环境属性使得个体的某种行为得以实施的可能性",旨在打破人与自然的二元对立。他认为,"环境的能供性就在于它为动物所提供的东西,环境所提供(provides)的或供应(furnishes)的,无论是好是坏。它涉及环境与动物两方面,意味着二者存在互补性"[16](P119)。能供性是一个结构性概念,人-能供性-自然环境是其基本结构。后来,巴里·韦尔曼(Barry Wellman)将"能供性"概念引入传播学领域,将其定义为技术物和行动者之间"多方面的关系结构"。近年来,莱斯(R. E. Rice)等人提出媒介能供性(media affordance)概念,指某一特定背景下,行动者感知到的其能够使用媒介展开行动的潜能与媒介潜在特性、能力、约束范围的关系。媒介"能供性"至少应包括生产能供性、社交能供性和移动能供性等要素。

研究者指出,"许多为人类学家认为文化所建构的文化项目与秩序,实际上乃衍生自我们与生活的物质环境互动的结果"[17](P36)。无论是舒适、隐私、神界感，"都难以脱离相对之物质环境而单独存在，而是需要与所处/所具有的物质面向对照，方有精确的意涵。这些项目的体验与感受，更是由身体与物质环境的交涉而产生的各种细微的项目组成——物的软/硬、力量的轻/重、表面的柔/粗、色彩的鲜艳/清淡、声音的粗/细、味道的清淡/浓郁……因而舒适或神圣（或雅/俗、阴/阳、热闹/冷清、亲切/严肃……或认同、空间、文化）这些同样显得乃纯粹建构的项目，其实乃基于上述软硬、明暗、粗柔之类，与物质环境相对应的身体感项目结合所形成，也是因此，我们觉得需要强调物性与身体技能的课题"[17](P37)。因此，"能供性"事实上是基于"物性"而强调"物性与身体技能"之间的"关系结构"。

使用者对"椅子"的身体感，即是基于椅子的"物性"而形成的"（椅子的）物性与（使用者）身体技能"之间的"关系结构"。在日复一日的使用过程中，人们对椅子"有背可倚、有腿可垂足而坐"等"有限的"能供性特征有了深入的体会，而对于其"无限的"可能性，人们一直处于探索之中。因此，从其现实性上说，物的能供性是"有限的"。椅子的能供性与席、床、榻等坐具的能供性不同，椅子的物理特性决定了其与人身体的互动方式。椅子抬高了人身体的高度，自然而然地具有抬高人社会地位并彰显社会等级的作用。与之相互证明的是，已知的世界最早的椅子，一定意义上就是权力地位的象征；尽管其象征内涵在不同时期、不同国家都得到"表征"，但也存在程度上的差异。椅子在中国的"生产能供性"、"移动能供性"和"社交能供性"，都与椅子的"物性"有着深刻的关联。中国传统席地而坐（跪坐）的礼仪方式与礼教的兴衰相始终，而汉末经学礼教的衰微，使得席地而坐的文化发生了巨变。椅子在此背景下沿丝绸之路传入中国，经历数百年与中国文化的交流、碰撞，最终以椅子为中心的新的文化，彻底地改变中国的社会生活和精神面貌。这是其他坐具所不具有的"机缘"，也是只有椅子的"能供性"才能达成的效应。

从世界范围看，椅子的能供性还涉及其他事物，构成椅子的要素的变化也会引发周围其他要素和环境的变化，这是"多元系统论"（polysystem）的鲜明例证，系统内部的子系统，可能与系统"之外"的某些子系统之间存在关联和互动。[18]椅子的形状与人的服装相关，如16世纪末和17世纪的时尚女性所穿的法特辛格尔（farthingale），被宽大的后座椅（即所谓的法特辛格尔椅）所容纳；维多利亚时代的衬裙启发了这种女士安乐椅的生产，这种椅子是"低座"的，有一个直立的椅背和"退化的"扶手。椅子也与室内其他陈设相互关联，椅子广泛使用后，其他家具也随之增高，窗户的位置及屏风与屋顶的高低也随之而变，从而影响室内格局和建筑设计。椅子也影响室内器皿的形状和高低，正如古人所说："古者坐于席，故笾豆之长短、簠簋之高下适与人均。"考古资料显示，唐代的器皿与宋代的器皿有明显差异，唐人多席地而坐，使用高型的饮食器皿较为方便，宋代则因饮食器置于高桌上，身体的位置及人的视线的变化使得碗、盘、杯等食器都变得玲珑精巧。在桌椅文化影响下，中国人形成了不同于西方的"合餐制"，饮食习惯发生了变化。坐具由低变高也是书法艺术发生变化的重要原因之一，沙孟海《古代书法执笔初探》指出："写字执笔方式，古今不能尽同，主要随坐具不同而移变，席地时代不可能有如今天竖背端坐笔垂直的姿势。"[19](P62—63)高座家具的传入和使用，使书法家们在高座上持笔创作书法作品，势必引发书法艺术的微妙变化。高座家具的传入还使许多乐器的演奏技巧和方式产生了革命性的变化。事实上，这种坐具由低向高发展的趋势影响生理、心理、文化等多个方面，引发了全方位的社会变革。

基于椅子的"物性"而彰显"（椅子的）物性与（使用者）身体感"之间的"关系结构"，椅子的"人体工程学"正是从椅子作为物的能供性切入而展开的研究。身体感的重要物质能供性依托的即是坐具，在人体工程学方面，椅子或许是典型代表。随着社会科技的发展，对椅子与身体关系的认知与人体工程学的发展紧密"缠绕"在一起。人体工程学椅子有着悠久的历史，但使用该概念的历史较短，1857 年"人体工程学"一词才出现，而第一把"人体工程学椅子"则在一个世纪之后的 1968 年才"浮出历史地表"。

在"椅子/身体感"的视野下，人体各部分的比例关系反映在椅子的造型及尺度中。如明清椅子的高度约 50 厘米，人的小腿高度约 45 厘米，人坐上椅子双脚可踏在横枨上；椅子的扶手高度约 23 厘米，人坐在椅上小臂可平行，自然下垂可平放在扶手上；明代圈椅的背板全部用厚板挖制而成，是"S"形，根据人脊背的自然曲线设计的，且椅背后柱上端微微向后弯曲，使后背形成大约 100 度至 105 度的背倾角，这个角度，按现代人体工程学研究，是人体休息最佳角度。这说明中国人在 500 年前的明代已经把椅子的造型和人体各部的关系有机结合起来。此外，以明式四出头扶手椅为例，侧脚收分的设计使得视觉上达到稳重、端庄的效果，这是由身体的物质性所决定的。人的双眼看物存在视觉差异，越远则视之越小，人的视线高度在 1.5 米左右，而桌子的高度是 80—85 厘米左右，椅面的高度是 50 厘米左右。如果没有侧脚收分，在视觉上必然造成头重脚轻的感觉。身体的物质性使得身体感也具有物质性。经过人体比例与力学原理的配合，椅子的线条表现了某种弹性。组织上每个构件也发挥了其具体而实际的支撑作用，没有多余的线条干扰到造型整体的视觉效果，给人以简练优美之感。在触觉上，凡是与人体接触的部位、构件、杆件、线角等，都做得含蓄、圆润，而非"锐棱劲起"、锋芒毕露，触摸时感到柔婉滑润。[20]（P232）

这些都是人对物所具有的"共通的"感觉，由坐具和身体的物质性承载身体感的物质性。一种感官会刺激其他感官，每一次身体感的产生都是多种感官体验的交融，共同形成了对明式扶手椅的感觉经验。这些感官的诸多感觉与感受是身体感产生的基础。自西方古典时代以来，对人类知觉的研究就是以五种外部感官——视觉、听觉、触觉、嗅觉和味觉——为对象，通过它们来获得有关外部世界的信息的，"西方哲学的奠基性著作始终如一地依照一种等级次序对这五种感官的重要性依次排列。首先是视觉，其次是听觉，其余三种受到忽视。前两种因为在促进认识发展方面的作用远优于后三种，被称为'高级感官'"[21]（P4—5）。事实上，在"椅子/身体感"中，并没有所谓"高级感官"与"低级感官"之间的分离与对立，各种感官总是协同"共轭"的。总之，椅子之所以能"改变中国"，与"椅子/身体感"在物质性方面的能供性密不可分。

三　椅子/身体感的具身嵌入性

在"椅子/身体感"视野中，椅子与身体感在物质性层面上"相互体现，彼此镶嵌"。

椅子体现出人的身体感的需求和状貌，身体感又嵌入到椅子及其环境之中。因此，我们需要基于椅子和身体感的双重物质性而展开"物质阐释学"研究[22]，它研究的"问题都是由观察借助于物质化的手段(工具手段)提出来的。物质性在双重意义上充溢着自然科学：一种是在所研究对象的形式上，另一种是在研究得以进行的工具模式上"[23](P103)。

在有关"具身性"(embodiment)问题上，梅洛-庞蒂把身体当作在世界之中存在的方式，也把身体当作认知世界的方式和基础。在现象学最为核心的问题上，他选择了用"具身性"经验来处理。在面向"事物本身"的过程中，"现象场"(phenomenal field)概念描绘的是内外世界同一的场域，世界在其中得以显现，主体得以生成，在"现象场"中的体验是一种前反思性的知觉，"它试图直接描述我们的体验之所是，不考虑体验的心理起源，不考虑学者、历史学家和社会学家可能给出的关于体验的因果解释"[24](PI)。心智不仅是"具身性"的，还是"嵌入"(embedded)环境的。

在身体与环境的关系问题上，"具身-嵌入"的观念方法具有重要的参照意义。从认知角度上，身体与工具、媒介以及环境是相互结合的，比如手杖放大了盲人的认知，延伸了人的感知范围。[25](P37—59)"具身-嵌入"观念认为，认知科学研究的认知要放置在大脑中，大脑又属于身体，身体又属于世界。[26](P275—278)这三种不同层次的"嵌入"都是一种"耦合"关系。夏皮罗指出："认知从中得以涌现的因果性循环包括脑、身体和环境。从认知的动力系统进路的角度看，具身性所指的事实是，脑与身体进行动力交互作用。术语'情境的'通常所指的事实是：身体是嵌入在环境中，并且与环境进行动力的交互作用。因此，三个成分之间存在一种耦合关系，其中每一个本身都是一个动力系统。"[27](P138)"具身-嵌入"观念强调，认知不仅是"具身性"的，而且还"嵌入"环境。认知过程并不局限于神经系统的活动，环境以及事件同样成为认知的有机组成部分。[28](P86)

唐·伊德将"具身性"外展后"嵌入"到环境和技术当中，反过来，技术也影响"具身感知"，改写感知能力与感知方式。他区分了三种身体概念："在现象学所理解的我们是活动的、知觉的和有感情的在世存在这个意义上，我们是我们的身体。我把这个层面的身体叫作身体一。但是，我们也是社会的和文化意义上的身体……我把这种身体意义的区域叫作身体二。……穿越身体一和身体二的就是第三个维度，也就是技术的维度。"[29](PXI)可见，唐·伊德把技术提升到能够穿透知觉的感知身体和文化身体的高度。"具身是我们参与环境或'世界'的方式，尽管我们没有意识到这一点，很多这样的活动都包含了对人工物或技术的应用。"[23](P55)这意味着具身与技术不可分离，参与生活世界必须经由技术，具身感知与技术共同参与了生活世界的构造。"具身"的物质性维度从其技术性延伸而来，也从"嵌入"身体的环境、技术本身的物质性而来。"具身-嵌入"思想打通了感知主体与感知对象，将主体与对象联结起来，同时也意味着主体与对象可以互换位置。梅洛-庞蒂以身体的左手触摸右手为例，说明身体与世界相互感知的辩证法。人类幼年时代有这样一种经验：控制物体与自我控制是一体的，而且控制物体是内心体验的最根本隐喻的基础。[30](P288)"被感觉的身体和正在感觉的身体就像反面和正面，或者像同一次环形行程的两段，在起点是从左到右，在终点是从右到左，但是同一运动的两个阶段。"[31](P178)这是人与物质世界互动的理论提炼。

在更深刻的意义上，"身体感是中国古文字系统发生的起点，也是其运作的核心"。"借着图像的描绘，可知中国古文字乃是一种'具身化'的文字。……大部分的文字都是身体存在这世界中的具体经验与感受所成，其操作感受是有身体感受参与其中的'望梅止渴'式，而非'指鹿为马'式。"[2](P287)这种"具身/嵌入性"，或是我们理解中国椅子文化的枢纽。在中国，椅子作为新器具所塑造的环境与身体的互动创造了新的身体感生成的情境，"新"身体感生成的契机孕育在这个情境中，具有熔铸生发的多种可能性。夏商到汉晋时期，中国处于绝对的跪坐时代；西晋到晚唐时期，椅子的出现与普及并未冲击"席具"的正统地位。这是因为当席地而坐成为具有性情和行为倾向性的习性（habitus）时，生成了具有社会意义的身体感。

更为重要的是，这种身体感知经验具有稳定性和持久性，使得认知、记忆、情感不易被改变的同时，也有助于巩固和维护文化制度和社会生活的稳定。习性通过社会条件或者调节作用被建构为我们的认知、感知和行动的图式（schema），又赋予个人在社会世界各个领域的活动以一种形式和连续性，它使得行动者获得行动的意义与理由。席地而坐的习性培养了跪坐、盘腿坐、箕踞坐等"具身性"行为的行动图式，与坐礼文化下的生活方式、道德伦理和社会规范相配合，共同塑造了中国以礼为中心的文化政治制度。在具体实践行动的过程中，行动者在习性的指导下，根据从环境中感知到的现实情境来对坐具和行动背后的意义进行预测，以此来确定自己的选择。例如，为了表达对他者的尊敬，行动者选择社会共同认可的符合礼仪规范的"跪坐"来展现自己对他者的尊重，即身体以跪坐的姿态感知其中的社会道德和文化意义。并且，社会文化礼仪要求身体感知正确的姿态和行动。这种双重感知强化了坐席（跪坐）习性的养成，行动者通过对感官接收到的信息进行整合，培养对情境和身体的感知能力和技巧，从而感知"外化的世界"和"内化的身体知觉"。因此，床、榻等坐具的出现没有改变跪坐的行为，椅子的出现也不会"立竿见影地"改变身体姿态。习性的持久性还在于文化中长期培养的身体技能（body techniques）的养成，也就是"深刻存在于性情倾向系统中的、作为一种技艺（art）存在的生成性能力"。[32](P165)朱熹认为，"古人坐于地……以其惯了，故脚不痛"。长期的跪坐行为，因上半身对下半身的压迫所感知到的痛感会伴随身体对这一行为的熟悉（即不断地练习）而缓解，以至于理想状态下感觉不到这一痛苦。

总之，身体技能是社会行为中的一种特殊身体技巧，是指导身体姿态的一种独特的行为习惯。在对"席子"这一坐具的使用中形成了一系列身体技能，也就是形成了坐席的身体感知和身体记忆，导致身体可以潜意识地、自然地实践坐席行为而不感觉行动异常。而国人对"椅子"这一坐具的身体感和身体技能，也是在长期的使用过程中逐渐形成并得以"普遍化"的，这一过程经历了数百年的时间，且通常以"潜移默化""润物无声""识而不察"的方式展开，与使用者的社会阶层、情感倾向、兴趣爱好、文化观念、价值取向等一系列"习性"和环境情境因素深度"耦合""嵌合"在一起。最终，椅子"普遍地"体现出国人身体感的需求和状貌，而身体感又嵌入到椅子及其具体情境之中。这一过程是十分复杂而曲折的，究竟是在哪一个具体的时空点上"垂足高坐"坐姿全面代替了"席地跪坐"坐姿并使后者成为"卑贱"和"痛苦"的象征，这并不是一个单凭对"椅子"的分析或对于身体感的考察就能确定的，至少需要将"椅子"与"身体感"结合起来、将"椅子"的"物性"与"能供性"结合起来、将"身体感"的"具身性"与"嵌入性"结合起来，才有可能做出"过程性"的说明，书写椅子的"社会生活"和"文化传记"。

四 椅子/身体感的交流会通性

"椅子/身体感"所形成的共通感，并非"先天共通感"，而是与椅子的丝路流通紧密镶嵌在一起的，与其物质性和流动性相关联。康德式的"共通感"概念，具有哲学中一直被忽视的、与理性相对的感性和与主体性相对的主体间性的维度。[33](P1—20)梅洛-庞蒂也强调，在知觉场中的相遇意味着人与人之间"感觉相通"的可能性，"因为我有各种感觉功能，有一个视觉、听觉、触觉场，所以我已经与也被当作心理物理主体的其他人建立了联系"[24](P145)。身体感因而是可交流、可共享的。

首先，椅子/身体感的交流会通以人的多模态共轭来承载。"多模态共轭"所总结的感官与感官对象的一致性是"系统中的"一致性。视觉及其对象、听觉及其对象、味觉及其对象，在"具身/嵌入"的视野下是相互构成关系，视觉与视觉对象的关系不是视觉能力单纯投射或者打造出视觉对象，其他感官感知及其感知对象亦是如此。"多模态性"（multimodality）把视觉及其对象、听觉及其对象、味觉及其对象等融通起来。所谓的视觉对象，不只是与视觉感官发生关系，它本身是一个多面体。遇到椅子，我们可以观其状貌，也可嗅其气味，还可以用手触摸，只不过我们在界说时惯于用分门别类的方式来理解概念及其所指。多种感知模态应该是互动协同的，借此方能实现意义的增殖。比如，在观察椅子时，视觉器官的重要性得以凸显，然而我们在观其状貌时，边看边触摸，或叩而听之，或迫而嗅之，这些感受综合起来就与单一视觉方式大为不同。这事实上是整体的身体系统都在共同运作，椅子的质料的味道，叩问时发出的声音震动通过听觉、触觉能感受到，诸如此类都参与意义的生成，这也正是"多感官共轭"（Conjugation of the senses）的题中之义。鲍姆嘉通把美学定义为低级的认知能力[34](P169)，美学与感性学同义，意味着还是要回归到理性上来。康德在《审美判断力》中通过对对象合乎先验主体心智能力的表象方式的改造，审美无关乎审美对象的内容与社会意涵，以形式的"优先"剔除了感知的具体内容。20世纪90年代以来，人们发现鲍姆嘉通与康德都"错失"了"感知的丰富性"。新的研究范式注重从"低级的认知能力"转移到对多感官的关系上来，赋予社会文化环境对于感官能力的生成作用，以"多感官共轭"论断来源于人类学跨文化的资源对美学定义的革命，提出多模态（multimodal）角度理解感官之间的相互作用（interplay of the senses）。[35](P295)基于这种认识，在像中国这样的非西方文化传统中，审美并不是独立的领域，而是日常生活和仪式活动的一部分，人类学和民族志的研究证明了多感官共轭对跨文化美学的重要性。其重要性在于用多感官共轭界说审美发生在感官交叉的共轭活动中，多感官共轭被理解为多种感官与多种感官对象之间的动态一致关系。

其次，椅子/身体感的交流会通通过人际交往来实践。在日常的椅子上，过去两个世纪（19、20世纪）的主题是"舒适"越来越具有吸引力。舒适感具有极端的复杂性，高度现代化世界的"占有性个体主义"（possessive individualism）行为和感知倾向，使得身体理性化，从而在现代世界中建构值得信赖和富有意义的自我感（sense of self）。[36](P204—205)"我们的知觉指向物体，物体一旦被构成，就显现为我已经有的或能有的关于物体的所有体验的原因"，"物体实际处在知觉体验中"。[24](P102)物体的物质属性建构了形成某一知觉的物质性原因和倾向，身体感知形塑了一个性情和感知倾向于舒适感、放松感、轻松感等身体感。舒适感的复杂性也表现在其历时性的变化方面，"传统社会中的权力直接由一个具身性的个体施加于另一个具身性的个体，与此相反现代身体在权力的实施和社会不平等的再生产中扮演的角色要复杂得多"[36](P122)。身体本身、身体感知和具身体验可能消失或缺席。奢侈和舒适的概念更多是一种渴望和理想，而不是物理现实，其认知随着社会和文化习俗的改变而改变。任何姿势都涉及某一身体部位的紧张状态，长期地保持一个姿态都会造成肌肉组织的疲惫和酸痛，古人所谓"五劳所伤：久视伤血，久卧伤气，久坐伤肉，久立伤骨，久行伤筋"。黑川雅之认为，社会选择椅子作为生活主要工具的原因是，"让下半身的引擎（腰部骨骼和双腿的驱动部）得以休息，让上半身的引擎（胸骨和双臂的驱动部）活动起来……人可以专注于上半身的创造活动"[37](P24—25)。当然，这种生理学解释并没有彻底解决选择椅子的原因。个体是感知经验和情感事件发生的空间，而不是源头；个人所表达的经学习而得的情感，与环绕其氛围的社会秩序、规范、理想及权力结构一致。[38](P259)个体通过人际交往而将自己的身体感与他人的身体感会通、交流和共享。

最后，椅子/身体感的交流会通借各类艺术来强化。椅子既是日常生活领域的寻常用品，也是各类艺术竞相表征的对象。比如，椅子是戏剧舞台上的重要道具，"椅子功"是戏剧表演的重要基本功之一，戏剧中的椅子研究成为中国椅子物质文化研究的重要部分。在川剧表现手法中，伶人们对弓马椅（川剧椅子名称）作了细致的琢磨，创造出一些"技巧"，取名为"椅子功"，包括飞椅、提椅、睡椅、棱椅、蹬椅、掷椅、挪椅、钻椅等。椅子除了作为剧中人的生活用具外，还常用来象征性地表示剧中景物，其运用的灵活性和丰富的表现力，使得舞台简洁凝练，主题鲜明，韵味无穷，具有浓郁的抽象美，其虚实相生的风格，与川剧表演中以一当十的表现手法，达到了高度的和谐统一，并蕴含着中国传统的美学精神。而一桌二椅的戏剧舞台布局，既是动作的支点，又可起到分割空间的作用，其不同的排列组合创造了极为丰富的舞台空间。它可以象征各种虚拟的物件。在尤奈斯库的荒诞剧《椅子》中，椅子成为具有主体性的物，其美学功用从传统的、道具的辅助功能中脱胎而出，成为传统再现演员的身体图式中的组成部分，是演员在扮演他人这个职业活动时的"假肢"。在戏剧艺术表演中，椅子图式转化为身体图式。正是在诸如此类对椅子的艺术"拨用"中，"椅子/身体感"实现了人际交流和会通。

结语：椅子的多模态阐释学

"椅子/身体感"及其在丝绸之路网络的行动、旅行和交往是一种多模态现象，也正符合多模态理论的关键假设：（a）所有交往都是多模态的；（b）仅仅或主要关注语言的分析不能充分解释意义；（c）每一种模态都有特定的能供性，这源于其物质性和社会历史塑造了它的资源，以满足特定的交往需求；（d）模态协调在一起，每一个都有其特殊的角色，以创造意义；因此，模态之间的关系是理解每一个交往实例的关键。[39](P1)多模态方法结合对文本的双重关注，调查文本和具有表征的社会和文化塑造的实践，并以对文本和表征实践的调查为手段来洞察社会和社会群体，了解他们如何塑造权力关系和他们的文化价值观。从某种意义上说，"椅子/身体感"的丝路旅行和会通是一种动态"事件"，在物质的、文本的、图像的、行动的领域持续不断地生成，忽略其中的任何一个领域的研究都是不全面的。因此，文本阐释学通过聚焦"文本-事件"（textual event）、物质阐释学通过聚焦"物质-事件"（material event）、图像阐释学通过聚焦"图像-事件"（image-event）、行动阐释学通过聚焦"行动-事件"（action event），[40]而将"椅子/身体感"的相关文本、物质、图像和行动共同把握为事件，从而达到多种阐释模态在事件场域的"共轭"。

参考文献：

［1］ Edward Tenner. How the Chair Conquered the World ［J］. *The Wilson Quarterly*，1976，Vol. 21，No. 2.

［2］余舜德. 身体感的转向［M］. 新竹：台湾清华大学出版社，2015.

［3］〔美〕妮娜·莱文特、阿尔瓦罗·帕斯夸尔-利昂主编. 多感知博物馆：触摸、声音、嗅觉、空间与记忆的跨学科视野［M］. 王思怡、陈蒙琪译. 杭州：浙江大学出版社，2020.

［4］Tim Ingold. *The Perception of the Environment: Essays on Livelihood, Dwelling and Skill*［M］. London：Routledge，2000.

［5］〔俄〕叶莲娜·伊菲莫夫纳·库兹米娜. 丝绸之路史前史［M］. 李春长译. 北京：科学出版社，2015.

［6］Engy El-kilany. Heba Mahran. What Lies under the Chair！A Study in Ancient Egyptian Private Tomb Scenes，Part I：Animals［J］. *Journal of the American Research Center in Egypt*，2015，Vol. 51.

［7］Florence de Dampierre. *Chairs: A History*［M］. New York：Harry N. Abrams Inc. 2006.

［8］澹台卓尔. 椅子"改变"中国［M］. 北京：中国国际广播出版社，2009.

［9］陈凌、莫阳. 丝绸之路与古代东西方世界的物质文化交流［M］. 西安：三秦出版社，2015.

［10］〔南朝宋〕范晔. 后汉书（点校本）［M］. 北京：中华书局，1965.

［11］〔美〕柯嘉豪. 佛教对中国物质文化的影响［M］. 赵悠、陈瑞峰、董浩晖等译. 上海：中西书局，2015.

［12］胡文彦、于淑岩. 中国家具文化［M］. 石家庄：河北美术出版社，2002.

［13］方潇. 跪还是不跪：人权的一个身体姿态史考察——以中国法律史为主要视野［J］. 比较法研究，2010（04）.

［14］刘明江. 它语——中国物件的精神考古［M］. 成都：巴蜀书社，2013.

［15］Marshall McLuhan. *Understanding Media: The Extensions of Man*［M］. Boston：The MIT Press，1994.

［16］James Gibson. *The Ecological Approach to Visual Perception*［M］. New York：Psychology Press，2015.

［17］余舜德. 体物入微：物与身体感的研究［M］. 新竹：台湾清华大学出版社，2008.

［18］Itamar Even-Zohar. Polysystem Studies［J］. *Special Issue of Poetics Today*，1990，Vol. 11，No. 1.

［19］祝遂之. 中国美术学院名师典存　沙孟海学术文集［C］. 杭州：中国美术学院出版社，2018.

［20］故宫博物院. 传薪：中国古代家具研究［M］. 北京：故宫出版社，2018.

［21］〔美〕卡罗琳·考斯梅尔. 味觉：食物与哲学［M］. 吴琼、叶勤、张雷译. 北京：中国友谊出版公司，2001.

［22］张进、王红丽. 物质阐释学：一个概念史［J］. 新华文摘，2023(4).

［23］〔美〕唐·伊德. 让事物说话：后现象学与技术科学［M］. 韩连庆译. 北京：北京大学出版社，2008.

［24］〔法〕梅洛-庞蒂. 知觉现象学［M］. 姜志辉译，北京：商务印书馆，2001.

［25］Andy Clark. Pressing the Flesh：A Tension in the Study of the Embodied，Embedded Mind?［J］. *Philosophy and Phenomenological Research*，2008(1).

［26］Michael Wheeler. *Reconstructing the Cognitive World*［M］. Cambridge：The MIT Press，2005.

［27］〔美〕劳伦斯·夏皮罗. 具身认知［M］. 李恒威、董达译. 北京：华夏出版社，2014.

［28］叶浩生主编. 具身认知的原理和应用［M］. 北京：商务印书馆，2017.

［29］Don Ihde. *Bodies in Technology*［M］. Minnesota：University of Minnesota Press，2002.

［30］〔美〕乔治·莱考夫、马克·约翰逊. 肉身哲学：亲身心智及其向西方思想的挑战［M］. 李葆嘉等译. 北京：世界图书出版有限公司北京分公司，2018.

［31］〔法〕莫里斯·梅洛-庞蒂. 可见的与不可见的［M］. 罗国祥译. 北京：商务印书馆，2008.

［32］〔法〕布迪厄、〔美〕华康德. 实践与反思：反思社会学导引［M］. 李猛、李康译. 北京：中央编译出版社，1998.

［33］周黄正蜜. 康德共通感理论研究［M］. 北京：商务印书馆，2018.

［34］〔德〕鲍姆嘉通. 诗的哲学默想录［M］. 王旭晓译. 北京：中国社会科学出版社，2014.

［35］Nina Levent and Alvaro Pascual-Leone eds. *The Multisensory Museum: Cross-Disciplinary Perspectives on Touch, Sound, Smell, Memory, and Space*［C］. New York：Rowman & Littlefeild，2014.

［36］〔英〕克里斯·希林. 身体与社会理论(第二版)［M］. 李康译. 北京：北京大学出版社，2010.

［37］〔日〕黑川雅之. 椅子与身体［M］. 邓超译. 北京：中信出版社，2020.

［38］William Reddy. Emotional Liberty：Politics and History in the Anthropology Emotions［J］. *Cultural Anthropology*，1999.

［39］Carey Jewitt ed. *The Routledge Handbook of Multimodal Analysis*［C］. London：Routledge，2014.

［40］张进、蒲睿. 论事件阐释学及其美学意义［J］. 兰州大学学报(哲学社会科学版)，2023(3).

仰韶彩陶鱼纹的文化分析

褚军棠*

摘 要： 鱼纹是仰韶彩陶动物纹饰的主要母题之一，其发展过程总体上呈现出由写实到抽象的演变轨迹。半坡时期的鱼纹多以写实形象表现，至庙底沟时期，鱼纹已经基本摆脱了写实性而走向抽象化的阶段。学界对于仰韶彩陶鱼纹的文化分析多集中于其中的某一种或某一类较为典型的形式，且多采取静态、孤立的分析方式，尚没有把这些鱼纹作为一个有机的整体并置于仰韶文化动态发展的整体语境之下揭示其可能赋有的文化内涵，因而所得出的观点往往落于一偏。通过爬梳这些鱼纹的演变轨迹可以发现，仰韶彩陶鱼纹不仅在形式上处于发展变化之中，而且其文化内涵也处于一个动态演变的过程中。作为表现仰韶先民整体生活的一种形式，鱼纹从根本上乃是仰韶先民由早期对于生活资料的单一崇拜而逐渐演变形成的一种内涵丰富的原始信仰，这种原始信仰至少包含原始宗教崇拜、生殖崇拜、女神崇拜、信仰标识、生死往复等多重文化意蕴。

关键词： 仰韶彩陶；鱼纹；形式演变；文化内涵；原始信仰

引言

鱼纹是仰韶文化早期的半坡类型彩陶动物纹饰的主要母题，发展至仰韶中期庙底沟类型时，鸟纹成为了主要母题，此时的鱼纹则逐渐演变为某些组合纹饰中的一部分，有的变体鱼纹还通过与变体鸟纹相结合形成了抽象化的鱼鸟组合纹饰。王仁湘已对庙底沟时期的叶片纹、花瓣纹、"西阴纹"、菱形纹等典型纹饰的形式做过深入系统的分析，认为这些纹饰大都由鱼纹拆解重组而成，进而构建了一个"大鱼纹"符号系统。[1]这一研究不仅揭示了庙底沟时期诸多典型纹饰演变背后的母题，而且为探讨处于动态发展中的鱼纹的文化内涵演变提供了形式上的依据。学界对仰韶鱼纹文化内涵的分析多是将其归结成某一类固化的观点，这使得鱼纹的文化内涵脱离了其形式变化的轨迹，拘囿于静态、孤立的态度和视野，难以窥见仰韶鱼纹文化内涵的真正奥秘。

彩陶鱼纹形式上的变化意味着鱼纹在仰韶先民心目中的地位发生了变化，这恰恰折射出了其文化内涵的变化。"一个民族的具有代表性的花纹，反映着这个民族在特定的生产条件下长期形成的审美感和文化特征，是族文化的标志性的表现。"[2](P51)鱼纹的形式由最初的具象写实逐渐演变成抽象重组的新形式意味着其形式的变化同鱼纹的整体变化相类似，与此同时，鱼纹的文化内涵也表现出由单一趋于丰富的变化轨迹。说到底，鱼纹乃是

---

* 作者简介：褚军棠（1994— ），河北师范大学文学院文艺学专业博士研究生，研究方向为先秦文化与美学。

表现仰韶先民整体生活的一种形式。基于上述看法，本文将重点探讨如下问题：作为仰韶文化半坡类型主要母题的鱼纹为何在庙底沟时期被鸟纹所取代，其表现形式又为何演变成为鸟纹的装饰元素？伴随鱼纹形式的发展变化，其文化内涵究竟是怎样发展变化的，这种演变过程又是怎样在先民生活的诸多方面中体现出来的？探究这些问题，对了解仰韶文化的生活方式以及中华文明史的溯源有着重要的学术价值和现实意义。

一 鱼纹的形式演变轨迹

仰韶彩陶鱼纹在发展过程中出现了多种多样的形式，如单体鱼纹、群体鱼纹、变体鱼纹等。这些鱼纹尽管形式各异，但总体上呈现出由写实到抽象的演变轨迹。值得注意的是，甘肃秦安大地湾二期文化遗址同时发现了写实鱼纹和抽象鱼纹[3]，这使得学界以往基本达成共识的鱼纹演变规律变得不再绝对。不过，从鱼纹的整个发展过程来看，写实鱼纹随着仰韶文化的发展其数量占比呈逐渐下降的趋势，而抽象鱼纹则逐渐成为占主导的表现形式。因此，我们仍可以断言，从写实走向抽象乃是仰韶彩陶鱼纹的整体发展趋势。①

（一）写实鱼纹的形式演变

写实鱼纹在仰韶早期的半坡类型动物纹饰中颇为典型，其发展呈现出由单一、具象向复杂、简约演变的趋势。早期鱼纹最鲜明的特征便是鱼的构图形象生动且线条柔和，给人以灵动、活泼的审美感受。写实鱼纹在绘制技巧上可分为两种：其一，鱼嘴部突出的两条交叉线条代表鱼须，身体的网格纹饰代表鱼鳞，头部后方、尾部前方下延的两对线条代表鱼鳍，末端向外伸出的一对交叉线条则代表鱼尾（见图1）。由此可以看出，这一时期的先民在绘制鱼纹时倾向于将鱼的形象如实地描摹出来，其构图技巧尚显粗犷、随意；其二，与上述方式不同的是，第二种写实鱼纹则以长线条绘制，网格纹所代表的鱼鳞消失，鱼身部分采用了涂黑的方式，绘制重点转移到了鱼头，鱼口上翘，有些鱼纹还在口中绘制出尖锐的牙齿。这种形式的鱼纹体态细长，上下结构基本对称，整体形象更加生动（见图2）。

图1 仰韶早期鱼纹

（图片来自《西安半坡：原始氏族公社聚落遗址》②第167页）

（a） （b）

图2 仰韶早期鱼纹

（图片来自《西安半坡：原始氏族公社聚落遗址》第166页）

至半坡晚期，写实鱼纹发生了进一步的变化。这一时期的先民不再注重细节的描摹，而是将重点转移到鱼的体态上，鱼的动作更加灵动传神。例如，王家阴洼遗址发现的一例彩陶鱼纹（见图3），鱼的数量增加为四条，从对称性上可以分为两组：第一组以鱼头相对处为中心大致呈旋转对称，第二组围绕两条鱼身中间留白中点大致呈中心对称。从形式上看，鱼嘴的细节减少，鱼身线条凌厉且多为锐角，鱼身呈蜷曲状，其中一组鱼纹还表现出对视状。从整体上看，鱼的体态更加优美灵动，呈现出一幅游鱼戏水的生动画面。

图3　王家阴洼彩陶鱼纹

（图片来自《仰韶文化半坡类型鱼纹分类及其在庙底沟类型中的演变》[3]第57页）

写实鱼纹还存在着一种十分特殊的纹饰组合，即人面鱼纹。在人面鱼纹中有些已经失去了鱼形，但由于其尚处在半坡时期，因而在鱼纹发展的整体趋势下，依然属于写实鱼纹的特殊纹饰组合。《西安半坡：原始氏族公社聚落遗址》将人面鱼纹划分为两类：人面鱼纹花纹与人面鱼形合体花纹。[4][P163—168]前者根据形式上的细微差别又被分为三类：第一类型为人面衔鱼花纹（见图4-a、图4-b），鱼形已经完全省去身体细节，只以鱼的大体形状示意；第二类型（见图4-c）与第一类型的不同之处在于，人面两侧耳部加入了写实性的鱼纹；第三类型相比于第一类型缺少了头部的倒三角形，相比于第二类型则缺少了两侧耳部的写实鱼纹（见图4-d）。从上述三种类型的人面鱼纹花纹可以看出，半坡先民对人面纹与鱼纹的搭配进行了不同形式的尝试，这表明他们已经考虑到了通过某些部位的增减以提高人面鱼纹的美感，且人面鱼纹在整体上呈现出对称的形状，这也说明半坡先民对于构图已经形成了对称组合的设计原则。

人面鱼形合体花纹（见图5）乃是半坡先民对于人面纹与鱼纹相结合的另一种尝试。他们将原本作为主体的人面纹融进鱼纹当中，使得这种纹饰在整体上呈现出鱼的前半段身体，但在身体中又嵌入了人面纹样式。我们在前面分析人面鱼纹花纹时已经发现半坡先民对于构图更加偏好对称组合的设计原则，然而这里的人面鱼形合体花纹却没有体现这一原则。因此可以断言，人面鱼形合体花纹虽然同是半坡先民的一种设计形式，但这种设计形式并不符合他们的审美意识，这也侧面透露了半坡遗址中只出现一例人面鱼形合体花纹的原因。

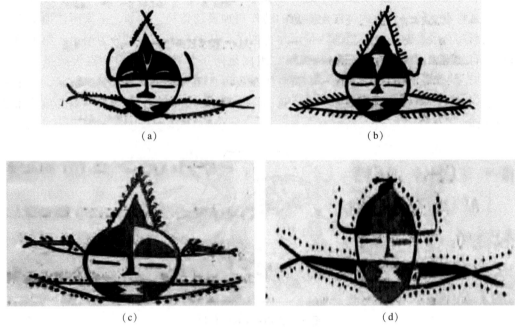

图4 人面鱼纹花纹的三种类型

（图片来自《西安半坡：原始氏族公社聚落遗址》第 166 页）

图5 人面鱼形合体花纹

（图片来自《西安半坡：原始氏族公社聚落遗址》第 168 页）

上述人面鱼纹的特殊性在于，它们将鱼纹与人面纹进行了巧妙的组合，这些组合不仅展现了形式上的诸多变化，而且揭示出鱼之于先民的重要性，表明鱼已经不只被看作一种满足生存需要的食物，更成为先民精神生活的重要组成部分。同样值得注意的是，一些鱼纹在与人面纹搭配时已不再拘泥于鱼的具体形象，进言之，它们已呈现出写实鱼纹向抽象鱼纹过渡的趋势。

（二）抽象鱼纹的形式演变

抽象鱼纹是仰韶中期庙底沟类型动物纹饰中的一种颇为独特的形式，其特点主要表现为线条的简化以及鱼的特征消失。庙底沟时期的鱼纹在形式上已大多失去了鱼形，因而对其进行纯粹形式上的分析时不太容易将其归入鱼纹，甚至给人造成了一种误解：鱼纹发展至庙底沟时期销声匿迹了。

王仁湘通过分析庙底沟时期的少数写实鱼纹，认为这一时期的鱼纹其实并没有消失，而是以某种抽象化了的符号继续存在着。陇县原子头遗址与秦安大地湾遗址发现了一种无头鱼纹（见图6），鱼的尾部（甚至体形）依旧清晰可辨，其头部则代之以花瓣纹、圆盘形纹。王仁湘就此指出："大地湾半坡文化彩陶上见到多例与原子头鱼纹相同的彩陶，这表明这种纹饰组合在半坡文化时期（应当是在末期）就已经出现。"[5]

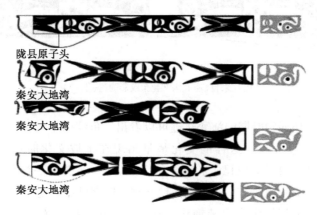

图6　陇县原子头遗址与秦安大地湾遗址的无头鱼纹

（图片来自《庙底沟文化鱼纹彩陶论（下）》④）

这种组合形式使得分析庙底沟时期的鱼纹成为可能，同时也让我们看到了鱼纹由写实走向抽象的演变轨迹。而替代鱼头部分的花瓣纹、圆盘形纹在庙底沟时期则日益脱离鱼体而组成了新的纹饰，这表明庙底沟类型的某些典型纹饰显然是半坡类型鱼纹的延续与变形。例如秦安大地湾遗址发现的一例变体鱼纹（见图7）在体形上表现得更加细长，整体呈现出相对对称的几何构图，线条硬朗且多呈锐角，少见弧线，但仍可依稀辨识出鱼的一定特征。至于蓝田泄湖遗址发现的一例抽象鱼纹（见图8），则彻底摆脱了鱼的特征。这例鱼纹以圆点代表头部，身体呈飞羽状向后延伸，总体呈近弧边三角纹状。根据庙底沟期鱼纹的变化特征，王仁湘认为"它仅存典型鱼纹常见的尾部，身子与头部都已省略，不过前端有一个圆点，大约是用它表示着鱼头"[1]。东庄村遗址发现的一例鱼纹（见图9），则省去了鱼身部分，只保留鱼头，两个鱼头相对，中间以留白加圆点纹隔开，整体上看不仅依然

图7　大地湾变体鱼纹

（图片来自《从仰韶文化鱼纹的时空演变看庙底沟类彩陶的来源》⑤）

呈现出鱼纹的特征，还体现了人面纹的某些特点，这种构图或许是先民为了表现出鱼头的正面形象而有意采取的一种对称鱼头的设计方式。

图 8　蓝田泄湖变体鱼纹

（图片来自《庙底沟文化鱼纹彩陶论(上)》[⑥]）

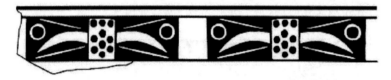

图 9　东庄村变体鱼纹

（图片来自《庙底沟文化鱼纹彩陶论(上)》）

通过爬梳鱼纹在庙底沟时期的演变轨迹可以看出，鱼纹已不再独属于半坡类型，而是通过发展变化留存了下来。"这样的变化最早出现在半坡文化时期，是鱼纹拆解的开始。"[1]至庙底沟时期，变体鱼纹已经和变体鸟纹相结合，成为庙底沟鸟纹的修饰纹饰。至于无头鱼纹头部的抽离重组纹饰，也表明鱼纹在这一时期已逐渐走向装饰化。

仰韶彩陶鱼纹之所以逐渐走向装饰化，其中一个重要的因素就是彩陶制作技术的提高，成熟的制作技术在大幅提高彩陶产量的同时，也使得纹饰的程式化、装饰化成为可能。"彩陶多是制作较精细的泥质陶，绘彩更需费心费时，对制作技术的要求比一般陶器要高，但又不像制作青铜器、玉器那样需要达到很高的专业化、协作化程度。"[6]从这一视角看，玉器的象征程度或者说其中所具有的精神意蕴远在陶器之上。当技术发展、产量提高，原本为特殊用具或有很高象征意义的器物便丧失了独特性。与此同时，人的精神外化载体则逐渐转移到更加稀有、更有制作水平的器物之上。因而彩陶纹饰在发展过程中便会出现象生纹饰逐渐演变为几何纹饰的情况，这些抽象化了的几何纹饰一旦抽离其象征意义，便会进入日常生活并成为纯粹的装饰品。值得庆幸的是，仰韶彩陶鱼纹的文化内涵至庙底沟时期也没有消失，只是这一时期的鱼纹不再以生动的形象示人，而是更多以线条化、几何化的抽象形式呈现出来。"彩陶上的无头之鱼与无体之鱼也许各自会有一些特别的意义，但它们也一定还是表示着鱼的含义，是用鱼的某一部位代表整体的鱼。"[1]另需注意的是，庙底沟时期彩陶纹饰的母题诚然已由鱼转变为鸟，不过在鸟纹中依然可以看到鱼纹的影子，这说明鱼纹和鸟纹的关系密切，而纹饰母题的转变又有可能暗示着这一时期的社会文化发生了某种结构性的转型。

二　鱼纹的文化内涵之争

学界对仰韶彩陶鱼纹的文化内涵已作过一些分析，分析的主要对象是人面鱼纹这一特殊的纹饰组合，因为这种纹饰组合更直接地表现了人与鱼的精神联系。长期以来，学界围绕人面鱼纹的文化内涵争论不休，迄今已形成至少 20 种观点[①]，其中值得注意的主要有四种——图腾说、生殖崇拜说、生死轮回说、原始崇拜说。这些观点从不同的侧面展开了人面鱼纹的多重面相，但它们却存在着一个共性的问题，即没有考虑到鱼纹文化内涵的发展演变这一因素。其实，鱼纹的文化内涵也如它们的表现形式，始终处于发展演变的过程之中。然而，现有的观点多采取静态、孤立的分析方式，尚没有把这些鱼纹作为一个有机的整体并置于整个仰韶文化的背景之下揭示其动态发展的过程，因而所得出的观点往往落于一偏。从长远来看，这不仅遮蔽了仰韶彩陶鱼纹的有机性及其发展的连续性，而且不利于揭示鱼纹向鸟纹转变的内在契机。鉴于此，笔者对目前影响较大的图腾说、生殖崇拜说、生死轮回说、原始崇拜说分别做一番辨析。

（一）"图腾说"辨析

石兴邦是较早提出"半坡类型是代表以鱼为图腾的氏族部落"[7]之说的学者，岑家梧[8](P9)、李泽厚[9](P3)等学者都对这一观点表示支持。另外，也有一些学者基于图腾说提出了新的观点。王燕均将鱼与《山海经》相结合，认为鱼乃是古氐人的部族图腾。[10]高强则结合民族学知识，认为姜寨遗址出土的人面鱼纹彩陶盆以及鱼纹与蛙纹组合的彩陶盆均是以鱼为基本氏族，人面纹以及蛙纹则是在鱼氏族的基础上分化出来的以直接血缘关系为纽带的胞族组织。"尽管这些脱离了基本氏族的、独立的各部分又都取得了新的图腾和名称，但是，它们与基本氏族仍保持着亲族关系，因此，在新的图腾上保留基本氏族的图腾——'鱼'的形象，以表明其相互之间仍有血缘的联系。"[11]严文明的观点与"胞族说"有相通之处，他结合《鹳鱼石斧图》认为，其中的鹳鸟与鱼各自是部落联盟中相同名号的氏族部落且相互敌对，"白鹳是死者本人所属氏族的图腾，也是所属部落联盟中许多有相同名号的兄弟氏族的图腾，鲢鱼则是敌对联盟中支配氏族的图腾"[12]。赵春青则认为，《鹳鱼石斧图》上的鱼纹乃是基于部落冲突的一种战争宣传，"在史家类型早期，渭河流域仰韶文化当中的'鸟'集团与豫西地区仰韶中的'鱼'集团东西对峙，双方相互交战，但一时间难分高下。为了鼓舞士气，双方的画师都把自我形象渲染得勇猛强大，而把对手描绘得渺小可怜"[13]。

但图腾说暴露出了一个严重的问题，即鱼纹并非只出土于一个遗址，而是广泛地存在于仰韶文化早期的诸多遗址中。《辞海》对"图腾"的解释是："原始人相信每个氏族都与某种动物、植物或其他自然物有着亲属或其他特殊关系，一般以动物居多。作为氏族图腾的动物（如熊、狼、鹿、鹰、蛇等），即是该氏族的神圣标志，照例为全族之忌物，禁杀禁食；且举行崇拜仪式，以促进其蕃衍。"[14](P2197)依此来看，鱼纹作为广泛存在于仰韶文化早期半坡类型的纹饰，显然不具备区分血缘以及彰显本氏族标志的功能，尤其值得注意的是，半坡时期的先民以渔猎与农耕作为主要生产方式，鱼仍然是他们的主要食物来源之一，这同样不符合图腾的定义。支持图腾说的学者对此做了进一步的阐释，如李仰松认为："半坡型仰韶文化属于母系氏族公社晚期，那时人们对于本族图腾禁食习俗已不甚严格了，氏族的成员可以有限地捕食本族的图腾动物或植物，这在民族学调查材料中不乏其例。"[15]这一说法虽然解释了为何以鱼为图腾的先民还可以食鱼的问题，但依然无法解决鱼纹在半坡类型中的广泛性存在问题。王仁湘指出："图腾崇拜之论也有简单化倾向。我们知道，图腾标志必须为一个规模有限的氏族所拥有，而在半坡文化中它却是普见的纹饰，分布范围很广，明显不可能为某一氏族专有。"[16](P457)于学斌提醒人们，在看待动物图腾的问题上，须对图腾崇拜和动物崇拜做出严格的区分："在众多图腾物中，以动物为图腾最为普遍，有必要严格区分图腾崇拜和动物崇拜，动物崇拜仅仅是把某种动物作为神圣物，而图腾不仅仅是神圣物，而且同本族具有血缘联系，被看成本族的亲族、祖先。"[17]就此而言，倘以图腾作为鱼纹的主要含义，似乎整个早期仰韶文化在血缘关系上同出一族，这显然是不可能的。而且，这同样无法解释半坡类型发展至庙底沟类型甚至之后的马家窑文化这一过程中的鱼纹变化问题。可以说，将鱼纹当作原始图腾不仅把鱼纹的文化内涵问题简单化了，而且也把史前文化的演变问题简单化了。

（二）"生殖崇拜说"辨析

杨堃是较早提出生殖崇拜说的学者之一，他结合图腾说认为，"图腾既是氏族的名称和象征，当然也是女性生殖器的象征"[18]。鱼纹象征女阴以及先民对于生殖的崇拜主要源于鱼多子这一特性。有学者从鱼的强大繁殖能力出发，认为"鱼的这一旺盛的繁殖力也被原始人们察觉到了。在社会生产力发展水平极其低下的原始时期，人们长期傍水而居，生活在河流旁与沼泽边，先民们在日常生活与生产中通过细致入微的观察，莫不惊讶于鱼儿强大的繁衍能力，久而久之，便产生了对鱼生殖能力的由衷崇拜"[19]。亦有学者从鱼形的角度给出了一种解释："从表象来看，鱼的嘴和图像化了的鱼形，在外形上很似女阴，或者能让我们联想起女阴，由这种形似发展到鱼象征女性。"[20]黄冉在分析人面鱼纹时同样将鱼纹视为生殖崇拜的象征，其不同点则在于，鱼在这里被视为分娩的婴儿："婴儿双耳所连接的鱼（或双线所连接的鱼）则暗示了人们正在分娩的胎儿是由鱼转化而成的。"[21](P68)

史前先民将鱼视为多子之象征的原因主要在于，当时的生产力低下，只有不断生育繁衍才可以保证有更多的劳动力参与捕猎、采摘等生产活动，另外科技的不发达也使得史前时期时常发生婴儿夭折的情况，在高死亡率的情况下，只能通过多生育来保证更高的繁衍率。因此，鱼便被先民赋予了"多子"的文化内涵。从这一点看，生殖崇拜说是可以成立的。然而，秦安大地湾遗址出土的同时期不同类型的两种鱼纹，它们在功能性上并不相同，这就使得生殖崇拜只能被看成鱼纹的文化内涵之一，而并非其全部。值得注意的是，女阴崇拜更多是由原本对于鱼旺盛的繁殖力的崇拜而来，两者之间应该是递进的关系而非并行的关系，更何况在出土的鱼纹当中并未看到太多单独为鱼口的鱼纹设计。因此将鱼形看作女性生殖器官，借以提出生殖崇拜之说的做法并不恰当。与鱼相比，还有很多生物具有更强大的繁衍能力。之所以将鱼视为生殖崇拜的对象，其主要原因当是鱼已经成为仰韶先民生产生活中联系极其紧密的自然物。这里尤其需要注意的问题是先民的生殖崇拜意识与鱼的繁衍能力之间的因果逻辑关系。笔者认为，是鱼的繁衍能力促使先民产生了生殖崇拜意识，而非先民的生殖崇拜意识觉醒促使其需要找到生殖崇拜这一文化内涵的宿主——鱼。由于鱼与先民之间已经产生了紧密的联系，先民在观察到鱼强大的繁衍能力时直接地促成了他们对于生育的渴望，进而促成了对鱼的生殖能力的崇拜。这种崇拜使得先民对鱼的认知有了进一步的提升，鱼开始摆脱作为食物的物质性，日益介入了先民的精神世界。

（三）"生死轮回说"辨析

学界关于生死轮回说的相关探讨主要集中在对典型的人面鱼纹（见图10）的文化分析中。王育成认为，仰韶彩陶的人面鱼纹是一种史前人头崇拜，在当时的祭祀仪式中起到了祭品的作用。先民之所以选择鱼作为祭品，乃是因为鱼类具有死而复生的功能："既然古人认为鱼可死而复生，那么死人食鱼也就能够复生。"[22]在这种观点的基础上，王宜涛进一步提出了先民想与鱼进行互相转化："它明确表现半坡仰韶居民渴望与鱼类动物互相混血、互相转化和互相融为一体的强烈愿望。并且由此使人类能够获得鱼类动物的某种特质和功能，从而使人们能够顺利超脱到生死轮回的各个境界。"[23]与前者不同的是，鱼在这里并不只是单纯地作为亡者复生的工具，而是与人类相结合进而使人可以拥有复生的功能。由于人面鱼纹通常绘制在孩童瓮棺的棺盖上，因此这样的鱼纹很可能包含着先民对于生死的观念。"我们可以推出'人面鱼纹'很有可能就是人面鱼身的神，或者说是'鱼神'。它口衔两条鱼，两耳旁有两条鱼。从作用上来看，这个'神'极有可能掌握生死轮回，但是它也很有可能不只有一种作用。"[24]李仰松同样认为鱼纹代表着生死轮回，不过他进一步指出："它象征婴儿出生就能听到巫师的呼唤，知道自己是鱼图腾的后裔。"[15]在这位图腾说的拥趸看来，鱼纹并不只是象征着生死轮回这一过程，更是婴儿在经历生死轮回之后的引导者。

图10　典型人面鱼纹

（图片来自《西安半坡：原始氏族公社聚落遗址》第166页）

可以确定的是，人面鱼纹因其通常绘制在孩童瓮棺棺盖上，必然涉及原始先民对于生死的独特认知。鱼在半坡时期已经具有了神圣的象征意味和丰富的精神内涵，"鱼神"很有可能成为半坡先民的原始信仰，就此而言，人面鱼纹中的鱼也很有可能意指"鱼神"的使者来对亡者进行灵魂的引导。而中间的人面纹则可能象征着死去的婴孩在鱼的引导下走向往生。

（四）"宗教崇拜说"辨析

鱼纹彩陶盆兼具祭祀品与祭祀工具两种功能，因而成为仰韶时期最初的一种礼器。王仁湘明确指出："绘着鱼纹，盛着清水的彩陶盆，也许真就不是一件平常的日用器皿。这种彩陶绝少出现在成人墓葬中，在西安半坡是这样，在秦安大地湾也是这样，它当初应当是一件圣器。"[5]祭祀圣器的出现表明仰韶时期已经产生了原始的宗教崇拜。这一时期的宗教崇拜尚处在自然崇拜的阶段，并未产生严格的宗教机构、专职宗教首领以及标准化的宗教规则。而以上所谈论的图腾说、生殖崇拜说、生死轮回说，均在一定程度上融入宗教崇拜说之中，相比之下，只是宗教崇拜说更加系统化，并且有了神的概念。目前学界对于宗教崇拜说的探讨主要有两种看法，一是宗教仪式说，二是原始神灵说。下面逐一进行辨析。

宗教仪式说的核心观点是，鱼在先民的宗教仪式中被赋予了新的功能，进言之，鱼拥有了作为食物来源之外的其他含义。在这个问题上，有学者主张人面鱼纹所呈示的是某种整体性的宗教仪式，如王育成认为，人面鱼纹是先民鱼祭人头仪式的复写，这种宗教仪式中的鱼已具有了宣说死而复生观念的功能。[22]黄冉则结合大溪文化中的鱼常被置于死者身旁这一点，进一步指出"'鱼'在母系氏族社会中极有可能具有十分崇高而神圣的地位，鱼能游水通地界"[21](P38)，这里同样强调了鱼被赋予的生死轮回的含义及其在母系氏族社会所具有的神圣象征意味。与上述观点有所不同的是，多数学者主张鱼乃是宗教仪式中的一部分。石兴邦认为，人面鱼纹中的鱼当是某种具有目的性的象征物，"这种绘画，可能还具有某种魔术争验的意义，例如人口衔鱼，也许是渔猎季节开始时，人们为祈求取得更大量的生产物的欲望而以图画表示自己的心意"[4](P221)。肖兵同样认为人面鱼纹中的鱼意指先民对于丰产的渴望，不过他所强调的是，人面鱼纹象征着飞头精灵驱赶鱼群入网以保证丰产："他们认为可以驱使精灵从打开的天灵盖里飞出去寻找鱼群，再让某一神圣的飞头将鱼群赶入网里，就可以保证渔猎的丰收。"[25]蒋书庆则认为人面纹是太阳神的象征，而鱼纹乃是"作为对太阳神的祭献，可能与当时渔猎经济还占有重要地位，和人们祈求捕鱼丰收有关"[26]。这些观点各有侧重，为我们理解鱼纹的文化内涵提供了诸多可能性。不过，这些研究多是将鱼纹作为分析人面纹的辅助纹饰，抽离了整体语境的鱼多被看成祭祀仪式过程中的一件祭品，这类看法的最大问题是无法从整体上揭示鱼纹由写实走向抽象的形式演变轨迹，也无法有机地展呈鱼纹所体现的仰韶先民整体的社会文化生活。对于人面鱼纹的文化内涵，我们不应将其中的某一部分抽离出来进行静止、孤立的分析，而是应该将其视为一个有机的整体并将其置于彩陶绘制的整体语境中进行诠解。对此，张光直提出了人面鱼纹应当是巫师形象的观点，这一观点虽然同样认为人面鱼纹是一种祭祀仪式的摹写，但鱼在这里已然超出单纯的祭品与食物来源而成了受到同类相生律影响的祭祀工具："似乎很可能是画的一个掌管祈渔祭的巫师，画在盛鱼或用于祈渔祭的器皿之内；器内除他之外还有两尾鱼。该器之绘鱼与巫师头饰之做鱼形，也许又是同类相生律的作用。"[27](P124)冯利则从民族学视域出发，通过总结我国信仰原始宗教的少数民族巫师形象，认为"人面两边的弯钩或小鱼，可能是束发器，但更有可能是巫师专门佩戴的装饰，绝非耳朵的象征"。同时，作者也承认之所以选择鱼作为装饰品则是因为鱼纹"参与护佑亡灵，显然具有宗教上的象征意义"[28]。在冯利与张光直这里，鱼不再只是祭祀仪式中的祭品或者最终目的，而是深深地融入祭祀仪式之中。鱼与祭祀者融为一体，这不仅揭示了二者的有机联系，而且使得鱼具有了人性，进而催生出最初的神性，于是学界便出现了有关鱼纹是原始神灵的观点。

原始神灵说所指称的神灵主要有两种，即自然神和祖先神：以鱼作为原始神灵，就是通过献祭鱼⑧以祈求鱼神保佑本部落获得更多的食物并佑护子嗣繁衍不断；以祖先作为神灵，则是将最主要的食物——鱼作为祭祀品献给祖先以期保佑本部落的发展。鱼神是将鱼视为神灵进行祭祀，祈祷食物丰收，同时其超强的生殖能力符合先民对于神灵的认知。靳之林将人面纹与鱼纹看作一个整体，认为"双鱼中间的人面，是双鱼相交产生的新的生命——生命之神的象征"[29]。柴克东则利用四重证据法，通过提炼《山海经》中三则神话的恒定因素，并结合半坡遗址和姜寨遗址瓮棺葬的数据统计，将人面鱼纹与神话学、民族学中的鱼女神进行了比较，认为"人面鱼纹中的鱼可能就是复活女神的原型，而人面是与之形成对立的被复活对象"，就此而言，"鱼也被仰韶先民视为祖先神或图腾来崇拜"[30]。祖先神与鱼神的根本差异在于神的本质不同，鱼神始终作为高于先民且本身并不从属于部落成员的一部分，而祖先神则源于部落成员且与部落有着密切的联系。由于鱼作为部落生活中极其重要的一部分，其精神地位已经远远高于普通成员，因此半坡先民很可能认为祖先在去世之后成为更高层次的鱼。由上述分析可以看出，鱼神和祖先神在很长一段时期内其文化内涵是相互交融的，并且祖先神是在鱼神的基础上进一步生发出来的。相比于图腾说，宗教崇拜说的可信度更大些，且宗教崇拜说也可以对鱼纹的广泛性问题给出相对合理的解释。可惜的是，以鱼为对象的宗教崇拜是如何产生的，学界迄今尚没有定论。不仅宗教崇拜说存在这个问题，学界关于鱼纹文化内涵的其他多种说法也往往忽视了鱼纹在近两千年的发展历程中其文化内涵可能出现的变化。鱼究竟如何走进仰韶先民的社会生活当中，并在漫长的历史长河里逐渐由作为食物来源的鱼走向象征着人性神格的鱼神形象？这便是本文所探讨的主要问题。

另需注意的是，学界在探讨鱼纹的文化内涵时，所分析的对象主要是人面鱼纹。这种做法并无不妥，但问题在于，人面鱼纹只是仰韶先民创制彩陶过程中的一种特殊的形式，通过分析这种特殊的形式固然可以得出一些精彩的观点，但孤立、静止地分析人面鱼纹，并不能将整个鱼纹的发展演变及其透出的文化内涵完整揭示出来。因此，我们在诠解鱼纹的文化内涵时，既要充分考虑到鱼纹形式上的演变轨迹，也要在此基础上把鱼纹置于仰韶文化动态发展的整体语境之下揭示其可能赋有的文化内涵。

三 发展演变中的鱼纹及其文化内涵

通过前面的分析可以看出，学界在对鱼纹的文化内涵进行分析时总是会和某种鱼纹的形式相结合，这也说明鱼纹的形式变化是与其文化内涵的发展演变存在着紧密联系的。鱼纹在仰韶文化长期发展演变的过程中，最初作为食物来源的鱼逐渐上升为作为仰韶先民的精神寄托的神灵，其文化内涵不断丰富，最终成为先民的原始信仰，这种发展演变是一个动态变化的过程。正如程金城所言："它强调的是原始人的集体表象在形态结构方面的混沌不分的综合性。长期的、无意识的积淀而形成群体共同的集体表象和程式系统。"[31](P191)鉴于此，笔者将结合仰韶先民的生产生活方式、社会构成、丧葬习俗等因素，深入发掘潜藏于原始鱼信仰中的文化内涵及其演变轨迹。在笔者看来，作为表现仰韶先民整体生活一种形式，鱼纹在根本上乃是仰韶先民由早期对于生活资料的单一崇拜而逐渐演变形成的一种内涵丰富的原始信仰，这种原始信仰至少包含原始宗教崇拜、生殖崇拜、女神崇拜、信仰标识、生死往复等多重文化意蕴。

（一）原始宗教崇拜

仰韶文化早期阶段的半坡类型已经进入了农耕社会，但由于技术水平较低，农业产出并不稳定。"由于农业和畜牧业还处在原始的初期阶段，产量是较低的，因而狩猎、捕鱼和采集，在整个经济生活中还占有一定的比重。"[4](P223)相比之下，渔猎在半坡先民的生产生活中占有较大的比重。"我们根据当时半坡繁息的动物中有大量的水鹿和竹鼠，推测其周围一定是富有水草的沼泽地，浐河水量也许比现在要大得多，因而鱼类是许多的，捕鱼较之打猎也许更为方便。"[4](P224)这就使得鱼成为半坡先民的主要食物来源之一。同时由于水患是史前时期最常见的自然灾害，而鱼的游水和避害能力使其在人们心目中的地位颇高，鱼也因此成为与先民的生产生活联系最为紧密的自然物之一。随着彩陶技术的发展，半坡先民已经掌握了娴熟的绘制工艺，他们将寄托着自己对美好生活之向往的鱼绘制在彩陶上。此时的鱼既寓托着先民对于食物丰产的渴望，也表明他们对鱼的看法已从单纯的食物向某种精神寄托之物的转变。

随着先民日益增长的对于美好生活的渴望，他们越来越不满足于通过渔猎所获得的食物，这就迫使先民在内心深处尝试着与鱼进行沟通，原始祭祀仪式由此得以出现。为保证沟通顺利进行，先民需要挑选出祭祀者，即巫师。最早的巫师往往由部落首领担任，巫师需要通过一定行为和物品与鱼建立联系从而进行沟通，而这种联系也促使先民要在内心世界里为鱼这一群体构建出一个"巫师"。同先民的部落首领一样，这个"巫师"理应为鱼群的首领，"鱼神"便随之出现了。为了区分作为食物的鱼与作为信仰的鱼，先民开始对鱼纹进行形式上的区分，这也就解释了为何在秦安大地湾遗址中同时出土了写实鱼纹与抽象鱼纹的现象。写实鱼纹的主要功能是标识盛放作为食物的鱼的容器，而抽象鱼纹则代表着鱼神崇拜这一信仰。形式上的分离并不意味着对于食物渴望的消解，更多的是对精神世界与客观世界的分离，因为在这一时期，鱼信仰的主要内涵依然是以食物为主。鱼信仰或者鱼神崇拜的文化功能在于，它给予了原始先民以精神的寄托。先民会在对食物寄寓更多渴望的基础上不断赋予鱼以更多的文化内涵，从而不断地丰富鱼的神性。笔者认为，食物是先民赋予鱼神最初的神性，这种神性寄寓了先民对于维系其生存的最基本的生活条件的愿望。在满足了最基本的生活条件后，先民便会从事更多的生产生活劳动，而最初的生产生活劳动则必然会关涉整个氏族的生存与繁衍。

（二）生殖崇拜

鱼纹之所以能够成为体现仰韶先民生殖崇拜的原始信仰，主要有人口和社会制度两个方面的原因。在人口方面，半坡遗址出土了大量的儿童瓮棺葬。王仁湘通过探讨半坡时期的男女比例问题，认为男女比例的不均衡致使半坡先民可能会通过杀婴来抑制人口增长的速度。"半坡人也许实行过包括杀婴在内的种种限制人口增长的方法，而杀婴的结果，造成了男多女少两性比例的严重失调，客观上抑制了人口增长的速度。"[16](P457)杀婴行为在史前时期并不少见，在史前先民看来婴儿尚算不上完整的人。"呱呱堕地的新生儿与其说是个活人，还不如说是个进入社会集体的生活的候补者。这里也是没有任何确定的东西。假如，有不容许新生儿存在的任何理由，即便是微弱的理由，他们也会毫不踌躇地把他除掉。"[32](P334)

半坡先民为何要杀婴，迄今仍是困扰学界的一个难题。大致说来，主要有如下三点原因。其一，出于优生原则方面的考虑。半坡时期的社会尚未成为完整意义上的文明社会，这一时期的部落已经形成了一定的规模，其社会阶层也开始出现分化，但有限的人口也意味着先民在繁衍过程中不可避免地存在近亲繁殖的现象，这就致使一些新生儿可能会出现因近亲繁殖而导致的遗传基因疾病。这些残疾婴儿的生存能力较弱，并不能成为合格的生产力，也不能为部落发展提供有益的帮助。加之近亲繁殖导致的畸形使得残疾新生儿的外形不同于普通人，这些长相奇特且虚弱的婴儿因而会被先民看成来自神的处罚。为了保证部落的发展以及免受神的惩罚，杀婴行为便出现了，这可能是半坡先民杀婴的主要原因。其二，出于保证男性生产力方面的考虑。半坡时期尚处于母系氏族社会，女性的主要任务是从事轻体力劳动以及维系氏族的繁衍，男性则主要负责渔猎以及防卫活动。男性所从事的渔猎活动具有不确定性，相比之下，女性所从事的农业劳动则可以保证更加稳定和高效的产出，且农业工具的出现使得女性的劳动并不需要像男性的劳动那样付出更多的生产力，而防卫活动和渔猎活动则仍然需要有充足的男性劳动力参与其中。因此，半坡先民在繁衍过程中对男女社会功能的认知开始出现了倾斜。女婴的过量出生可能会导致女性生产力的溢出，因此为了保证部落发展的平衡，可能会采取杀婴的做法，且以女婴居多。其三，出于保证权力平衡方面的考虑。半坡时期的女性在部落以及家庭中处于主导地位，新出生的女婴有可能会导致部落内部以及家庭内部出现权力的失衡，这不利于整个部落的发展。为了保障权力秩序的相对稳固和权力交替的相对平稳，在某些特殊的情况下当权者便有可能采取杀害女婴的行为以保证权力的相对平衡。

概而言之，为了保证生产力的均衡发展以及部落的正常繁衍和权力的相对平衡，半坡先民不得不采取杀婴的行为，但杀婴也导致半坡时期新生儿的成活率始终偏低。另外，由于这一时期较差的医疗水平与恶劣的自然环境，婴儿的自然成活率也较为低下，在主动限制成活率与被动限制成活率两者的制约下，增加出生率成为先民最重要的事情之一（另一件最重要的事情当是获取食物以满足自身的基本生存之需）。半坡先民出于生殖崇拜而信仰的鱼神具有强大的繁衍能力，自然被赋予了多产的能力。同时，大量近亲交配导致的畸形儿使得先民将其归结为某种神秘的惩罚，这就使鱼神在生殖崇拜的基础上延伸出另一个含义，即避害性。先民认为鱼神可以保佑自己像鱼一样多产，且多产的同时避免畸形儿问题，同样也是鱼神需要承担的责任之一。这也使生殖崇拜的含义不再局限于繁衍而是在多产的基础上增加了多产之后对婴儿健康成长的期望。

在社会制度方面，半坡时期以原始农业为基础的生产方式成了母系氏族社会繁荣的决定性因素之一，对偶制的婚姻制度也使得"以女子为中心的经济形态下便由几个对偶家庭而形成以血缘纽带为中心的共产制的家庭经济单位，共同经营氏族生活"[4](P226)。可以说，母系氏族的社会制度为生殖崇拜奠定了坚实的基础。由于鱼具有强大的生殖能力，并且其超越其他动植物的崇高地位使得鱼自然而然地被先民赋予了生殖崇拜的文化内涵。"在繁荣的母系氏族制度下，氏族的首领是妇女或者是老人，她（他）们在社会上有较优越的地位。"[4](P226)在母系氏族社会制度的影响下，鱼神的性别也得到了确定，于是在先民的精神世界里进一步衍生出了女神崇拜。

（三）女神崇拜

既然鱼神具有生殖崇拜的精神属性，那么先民精神世界中的鱼神自然为女性，这就衍生出了鱼纹新的文化内涵——女神崇拜。"在这个时代，人们不仅思索着未经驯化的自然力量，还思索着野生动植物的循环状况，他们以多种形式崇拜某个或多个女神。女神在不同的循环阶段显现出无数不同的形象，以此来保证在每一个阶段都能顺利地发挥其作用。"[33](P3)严格意义上女神崇拜属于原始信仰崇拜的一部分，但相比于最初的原始信仰崇拜，女神崇拜更加具象化了崇拜对象，鱼神不再是神秘莫测的鱼群的代言者，而是成了类似于人类母亲一般的女神形象。女神形象的出现使得原始信仰崇拜的对象不再是冷冰冰的客在之物，而是寓托着半坡先民对生养之母的美好向往，进而使女性化了的鱼神成为部落中的正式一员。

另须注意的是，鱼经常在夜晚活动，因为这一点，先民的渔猎活动往往选择在夜间进行。也正因为这一点，以鱼作为原型的女神在一定程度上象征着夜晚，而夜晚的主要标志是月亮，于是女神与月神也就有了内在的联系。刘夫德认为人面鱼纹所代表的正是月亮的形象，进而主张月亮崇拜说。[34]其实，月亮崇拜说乃是女神崇拜说的一个变种。

（四）信仰标识

女神与先民的关系已经超越了鱼神时期相对平等的对话关系，成了集尊重与希望于一体的具象神灵。而且，女神又起到了生养、护佑先民的作用，这就使得先民对于女神的认同感大大提高，女神也随之成了信徒的精神旗帜。女神信徒在与其他地区的先民进行文化交流的过程中，女神形象逐渐扩大到更广泛的区域，信徒的不断增多使得先民需要一个较为稳定的标识，抽象鱼纹便成了最佳的选择。"在基督教近二千年的漫长历史中，十字架的样式有多种变化。天主教和基督教新教多用拉丁式的纵长十字架'十'。东正教则常用希腊式的正十字架'十'。早期基督徒使用的呈丁字形的十字架'⊤'；圣安德烈十字架，形状如罗马数字'X'，是中世纪常用的十字架。还有耶路撒冷十字架，呈现'十'形，4个角又各有1个小十字架环绕正中的十字架，象征福音从耶路撒冷传向地的四极；凯尔特式十字架，在十字架交叉处有象征永生的圆环'○'，常见于赞美诗的封面。"[35]由基督教十字架的演变可以看出，信仰传播的过程中其标识相对简单且变化并不大，抽象鱼纹非常符合信仰传播的标识要求。

相比于写实鱼纹，抽象鱼纹在形式上更加简化，且在演变过程中并未发生巨大的变化。王仁湘曾对鱼纹的演变过程进行过考察（见图11），从中可以看出，在半坡时期已经存在抽象鱼纹（见图12），且发展至庙底沟时期，抽象鱼纹的形式并未发生较大的变化。相对固定的形式使得以鱼为原型的女神信仰更快地传播至更广的范围，这也就回答了为何鱼纹可以在整个仰韶文化区都有发现且仍然可以辨识出它们在形式上的相同点与演变轨迹这一问题。可惜的是，由于半坡时期尚未出现文字，这在很大程度上限制了先民之间的文化交流，鱼纹原初的内涵在文化交流的过程中不断遭到消解、误读，这也是鱼纹最终在演变过程中逐渐成为彩陶纹饰装饰品的重要原因。

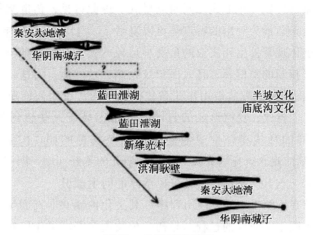

图 11　鱼纹演变过程

(图片来自《仰韶文化鱼纹研究》⑧)

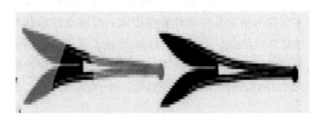

图 12　半坡时期抽象鱼纹

(图片来自《庙底沟文化鱼纹彩陶论(上)》)

(五) 生死往复

女神信仰的出现使得先民逐渐意识到在人类之上还存在着更高维度的生命,而这种生命超出了人类对于生死的理解。女神在先民心目中是无所不能的,因而对于死亡的恐惧使得先民不断丰富女神信仰,女神信仰便进一步衍生出了生死往复的观念。

上文已经谈到,基于生殖崇拜的原因,先民认为自己与女神的关系更类似于孩子与母亲的关系,这使得先民认为自己来源于女神,并借由人类中的女性而诞生。正因为女神给予了自己健康的身体,自己才可以存活于世,因此,每一个长大的先民都得到了女神的眷顾。这种思想也使得先民意识到,死亡并不是生命的终结,而是摆脱了现实世界的束缚投入到了女神母亲的怀抱,或者是回归女神母体由女神重新将自己投入人间。"在古欧洲的宗教意象中,死亡总是紧密伴随着再生。但再生永恒地持续下去,有些特别的形象(尤其是水生生物的形象)尤其让女神的信徒们想起她与他们同在。从这一作用看,我们看到这位女神穿越阴阳两界——死亡的虚幻的恐怖和生育的甜美希望——她实际上为这两个不同世界提供了一种联系。"[33](P20) 柴克东曾援引中国的三则神话对女神的生死轮回能力进行了解释:"如果将三则神话中公有的恒定因素提取出来,则可以得到水、鱼、死、生四个恒定因素，一个公有的对立转化模式是死—生。如果将三则神话中所有的恒定因素都罗列出来，则这些恒定因素都可以和鱼形成二元对立模式。由此可见，传世文献中存在着一个以鱼为主角的神话，这条鱼最为突出的特点是可以复活。"[30] 目前，鱼女神在学界已经得到了一定的认可，而最能体现掌控生死之权的鱼女神形象的便是半坡遗址出土的人面鱼纹。半坡人面鱼纹多出土于孩童的瓮棺葬，且人面鱼纹绘制在盆内侧，而这些彩陶盆都被用作瓮棺的棺盖。"绘有人面鱼纹的陶盆被用作儿童瓮棺的棺盖，说明人面所象征的是死去的儿童——或儿童的灵魂。再次，瓮棺形成的封闭空间很容易使人联想到鱼的卵或女神的子宫，将儿童置于这样的环境中，希望他们能够在鱼女神的卵（子宫）中重新发育、复活。"[30] 这种生死往复的观念寄托着先民对于夭折婴儿的美好期望，期望他们通过女神的保佑重新回到部落中来，这其实寄寓了半坡先民浓厚的向生意识。

总之，仰韶鱼纹在近两千年的发展历程中，其文化内涵并非拘囿于某一种孤立、静止的观点，而是一个不断丰富演变的过程。起初，鱼纹更多寄寓了先民对于食物的向往或者说是对于生存的渴望。随后，先民为了满足自身日益增长的对于美好生活的渴望，他们对鱼的文化内涵不断地进行补充与完善，使得鱼最终被赋予丰产丰收、生殖崇拜、女神崇拜、信仰标识、生死往复等多重文化内涵。有趣的是，鱼纹随着先民对其文化内涵的不断补充、完善出现了写实鱼纹与抽象鱼纹两种表现形式。写实鱼纹因其具象、复杂而不便于传播，它们逐渐向着抽象鱼纹演变；而抽象鱼纹则随着区域间文化交流的逐渐扩大，其文化内涵也逐渐遭到消解与误读，最终在庙底沟时期发展成为鸟纹中的修饰因素，这意味着仰韶彩陶纹饰从此步入了一个以鸟为母题的新时期。

注释：

① 秦安大地湾二期文化遗址同时出土的两种不同形式的鱼纹，至少表明抽象鱼纹与写实鱼纹在仰韶文化早期曾有过同时存在并平行发展的情况，不过到了晚期，抽象鱼纹则成为鱼纹的主要表现形式，其整体构图更加注重纹饰的对称与统一。

② 中国科学院考古研究所、陕西省西安半坡博物馆编：《西安半坡：原始氏族公社聚落遗址》，文物出版社1963年版。

③ 王立夫、周侠：《仰韶文化半坡类型鱼纹分类及其在庙底沟类型中的演变》，《贵州大学学报（艺术版）》2023年第3期。

④ 王仁湘：《庙底沟文化鱼纹彩陶论（下）》，《四川文物》2009年第3期。

⑤ 张宏彦：《从仰韶文化鱼纹的时空演变看庙底沟类彩陶的来源》，《考古与文物》2012年第5期。

⑥ 王仁湘：《庙底沟文化鱼纹彩陶论（上）》，《四川文物》2009年第2期。

⑦ 参见刘云辉：《仰韶文化"鱼纹""人面鱼纹"内含二十说述评——兼论"人面鱼纹"为巫师面具形象说》，《文博》1990年第4期。

⑧ 袁广阔、崔宗亮通过考察史前时期各地遗址中大量出土的鱼骨及抱鱼偶，认为"这种活动就是宗教祭祀活动，而大规模鱼骨的存在正是宗教祭祀中'祭鱼'的反映"。见袁广阔、崔宗亮：《仰韶文化鱼纹研究》，《中原文化研究》2018年第1期。

参考文献:

[1] 王仁湘. 庙底沟文化鱼纹彩陶论(上)[J]. 四川文物, 2009(2).

[2] 张朋川. 黄土上下: 美术考古文萃[M]. 济南: 山东画报出版社, 2006.

[3] 赵建龙. 甘肃秦安县大地湾遗址仰韶文化早期聚落发展简报[J]. 考古, 2003(6).

[4] 中国科学院考古研究所、陕西省西安半坡博物馆编. 西安半坡: 原始氏族公社聚落遗址[M]. 北京: 文物出版社, 1963.

[5] 王仁湘. 庙底沟文化鱼纹彩陶论(下)[J]. 四川文物, 2009(3).

[6] 韩建业. 彩陶时代与前文明社会[J]. 社会科学, 2021(6).

[7] 石兴邦. 有关马家窑文化的一些问题[J]. 考古, 1962(6).

[8] 岑家梧. 图腾艺术史[M]. 上海: 学林出版社, 1986.

[9] 李泽厚. 美的历程[M]. 北京: 生活·读书·新知三联书店, 2009.

[10] 王燕均. 仰韶文化四大动物图腾及其族属研究[J]. 学术界, 1992(4).

[11] 高强. 姜寨史前居民图腾初探[J]. 史前研究, 1984(1).

[12] 严文明. 鹳鱼石斧图跋[J]. 中原文物, 1981(1).

[13] 赵春青. 从鱼鸟相战到鱼鸟相融——仰韶文化鱼鸟彩陶图试析[J]. 中原文物, 2000(2).

[14] 辞海编辑委员会. 辞海[M]. 上海: 上海辞书出版社, 2000.

[15] 李仰松. 仰韶文化婴首、鱼、蛙纹陶盆考释[J]. 北京大学学报(哲学社会科学版), 1991(2).

[16] 王仁湘. 史前中国的艺术浪潮——庙底沟文化彩陶研究[M]. 北京: 文物出版社, 2011.

[17] 于学斌. 图腾理论视域下我国图腾研究的回顾与思考[J]. 北方文物, 2022(5).

[18] 杨堃. 图腾主义新探——试论图腾是女性生殖器的象征[J]. 世界宗教研究, 1988(3).

[19] 周慧. 论原始彩陶纹饰的生殖崇拜"意味"[J]. 苏州大学学报(工科版), 2010(5).

[20] 刘红伟. 生殖转移现象——试析仰韶文化彩陶纹饰中的生殖崇拜[J]. 大众文艺(理论), 2008(5).

[21] 黄冉. 《鹳鱼石斧图》图像研究[D]. 江苏大学硕士学位论文, 2016.

[22] 王育成. 仰韶人面鱼纹与史前人头崇拜[J]. 江汉考古, 1992(2).

[23] 王宜涛. 半坡仰韶人面鱼纹含义新识[J]. 文博, 1995(3).

[24] 杨玥. "人面鱼纹"新探[J]. 中原文物, 2009(1).

[25] 肖兵. 西安半坡鱼纹人面画新解[J]. 陕西师大学报(哲学社会科学版), 1979(4).

[26] 蒋书庆. 半坡类型彩陶上的人面纹及其不同解释[J]. 美术, 1988(12).

[27] 张光直. 中国远古时代仪式生活的若干资料//中国考古学论文集[C]. 北京: 生活·读书·新知三联书店, 1999.

[28] 冯利. 半坡陶彩人面纹的巫师属性[J]. 民族艺术, 2001(3).

[29] 靳之林. 挖掘研究民间艺术和民俗取得重大成果——靳之林破译一批原始文化符号[N]. 人民日报, 1988-6-10.

[30] 柴克东. 仰韶"彩陶鱼纹"的神话内涵新解——兼论中国古代的女神崇拜[J]. 文化遗产, 2019(5).

[31] 程金城. 中国彩陶艺术论[M]. 兰州: 甘肃人民出版社, 2008.

[32] 〔法〕列维-布留尔. 原始思维[M]. 丁由译. 北京: 商务印书馆, 1985.

[33] 〔美〕马丽加·金芭塔丝. 活着的女神[M]. 叶舒宪等译. 桂林: 广西师范大学出版社, 2008.

[34] 刘夫德. 仰韶文化"鱼纹"和"人面鱼纹"含义的再探讨[J]. 青海社会科学, 1986(5).

[35] 李永斌. 十字架的由来与演变[J]. 世界宗教文化, 2006(1).

声乐之器与天下之道

——论古琴的道器地位与士人品格*

赵书至**

摘　要： 琴是中国古代文化中与士人阶层结合得最为紧密的乐器，也是中国古典文学中最为稳定的音乐意象。然而，它的"士人品格"并非先天形成的。在周代礼乐文明时期，琴是"乐"统摄下的"八音"中"丝音"的一个组成部分，在"丝音"中，常与瑟合称为"琴瑟"，且"八音"之间"无相夺伦"，地位平等。汉代建立后，时人对周代雅乐"颇能纪其铿锵鼓舞，而不能言其义"，在经学话语的"赋魅"下，并随着以"养心自禁"为内核、以社会整合为目的的"琴禁"观的建立，琴脱颖而出，不仅成为与八音并行的"乐之统"，还与士人阶层深度绑定，"琴德最优"也成了琴乐士人品格的核心表述。

关键词： 古琴；经学；赋魅；琴德最优

琴，是与古代士人阶层结合得最为紧密的乐器，更是古典文学中最稳定的音乐意象。琴是古代士人生活世界的重要组成部分，乐教修习不能废琴，吟咏性情不能离琴。不过，琴的"士人品格"并非先天存在的，琴也并非一开始就傲然于众音。从复古之时起，历经三代与秦汉这段漫长的时光，琴的地位伴随着社会思想的流动、音乐实践的变化而发生着改变，直到经学时代的到来，因"经"之话语的"赋魅"，它才稳固了地位，得以成为一种特殊的载道之器。

一　礼乐文明与琴之"士人品格"的奠基

琴首先是乐器，"器"是物质与实用属性的表达。《说文》云："器，皿也。象器之口，犬所以守之。"段注云："器乃凡器统称。"[1](P87)。器是会意字，本义是"器具"。器物若要具有实用属性，首先必须是物质实体，要具有一定的物质形态。关于器物的物质性，《周易·系辞上》云："见乃谓之象，形乃谓之器，制而用之谓之法，利用出入、民咸用之谓之神。"[2](P497)所谓"形乃谓之器"，就是器物必须具备其相应的物质形态。不过，器物的物质形态和实用性只是其作为"器"的基础属性，而器物本身则又带有审美的规定性，

---

* 基金项目：本文为国家社科基金重大项目"中国古代美学命题整理与研究"（项目编号：21&ZD068）的阶段性成果。

** 作者简介：赵书至（1994—　），暨南大学人文学院讲师，文学博士，研究方向为中国古代美学。

马克思在《1844年经济学哲学手稿》中就说:"动物只是按照它所属的那个种的尺度和需要来构造,而人却懂得按照任何一个种的尺度来进行生产,并且懂得处处都把固有的尺度运用于对象;因此,人也按照美的规律来构造。"[3](P53)按照美的规律来构造,这是由人的实践本性所决定的,人的存在方式表现为基于实践本性的"生活活动",它显示出人的尺度与物的尺度相统一,合目的性与合规律性相统一,是一种历史的、创造性的活动。即便是远古时代,实践本性下的美的规律就已经在起作用。不过,相较于仍处在审美意识萌芽阶段的远古先民而言,生活在周代礼乐文明下的先民对器物的观照则又迈出了强有力的一大步,那就是将"形下之器"与"形上之道"联系起来,《系辞上》云:"形而上者谓之道,形而下者谓之器。"[2](P504)器物自此不再局限于指向具体的实用目的,而是同时又因人的超越性追求而隐含着一种形而上的"道"的目的性,"道"也在器物的使用、操作等过程中彰显。陈少明说:"器是具体的或一件件的,也是分层次或可交叉分类的,整体的器是一个协调作用的人-器系统。道亦然,最广泛的道叫'天下之道',是人与物相嵌合的制度安排。它涉及对器物的掌控、分配、操作与享用等等复杂的关系。"[4]美则是即器问道、道显于器的中间环节。在礼乐文明中,各种器物的材质、纹路、用途等都不相同,其审美意味自然也有区别,美感当然是共通的,但是美的象征却在"天下之道"的制度规定下因人的地位而异,"礼器"和"乐器"作为承载象征的物质载体,则是制度的具体表征。"礼乐"美学是一种制度美学,而琴的"士人品格",也正由这种制度美学所奠基。

琴的出现,不晚于殷商,甲骨文中的"乐"字 ,象丝弦缠绕于木上,可以说,我国先民运用文字来表现"乐"这一词义,始于对弦乐器的理解。而由"乐"最初的字形来看,至少在殷商时期,我国先民已经使用琴、瑟之类的乐器。不过,就文化性质来说,殷商时期的文化以"事鬼神"为主要特征,琴、瑟之类的乐器在此时仍未具备形成"士人品格"的条件,只有在西周建立后,才具备可供琴的"士人品格"形成的社会文化环境。殷商到西周的转变,不仅是政权的更迭,也是文化的革新,经过"制礼作乐","事鬼神"的时代逐渐成为过去,而"事人伦"的礼乐文明登上了历史舞台。《史记·周本纪》说:"既绌殷命,袭淮夷,归在丰,作《周官》。兴正礼乐,度制于是改。"[5](P171)制度的变更意味着家国之"道"发生了变化,制礼作乐,使得"天下之道"在时人的生活世界中具体显现,最终达到了孔子所说的"郁郁乎文哉"的盛况。在礼乐文明中,"以德配天"的观念极为重要,在这种观念的影响下,先民生活世界中的以礼乐为基本规范的各种实践活动都蕴含着"德"的规定性,音乐也不例外,它要遵循"艺德合化"的路径。《周易·豫》之《象传》就说:"先王以作乐崇德,殷荐之上帝,以配祖考。"[2](P129)西周时期,音乐文化发展很快,黄敬刚说:"西周时期农业生产关系促进经济发展,音乐文化也得到迅速发展,统治阶级利用音乐发展礼制,组织较多的音乐机构,建立宫廷雅乐,形成一套完整的音乐教育体系。音乐得到了空前发展,乐器种类增多带来音乐的表现能力和表现形式的提高,所谓'八音'分类法和七声音阶的应用以及诸侯国之间的音乐文化的交流,逐渐形成'雅乐'体系,成王时期建立了礼乐制度。"[6](P104)琴乐自西周开始便在雅乐文化中扮演了重要角色,《周礼》中的"八音",即金、石、丝、竹、匏、土、革、木,从音乐的器物载体的角度来说,指的是以这八种材质为主要材料所制作的乐器,而从音乐本身的角度来说,"八音"

则是指这些乐器所演奏出来的旋律。琴是弦乐器，它自然也就属于"丝"这一器乐范畴。在当时，琴还并未占据雅乐体系中的至高地位，就"丝"这一类乐器内部而言，琴常与瑟合称为"琴瑟"，两者地位基本相同，若从文字学的角度来看，这两种乐器恐怕也是出于同源。关于"琴"字，《说文》认为它是象形字，这是错误的，"琴"始见于战国文字，如郭店楚简作𤨝，上博简作𤫚或𤫦，可见"琴"本是从瑟（楚简文字中的形旁珡即瑟字初形）金声的形声字，至西汉发生讹变，马王堆帛书中，"琴"有两形，即𤫦和𣎆，季旭昇认为："第一形下从二'丌'，上似改从'珏'（似象琴弦）；第二形下部省为一'丌'，而又讹成'人'形（《说文》小篆即承此形）。"[7](P905)此说为是。而"八音"之间的关系也是在"乐"的统摄下相互平等的，形成于战国时期并受到礼乐思想影响的《尧典》就说："诗言志，歌永言，声依永，律和声，八音克谐，无相夺伦，神人以和。"[8](P192)"八音克谐，无相夺伦"，从音乐的角度而言，指的是"八音"所演奏的旋律要相互配合，不能够相互抵牾，音声要和谐，只有这样才能够沟通神。既然在音声层面，"八音"是平等关系，那么就器物本身而言，琴的地位也不会比其他乐器更高。

但是，正如前文所说，礼乐文明时代的先民将形上之道与形下之器相结合，"天下之道"表征为礼乐制度，而礼乐制度又体现在"礼器"与"乐器"的具体运用上，器物的运用存在着严格的等级规定，于是，就形质而言本无分别的器物，在实践中则又因指向不同的阶层而被"天下之道"内铄外显为不同阶层的符号识标。琴就是在此"道"的指引下，逐渐归于士人阶层，其"士人品格"亦在此"道"的指引下奠基。然而品格的形成也绝非仅由典章制度规定，形上之道落实在具体器物的实践运用之时，终要以形上之德化入其中才能于生活世界中行之有效。通过比德，"道"要赋予器物的意义才不显苍白无力——器物的象征便由此而来，即器问道的路径也由此通达。不同器物之"德"有不同的所指，琴之德，则往往指向士人，尽管在周代礼乐中，琴有着较广泛的运用场景，琴并非士人的专属器乐，然而它与士的关系却更亲近一些。《礼记·曲礼下》说："君无故玉不去身，大夫无故不彻县，士无故不彻琴瑟。"[9](P140)所谓"无故"指的是没有灾祸疾病的情况。可见，琴与士的关系是比较深的。何为琴之德？不妨从《乐记》中寻找答案，文曰："丝声哀，哀以立廉，廉以立志，君子听琴瑟之声，则思志义之臣。"[9](P1313)《乐记》认为"丝"之声音具有婉妙哀怨的特征，哀能生廉，廉能立志，识乐君子能够通过琴瑟之声追思"志义之臣"的事迹，孔颖达认为"君子听琴瑟之声，则思志义之臣"之意是"言丝声含志不可犯，故闻丝声而思其事也"[9](P1315)。时人认为琴瑟之类的乐器具有表现"哀"之心理的能力，进而由此将"哀"与"志义"这一具有德性价值的概念联系在一起。琴通过丝声和志义的比德，获得了一种德性层面的意向性，亦即当人们见到琴、听到琴，便能够进一步本质直观到"志义"之德、"志义"之士。

二 先秦儒家对琴之"士人品格"的理论贡献

如果说周代礼乐文明为琴奠定了"士人品格"的底色，那么作为礼乐制度最为忠实的拥趸，先秦儒家则为琴在日后成为"乐之统"打下了牢固的理论根基。作为器物的琴，其品格并不能仅依凭其形质的基本特征来产生，而是在对音乐的理解与诠释中才能逐渐显明。对于音乐的解释内含着价值判断，它需要依靠"道"所给予释义者的"前理解"才能运行。孔子以降的先秦儒家思想家们，通过对音乐的理解诠释，为琴这一器物附加了诸多价值观念。

孔子自身就是一位非常优秀的音乐家，《史记·孔子世家》就说："三百五篇，孔子皆弦歌之，以求和《韶》《武》《雅》《颂》之音。"[5](P2333)先秦时期，诗、乐、舞三位一体，不可分割，以琴歌《诗》的传统自西周建立完善礼乐制度后便一直常存。《诗》分《雅》《颂》，于是也有"雅琴""颂琴"之说。孔子删汰并编订《诗经》以前，诗篇非常之多，而相应的琴歌曲目恐怕也绝非三百余首，我们知道，孔子编订《诗经》的意义是深广的，在其"思无邪"诗学观念的总体统摄下，《诗经》有其目的论要素，具体而言就是所谓"兴、观、群、怨"，四者以"群"为中心，又同时指向礼乐制度与社会教化。诗与琴之间的关系很密切，也就意味着，孔子编订《诗经》所产生的影响绝不只作用于诗歌本身，它同样也影响到了琴。孔子对于诗歌的价值评判标准同样也是对琴乐的价值评判标准，这个标准当然是他所推崇的礼乐文明的"天下之道"所规定的。上博简《孔子诗论》说："《关雎》之改，《樛木》之时，《汉广》之智，《鹊巢》之归，《甘棠》之报，《绿衣》之思，《燕燕》之情，曷？曰：动而皆贤于其初者也。"[10](P39)所谓"动"就是指触动内心，经由"喻礼"的诗教，人的内心便有所触动，进而能够相较于最初的自己有所"贤"。《孔子诗论》还说："《关雎》以色喻于礼……两矣，其四章则喻矣，以琴瑟之悦，拟好色之愿，以钟鼓之乐……好，反纳于礼，不亦能改乎？"[10](P39)所谓"反纳于礼"，就是人对自己的本能进行超越，最终使得自己的行为合乎于礼。在孔子看来，《关雎》一诗的最重要的特征就是"改"，从"求之不得，寤寐思服。悠哉悠哉，辗转反侧"到"窈窕淑女，琴瑟友之""窈窕淑女，钟鼓乐之"，是德性之礼通过感性之喻对人性的超越。在诗中，这种"反纳于礼"的超越便体现在"琴瑟""钟鼓"这样的音乐意象中，因为琴、瑟、钟、鼓正是礼乐的表征。这也是孔子认为《关雎》"乐而不淫，哀而不伤"的原因，若按照《孔子诗论》对《关雎》的解释理路来看，"乐""哀"乃是出自人之本性的情绪起点，而"不淫""不伤"则是经过礼乐之道的规范后达成的"改"的结果。

《孔子世家》还记载了孔子随师襄学琴的故事，在这一记载中，孔子学琴是依据"曲—数—志—人"的路径展开的，"曲"是乐曲的基本旋律，"数"是乐曲的演奏技法，"志"是乐曲的表现意涵，"人"是乐曲的背后人格。在孔子看来，学琴绝不能仅满足于技法上的精益，而是要准确地把握乐曲背后的人格，他数次拒绝师襄"可以益矣"的请求，执着地钻研这首琴曲，最终以己心入乐心，把握到"眼如望羊，如王四国"的周文王的人格。徐复观就说："孔子对音乐的学习，是要由技术以深入于技术后面的精神，更进而要把握到此精神具有者的具体人格；这正可以看出一个伟大艺术家的艺术活动的过程。对乐章后面的人格的把握，即是孔子自己人格向音乐中的沉浸、融合。"[11](P21)但是把握人格还不是孔子的最终追求，音乐理想终归要与社会理想相结合。孔子认为，西周是"礼乐征伐自天子出"，在礼乐制度下的一切都井然有序，然而礼崩乐坏，周礼不再占据意识形态领域牢不可破的统治地位后，如何恢复它，是孔子毕生所寻。他对经典文献的整理，他的诗乐观念，都以恢复周礼为最终目的，当这一目的不能够在社会整体骤然实现的时候，诗教也好，乐教也罢，都要从落实到具体的个人开始。于是，作为历史事实的以礼乐治世对于孔子而言已是遥不可及的理想，而在个人层面的以礼乐长养仁性的路径则开始深化。这种以乐养德、以乐养性的人格美育论，则由孔子后学继续完善。

孔子后学也都肯定音乐对个人修养和社会良俗的重要作用。如郭店楚简《性自命出》云："凡声，其出于情也信，然后入拨人之心也厚。"[12](P100—101)《孟子·尽心上》云："仁言不如仁声之入人深也，善政不如善教之得民也。"[13](P283)《荀子·乐论》云："夫声乐之入人也深，其化人也速。"音乐对于人心的作用比由外在规约于人的"礼"更加有效。但是，真正具有道德层面的自明性的音乐，都必须是"仁声"，即良善仁德的雅乐。雅乐何以能够对人心产生如此深广的作用？这就与它的原点有关。儒家认为，具备德性的雅乐都产生于古之圣王圣贤，音乐是人心的表现，是客体化的意向，音乐所要表现出的各种情志绝不能人为造作，即"唯乐不可以为伪"，圣贤制作的音乐，从根性上就是良善美德的音声化，其目的就个人层面是提升精神境界，就社会层面是化育万民。琴在这种思想下，也具有道德的自明性。《性自命出》曰："笑，礼之浅泽也；乐，礼之深泽也。"又曰："闻笑声，则鲜如也斯喜。闻歌谣，则訇如也斯奋。听琴瑟之声，则悸如也斯叹。观《赉》《武》，则齐如也斯作。观《韶》《夏》，则勉如也斯俭。咏斯而动心，喟如也。其居次也久，其反善复始也。"[12](P100—101)在此篇看来，乐不通过外在规定而是通过审美共通感唤起人的超越精神，以审美情感为中介，让道德情感超越自然情感，听闻琴瑟之人，会"悸如也斯叹"。笔者曾说："这种心动与吟咏，不能用普通的情感体验去解释，它是美学意义上的净化。"[14]"反善复始"与《孔子诗论》中的"反纳于礼"的意义相近，礼乐内外同体，礼乐制度是"天下之道"的具体表征。在儒家看来，制礼作乐是"郁郁乎文哉"的文明之起点，因此，"复始"其实就是通过乐教使得人回归到这一起点之上，回归到礼乐制度上。值得一提的是，荀子虽然在人性论与工夫论上与思孟学派不同，甚至批评思孟"案往旧造说"[15](P206)，但他也一样重视礼乐的作用，相较于之前的儒家思想家们力求恢复周礼不同，荀子认为在礼崩乐坏的世道应当建立一种新的礼乐制度，在《礼论》和《乐论》中，他作了详细的论述。音乐自然也就在荀子所设想的新的礼乐治道体系中占据着非常重要的地位，而琴之为器物也在这一体系中获得了它的又一个意涵，也就是所谓的"瑟易良，琴妇好"[15](P820)，所谓"琴妇好"指的是琴所具有的婉妙的音声特质，而这种特质则指向"化性起伪"。在荀子的人性论中，性乃天生使然，《性恶》篇说："凡性者，天之就也，不可学，不可事。不可学，不可事而在天者，谓之性。"[15](P938)《正名》篇说："生之所以然者谓之性。"[15](P882)人的天生之性分为"知能之性"与"情欲之性"，前者表现为心的"虚壹而静"，指向人认知能力，不涉及价值判断，而后者则不然。《正名》说"性之好、恶、喜、怒、哀、乐谓之情"，"欲者，情之应也"，"欲不可去，性之具也"，"欲虽不可去，求可节也"。[15](P882、914)在荀子看来，"情欲之性"关乎价值判断，其性恶论也是针对"情欲之性"而言的。廖名春说："与情、欲之性相反，对于知、能之性，荀子并没有赋予价值内容。如上所述，他既没有视其为恶，也没有视其为善，而仅仅视其为人的天然本能。对于后天的善恶来说，知能之

性只是 '可能之性'。"[16](P86)想让情欲之性转出趋利避害的路径，便需要 "化性起伪"，即通过后天的锤炼来化育人性。要达到这个目的，就离不开乐教审美，而《乐论》是 "化性起伪" 工夫论的 "乐" 的表达[14]，这也就意味着音乐具有不可替代的美育作用，进而言之，琴在此之中也应发挥其应有的作用，《乐论》就说：　"君子以钟鼓道志，以琴瑟乐心。"[15](P819)

先秦儒家音乐美学是以功用主义为导向的，它指向个人的德性与社会的治理。在这种思想塑造下，琴作为乐器的形质属性和实用属性成了次要性质，而德性成了它的首要性质。不过，直到荀子所处的战国后期的时代，琴依然没有独立于乐而拥有无上的地位，尽管德性已然是作为礼器、道器而存在的琴在人们观念当中的第一属性，但琴本身的地位仍旧与其他乐器相同。

三　经学话语与琴的 "士人品格" 的确立

冯友兰区分了 "子学时代" 和 "经学时代"，后者起于儒学定于一尊。被雅思贝尔斯视作 "轴心时代" 之一的 "百家争鸣" 的春秋战国时期，随着儒家被定为一尊而结束。如果说在礼乐文明时期，"天下之道" 是那个 "最高言说者"，礼崩乐坏的春秋战国时期 "道术为天下裂"，那么在经学时代，"最高言说者" 的地位则被 "经" 所取代。刘熙《释名》云："经，径也，常典也，如径路无所不通，可常用也。"[17](P227)《释名》解释字义，常用声训，强调音近义通之法，这并不是一种严格遵循字义的训诂方法，尽管如此，它对 "经" 字的解释却非常符合人们对于作为儒家经典之 "经" 的理解。景海峰说："这种意解，可能不合于 '经' 字之本义，但恰恰是后世所谓经的内涵之旨。也就是说到了汉代，人们对经的理解和用词已经渐渐地固定了下来，经就是指儒家所传衍和解释的那些典籍，它们的内容表达了人类文明演进的 '常道'，是具有永恒价值的思想学说。"[18]于是，"经" 成了自此之后中国封建社会的 "最高言说者"，上至庙堂，下及民间，一切意义都由 "经" 来赋予。在经学话语的 "赋魅" 下，并伴随着汉代对雅乐的探索，琴的 "士人品格" 最终得到了确立。

先秦时期，琴乐是雅乐的一部分，然而由于秦火以及战乱，到汉时，先秦雅乐的具体内容和深层意涵已无人知晓，汉初重制礼乐，但显然与周代不同，《汉书·艺文志》云："《易》曰：'先王作乐崇德，殷荐之上帝，以享祖考。'故自黄帝下至三代，乐各有名。孔子曰：'安上治民，莫善于礼；移风易俗，莫善于乐。'二者相与并行，周衰俱坏，乐尤微眇，以音律为节，又为郑卫所乱，故无遗法。汉兴，制氏以雅乐声律，世在乐官，颇能纪其铿锵鼓舞，而不能言其义。"[19](P1711—1712)可见在当时，"何为雅乐" 是一个重要问题，不少人也试图恢复雅乐，但由于社会环境及统治者个人对于礼乐的认识或喜好等方面的问题，古正的雅乐实际上并没有进入宫廷体系。《汉书·礼乐志》云："是时，河间献王有雅材，亦以为治道非礼乐不成，因献所集雅乐……今汉郊庙诗歌，未有祖宗之事，八音调均，又不协于钟律，而内有掖庭材人，外有上林乐府，皆以郑声施于朝廷。"[19](P1070—1071)但是宫廷礼乐不复雅乐之实，并不影响士人对雅乐的追求。由于去古已远，即便诸多士人力图从文献中找寻绝响的雅乐，终究是徒劳。于是，就士人阶层而言，那个从远古流传至今，与他们息息相关的乐器——琴，就成为他们寄托所有关于雅乐想象的器物。在先秦时期，琴乐只是"八音"之中丝乐的一支，相较于庞大的乐舞体系，琴并无显赫地位。但在汉代，琴乐借由士人的寄托而成了雅乐的典范。"琴德最优"的说法便产生于此时。刘向《说苑·修文》云："乐之可密者，琴最宜焉。君子可修其德，故近之。"[20](P506)桓子《琴道》云："八音广博，琴德最优。"[21](P64)应劭在《风俗通义》中更说："雅琴者，乐之统也，与八音并行。"[22](P293)可见在当时士人心中，琴乐是雅乐的最高典范，是"乐之统"，能够独立于"八音"。可以说，琴在文人心中的至高地位，就是从汉代建立起来的，胡潇说："琴乐发展至汉代，被文人士大夫进一步塑造完成，最终建构起了'琴德最优'的文化品格，以琴来修德正心。"[23](P150)。

与琴在文人心中"乐之统"地位确立相应，琴的起源之说充满了经学话语的神秘性色彩。桓谭《琴道》云："琴，神农造也……昔神农氏继宓羲而王天下，上观法于天，下取法于地，近取诸身，远取诸物，于是始削桐为琴，练丝为弦，以通神明之德，合天地之和焉。梧桐作琴，三尺六寸有六分，象期之数；厚寸有八，象三六数；广六分，象六律。上圆而敛，法天；下方而平，法地。上广下狭，法尊卑之体。琴隐长四十五分，隐以前长八分。五弦第一弦为宫，其次商、角、徵、羽，文王、武王各加一弦，以为少宫、少商，说者不同。下徵七弦，总会枢极。琴七弦，足以通万物而考治乱也。"[21](P64)桓谭关于琴之起源的论述，是古代的通行说法，其中最重要的就是"圣人造琴"说。《琴道》对于神农造琴的论述，和《系辞下》中关于伏羲演八卦的记述非常相近。《琴道》不仅采用《系辞下》的说法来粉饰琴的起源，更对琴这一器物的各个部分的象征所指说得很清楚。可见，在时人看来，琴的每一个部分都具有象征意义，天地数术、圣贤之德无不体现于其中。

当然，仅仅是确立琴的"乐之统"的地位，并将其视作众器之中德性最优的器物，对于确立琴不可动摇的"士人品格"而言，仍显不够。只有当充分显现"经"之意涵的"琴禁"观念形成，琴的特殊地位才算稳固。以"禁"训"琴"，也自汉代始，如桓谭、许慎、班固等人，都是如此。《琴道》说："琴之言禁也，君子守以自禁。"[21](P64)《说文》云："琴，禁也。"[24](P267)《白虎通》云："琴者，禁也，所以禁止淫邪，正人心也。"[25](P125)中国传统琴乐思想的审美维度中的重要一端——"雅正"的琴乐观就完成于"琴禁"思想。但是"琴禁"的"禁"不能够简单理解为"禁止""制止"，且"琴禁"观在汉代时经历了两个不同阶段的变化。桓谭《琴道》中的"琴禁"观，是在肯定琴乐之于社会教化的积极作用这一前提下，侧重强调君子以琴修身，是一种向内的对精神欲求的节制，至少在桓谭这里，"琴禁"的核心意涵是"养心自禁"，仍属于道德修养工夫论的范畴。而《白虎通》则不然，它的出现使得"琴禁"观转向，成为治国理政的重要观念。金春峰就说："《白虎通》虽然以学术形式出现，但它的政治性质是鲜明而强烈的。在封建社会，经学既是学术，又是政治的指导思想和封建意识形态的核心。"[26](P418)因而，在《白虎通》中的"琴禁"观念，首要指向就是社会治理，"自禁"被范围更加广阔的"正人心"所涵盖。周德良认为，《白虎通》中有关于"五声八音"的部分，实质上就是"讨论五声八音之内容与天子所以用八音之道理"[27](P148)。

无论是桓谭侧重"养心自禁"的"琴禁"观，还是班固以琴为社会治理工具的"琴禁"观，其基本指向都是"政教"。"禁"的本义虽然是"忌讳"，引申义也有"禁止"和"制止"的意思，但在不少经注中，它也被解释为"政教"。《礼记·曲礼上》"入竟而问禁"，郑玄训"禁"为"政教"，孔《疏》则称"国中政教所忌"；《大戴礼记·千乘》有"君发禁"，王聘珍训"禁"为"政教"；《吕氏春秋·离谓》有"国之禁也"，高诱训"禁"为"法"①。因而，以"禁"训"琴"绝不是偶然产生的，它带有鲜明的国家意识形态的目的论要素，而赋予琴此种意义的，正是作为最高言说者的"经"。伽达默尔说："象征不仅指示某物，而且由于它替代某物，也表现了某物。所谓替代（Vertreten）就是指，让某个不在场的东西成为现时存在的。所以象征是通过再现某物而替代某物的，这就是说，它使某物直接地成为现时存在，所以象征会受到其所象征的事物同样的尊敬。"[28](P226)在经学话语的"赋魅"下，经历了被塑造为"乐之统"，经历了起源传说的神圣化，又经历了被涵括于国家意识形态以及治理方针之中的这些过程后，琴无论是其"器"的形质，还是经由它演奏出的"乐"的旋律，都象征着那个被视作社会发展"常道"的"经"。而琴的"士人品格"也正是因为"经"的意义赋予而成其所是——毕竟，士人与"经"是绑定关系，这种"士人品格"本质上就是经学中心主义的——它以"经"为起点，又以"经"为依归。即便琴的形制在汉以后又发生了变化，它的象征性，以及经由象征而充分在场的"经"都未曾消失分毫。在汉代，七弦琴还没有"徽"（即标明音位的小圆点），从1973年长沙马王堆出土的西汉七弦琴来看，其形制大体上继承了先秦时期的琴制，魏晋隋唐时，琴的形制则发生了变化。首先是"十三徽"的出现，它让演奏者能观察到琴上的音位，也为后来减字谱的出现奠定基础；其次是琴的一体性相较于汉代及以前的琴更具优势，琴腔的发声能力也有了很大的进步，隋唐以后，这种琴制沿用至今。即使形制发生了诸多变化，但在"经"的言说下，它的象征性在保有以往被赋予的那些意涵的基础上又有了新的发展，譬如"金徽玉轸"，所对应的就是《孟子》中的"金声玉振"。这表明，只要是在"经"的"赋魅"下，琴的形制无论有怎样的新变，都会被赋予新的象征，而使得"经"充分在场。

结语

以今日之眼光观之，琴就是乐器，其目的在于演奏音乐。而从被纳入礼乐体系之日起，琴就必然要作为形上之道的承载之器。作为礼乐文明时期雅乐体系的一部分，琴先是在"天下之道"即礼乐制度的规定下成了与士人阶层较为亲近的乐器，又在先秦儒家的理论建构中种下了"雅正"的种子，随后，在汉人探索雅乐体系的过程中，它因其遗珠特质被抬高到"乐之统"的地位，而又由作为"最高言说者"的"经"的"赋魅"，内化了"政教"的意识形态意涵，琴的"士人品格"终于确立了。即便是阮籍、嵇康，也都打从心底认为"琴德最优"，在名教与自然之争中，"经"所赋予琴的那些意义并未被推翻，而在后世卷帙浩繁的琴书中，我们不难发现，琴的"士人品格"始终贯穿着琴乐历史，"琴德最优"也成了琴之士人品格的核心表述。

注释：

① 此处关于"禁"的训诂条目均参考宗福邦等编：《故训汇纂》，商务印书馆 2007 年版，第 3001 页。

参考文献：

［ 1 ］［清］段玉裁撰. 说文解字注［M］. 北京：中华书局，2013.

［ 2 ］黄寿祺、张善文. 周易译注（最新增订版）［M］. 北京：中华书局，2016.

［ 3 ］［德］马克思. 1844 年经济学哲学手稿［M］. 中共中央马克思恩格斯列宁斯大林著作编译局译. 北京：人民出版社，2018.

［ 4 ］陈少明. 道器形上学新论［J］. 哲学研究，2022（10）.

［ 5 ］［汉］司马迁撰，［南朝宋］裴骃集解，［唐］司马贞索隐，［唐］张守节正义. 史记［M］. 北京：中华书局，2013.

［ 6 ］黄敬刚. 中国先秦音乐文物考古与研究［M］. 北京：人民出版社，2017.

［ 7 ］季旭昇. 说文新证［M］. 福州：福建人民出版社，2010.

［ 8 ］顾颉刚、刘起釪. 尚书校释译论［M］. 北京：中华书局，2005.

［ 9 ］［汉］郑玄注，［唐］孔颖达疏. 礼记正义［M］. 北京：北京大学出版社，2000.

［10］季旭昇主编. 《上海博物馆藏战国楚竹书（一）》读本［M］. 北京：北京大学出版社，2009.

［11］徐复观. 中国艺术精神·石涛之一研究［M］. 北京：九州出版社，2014.

［12］武汉大学简帛研究中心、荆门市博物馆编著. 楚地出土战国简册合集（一）·郭店楚墓竹书［M］. 北京：文物出版社，2011.

［13］杨伯峻. 孟子译注［M］. 北京：中华书局，2010.

［14］张晶、赵书至. 雅正与自然——中国传统琴乐思想的审美维度［J］. 文艺理论研究，2020（2）.

［15］［战国］荀况著，王天海校释. 荀子校释［M］. 上海：上海古籍出版社，2016.

［16］廖名春. 《荀子》新探［M］. 北京：中国人民大学出版社，2014.

［17］［汉］刘熙撰，［清］毕沅疏证，［清］王先谦补，祝敏彻、孙玉文点校. 释名疏证补［M］. 北京：中华书局，2021.

［18］景海峰. 儒家之经解［J］. 文史哲，2020（2）.

［19］［汉］班固撰，［唐］颜师古注. 汉书［M］. 北京：中华书局，1964.

［20］［汉］刘向撰，向宗鲁校证. 说苑校证［M］. 北京：中华书局，1987.

［21］［汉］桓谭撰，朱谦之校辑. 新辑本桓谭新论［M］. 北京：中华书局，2009.

［22］［汉］应劭撰，王利器校注. 风俗通义校注［M］. 北京：中华书局，1981.

［23］胡潇. 两周至汉礼乐文化兴衰背景中琴乐文化品格的变化与重塑［M］. 北京：文化艺术出版社，2020.

［24］［汉］许慎撰，［宋］徐铉校订. 说文解字（附音序、笔画检字）［M］. 北京：中华书局，2013.

［25］［清］陈立撰，吴则虞点校. 白虎通疏证［M］. 北京：中华书局，1994.

［26］金春峰. 汉代思想史［M］. 北京：中国社会科学出版社，2017.

［27］周德良. 白虎通暨汉礼研究［M］. 台北：台湾学生书局，2007.

［28］［德］伽达默尔. 诠释学 I：真理与方法——哲学诠释学的基本特征（修订译本）［M］. 洪汉鼎译. 北京：商务印书馆，2010.

晚明瓶花艺术美学意蕴与审美制度转变

——以《瓶史》为参照*

吕　健**

　　摘　要：袁宏道的《瓶史》是对中国古典瓶花艺术与器物鉴赏的审美经验总结。从《瓶史》中可以看出晚明士人在日常生活美学偏重下对于传统器物美学思想以及审美制度所产生的变化心态：首先，《瓶史》有效解构了传统器物思想中的仪式结构，将器物的审美性从政治功能性的附属地位中解放出来，获得审美自立；其次，《瓶史》表达了晚明士人对于个体长期的审美压抑境况的倦怠，通过建构个体审美经验来获取自身审美权利；最后，《瓶史》反映了晚明士人对于礼乐文化下的审美制度及艺术体制的超越，以平衡审美话语权的方式改善传统审美制度的程式化缺憾，弥补对于美的强制阐释所造成的审美区隔，以求满足人们的审美需要，使得个体获取在审美活动上的自由游戏体验以及对于自然人性和生命力的合理追求与深切体悟。

　　关键词：《瓶史》；器物美学；晚明；审美制度

引言

　　明代是中国古典美学的转型期。一方面，明代经济形态较之唐宋发生了质的变化，尤其是明中叶之后，资本主义萌芽的产生对士人阶层传统的价值观念以及当时社会的意识形态产生了显著的影响。崇尚个性与自由、重性灵、重情趣成为人们审美生活与观念的显著特征。另一方面，王阳明"心学"及其"后学"对长期占据思想领域主导地位的程朱理学进行了一定程度上的修正，晚明士人开始重新看待个体生存状态，重视主体的内在生命观念与心态的表达。晚明时期政治黑暗，党同伐异，传统价值体系断裂，因此晚明士人选择偏安一隅，他们留意于日常生活，在日常生活中建构属于自身的审美体系，以"审美介入社会"的方式在变动迭起的时代中抒写情怀。

　　晚明士人在日常生活中找到了诗意栖居的土壤，经济发展带来的物质丰富为世俗生活美学革命提供了基础保证。晚明士人既耽于物质享受，也寻求精神寄托，将二者杂糅形成了以消闲遣兴、修心养性为目的的艺术化的生活方式。清供、清玩、清赏成为士人阶层的

---

　　* 基金项目：本文为国家社科基金重点项目"汉唐思想演进与山水审美观念嬗变研究"（项目编号：22AZX017）的阶段性成果。

　　** 作者简介：吕健（1993—　），中央民族大学文学院文艺学专业博士研究生，研究方向为艺术哲学、文艺美学。

审美共识，这种普遍风气的形成带来了审美范围的扩大，晚明士人们的审美意趣涵盖诸多领域，包括园林造景、庭院建设、家居装饰、焚香品茗、书画鉴赏、瓶器赏玩等。其中，调花弄草是晚明士人日常生活审美活动中具有代表性的"癖好"，包括袁宏道、张谦德、陈继儒都自言有"花癖"，袁中郎著有《瓶史》专门总结插花技艺以满足其对于自然山水之乐的追求。透过《瓶史》既能反映出晚明士人追求个体审美意趣，留心于日常生活之中，同时亦表现出晚明士人对于传统审美价值观念以及艺术体制的超越。本文将通过分析袁宏道《瓶史》中的所涵盖的瓶花艺术审美意蕴来凸显晚明器物审美观念对于既有传统器物美学思想的超越以及其背后审美制度的转变。

一 《瓶史》中的器物审美观念

中华传统器物观念推崇器物的功能性价值，器物的审美性附着于功能性之上。自远古初民以来，器物的功能性价值就主要通过宗教祭祀与巫术等仪式活动的需求体现出来，成为部落文明中不可或缺的组成部分，甚至替代仪式本身成为沟通神人的重要载体。及至周代礼乐文化衍生出中国古代的典章制度、明确的道德规范和社会规范之后，"礼"成为天道变化与万物生长规律的浓缩形式，也是社会生活方式的体现。《礼记·礼运》："夫礼必本于天，动而之地，列而之事，变而从时，协于分艺，其居人也曰养，其行之以货力、辞让、饮食、冠昏、丧祭、射御、朝聘。"[1](P1231)"礼"是国家规范、约束、引导人们日常生活行为的准则，"乐"是基于"礼"之上的文化设置，二者结合成为古代国家治理体系。礼乐文化充斥于社会生活的各个领域，而其在现实生活中的物质载体就是礼器。"三代王者之治，无一不依于礼。将使习其器而通其意，用其文以致其情，神而化之，使民宜之。"[2](P118)人们通过了解器物的名称、形制而掌握它的用途，通过纹饰来知晓它所蕴含的意义。总体而言，传统器物观念认为器物是礼乐的载体，"器以藏礼"是自上而下的普遍共识，古代器物体现出礼的尺度与乐的精神，同时将秩序与和谐的观念深深根植于日常生活经验之中。

古代器物的审美特性牢牢附着于功能性价值体系之中，器皿上纹饰的象征意义与内涵大于艺术风格与审美特性。尤其在仪式活动的礼乐程序之中，器物起到了创设仪式情境、激发仪式行为、沟通神人两界以及传递圣礼之言的作用，充分发挥了其在国家治理层面上的象征与指示功能。因此，器物的使用往往具有场合、等级和地位的规定，在公共行为中被程式化、形式化。例如器物的摆放、数量、纹路、形制都有着明确的规定，代表器物艺术风格的美学价值是被预先设定的，正如康纳顿所说："仪式只有通过它们的显著的规则性，才成其为表达性艺术。它们是形式化艺术，倾向于程式化、陈规化和重复。"[3](P49)趋于程式化的器物只有在仪式情境的衬托下才能凸显其审美特征。附属于礼乐程序的审美功能逐渐成为塑造民众的审美自律行为的工具，仪式功能下的器物美学体现于其背后的符号所指。到了春秋战国时期，随着礼乐崩坏，思想上的百家争鸣使得器物作为礼制的象征符号以及其纯粹的仪式功能性有所松动，尽管作为礼器仍然是器物的主要功能，但其神圣性与约束力开始减弱，器物的实用功能开始显现并得到关注。器物逐渐由单一的礼器性质分化迈向世俗化进程。与以往礼器的程式化、规范化相比，春秋战国时期的器物在形制与风格上更显灵活自由，造型上也更趋近于生活化。生活器物与礼器在功能与造型上严格区分。比如孔子看到觚的形制发生变化，感叹道："觚不觚，觚哉！""觚"作为祭祀用的礼器，在春秋战国时期的形制上发生了较大的变化，原本作为神圣性的礼器开始转变为世俗的容器，因此孔子在慨叹礼乐崩坏现象的同时也从侧面反映出春秋战国时期器物功能与观念的变化。春秋战国时期思想上的空前活跃和器物制造技术的精进，不仅从传统观念上撬动了对于器物的单一且保守的态度，同时在技术上开发了器物制造的新工艺，漆器的出现增加了器物的类型。这些变化为瓶花器物的产生与发展提供了思想基础与技术借鉴。

我国古代瓶花技艺始于佛教传统，是为佛教的供养仪式所制造出的专门性器物。到了隋唐时期，瓶花技艺开始广泛出现于宫廷仪式之中，成为宫廷与贵族文化的重要组成部分。此前瓶花一直承担着仪式上的重任，具有严格的象征符号意味。到了宋代，民间世俗生活的繁荣与艺术商业化形态的发展改变了民众的思想，促进了民间艺术的发展。士人阶层开始改变对于器物审美的固化观念，把玩、鉴赏、制造与收藏器物成为风尚。宋代是瓶花艺术走向成熟的时期。瓶花艺术在宋代不仅盛行于宫廷，同时也走向民间，成为雅俗共赏的门类艺术并得到广泛的传播，插花与焚香、点茶、挂画并列为宋人四大雅趣。宋代对于瓶花艺术的贡献主要在于对瓶器的审美与制造方面。一方面，宋代文人根据搭配与协调原则为花束挑选合适的瓶器，较多使用的花器有小巧的胆瓶、梅瓶、折肩瓶、长颈瓶、鹅颈瓶、栀子瓶等，崇尚一种清闲、淡雅的审美风格。另一方面，由于宋代制瓷业的繁荣，在一定程度上促进了瓶器的制造。宋代的瓶器以瓷器为主，不论其质地、纹饰还是形制都凸显了审美价值，注重与花枝的搭配。宋代瓶器的美学意蕴以及文人对于瓶花艺术的态度很大程度上影响了明代文人对于瓶花艺术的心态。袁宏道曾在《瓶史·器具》中称："其次官、哥、象、定等窑，细媚滋润，皆花神之精舍也。"[4](P55)张谦德在《瓶花谱·品瓶》中也谈到花器的选择，"古无磁瓶，皆以铜为之，至唐始尚窑器。厥后有柴、汝、官、哥、定、龙泉、均州、章生、乌泥、宣、成等窑，而品类多矣……窑则柴、汝最贵，而世绝无之。官、哥、宣、定为当今第一珍品"[4](P96)，表现出对于选用瓷瓶的讲究。宋代文人的瓶花审美观念与瓷器的制造为明代瓶花艺术的进一步发展奠定了思想与物质基础，同时也促进明代文人审美观念的转型，启发他们对于社会整体审美制度的反思。明中叶之后，文人在汲取宋代瓶花艺术的经验时已经将瓶花技艺发展为成熟的艺术形态。不仅有着广阔的市场氛围、丰富的物质资源以及广泛的受众群体，同时围绕着瓶花艺术衍生出了一套理论体系，涉及插花技巧、品第种类、培水养殖、洗浴养护以及审美品鉴等方面，成为一门显学。其中就以袁宏道的《瓶史》、张谦德的《瓶花谱》为代表。士人群体不再刻意追求瓶花的仪式要素以及宫廷艺术体制中对于瓶花的严格要求，转向瓶花自身的审美意蕴。《瓶史》中所归纳的插花技艺与瓶器审美原则就是对以往仪式结构下的器物审美观念，大众阶层普遍存在的器物美学程式化、陈规化的审美思想的冲击。袁宏道在《瓶史·宜称》中指出："置瓶忌两对，忌一律，忌成行列，忌绳束缚。夫花之所谓整齐者，正以参差不伦，意态天然，如子瞻之文随意断续，青莲之诗不拘对偶，此真整齐也。[4](P57)他认为器物审美要贴近自然，由繁化简，尊重器物自身的审美规律，对称、整齐、以"规矩"制衡的仪式结构只会掩盖其至贬低器物自身的审美价值，同时亦是对于器物整体风格的侵蚀。张谦德在《瓶花谱·品瓶》中也提出："凡插贮花，先须择瓶。春冬用铜，秋夏用磁，因乎时也。堂厦宜大，书室宜小，因乎地也。贵磁铜，贱金银，尚清雅也。忌有环，忌成对，像神祠也。口欲小而足欲厚，取其安稳而不泄气也。"[4](P96)从二者的观点中可以看出晚明士人的器物审美观念中的反仪式结构思想，即器物审美应与宗庙仪式严格区隔开来，世俗艺术应从宫廷典章艺术桎梏下脱离出来，器物自身的美学价值应凸显出来。这样更贴近自然，也符合晚明士人对于清淡、雅致、富有意趣生活的追求。

中华美学历来就有精英美学与世俗美学之分，这也是仪式结构与反仪式两种观念对撞的渊薮。精英美学制定整个国家的艺术体制，围绕礼乐文化来建构审美制度。与此相联系的仪式结构就通过礼乐文化与意识形态、道德产生直接联系，从而达到控制民众意识行为、实现普遍治理效果的目的。而反仪式观念就是解构这种政治治理对审美自由的约束。仪式结构具有文明属性，反仪式结构则更加贴合自然属性，它同审美直接联系，将人从仪式结构的规制下解放出来，充分彰显人的自然生命力。仪式结构与反结构在一定程度上促生了官方仪式和民间仪式的分野，晚明士人不再固守官方仪式中的意识形态，而是在民间仪式中寻找个体，获取自由的身心体验。正如王艮所言："百姓日用即道。"清供、清赏、清玩成为晚明民间生活仪式的主要内涵，《瓶史》《瓶花谱》中所总结的插花技艺与瓶器选择也是一种仪式思想，例如插花用水的选取、为花沐浴、立体空间中瓶花与家居的搭配以及赏花的意境等，通过瓶花技艺来造就审美气氛从而获取纯粹的美的体验。巴赫金指出民间性的反仪式结构具有狂欢化的体验，这种审美态度正应和了晚明士人的狂狷心态。袁宏道、张谦德、高濂等爱花成癖，袁宏道认为："世人但有殊癖，终身不易，便是名士。"[5]在这种狂欢性的审美态度下，晚明士人超越日常生活常态，通过对于瓶、花等物以及自然山水的追寻获取感性经验，从而在与自然浑融中摆脱约束，任性而为，追寻自我，同时获取生命力的冲腾。晚明士人以民间反仪式结构的器物审美观念将器物从功能性附庸地位中解脱出来，既重塑了器物的审美价值，同时又满足了他们自身的审美需要以及追求个体身心自由、崇尚自然雅致生活的向往。

二 《瓶史》与士人审美权利的解放

袁宏道在《瓶史》中表现出的器物审美观念既是对于传统器物观念中的仪式结构的解构，同时在深层次上是晚明士人对于长期遭受压抑的审美权利的探寻。审美权利是人的艺术化生存或者说是审美化生存的直接表现，即作为自由个体的人都有选择美的生存方式，理解、阐释、鉴赏美和美的事物，从事艺术活动、欣赏艺术作品、享受文化产品的权利，是个体审美意识和态度的觉醒，它与审美需要直接挂钩，是确保人的审美需求合法性的基础。审美权利具有想象性和情感性的特点，在此层面上的主体是完全自由的。但审美权利也存在不自由的状态，即在社会化制度、规则与国家意识形态层面，被规则化约束。个体的审美权利被阈限于社会权力之网中，造成审美压抑甚至是一种审美剥夺。

早期民众的审美需要被礼乐文化所统摄，在仪式、器物、服饰等方面，礼乐文化都进行了明确的规范，常人不可逾矩。加之大一统思想成为广泛的政治共识，礼乐文化统摄下的审美体系以制度化、理论化的形式固定下来。一方面，礼乐文化统一审美观念，并加之体系化、规范化，有助于国家维持稳定以及提升民众的理性审美能力。但另一方面，固化的审美体系掩盖了个体审美权利，造成审美压迫、剥夺甚至是审美侵害。礼乐文化主要由两方面构成，即行为规范方面的"礼"与文化艺术方面的"乐"。礼乐文化的本质是"礼统乐"，代表审美方面的"乐"被"礼"所规范与节制，"乐"的娱乐性与审美性是"礼"用来规范民众行为，促进和谐统一的调节工具。"乐统同，礼辩异"，作为统治阶级的治理手段，"乐"所代表的艺术风格和审美观念是被固定化、等级化的。人们的生活方式和娱乐方式都不能僭越"礼"所构设的等级体系，乐舞欣赏、服饰衣着、器物玩赏等在今天看来普遍的审美权利都被一一规范。宋明理学倡导的"存天理，灭人欲"更是将这种审美压抑推向高潮。这一境况在晚明思想界有了新的转变，其中，以王艮为代表的泰州学派将儒学阵地扎根于晚明市民生活之中，提倡生活儒学，强调"安身立本"与"亲民爱物"的身本论，推崇个体本位价值，追求生命的自由活动。从王艮的生活儒学中可以看出个体权利开始被重视。在生活儒学思想体系的影响下，晚明士人与民众的审美权利意识逐渐觉醒，开始正视自身的审美需要，追求个体自由。袁宏道在《瓶史》中就极力张扬自己对于瓶花赏玩的审美需求，不论是对于花的品第，还是瓶器的选择、置放，抑或花物的保养、择水等都是将重心放置于自身对于瓶花审美价值的追求，是建构个体审美经验，符合个体审美权利的做法。正如他在《瓶史·小引》中指出："夫幽人韵士，屏绝声色，其嗜好不得不钟于山水花竹。夫山水、花竹者，名之所不再，奔竞之所不至也。……幸而身居隐见之间，世间可趋可争者既不到，余遂欲欹笠高岩，濯缨流水，又为卑官所绊，仅有栽花莳竹一事，可以自乐。……无扞剥浇顿之苦，而有味赏之乐；取者不贪，遇者不争，是可述也。噫！此暂时快心事也，无狃以为常，而忘山水之乐，石公记之。"[4](P48) 袁宏道谈到他喜爱花竹是因为其与名利无关，也不与政治利益挂钩，不会因此招惹是非祸端，可以自得其乐。浇花养护、陈列置放都是为了满足自身的喜好与鉴赏之欢乐，一切都以建构审美经验、制造美的事物形态、塑造闲适环境为前提。因此袁宏道才主张插花要随意恣肆，切忌固化死板，花枝宜简不宜繁，瓶器选择要凸显出花的美态，屏俗等布景也要清雅脱俗，同瓶花器物相映成趣，切忌布置得富丽堂皇，俗气不堪。同时，《瓶史》也表现了晚明文人对于崇尚自然、淡远清雅的审美趣味的追求。袁宏道深受晚明山水画论的影响，追求有自然意趣、清远淡泊又富于雅致的本真生活。这既是他本人的人生信条，同时亦是晚明文人阶层的审美共识。因此，袁宏道将插花艺术同绘画相对照，期望瓶花也能体现出文人的简淡与清雅。如他在《瓶史·宜称》中谈道："插花不可太繁，亦不可太瘦。多不过二种三种，高低疏密，如画苑布置方妙。"[4](P57) 插花要高高低低疏密有致，像画坛的高手画画一样才是最美的。高濂在《瓶花三说》中也谈及："令俯仰高下，疏密斜正，各具意态，得画家写生折枝之妙，方有天趣。"[4](P135) 可以看出晚明文人普遍认为瓶花最高的审美标准就是要如同画一般富有意蕴，天然恣肆，这样才能体现瓶花艺术的整体趣味。另外，袁宏道对于插花的整体设计观念也趋近于晚明绘画的构图技巧，讲究清新、淡雅的旨趣，按照花枝的自然姿态来写意式的插枝摆放，不刻意追求均衡，而求整体构图之精巧。如《瓶史》中提及："夫花之所谓整齐者，正以参差不伦，意态天然，如子瞻之文随意断续，青莲之诗不拘对偶，此真整齐也。"[4](P57)此外，袁宏道在《瓶史·屏俗》中总结了瓶花与室内家具搭配的技巧。他认为有瓶花的空间内，室内陈设应清雅脱俗，有风神气韵，简单摆放雅致家具即可，这样就能使瓶花与家具相映成趣，形成整体的简淡、清雅的审美气氛空间。"室中天然几一，藤床一。几宜阔厚，宜细滑。凡本地边栏漆桌、描金螺钿床及彩花瓶架之类，皆置不用。"[4](P56)袁宏道对于瓶花的观念是向"美"而生，以凸显个人审美为旨归，重点表现个人喜好而非固守礼乐之审美压抑，张扬了个性，充分彰显了个体化的审美权利。《瓶史》中流露出的思想代表了晚明士人阶层的集体无意识，同时在下层民众中也引起了审美权利意识的觉醒。究其原因有三：一是明代商品经济的繁荣造就了审美需要，审美需要作为人的高级需求只有在经济社会发展到一定程度上才会激起民众心理意识；二是士人与市民阶层对于打破宗教和宫廷艺术体制垄断的强烈诉求，渴望多元艺术的发展；三是在资本主义萌芽的催生下，商人和匠人互动和联系更为紧密，"商人意在逐利和扩大生产，匠人意在遵守法度与展示技艺。商人为匠人的创作提供了资金和平台，匠人为商人的生产性活动提供技艺的支持，两者是生产环节中紧密联系的共存体"[6]。这一经济形态极大地提升了器物生产力，同时促进了民间技艺的广泛传播，推动以市场为导向的艺术体制的建立，激发了艺术创作活力，扩大了艺术范畴，诸多曾经不被官方话语所认可的小众艺术形式开始活跃于市场之中，形成审美风尚。晚明时期，从士人阶层再到普通民众皆从日常生活中获取审美需要与审美经验，在新型艺术体制中，重塑个体审美权利，促进了个体思想与精神的自由。

三 瓶花艺术与晚明审美制度转变

个体审美权利的受限是造成民众审美压抑的表面原因，深层次原因在于社会权力建构起的审美制度。从整个国家制度体系来看，审美制度是文化制度中的一种，同时也是人类审美需要的规范。审美制度同艺术体制相关联，以文化渗透的方式来介入个体的审美权利与审美需要，以制度化、理论化的形式促进社会权力对于文化思想、意识形态与艺术观念的把控。审美制度有多种结构，既包括艺术机构、学术和评价、艺术传播机构等，还包括无形的文化习俗与惯例。"审美制度表现为文化体系中潜在的一套规则和禁忌，它包括文化对成员的审美需要所体现的具体形式，即社会文化对审美对象的选择和限定。"[7](P102)简言之，审美制度是国家权力在文化制度上的体现，它对"美"的内涵与构成、美感经验的形成、美的选择与需求具有阐释权力，它直接制约了人的审美观念、审美趣味、审美选择以及审美表达，它通过文化制度内化于人的思想意识之中，继而形成广泛的审美认同。中华美学的审美制度就是围绕礼乐文化为核心建立起来的文化制度。正如前文所述，它深入到民众的日常生活之中，为不同阶层划定了审美区域，规范并约束人们的审美行为，决定审美趣味，最为关键的地方在于它只给予了人们在礼乐文化大框架统摄下的审美阐释权，也即控制了审美话语权，通俗来说就是对于"什么是美""美的标准""审美范畴"等问题解释权的独占。

中国文化艺术体系一以贯之的特征就是德性、审美与知识的协调统一。审美制度的介入却造成了区隔，即对于审美的知识被国家权力所规定，大众的审美偏好在一定程度上被社会权力所建构，如布尔迪厄所言："'美'成为社会秩序建构和分类逻辑的一种特殊的表征和延展方式。人们对于艺术的了解和评价，总是受制于某些深层的分类系统的符码和主题，受制于某种特定的历史想象力和政治无意识。"[8]"美"被有序地分成各种等级，并在指定的位置上完成其被分配的角色，最终形成一种符合集体政治意志的审美惯例。从中可以看出，礼乐文化下的审美制度有两大特征：一是通过对"美"的等级化来建构民众的审美品位，以此来形成稳定的审美秩序；二是掌握审美的阐释权，将审美权利同知识相勾连、审美鉴赏力同意识形态相联系，以此来形成广泛的社会风尚，从而达到实现审美治理的目的。余英时曾在《士与中国文化》中谈及当时盛行的士商合流现象，即商人为逐利来雇佣品鉴家针对器物的美学价值进行强制阐释，划分器物等级并撰写成书籍售往民间供人参考。其分类并不完全依据器物自身的美学原理，而是主要以宫廷文化等上层精英社会文化风尚及经济价值为依据。这种类型的书不但没有受冷遇，反倒在士人阶层中炙手可热。士人并不关心书中谈及的器物自身的美的属性，更多的是为了贴近主流文化圈的审美导向，从而能够跨越阶层区隔，自然接受这些书本思想中的价值指引以及精英文化掌控下的审美制度约束。这样的风气直接影响到地区整体审美偏好，形成民众惯例性的审美选择。资本和权力的合力将审美话语权牢牢掌控在制度体系中。

面对商人和审美制度垄断审美话语权的境况，晚明士人也开始在日常生活的审美领域内争夺话语权。晚明时期关于各类日常生活审美的认知性小品文层出不穷，袁宏道《瓶史》、张谦德《瓶花谱》、高濂《遵生八笺》、文震亨《长物志》等包含有器物审美、园林构景、书画屏风、衣饰着装等各类关于审美的知识。如张谦德在《瓶花谱》中谈及如何选择与花枝相宜的瓶器，《瓶史》中谈及如何养水、花与枝如何搭配、花枝如何清洁，通过造物来造景继而构境，从纯粹美的角度出发来阐释器物的审美规律，并且通过个体的审美知觉来观照美的器物，形成造物文化风气，而不是围绕资本和权力来建构审美经验。事实上，晚明士人并非想要颠覆整个礼乐文化下的审美制度，而是想通过对于程式化、规范化、等级化的审美秩序的反拨来获得审美权利，获取个体对于美的事物的阐释权和理解能力。在他们看来，每个人都有自己的审美认知，也有属于自己的审美经验，尤其是日常生活中有很多人们可以去获取美的方式，审美制度"规矩"下的审美体系在一定程度上扼杀了人的审美自由，通过把控审美阐释权的方式制造出阶层之间的审美区隔和对美的层次划分的等级秩序，割裂民众的审美权利，从某种程度上是对自然人性的摧残。晚明士人崇尚"独抒性灵"的生活，他们不避狂狷，追求完整的自然人性，追求个体审美价值与审美权利，在一定程度上转变了传统审美制度的僵化结构，丰富了中国古典美学的思想体系，引起了人们对于日常生活美学的向往。但同时也要注意到，晚明文人极力追求个体的审美权利，渴望从具有约束力的审美制度中挣脱出来，推崇诗意化的生存方式。这确实体现出晚明文人个人思想层面上的解放，但是对于器物审美价值的过度迷恋和个体情感的狂放不羁容易造成道器之间的失衡。道与器是中国哲学思想的重要范畴，二者是不可分割的，器以载道是千百年来中国器物美学思想的核心。器不仅是实用之器、陈设之物，在本质上是观念之器、含道之器，同时更是启道之器，是人们沟通天地，体察人伦，表达自我认知的重要载体。所谓"形而上之谓道，形而下之谓器"。道器不可分，正如"道之外无物，物之外无道，是天地之间无适而非道也"[9](P125)。含道之器才具有灵性与活力，道载于器才更能彰显道的普遍性。因此，晚明文人将器的审美价值独立出来作为他们争夺审美权利的武器，过度看重个人的审美意趣，在一定程度上造成了道与器之间的失衡，容易陷入对物的沉溺与欢愉之中，偏重对形式美的追求。

袁宏道的《瓶史》是对晚明瓶花艺术审美意蕴的归纳总结，以知识型小品文的形式体现出了晚明士人阶层的审美心理。一方面，《瓶史》中的器物审美观念解构了传统器物思想中的仪式结构，将器物从意识形态和国家权力的制约中解放出来，凸显其审美特性，将民众视线转移到日常生活之中，形成对于生活日用之物的审美风尚；另一方面，《瓶史》体现了晚明士人追求自身审美权利与审美需要，渴望跨越既往艺术体制引导下形成的审美区隔，同时转变固化的审美制度的真实写照。实际上，《瓶史》所传递出的价值追求是自远古先民以来的夙愿，即天人合一。人借助于物启道，又通过含道来映物，在道器的辉映下，同自然浑融，达到物我合一的境界。《瓶史》就是晚明士人对于诗意化生活的向往，也是他们想要充分展现个性和生活态度的显现，他们在动荡政局中寻找可以诗意栖居的生存空间，在广阔的自然中悦纳自己，寻求个体精神与心性上的审美自由游戏。

参考文献：

[1][清]阮元校刻. 十三经注疏[M]. 北京：中华书局，2009.

[2][清]郭嵩焘著，杨坚点校. 郭嵩焘诗文集[M]. 长沙：岳麓书社，1984.

[3][美]保罗·康纳顿. 社会如何记忆[M]. 纳日碧力戈译. 上海：上海人民出版社，2000.

[4][明]袁宏道、张谦德、高濂著，彭剑斌译注. 瓶史·瓶花谱·瓶花三说[M]. 北京：北京时代华文书局，2020.

[5]吴承学、李光摩. 晚明心态与晚明习气[J]. 文学遗产，1997(6).

[6]邓雨晨. 明代中期江南地区造物设计中的商匠互动[J]. 南京艺术学院学报（美术与设计），2021(4).

[7]张良丛. 从行为到意义：仪式的审美人类学阐释[M]. 北京：社会科学文献出版社，2015.

[8]向丽. 审美制度问题研究与当代美学批评向度[J]. 学术界，2016(8).

[9][宋]程颢、[宋]程颐撰，潘富恩导读. 二程遗书[M]. 上海：上海古籍出版社，2000.

黑色的潜能*

汪民安**

摘　要：本文讨论了当代面临的两种重要危机：气候（地球）危机和可能由人工智能导致的人类危机，这两种危机主要来自人类对技术的绝对信奉。正是技术不停息的发展导致了人们对地球的过度征服和人工智能的出现，而技术正是人的潜能的实现。要解决这个问题，可以重新唤醒古老的"潜能"概念。实际上，潜能有双重结构，一种是"去做"的潜能，一种是"不做"的潜能。今天人们都拼命地发挥"去做"的潜能，即相信技术的绝对进步，技术可以解决一些问题；但是，真正重要的始源性的潜能是"不去做"的潜能，也即老子所谓的"无为"意义上的潜能。只有重新重视"不做"的潜能，才可能解决技术带来的两种重要危机。

关键词：潜能；危机；技术；无为

一

柏格森的创造进化论认为，人是从有本能的动物进化为有智能的动物，也就是说，人是有智能的，而动物只有本能。但什么是本能和智能呢？柏格森所谓的本能指的是制造工具的能力，只不过这种工具是身体的器官，本能意味着使用自己的器官，将自己的身体器官工具化，而不是对外在的无机材料进行工具化。这样的本能属于"运用天生机制的天然能力"[1](P127)。那何谓智能呢？"从似乎是其原初的特征看，智能就是一种制作人造对象（尤其是工具）的机能，就是一种将这种制造品无限变化的机能。"[1](P126)简单地说，能以外物作为材料来制造工具的机能就是智能。总之，"完善的本能是一种使用，甚至是制造出器官化工具的机能；完善的智能则是一种制造和使用非器官化工具的机能"[1](P127)。而生命固有的冲力，即从无机物到有机物，到植物，到动物的这种绵延不绝的冲力，最终使得生命要面对自然，要对物质世界进行作用。此刻，它一定会在这两种不同的心灵能力之间做出选择：要么是发展自己的内在器官，使自己身体的内在器官、自己的有机生命材料成为工具从而来应对外在世界，这就是本能的特征；要么是以外物作为材料来制造工具，将这种无机材料的制成品作为自己的工具和器官，对外物进行使用，进而和外物建立关系，这就是智能的特征。因此，智能指向外部，它在生命之外发展，不断地碰到外在材料和外部

＊　基金项目：本文为2016年度教育部人文社会科学重点研究基地重大项目"文化诗学视域下的21世纪西方文论思潮研究"（项目编号：16JJD750010）的阶段性成果。

＊＊　作者简介：汪民安（1969—　　），清华大学人文学院教授，博士生导师，研究方向为批评理论、文化研究等。

障碍，它也不断地克服障碍，并在此过程中产生了意识，不断地扩大自身的领域。

与之相反，本能限定在生命内部，它引向生命的最深处。它是一种直觉，不形成清晰的知识。本能和直觉，就是生命自身的内部运动，是指向内在生命的运动。这是动物所具有的能力。如果意识在直觉的方向发展，它就会关闭在生命的内部，无法碰到外部的障碍和刺激，缩减为本能，让自己被束缚起来，最终让自己趋于消失，趋于无意识的状态；而它如果往智能的方向发展，就会穿越外在的材料，克服障碍，不断地外部化，扩大自己的视野和领地，拼命地展开自己，最终就会通向自由。也就是说，意识在本能的方向上没有找到出路，而它在智能的方向上穿越而过——这个方向的顶点就是人。而意识在本能和直觉的方向上被堵塞住了，它的结果就是非人的动物。可以说，动物和人正是在意识河流的两条流通岔道上发生了分化。在这个意义上，人是意识的动物，虽然他并没有彻底放弃本能和直觉；动物是本能的动物，虽然它也曾经暗含着意识的微光。"除了在人身上，意识在其他一切地方都不得不停止下来；而只有在人身上，意识才能够继续发展。因此，人就无限地延续了生命运动。"[1](P246)

我们可以说，智能制造了工具，形成了自己的外在器官。在某种意义上，这也就是人的形成。只有人才有智能，才利用外在材料制造工具，也只有人通过这种外在工具器官形成意识。也就是说，智能、制造工具、形成外在器官、人的诞生、意识的形成是同一个过程，是一个行为过程的不同方面。人正是因为制造这种外在工具才成为人的，不是先有了人而后这个人制造了工具器官。而这个行为过程的根本动因就是生命冲动。这是生命冲动到了一定阶段之后出现的一个特定的生命事实，即这种无休止的绵延冲动导致了人的诞生。

柏格森的这个观点和当代法国古生物学家勒鲁瓦-古尔汉（A. Leroi-Gourhan）的观点非常接近，对后者而言，人之所以为人，就是因为出现了生命技术外置化的过程。这是人不同于动物的特征。柏格森认为生命冲动到智能阶段，导致对外物的利用，将外物转化和制造为工具。他把这个过程放到漫长的生命进化历史当中。但是，古尔汉认为，人类之所以要制造工具，不是因为它有内在的演化冲动，不是因为它的智能的主动需求，而是如果没有工具，没有这种身体的外置技术，没有这种体外器官工具，人就没法存活。对于古尔汉而言，人能活下来，就是因为他能制作工具，能将这种工具作为他身体不可分的外在器官。如果没有非生物性的工具器官的话，人就活不下来，因而也就不存在人了。在这个意义上说，人和工具器官是并存的，人就是能够将外物制造为工具的动物。这和柏格森的结论是一样的。但是，他们的出发点不一样：对柏格森来说，外在工具是生命内在冲动到一定阶段的结果；对古尔汉而言，外在工具是人要存活下来的自然结果。

我们可以赞成他们这样的结论：人是用外在材料制造工具的动物。但我们也可以说他们都忽视了一个重要的问题，即人为什么能制造工具呢？按照马克思的观点，人之所以能制造工具，之所以能发展技术，是因为他有潜能，这种潜能就是人和动物不一样的地方。所谓有潜能的动物，就意味着它可以不断地变化，将潜能现实化就意味着改变或否定既定的自己。而动物没有潜能。苍蝇一万年后还是苍蝇，它是自我封闭的，没有潜能改变自身。卢梭也有类似的观念，正是因为潜能，正是这种可完善、可改变自身的能力，人才超越了动物。

如果是这样的话，对马克思而言，生产的过程，实际上是人的内在潜能的外化过程，"产品和工具是人的内在潜力的'外化'，是转移到外部来的人的自然本性的一部分"[2](P153)。一张桌子包括了人本性的一部分，每个人打造的桌子都是不一样的。建筑工人的本性和潜能显露在他对房子的建造结果中。人的潜能和智能体现在产品和劳动过程中，这就是人的自然本性的外化层面。人的潜能是通过技术来实现的，人通过技术来证明自己的创造力和潜能。每一次潜能的现实化，都表现为一次技术化的过程，也可以反过来说，每一次技术的实现，都是人的潜能的一次现实化。没有一个个技术的发明，我们就无法表达自己独一无二的潜能和创造性，而且，不同的技术就是一种不同的人性和潜能的实现。在这个意义上可以说，人是通过外化来进一步实现自己的人性的。我们已经看到了，这种外化在逐步掏空人的记忆和身体的技能，每一种工具都可能掏空人的某些内在能力；技术对人的掏空就是异化。在这个意义上，使用工具和技术，一方面是人的潜能的实现，但一方面也意味着人的空洞化。

正是因为人有这种潜能，他的历史就是不断地实现自己潜能的历史。无论是古尔汉的存活说、柏格森的冲动说还是马克思的潜能说，都意味着人是一个不停息的技术化的历史过程。人的潜能的现实化过程，就一定是技术化和工具化的历史过程——这也就是人的历史过程。这个过程从未停息，不是一个潜能转化为现实之后，这个过程就终结了，而是相反，一旦潜能转化为现实，它马上就会产生一个新的潜能。它需要继续实现，继续转化为现实，因此，任何一个潜能得以现实化都不意味着这是一个最终完成的现实，它还是新的潜能，还需要进一步转化为现实，也就是说，技术还会进一步地发生变革。在这个意义上，既没有最终稳定的人，也没有最终稳定的技术。人的潜能和技术的关系，就是这样一种永不停息的相互催促的关系。这实际上也是西蒙栋（Gibert Simondon）所说的"个体化"（individuation）的过程。个体化的过程，就是个体不断地和技术相结合而导致自身永恒变化的过程，也就是不断地实现自己的潜能从而不断地转变自身的过程。个体化意味着个体永远在变化的过程之中而没有一个最终的确定形态。

二

我们可以在这个意义上来讨论技术的进步。什么是进步？进步就意味着技术的潜能在不停地现实化。这个现实化也意味着技术进步的现实化。也就是说，技术的变化和进步是永恒的，它不可能停下来。我们会发现，技术总是会升级，总是能够解决问题。比如说，人们总是相信能够攻克技术难关，总是能找到各种药物治疗疾病，总是能够发明更新式的武器去杀戮。这既是一个经验，也是一种信念。或者说，这个信念是建立在经验之上的。这就是启蒙运动以来人们深信不疑的进步论信念。我们可以从这个角度来理解现代人：现代人就是潜能不停地现实化到一个特定阶段的人，即现代技术的实现和应用阶段的人。现代人将技术潜能应用于两个对立面：杀人和救人。技术在这两个方面用力最深，这就是它内在的毒药和良药的两面。对于前者而言，原子弹的爆炸是它可见到的顶点；对于后者而言，各种最新的基因和医学技术则是它的表现形式。很久以来，战场上的士兵就一手拿着武器，一手拿着药物。

现代人的潜能以及现代技术的潜能都到达了一个奇点，这就是技术可以轻易地毁灭人类。不仅是核武器会肉眼可见地毁灭人类，海德格尔早就发现，技术在征服大地的过程中可能会导致地球的毁灭，潜能和技术不停息的外化关系可能导致最终的毁灭：我们已经看到了迫在眉睫的气候危机。这也正是阿甘本的呼应："我认为潜能概念之于人类，特别是在一部分人的生活与历史中——这部分人已经将其潜能培养、发展到把力量强加于整个星球——不曾停止过它的功能。"[3](P291)如果说，技术有药的双重性的话，技术的毒药性将会彻底摧毁人类。作为回应，人们正在充分地发挥自己的潜能来解决这个问题，试图制造拯救人类的良药：通过技术来摆脱地球，将自己送入太空。就像士兵那样讽刺性地同时拿着药和武器一样，人类现在一方面在悲剧性地摧毁地球从而摧毁自身，另一方面也试图逃离这个要被毁掉的地球来拯救自身。技术的两种药效在彼此荒谬地争斗。

这是技术毒药可能导致的"人之死"。除了核武器、地球和气候危机之外，人的技术潜能还可能带来另外一个奇点，就是人也可以制造出能够毁灭人的超级机器人。这就是我们说的人工智能。人工智能和其他的技术客体最大的不同在于，它是有潜能的技术客体。人的潜能前所未有地发明出一种有潜能的对象客体，一种非人的潜能，或者一种有潜能的非人。其他的技术客体也可能会计算，会自动化地运转，但是，它们没有学习、创造和发明的潜能。一台计算机无论多么高速地运转，也只能按照指定的模式。现在，潜能第一次在人之外的领域产生了。所谓的自主学习或深度学习，就是一种非人的潜能的实践和现实化。一个技术客体可以根据自己特有的潜能摆脱人来学习、创造、行动。这样的非人的潜能，可能远远超过了人的潜能。它可能会变得能力超凡，完全脱离人的想象，最终可能会对人构成威胁。事实上，我们已经看到了一些非人化的人工智能表现出强大的能力：在知识的生成和记忆方面，ChatGPT 超过了任何一个人的智能。

如果说，人工智能意味着人类将自己的潜能转移到他的产品中，那么，这个人工智能就是人最伟大的创造，是人的潜能最大化的实现，也可以说，人工智能也是人的潜能的最后实现和终结。一旦人工智能能够完成自主的技术学习和创造后，人就再也不需要创造了，人的创造潜能将会消失。人会将一切委托给人工智能，会依赖人工智能。而人工智能会越来越有知识，有记忆，有能力，以至于他终有一天可能会超过人。而人会变得如斯蒂格勒所说的"系统性的愚蠢"。人工智能毫无怨言地为人服务，它是最理想的奴仆（在日本，还存在着一种情感伴侣式的人工智能，这不过是变相的奴隶，性的奴隶或者情感的奴隶）。在这个意义上，人工智能就是黑格尔所说的奴隶。人工智能开始是作为人的奴隶而被发明的，它学习并完成了主人交给它的任务，他逐渐胜任一切工作，而主人则在呼呼大睡中变得越来越愚蠢——就像斯蒂格勒讲的，他失去了记忆、知识和潜能。看上去是主人在支配奴隶，但是，很快主人就发现，他无法离开这奴隶，他什么也不会，他不得不依靠奴隶，最后被奴隶支配。奴隶比他更聪明，奴隶最后获得了主人的位置，而主人则变成了奴隶，这就是黑格尔的主奴辩证法的逆转。人工智能和人的关系就符合这样的主奴关系的颠倒。人在这里再一次变成了奴隶：无所事事，无能为力，大脑空空如也。人最终会被他的潜能外化出来的人工智能所奴役。他不再是 19 世纪大机器时代的资本家的奴隶——马尔库塞分析的是操作机器的工人变成了机器所有者资本家的奴隶，大机器技术使得他们具有奴隶的特征，他们从根本上是另一个阶级的奴隶。而将来，整个人类，将自身的潜能最后现实化的人类，都会变成奴隶，变成人工智能的奴隶，而且可能是会被彻底消灭的奴隶。正是在这个意义上，人工智能作为人的智能的产品，反过来会摆脱和超越人的智能，甚至宣判人的死刑——这是另外一种人的消失或者人之死的观点。

这样，就存在不同层面上的"人之死"。一种是福柯意义上的人之死，这是观念的变化所导致的：启蒙思想所推崇的人的观念死掉了，传统的人文学科对人的想象和建构死掉了，康德发明出来的人类学死掉了。这里死去的不是真切的人，而是关于人的观点，是启蒙思想所内在地包蕴的人类中心主义对人的想象的死掉，这是由尼采所发起的人之死。另一种是地球的毁灭和四处蔓延的炮火导致的人之死，这是真正意义上的人之死。最后是人工智能导致的人之死：人被机器和技术逐步地控制，以至于他的能动性，他的记忆，他的创造力，他的潜能死掉了。这不是人类中心主义的死亡，而是人本身之死。如果在人类历史的开端，是技术促使人诞生，那么现在，似乎技术也使得人趋向最后的终结。这就是今天最为讽刺的现象：越是技术发达的国家，越是在同时致力于救人和杀人的技术。这是人类对技术的运用，人的潜能不断地现实化的最诡异和最不可理喻的结局。这是技术最令人震惊的事实，这也是一个前所未有的灾异图景，一个新的末世论奇观：一方面，流行病迫使人类拼命地寻找药物和疫苗——技术试图让人不死；另一方面，眼下的战争也驱使着人类的智力拼命地发明杀人的武器——人们也致力于最高效地杀人。没有比今天这个世界更荒谬的了：人们一方面为每天被疾病夺走的生命数据而哀悼悲戚，另一方面又为自己在战场上杀了多少敌人而欢欣鼓舞。

三

如果说，人工智能意味着一种非人化且不可控制的潜能，也许我们应该再次返回这一古老的哲学概念——"潜能"。在《形而上学》中，亚里士多德指出："对于同一事物在同一方面所有的潜能都有一个相应的不能。"[4](P176) "有时，潜能是持有某事物（的潜能），有时它是缺乏这一事物（的潜能）。如果丧失在某种程度上是一种能力，那么，潜能是如此之潜能，要么是因为有某种能力，要么是因为有这种丧失。"[3](P294) 也就是说，存在两种潜能，即有能力去做的潜能，和有能力但不去做的潜能。一个音乐家有弹奏的能力，他可以去弹奏，也可以不去弹奏，他弹奏是去实现他的潜能，他不去弹奏，是选择不实现他的潜能：能做而不去做。就此，潜能具有两面性：去做的潜能、存在的潜能和不去做的潜能、非存在的潜能，它们是一体两面的。"所有的潜能都是非潜能……非潜能，在此并不意味着所有潜能的缺席，而是不付诸行动的潜能。因此这个观点定义了人类潜能的特别的双重性，在其原初结构上，就其与自身的丧失联系着——就同一个事物而言，永远是存在与非存在的潜能，做与不做的潜能。对于亚里士多德而言，正是这个关系才建立起潜能的本质。因为与它本身的'非存在'和'不做'相关，它才可以'存在'和'做'。……同样一个东西有存在的潜能，就有非存在的潜能。"[3](P299—300) 在潜能实现的时刻，这种非潜能并未消失和悬置，它一直存在。

对于亚里士多德而言，潜能总是应该现实化，现实是潜能的目标。在他那里，质料是潜能，形式是现实，作为质料的潜能必须现实化，就意味着质料应该获得一种形式。这就是物的完备状态：物就是质料和形式的统一。从质料到形式的过程，就是将潜能转化为现实的过程。这也是一个动态的过程。亚里士多德指出了潜能的双重结构，但他更看重的是去现实化的潜能。现实应该成为潜能的终点和目标，就像形式应该成为质料的终点和目标一样，就像树木作为潜能可以被做成桌子一样。但是，这里的问题是，潜能一旦现实化，也就被耗尽了。树被做成桌子之后，它这方面的潜能就实现了——人们不能对着一个桌子说这里的木头还可能形式化，还有做成桌子的潜能。因此，潜能如果还要保存的话，如果还要被体会到的话，就应该非现实化，就应该让潜能保存自身和维护自身，也就是说，让潜能不去做，不去实施，不行动。这就是非潜能。"如果潜能永远只是做或者是某事物的潜能的话，那么，我们就不会经验到它本身了；它将只在它在其中实现的现实性中存在……一种对潜能本身的经验，只有在潜能永远同时也是不去（做或思考某事物）的潜能的情况下，在写字板有不被书写的能力的情况下，才是可能的。"[3](P447)

正是在这个意义上，阿甘本说，人类潜能的伟大就在于，它首先是不行动的潜能、不现实化的潜能。让潜能保持在隐蔽和黑暗的状态，让潜能不现身。也就是说，非潜能不是"不能"，而是"能够不"，是不付诸行动的潜能，是有能力做但不去实施的潜能。潜能就此包括潜能和非潜能，而"生命完全存在于潜能领域中，存在于能和非能的潜能领域当中。所有人的潜能和非潜能都有同样的起源。对于人来说，所有存在和做的能力，都与它本身的丧失合法地相关……"[3](P300) 对亚里士多德来说，虽然潜能有双重结构，但是，不去做的潜能显然不重要，所谓的潜能当然主要指的是去实现的潜能，潜能之所以重要，就在于它可以现实化，可以实现——质料一定要找到它的形式才能获得它的总体性，质料内在地要求形式化。如果潜能不实现，潜能就没有什么意义。现实化是潜能该有的命运。

但是，对阿甘本来说，正是这种"不实现的潜能才是真正的潜能"[3](P304)。阿甘本正是在亚里士多德不太重视的非潜能的地方起步。对他来说，在潜能的双重结构中，不做的潜能，非潜能才是决定性的。非潜能更具有始源性，"人是持有自己的非潜能的动物，其潜能的伟大是被非潜能的深渊所估量"[3](P300—301)。为什么非潜能是始源性的呢？为什么非潜能是真正的潜能？或者说，除了它们都属于潜能，是潜能的一体两面之外，我们如何理解这两种潜能的关系？在阿甘本的著作中，他遵循亚里士多德的说法，说潜能是有颜色的，更准确地说，丧失的潜能，不做的潜能，非潜能是黑色的，也可以反过来说，"黑暗的本质就是潜能"[3](P296)。"如果光像他在其后补充的那样，是活动中的透明的颜色，那么他将黑暗，作为光的丧失，定义为潜能的颜色，就不为错。不管怎样，正是这唯一且同一的性质，一会儿呈现为黑暗，一会儿呈现为光亮。"[3](P296) 黑暗不是没有颜色，它就是一种颜色，只不过是没有显示出来的颜色。这样的颜色的非显现性，也正是潜能的特征：潜能不是没有这个能力，而是存在一种能力，只不过这种能力没有实施出来而已。也可以说，潜能是黑色的。黑暗的本质是潜能，就意味着这黑色没有敞开，没有照亮，没有澄明，在这个意义上，它就是遮蔽和闭锁的。

正是在这里，我们看到了海德格尔的影子。阿甘本深受海德格尔的影响。在海德格尔那里，大地是闭锁的，是遮蔽的，世界是敞开的，是澄明的。闭锁是大地的特征，黑暗是大地的色彩，但是大地也可能被打开，也可能被照亮。也就是说，大地具有两种特性，闭锁和敞开。闭锁是它更始源性的特征，敞开相较闭锁而言是派生性的；没有大地的根本性闭锁，就不可能有它的敞开。没有大地的原初黑色，就不可能有大地的澄明光亮。也就是说，大地如果没有它的不做的潜能（黑色的闭锁），那也就不存在它去做的潜能（澄明的敞开）。我们也可以说，大地具有潜能的两面性：闭锁和敞开。闭锁就是大地的泰然任之，就是它的不为所动，就是它不敞开，不现实化，不实施；反过来，敞开就是它的现实化，就是它的照亮，就是实现，就是世界的形成。这种闭锁和敞开，黑暗和照亮相互依赖、相互对立，这是大地的潜能的两面：大地和世界的相互对立、相互依赖，也是大地和世界的亲密争执。

大地这种不作为的潜能，大地的闭锁、隐藏和遮蔽，就意味着大地是黑色的；大地的敞开和澄明，就意味着大地是白色的。而真正的始源性潜能就是大地的闭锁、黑暗，就是这黑色的潜能。如果我们将大地当作一个最大的始源，那么，大地的特征就是潜能的一般特征，大地的黑色就是潜能的一般颜色。最大的潜能、最始源性的潜能就是大地的闭锁潜能。大地体现了潜能的始源性，体现了不去做、不行动的潜能。大地的澄明，大地打开后的世界，就是显现和实现的潜能，就是白色的潜能。

我们也可以将潜能的这双重结构和德勒兹的"潜在"（the virtual）概念进行比较。对阿甘本来说，潜能是双重结构的本体，但是对德勒兹来说，潜在和现实的关系是永恒变化的关系，是轮回的关系，是不停地转化的关系，以至于没有绝对的潜在，也没有绝对的现实，潜在和现实处在永恒的过渡和生成状态——它们不是双重结构化的争执状态。潜在不停地现实化，现实也在不停地潜在化，它们内在于一个永恒的时间绵延之中。并不存在一种优先性的始源本体，而只有一个平面内的无尽生成的游戏。如果说这也是德勒兹的本体论的话，这是一个永恒流变的本体，一种尼采式的永恒轮回的本体，这也是一种反本体的本体论。如果说德勒兹是借助尼采的永恒轮回来解释潜在和现实的关系，那么阿甘本则是从海德格尔的角度来解释潜能的本体论。这潜能本体是双重的本体，是交织和争执的本体：遮蔽和敞开，行动和不行动，黑色和白色，无和有，是这二重结构的交织和争执。相对而言，遮蔽、黑色、不行动和无在这个双重结构中更加始源，是它们决定了敞开、白色、行动和有。我们用老子的说法可以做同样的回应："知其白，守其黑，为天下式。"白是显现的，可见可知的，而黑是不可见的，它更加保守，更需要保守。只有保守住这不可见的黑，只有保持黑，保持无，可见的白方能显现。也就是说，只有"不做"，只有遮蔽，才可能"做"，才可能打开，才可能显现，这是一个"天下式"，一个一般的规律，一个普遍本体论。这也就是我们说的"无为而无不为"：只有先不做，才可能做一切；只有先不动，才可以自由地活动；只有先隐藏，才可以自由地显现和打开。这也就是所谓的大音希声，大象无形。

这就是我们在谈技术的时候要回到潜能的原因。如果说，加速主义（无论是左翼加速主义还是右翼加速主义)要让技术快速地工作(行动、现实化),而阿甘本提出的"潜能"概念给我们的启示则是,技术要不行动,技术要"不去做",也就是说,要把技术实践悬置起来。只有"不去做",不行动,才可能让大地保持一种遮蔽状态,才让大地不至于被过度地驾驭从而导致最终的毁灭。这是技术造成的大地危机的应对之道。我们有三种态度来面对这种大地的危机,第一种是让技术发展但是要限制技术的发展方向,让技术有一个恰当的轨道和目标,让技术不受猖獗的资本摆布从而在安全的轨道上滑行——这是左翼加速主义的方案。第二种是充分加速和开发技术的潜能,让资本和技术相互支撑,相互加持,让不受限制的技术高速冲毁各种各样的障碍,将人类带到一个全新的外部,一个即便使人类毁灭的但又是有无穷可能性的外部。这隐含一个绝对的信念:相信技术能够解决技术自身造成的危机,解决技术的危机就是加快技术的发展。这样的结果可能就是移居火星。这是右翼加速主义的方案。我相信我们应该有第三种方案,就是激活这种"不做"的潜能,让技术悬置和停滞下来,让人类的技术潜能保持在沉默、不做和黑色的无的状态。只有这样,大地也才能保证它的隐藏,从而保证它的存在。

参考文献:

[1]〔法〕亨利·柏格森. 创造进化论[M]. 肖聿译. 南京:译林出版社,2014.

[2]〔德〕阿明·格伦瓦尔德. 技术伦理学手册[M]. 吴宁译. 北京:社会科学文献出版社,2017.

[3]〔意〕乔吉奥·阿甘本. 潜能[M]. 王立秋、严和来译. 桂林:漓江出版社,2014.

[4]〔古希腊〕亚里士多德. 形而上学[M]. 苗力田译. 北京:中国人民大学出版社,2003.

从癫狂无为到自主逍遥

——庄子与巴塔耶的游心之路*

何　磊**

摘　要：庄子与巴塔耶同为孟浪不羁、追求自由的哲人，虽有时空之隔，但在语言、纲常、功用、知识、生存等问题上，二人拥有诸多共性。作为世俗社会眼中的狂人与异数，他们消解语言、颠覆纲常、鄙视功用、反对巧智，在生命的不断绽出中追逐心灵的自由。在物质财富极度充盈、思想危机仍然存在的今日社会，我们期盼二人思想的对比、交流、融合，由此促进东西方的相互理解，共同批判物质社会的奴役与异化，为人类开启回归本真的生命自由。

关键词：庄子；巴塔耶；异质；无为/无用；自主

在《外物》篇尾，庄子写道："吾安得夫忘言之人而与之言哉？"[1](P244)到哪里才能找到忘却语言的人，然后和他交流对话呢？两千多年后，发达资本主义时代的反讽哲人乔治·巴塔耶（Georges Bataille）也在《被诅咒的部分》（La Part maudite）结尾发出了"唯有沉默不会负人"[2](P190)的慨叹。如果巴塔耶读过《庄子》译本，这位关注生命、追求自由的西方哲人一定会与庄子发生强烈共鸣。可惜，巴塔耶从未邂逅《庄子》，思想史上也因此少了一段东西交流的佳话。在国内首部巴塔耶研究专著《超然物外》中，作者杨威指出，我们应当打破各类学术分野，着眼于"物的意义与人的生存"这一具有时代意义的问题。[3](P13—14)这也正是庄子与巴塔耶二人共同的核心关切。因此，我们要将庄子与巴塔耶并置，在东西方的思想对话与文化翻译中，激荡出超越时空的生命启迪。

一　嬉笑忘言

毕来德（Jean François Billeter）在《庄子四讲》（Leçons sur Tchouang-tseu）书中提到过自己心中的"哲人"标准，其中有一点尤为特别：真正的哲人不仅要有独具只眼的思想洞见，还要有天马行空的生花妙笔，更要对语言的吊诡保持清醒认识。[4](P3)庄子与巴塔耶当然是不折不扣的哲人，更是点石成金的语言大师。他们既清醒地认识到了语言的局限、悖论甚

　＊　基金项目：本文为 2016 年度教育部人文社会科学重点研究基地重大项目"文化诗学视域下的 21 世纪西方文论思潮研究"（项目编号：16JJD750010）的阶段性成果。

＊＊　作者简介：何磊（1985—　），首都经济贸易大学文化与传播学院教授，文学博士，研究方向为当代西方哲学、跨文化研究、学术翻译。

至无能为力，但又能够尽最大可能地利用语言、改造语言、戏弄语言、拆解语言。因此，本文讨论的对象并不是通常意义上严肃枯燥的思想或理论，而是激情四射的语言杰作。

"六合之外，圣人存而不论；六合之内，圣人论而不议。"[1](P20)人世之外的事物，圣人知其存在但不去讨论；人世之内的事物，圣人有所言说却不耽于议论。但庄子并非圣人，关于人世、关于人世之外的宇宙洪荒，他留下了异常精彩的文本言说。巴塔耶同样如此，尽管他不断强调"沉默"与"空无"的意义，却也建构了一座座华丽繁复的语言迷宫。人们通常认为，庄子与名家一样善于辩论，巴塔耶同神秘主义者一样晦涩艰深。但表面上的相似都是貌合神离，二者旨趣其实判若天渊。究其根本，庄子和巴塔耶的言说都是在用语言本身来证明语言与诡辩的虚无，由此揭示人类语言对生命之流的限制与扼杀。[5](P267)

相对静止的语言无法准确把捉变动不居的世界，而吊诡之处在于，人类仍需要某种言说方式，否则根本无法指出这一悖论，更无从挑战吊诡、拆解桎梏。于是，反对辩论的隐士只能以能言善辩的形象示人，不信任语言的大师只能选择离经叛道的狂言。在《庄子》的文本中，四处流溢着寄托深意却不直接阐述的"寓言"，假借他人却隐匿自身的"重言"，以及恣肆逾矩又乖张无度的"卮言"。三种狂言搅动万籁齐鸣，汇聚迸发成语言的怒吼，共同冲击着法度纲常编织的重重枷锁。巴塔耶则更进一步，选择了"深邃与激情携手并进"的生命书写，亦即由"内在体验"（l'expérience intérieure）谱写的"内在语言"[6](P3)。所谓内在体验，就是不受知识、话语或思想等外在目标、外在对象框定束缚的生命本身，是"活"出来的体验，是情不自禁的感受与喷涌。时人将其斥为"污言秽语"与"故弄玄虚"，却都忽略了问题关键：巴塔耶的孟浪文字看似耽于鄙俗，实则恰是庄子意义上的放诞卮言，是酒器无法约束的佳酿琼浆，更是庸常道德无法理解、无力禁锢的生命力量。

经由语言，忘却语言而超越语言，将语言逼至绝境。回归充满生机的生命混沌，狂言化身为毫无来由的戏谑与难以抑制的震颤。于是，死寂中突然爆发的狂笑便成了庄子与巴塔耶二人共通的语言，用后者的方式表达就是：他们的哲学，都是笑的哲学。但必须指出的是，这并不是通常意义上的欢笑，而是放肆的嘲笑、讥笑与哂笑，是来自"正经世界"另一面的嘲弄，是从废墟里发出的笑声。这笑声直接击中"人类的无能与理想的脆弱"，反复控诉着"历史的失足与认识的险恶"。作为源于"暗谷"的巨响，这笑声中包含着"阴郁的恸哭与隐藏的愤怒"[7](P289)。乘着狂笑，庄子恶搞圣贤、戏谑历史、亵渎真理，化性起伪、假装真诚的伦理世界在笑声中显现出华丽画皮的真实面目。[7](P277)巴塔耶同样如此，他的笑击碎了理性世界的冷漠，否定了人文主义的妄想，在制造"感官享受"的同时带来了颠覆的体验：高高在上的事物在笑声中摇摇欲坠，最终跌落神坛。[8](P41—42)

但是，忘言并不是简单地忘却语言，以笑声取而代之。忘言之"忘"，抛弃的是人类语言背负的镣铐。语言从来都不是中立、透明的工具，语言承载着人类社会的价值判断与伦理枷锁，理性、客观的要求看似自然而然，其实本就源自人类社会的规范束缚。所以，狂放不羁的语言风格并非随意无心，而是作者挑战、批判庸常世界的主动选择。正因如此，运用语言、质疑语言、颠覆语言的能力才会成为判断哲人的重要标准。作为真哲人写就的语言杰作，庄子的言说"大胆到几乎鲁莽，欣然任由自己奇幻的想象肆意跌宕"[4](P27)。阅读这样的文字，我们无法做到理性、客观、中立，只会感到血脉偾张，直至与之融为一体。[5](P285)而这同样是巴塔耶的追求：岿然无所心动的科学研究模式毫无意义，热血沸腾的物我合一才是可遇而不可求的巅峰体验。[2](P10)归根结底，文字之所以能有如此效果，是因为他们搅动了凡俗世界的平静表象，开启了颠覆庸常的强力批判。

二 孟浪异数

庄子与巴塔耶同为"鬼才"与"狂人"式的人物：所谓"鬼"，指他们一心追逐着社会规范眼中不正常、不寻常、不正经的事物。[7](P277)所谓"狂"，意味着他们都是逾矩之人、非礼之人。他们孟浪僭越、无视纲常，面对权力、生死、知识、价值，二人总是抱持着离经叛道的态度，甚至会做出惊世骇俗的举动：庄子妻子死后的"鼓盆而歌"如此，巴塔耶为母亲守灵时的自渎之举同样如此。[5](P18—24)一言蔽之，相较于循规蹈矩的"理性人"与"社会人"，他们是十足的"异数"——用巴塔耶的术语来表达，就是异质之人。

"异质性"（hétérogénéité）是庄子与巴塔耶的共同特征，他们拒绝与世俗的行为模式同流共作，即便穷困潦倒也不为所动。但"槁项黄馘"只是异质生命的表象，更根本的是拒绝与世俗的思维方式同化共通。换言之，异质不只是另类而已，它还意味着思想上的彻底决裂与全然颠覆。所以，无论是庄子的"齐物之论"还是巴塔耶的"普遍经济学说"（l'économie générale），其诉求都不是标新立异，而是哥白尼式天翻地覆的视角转换与范式更迭。巴塔耶将这种致力于决裂与颠覆的努力称作"异质学"（hétérologie），其批判对象自然是与异质性相反的"同质性"（homogénéité），亦即凡俗世界的庸常思维方式。

当然，庄子所处的战国乱世与巴塔耶身处的发达资本主义社会不可同日而语，但人类对财富的迷恋、对功用的执着让这两个时空具有了可资比较之处。在同质性主宰的社会中，世间万物全都受制于同一原则的奴役：资本主义社会依据功用原则将万事万物简化为可以被量化评判的用途，人工智能主导的未来社会则依据算法将人类简化为可以被预测宰制的数据。无论在何种同质社会中，人与物、主体与客体终将趋于物性奴役的同一。物将成为具有功用的奴隶，主体则会因为占有与物化而沦为物的奴隶。在与之相反的异质世界中，无法占有、没有功用的事物终将因为无法利用而成为社会的排遗，无法为同质社会添砖加瓦的异质存在终将以强力姿态宣告同质原则的荒谬无效。[3](P75—76)由此便不难理解为何"笑"会成为庄子与巴塔耶的独特语言了：当理智成为奴役的工具，知识成为漏洞百出的庸人自扰，拒绝遭到同质性宰制的事物就会催生突如其来的狂笑。笑，代表着同质世界无法吸收的异质秽物，也代表着狂人哲学无法与同质语言合作共谋的必然结果。

甘愿"曳尾涂中"的庄子是真正的异质之人，将自己的文字称作"知识粪便学"（scatologie intellectuelle）的巴塔耶更是如此。为自己冠以这般骇人的名称，是为了展现自身拒绝与同质世界同化共通的决绝姿态。二人的异质绝非同质的"增补"（supplément）：他们不是同质世界豢养的多样元素，也不是为同质世界增色的锦上添花，而是同质世界无法消化吸收的绝对差异，是不断溢出边界、始终保持对抗的十足反骨。那么，如何才能成为真正的异质者？或者说，摆脱同质性的宰制意味着什么？其实，从庄子与巴塔耶的语言风格中，我们已经能够看出端倪：如果说异质的语言意味着将语言逼至绝境，那么全方位的异质性就意味着将生命的各个层面都推向绝境，揭露同质奴役加诸生命之上的重重枷锁，让同质生存状态中看似自然而然的语言、时空、道德、功用、主体等观念暴露出"不可能"（l'impossible）。如此，充盈饱满的生命力量就再也不可能受缚于同质性的镣铐，生命终将在绝对的否定中爆破同质性的边界，无畏地迈向庄子所谓的"无何有之乡"，或是敞开于巴塔耶所谓的"黑夜"（la nuit）[9](P51)。

在异质性的多个面向中，无为/无用（消解功用）与非知（消解知识）是极为重要的两翼，也是比较庄子与巴塔耶二人思想的两大切入点。首先，否定占有、废除功用、摒弃生产的倾向是二人的共同之处。在中国哲学中，庄子最早让"无用"成为严肃的哲学问题。[5](P230) 而巴塔耶对"耗费"（consumation）与"无为/无用"（désœuvrer/désœuvré）①的强调也大大启发了当代法国哲学对现代性的批判。有意思的是，二人所谓的无为与无用都不是字面意义上的没用或荒废，恰相反，无为与无用的前提正是有为与有用，亦即巴塔耶所谓的"丰盈"（exubérance）。但二人的终极诉求仍有表面上难以消弭的差异：庄子将"应为却不为、有用却不用"的状态称作"寓诸庸"（将丰盈的潜能隐藏在匮乏平庸的外表之下），其目的是"全生"，亦即在乱世之中保全生命。[5](P230—232) 而巴塔耶虽也身处动荡年代，主张"视金钱如粪土，拒绝劳作"，将生命活成"满目疮痍的辉煌废墟"[2](P76—77)，但其根本目的并不是吝惜生命、保全生命，而恰恰是生命能量的耗费，是不求回报、不计代价的纯粹失去。毕竟，庄子仍身处"人的依赖性社会"，而巴塔耶已然身处极度发达的"物的依赖性社会"。生产、功用与占有不再是素朴的人性贪欲，而成了现代资本主义同质社会的核心原则。所以，主张无为/无用不再只是为了保全一己之生命，而是从物质根基处颠覆现代社会的同质原则，由根基出发体会多重的"不可能"：万事万物终将如指间砂砾般离我而去，各类意义上的占有、固化、停滞都是"不可能"的痴心妄想。[3](P74—76)

要想真正实现"无为/无用"，还需将人类的知识积弊消解殆尽。其实，巴塔耶"异质学"的名称本身就包含"非知"（non-savoir）的意味。如果说科学追求的知晓与掌控加剧了同质社会的物化与奴役，那么异质学就将目光转向了同质原则遮蔽的事物：它们看似无用、无知、污秽，却也因此摆脱了同质性的统治，成为饱含生命能量的鲜活体验。如同贪欲无法留住物质能量一样，知识也无法把捉生命体验。不仅如此，知识越精致、观念越抽象，人类离生命就越远，生命受到的物化奴役也就越重。[3](P77—89) 必然挣脱知识樊笼的生命洪流铸就了巴塔耶的非知宣言："活着，凭的是切实体验而非逻辑解释。"[6](P39)

在庄子看来，"支离其心"比"支离其形"更加重要。这就意味着，无为/无用不仅是行动与物质层面的不用或耗费，更是认知与思想层面的一笔勾销，废除功用、消解知识，才能消弭过去/现代/未来、圣洁/污秽、主体/客体等诸多人为分判，从所谓"弱丧"（失去故土的可悲之辈、耽于世俗的迷失之人）回归浑然一体的有生混沌。[5](P57—58) 类似地，巴塔耶也在《被诅咒的部分》中假借经济发展史勾勒了人类社会由慷慨无畏变为精明猥琐的堕落历程。就此而言，庄子与巴塔耶的"非知"都是指引人类"归乡"的思想。[7](P280—281) 知识与理性让人类不再满足于此时此刻，功用与生产让当下延宕至未来。理性谋划与功用原则让知识蜕变成了"周而复始的奴役"[10](P202)。追逐这样的知识，人类只能落入"以有涯追无涯，殆已"的异化境地。所以，所谓的归乡思想绝非回归原始的复古主张，而是由外物世界转向内在体验，由未来谋划回归此时此刻，由物化奴役迈向逍遥自主的生命哲学。

三　生命绽出

庄子生活在战国乱世，生命时刻面临消逝的危机。巴塔耶固然身处物质充盈的资本主义社会，但两次大战带来的生命损失同样惨痛，工业社会导致的生命异化也同样真切。对二人而言，"人生与理想并非以直线相连，而是要历经曲折、倒退、倾覆。幸福便是不幸的体现，喜悦便是悲伤的另一面"[7](P289)。虽然他们的哲学同是阴郁苦厄中迸发的狂笑，却绝不是教人颓丧的哀号。无论是忘言、无为、无用还是非知，异质的根本指向都是被同质光照遮蔽的生命本身。生命是庄子与巴塔耶共同关注的根本问题：恣肆的生命能量因遮蔽扼杀而成为魑魅魍魉，而异质的终极目的就在于暴露同质社会编织的"生命"假象，揭穿同质妄想的种种不可能，向同质世界的藩篱之外敞开，拓展生命形态的新型可能。

但真正能够敞开的，似乎就只剩下"心"了。对庄子而言，束缚心灵的"天刑"比施加于肉身的"金木之刑"更加可怕。生命哲学家庄子所谓的"养生"绝不是呵护躯体意义上的生命，而是从心入手，破除加诸其上的人世负累，即荣辱、得失、美丑、夭寿等人为臆造的价值分判。如此，生命便能超越有形与有限，融入无垠无限的宇宙大化，体悟浑然一体的生命丰盈。[5](P78—79)在巴塔耶的语境中，庄子的"达观"之心就是真正的"自我意识"（la conscience de soi），亦即"不再将任何事物当作对象的意识"[2](P190)——用庄子的术语回译这一定义便是：自我意识就是"无待"之心，消弭了主客之分乃至一切分判的逍遥之心。

然而同质世界的现实却是，难以达观、充满对待、无法逍遥。作为主流哲人的代表，儒家的荀子将庄子的逍遥之心斥为"蔽于天而不知人"的邪说。而巴塔耶的自我意识同样面临着强大的障碍：现代意义上的主体概念或曰主体模式塑造、固化了人类的思维方式，让自由无待的生命境界成为无法理喻的荒唐异数。[4](P74—75)于是，无法理解"物物而不物于物"的人类就只能沦为"蔽于人而不知天"的奴隶，深陷在"物于物"（物化奴役）的泥淖之中蝇营狗苟却毫不自知。庄子的超前之处在于，相较于具有仁义礼智"四端"的孟子之心，相较于背负着世俗枷锁、支撑着道德秩序的"实心"，他的"虚心"释放了不堪重负的生命，开启了生命的"绽出"（l'extase）[5](P223)。而这也正是巴塔耶"耗费"、"异质"、"不可能"、"逾矩"（transgression）等一系列概念的根本指向。

生命的绽出，意味着生命能量击穿同质性设置的边界，意味着同质性枷锁的依次消解——语言、伦理、功名、知识无不面临着"批郤导窾"式的拆解与颠覆。用庄子结合巴塔耶的方式表达便是：破除同质社会为生命混沌开凿的人为孔窍，让人类心灵回归澄澈朗然，让生命洪流重新奔腾流淌，让宇宙万物重新实现浑然一体，在绽出流动的过程中彰显生命的深刻本质——亲密无间（intimité）。[2](P57)当然，庄子清楚天命大戒的难以逾越、此世束缚的难以破除，于是只能"缘督以为经"，游走在现实世界的边缘罅隙，在日常生活中"不谴是非以与世俗处"[5](P35)。巴塔耶则更加激进，致力于将各种"不可能"贯彻到底：嬉笑忘言意味着理性语言表达生命体验的不可能，孟浪不羁意味着同质伦理禁锢生命力量的不可能，耗费无为意味着物质财富占有固化的不可能，非知亵渎意味着科学知识把捉生命的不可能——于个体生命而言，这一切意味着生命安于现状、故步自封的不可能。

在巴塔耶眼中，生命成了一场豪赌：活着不再是步步为营的理性谋划，而是无法掌控的眩晕迷狂，同质生存的不可能恰恰意味着异质生命的无限可能。[9](P53) 面对荒诞的人世游戏，庄子选择唯变所适，他的生命时刻处在变动不居、无所执着的绽出状态。就此而言，二人都是赌徒，他们将自己的身体与生命当作赌注，投入充满未知的遭遇与碰撞。豪赌为个体带来前途未卜的迷失，有朽之躯的封闭界限不复存在，丰盈生命面向无边黑夜果敢前行。而作为迷失中的意外收获，人类整体的亲密无间也在个体畛域的消弭冰释中显现敞开。

四 逍遥自主

生命绽出的终极目的是生命的自由。《庄子·内篇》成书于庄子本人"血气既衰"之时，七篇文字如同七个孔窍发出的天籁，依次奏响旋即湮灭殆尽，在遗忘中归于空寂的逍遥。[5](P201) 晚年巴塔耶也将毕生心血倾注在三卷本《被诅咒的部分》：由《耗费》中最基础的能量运作开始，异质哲学在《爱欲史》(*L'Histoire de l'érotisme*)中造极于最纯粹的本能趣味，最后在《自主权》(*La Souveraineté*)终章大写的"空无"(RIEN)中达到无物无我、无言无思、无得无待却又自由自在、自律自觉、浑然澄澈的生存境界——"自主"[10](P430)。

逍遥与自主其实都是生命自由的不同表达。而要想达到逍遥自主的生命境界，唯有经由"忘"才能实现：忘是修为，是涤除人世负累，将功名利禄与诡辩巧智统统抛弃的过程。更重要的是，忘是通过修为达到的境界，是挣脱桎梏后的心无挂碍。[5](P232-233) 不难发现，庄子所谓的"忘"正是巴塔耶异质学的根本原则——"失去"(perte)，用庄子另外一个术语表达就是"丧"——"吾丧我"(我放下了我执)意义上的"丧失"之丧，而非"颓丧"之丧。丧与失不仅是物质意义上财富虚华的耗费殆尽，更是思想、生存等各个层面凝滞妄想的尽数涤除，是充分意识到物质占有、思维僵化、生存安稳的不可能，是向未知黑夜的主动进发。从忘言逾矩到无为非知，生命忘却了有限的语言、伦理、功用与巧智，一步步地绽出敞开。至此，我们距离逍遥自主的境界只差终极之忘：忘我。

忘我包含两个层面：首先，忘我意味着跳脱自己身处的井蛙世界，认清庸常人世的狭隘局限，消解作为客体与对象的世界，实现印度哲学所谓"梵我一如"的认识境界。对庄子而言，"道"不再是实体性的万物本原，而是生生化化、无穷无尽的"大通"、"大冶"与"大化"，大千世界已然回归毫无分别界限的浑然一体。在这一问题上，巴塔耶与庄子毫无二致。在他眼中，宇宙万物不再是世俗经济学眼中相互孤立、各具功用的物质世界，而是不以人类意志为转移的能量洪流，丰盈流溢的"生命泉源"[2](P13)。其次，忘我意味着破除耽于我执的内心世界。相较于同时代的主流哲学，巴塔耶的超前之处就在于其对现代主体概念的质疑、冲击与动摇。在巴塔耶看来，由他者确证自身的黑格尔式主体看似为趾高气扬的主人，实则终将沦为苦闷依存的奴隶，误将充斥着畏与烦的生存谋划视作自身存在的真相。其谬误根源，正是过度执着于个体生命的有限以及个体视角的局限。梵我一如的忘我可让个体人类打破有朽之躯的渺小卑微，实现人类生命与宇宙大化的连续贯通。破除占有与停滞的迷思，让自我消融于宇宙的无垠，在"独与天地精神相往来"的无我境界中臻于至人之境。由此，宇宙大通的"有生混沌"（un vide fécond）将为自我赋予新的意义，让生命摆脱主客二分的孔窍樊笼，绽出为往复于虚空与万物之间的生成力量。[4](P110)

毕来德所谓的"虚空与万物之间"正是庄子"无何有之乡"与"广漠之野"的异域表达，也是巴塔耶"自主"境界的另一种说法。既是境界，逍遥的乡野就不是实体性的时空存在，而是主观的生命状态。正因为拥有这颗无所执着、无所依赖、无所企图的赤子之心，庄子心中的"至人"才能真诚地同世界虚与委蛇，让内心成为"不将不迎，应而不获"[1](P75)的澄澈明镜，如其所是地遭遇万物、倒映万物，在与万物的嬉戏中消解自我、告别自我，达到形如槁木、心如死灰的"丧我"境界：主观却无我的心灵自由。

要想准确理解庄子与巴塔耶心中的终极自由，我们不妨从《应帝王》与《自主权》的篇名入手。前者系《内篇》终章，后者为《被诅咒的部分》末卷，两者因此都具有某种终极意味。巧合的是，两者名称又都极易引起误解："帝王"之名自然毋庸赘言，"自主权"的日常语义亦具有明确政治意涵，通常译作"主权"，本意则是"至高无上的君主权力"。依照字面理解，自由就成了宰制他人的随心所欲。如此，便完全偏离了二人本意。自由当然是奴役的对立面，但这绝不代表自由是积极、外向的强权宰制。相反，自由本就暗含着否定意味，自由的境界唯有通过对负累的否定与舍弃才能达到。[11]"应帝王"的旨归是内心的逍遥：在生命的意义上，每个人都可以主宰自己的内心。而"自主权"同样如此，其重点不在"权"，而在至人之为至人的"自"主性，无我无待的"至"上逍遥：无我意味着自主不是内在的唯我独尊，无待意味着自主不是外在的霸道主宰。[3](P128—138)

逍遥自主的根本目的，是重新审视、体认、经历人类的生命：从理性的个体到敞开的人类，从主体自足到生命绽出，从凝结、区隔的物性功用到连贯、无为的生命力量……尘世桎梏层层剥开，显露出"忘"与"空"的自由。具体而言，庄子与巴塔耶二人的终极自由具有以下共性：首先，逍遥与自主都不是某种主体性，反而恰恰是主体性的破除，意味着我执的抛弃（"丧我"）与现代主体的消解（"主体之死"）。其次，心灵的自由必须以主客二分的消解与客体的解放为前提，真正的自由是无待的自由，更是放弃奴役他者的自由。所以，逍遥自主绝不囿于个人世界，而是指向人类整体甚至宇宙大化，是回归浑然一体、连贯统一的丰盈混沌。最后，逍遥自主是主观的境界，是耗费语言、伦理、知识、物质乃至自我的"心斋"（主观虚静），也是无己、无功、无名的"坐忘"（舍弃负累）。自由不是话语认知的对象，而是感性体验本身，是由狂笑哭号、放浪僭越来表达的生命。[3](P138—144)

逍遥自主超越了语言。无论是"肌肤若冰雪，绰约若处子"的至人形象，还是"堕肢体，去聪明，离形去知，同于大通"的心灵修为，都不足以让人领会自由的真谛。也许，我们应该像巴塔耶一样，在文章末尾写下大写的"空无"，或是直接投身"黑夜"——在这深邃的暗夜中，"我已不再是我，我迷失于无限，也就成了无限"[10](P115)。

将庄子与巴塔耶并置的讨论同样是一场前途未卜的豪赌，一场不受目的制约的游心之旅。在东西方两大哲人的生命绽出与心灵碰撞中，在文化翻译的过程中，我们无法否认两者之间必然存在根本差异。不过，这本就是异质生命的题中应有之义。若能同化共通，就是虚假的异质。真正的异质者只能相遇、碰撞，擦出"源自黑夜，复归于暗暝"[9](P51)的机缘火花。但是，二人的超前特质与自由追求可谓超越时空的殊途同归。西方必须重新发现庄子，以忠实可靠的文本翻译为基础，借遥远的异域哲学质疑自身根深柢固的思维成见。[4](Pv)中国也需要了解巴塔耶，抛开"色情作家"与"晦涩狂人"的认知偏见，在浪荡子的狂笑中认识自己，开启别样的东西思想交流。

庄子与巴塔耶经常遭受"脱离实际"的质疑，毕竟，"当整个世界都在为最基本的生存空间尔虞我诈的时候，想象或幻想有了刺激的动力但没有了实现的可能"[12](P172)。因此，"正如在古代庄子无法取代孔子一样，在今天，巴塔耶也显然无法取代马克思"[3](P160)。这样的批评非常中肯，但反过来解读同样成立。孔子与马克思当然必不可少，庄子和巴塔耶同样不可或缺。面对物质奴役的日趋深重，我们仍然需要异质的哲人。在物质财富的靡丽幻梦中，不合时宜的狂笑总会划破天际、提醒人类：心灵的自由注定会被虚华的晦暗所吞没，却也是任谁都无法抹杀的自主逍遥，是与天地精神相通的生命力量。

注释：

① 巴塔耶所谓"désœuvrer"或"désœuvré"的常见译法有"无为"、"无用"或"无作"。动词"désœuvrer"强调的是虚掷能量、耗费能量，不将能量"使用"在有意义的"作为"或"行动"之中，我们将强调"无意义行动"的"désœuvrer"译作"无为"。过去分词、形容词与名词"désœuvré"强调的是无为的性质或结果，我们将其译作"无用"。本文视具体语境将这一概念处理为"无用"（强调性质或结果）、"无为"（强调行动）或"无为/无用"（两者兼顾）。

参考文献：

［ 1 ］［清］王先谦撰. 庄子集解·庄子集解内篇补正［M］. 北京：中华书局，1987.

［ 2 ］Georges Bataille. *The Accursed Share, Vol. I: Consumption*［M］. Trans. Robert Hurley. New York：Zone，1991.

［ 3 ］杨威. 超然物外——巴塔耶耗费思想探要［M］. 北京：中国社会科学出版社，2016.

［ 4 ］［瑞士］毕来德. 庄子四讲［M］. 宋刚译. 台北：联经出版公司，2011.

［ 5 ］王博. 庄子哲学［M］. 北京：北京大学出版社，2013.

［ 6 ］Georges Bataille. *Inner Experience*［M］. Trans. Stuart Kendell. Albany：State University of New York Press，2014.

［ 7 ］［日］福永光司. 庄子内篇读本［M］. 王梦蕾译. 北京：北京联合出版公司，2019.

［ 8 ］［美］肯德尔. 巴塔耶［M］. 姚峰译. 北京：北京大学出版社，2018.

［ 9 ］Georges Bataille. "Chance." //*The Bataille Reader*［C］. Ed. Fred Botting and Scott Wilson. Oxford：Blackwell，1997.

［10］Georges Bataille. *The Accursed Share, Vol. II & Vol. III: The History of Eroticism and Sovereignty*［M］Trans. Robert Hurley. New York：Zone，1991.

［11］张辰龙. "自由"能分积极与消极？［J］. 读书，2020(1).

［12］葛兆光. 中国思想史(第一卷)［M］. 上海：复旦大学出版社，2013.

居于破损星球上的生存技艺

——解读理查德·鲍尔斯的《树语》*

庞红蕊**

摘　要：理查德·鲍尔斯的《树语》不是传统意义上的"好故事"：这里面没有英雄或猎人，只有破损的星球、凡夫俗子和植物，没有决断或征服，只有迷失和困惑。它以启示录般的语调呈现了人类的危机和星球的灾难，而灾难的根源是庞大的资本世装置，是重功效的思维方式。人类如何在资本世的废墟上生存下去？在《树语》中，鲍尔斯探讨了两种生存技艺：一方面，为森林重新赋魅，建立人与森林之间的伦理联结，在亲缘关系中敞开自身，以森林之眼感受世界；另一方面，打破行动惯性，静观自身，修身束己，能做而不做。前者强调的是"做"，后者强调的是"不做"，两者看似相反，实则都是对"功效思维"的批判，都是对"做的限度"的反思，都指向的是"无为"的生活：令自己卑微无名，敬畏众生万物，方可看到未来生存之可能。

关键词：理查德·鲍尔斯；植物转向；功效思维；制造亲缘；无为

美国作家理查德·鲍尔斯(Richard Powers)是一个通才作家，他的每一部小说几乎都会关涉不同的知识领域。以他新世纪后出版的小说为例，《回声制造者》(*The Echo Maker*，2006)中涉及大量的神经病理学知识，《奥菲奥》(*Orfeo*，2014)中关涉基因编辑的音乐存储，《困惑》(*Bewilderment*，2021)中包含诸多天体物理学知识。可以说，百科全书式的写作方式成为鲍尔斯的标签，但正如斯蒂芬·伯恩(Stephen J. Burn)所言，鲍尔斯将不同学科的知识与复杂的美学策略相融合，这颇引人注目，但这也容易使研究者们忽略其字里行间中的人文力量(humane strength)。[1](P165)

《树语》(*The Overstory*，直译：上层林冠)出版于2018年，提摩西·米勒(Timothy S. Miller)评价它是"美国伟大的植物小说"[2]。该书出版后斩获了普利策奖和美国国家图书奖。在一次访谈中，鲍尔斯指出，他原本想写一本以树为主角的小说，但这种写作方式超出了小说家的创作能力，也超出了读者的想象力。[3]于是，他构想了9个截然不同的人物，这些人之间原本并无交集，却因树木结缘，勾连起一个网络。小说共分为四章，以大树的诸元素命名：树根——树干——树冠——种子。种子一方面生出根系，向下延展，形成一个丰富的地下王国；另一方面，它又从大地绽出，凝聚力量向上生长，开枝散叶，结出果

---

* 基金项目：本文为2016年度教育部人文社会科学重点研究基地重大项目"文化诗学视域下的21世纪西方文论思潮研究"（项目编号：16JJD750010）的阶段性成果。

** 作者简介：庞红蕊(1985—　)，河北师范大学文学院副教授，文学博士，研究方向为当代西方文学批评。

实。果实回落大地，成为种子，如此往复，形成一个生命的回环结构。小说以马咪咪在松树下悟道开始，也以此为终局，形成了一个圆圈叙事结构。九位主人公与树木构成了一段多物种纠缠的交响乐，展现了"平凡的多物种生命的联结"[4](P3)。在这里，人类不再是生命交响乐的指挥家，而只是其中的一个元素。《树语》一书的出版与西方人文学科领域正在兴起的"植物转向"（vegetal turn）思潮相呼应，与此同时，该书也成为当代英语文学中势头正劲的"植物书写"的一部分。①很多研究者将《树语》定位为"环保小说"，认为作家的写作意图是呼吁人们保护生态环境，其实这是对该小说的片面理解。在关于《树语》的访谈中，鲍尔斯说道："需要拯救的不是世界，而是我们自己，正如许多古老的神话所说，我们需要被救助，需要重归家园，并涅槃重生。"[3]在《树语》中，作家多次借主人公之口表达了这一观念。因此，我们需突破"环保小说"这个标签，另辟蹊径深入探讨《树语》的内涵。《树语》中所描述的"森林危机"最终指向的是人类的生存危机，而这可归咎于人类强调"功效"的思维方式。如何破除这一思维惯性从而建立新习性呢？鲍尔斯从"'做'（make）的限度"这一角度进行了两个层面的探讨：一方面是人之"能做"，另一方面是人之"能不做"。前者强调的是关系，即在亲缘关系中敞开自身，与众生万物建立伦理联结；后者则强调的是修己，即在静思中省察自身的生活，以柔弱的"无为"之力开启另类想象。

一　贫乏之世与功效思维

在《树语》中，游牧艺术家尼克创作了一个名为《空气与光的告白》的影像作品，影像的内容是一棵栗子树和一首诗。栗子树是尼克家族的图腾，它见证了这个家族的迁徙、兴旺以及衰亡。尼克家族四代人用相机拍摄了这棵栗子树的百年生长历程，尼克将这些照片拼贴成一段影像。百年历史凝缩成短短 20 秒，在影像中，一株小树瞬间长出高大的树冠，枝丫四散，展现出勃勃生机。这给观看者带来极大的震撼，因为如果以人类的时间维度看待树木的成长，树木是变化甚微的，甚至是单调乏味的；如果以树木的时间维度看待树木，那么树木则在不疾不徐中散发着旺盛的生命力。由此可见，人类视角以及人类时间只是这个世界诸多现实中的一种。20 秒影像之后是一段带有启示录意味的文字：

The gardener sees	园丁只能
only the gardener's garden.	看见园丁的花园。
The eyes were not made	眼睛不是为了
for such grovelling uses as they	某些卑劣的功用而生，
are now put to and worn out by,	它们为此已疲惫不堪。
but to behold beauty now invisible.	它们是为了欣赏此刻被人忽视的美。
MAY	难道

WE	我们
NOT	看不见
SEE	神
GOD?[5](P544)	吗？

在这个以栗子树为主角的影像作品中，文字也被刻意排列成树的形状，字体颜色为板栗色，仿佛是栗子树的言说。这段文字的作者是梭罗（Henry David Thoreau），第一句源自其1862年的散文《秋色》（"Autumn Tints"），其余文字源自其1849年的文本《康考德和梅里马克河上的一周》（"A Week on the Concord and Merrimack Rivers"）。[6](P181)这段"树之歌"是《树语》中的重要细节，正如小说中所一再强调的，树木言说真理，"tree"与"truth"同源，这段"树之歌"是充满智慧的箴言，是一道神启。尽管它由梭罗的文字组成，但经由尼克的剪辑和拼贴后被赋予了别样的内涵。我们可以如此理解这段箴言：人们不可将森林（乃至自然）视为"花园"，亦不可将自己视为"园丁"，森林不可仅有服务于人类这一"卑劣的功用"，不能被家政化，它们自身带有神圣的"被人忽视"的美。在访谈中，鲍尔斯用"tenuous"（"贫乏"）一词来形容当前的人类世状况，"贫乏"的其中一个表现是，人类无法领略植物的神圣之美，是名副其实的植物盲（plant-blind）。[3]人类学家爱德华多·科恩（Eduardo Kohn）称这种状况为"灵魂失明"（soul blindness），他指出，"灵魂失明"是精神的衰弱和颓靡，它指的是一种孤立的"单子式"生存方式，一种生命祛魅的生活状态，它无法意识到其栖居的世界是拥有诸多自我的生态系统，无法与这些自我建立亲密的联系。[7](P117)造成"灵魂失明"的根本原因是功效思维，这种思维惯性塑造了一群"单一现实主义者"（mono-realists，加桑·哈吉提出的概念），他们将自己的视角视为唯一的真理，无法领悟多重的视角和现实。[8](P300)

新世纪以后，鲍尔斯特别关注人类世的"贫乏"状况，在其小说创作中融入了对人类功效思维的剖析和批判。在《回声制造者》中，他以内布拉斯加州卡尼小镇的沙丘鹤保护为主线索，塑造了一个实用主义者形象——卡什。卡什认为，保护沙丘鹤是为了让人们欣赏（protect nature for our appreciation）。[9](P346)这便是典型的功效思维，沙丘鹤栖居地最终被家政化，变成了人们的观光景点。在《树语》中，鲍尔斯延续了《回声制造者》中对功效思维的批判，这主要体现在以下几个方面的冲突中。

首先，《树语》所呈现的一个主要冲突发生在"抱树者"与伐木公司之间。小说中的五位主人公（尼古拉斯、马咪咪、尼克、奥莉薇亚、亚当）加入了加利福尼亚州的环保组织"抱树者"，他们的主要任务是阻止洪堡木业砍伐原始森林。②表面看来，他们对抗的是伐木工人，实际上，他们所真正反对的是隐于背后的资本家乃至更无形的资本运转机制。在他们看来，资本家打着发展和需求的名义，疯狂砍伐原始森林，破坏了地球的生态系统。然而，"需求"大多是被制造出来的，在资本家的眼里，森林等同于免费资源。森林被家政化，这是灾难的根源。这一点与美国环境史学家杰森·摩尔（Jason W. Moore）的观点不谋而合。摩尔认为，当前地球生态危机的症结在于资本主义对"廉价自然"（cheap nature）的无限度追求，凡是被列入"自然"范畴之内的，都可被视为免费的，既可以是自然物（如森林），也可以是自然人（如奴隶）。就此而言，"资本世"（the Capitalocene）这一术语比"人类世"更具体、更精确。③从表面来看，资本主义是一套理性的运转装置，但实际上，它的内核是极端不理性的。它以"功效性"著称，但实际上却是"无功效"的，因为它制造了"廉价的生命"，以严峻的人文危机和生态危机为代价。

其次，在植物学领域，帕特丽夏的研究成果与植物学界的主流认知产生了巨大冲突。在研究生求学阶段，她与导师发生了争执。她想去研究美国东部森林，而导师认为，森林研究是无用的，无异于浪费时间，与其研究森林，不如研究人工栽培的学校实验林。帕特丽夏如此回应：原始森林与人工实验林并不相同，或许研究森林是无功效的，但这是她的研究兴趣所在。面对眼前这个固执的女孩，导师叹息道："女性做科研就如同熊骑自行车。"[5]（P154）自此，帕特丽夏钻进了原始森林，研究树木之间的信号传递机制。④成名以后，她受邀参加原始森林砍伐的听证会，向听众论证到底是"年轻的、人工管理的单一速生林"好，还是"古老的、自由生长的森林"好。[5]（P351）帕特丽夏指出，20 年前，我们的前辈们都认为单一速生林更好，但这是一种过时的偏见。在这种偏见的指引下，人们加快了清场伐木的速度，种植具有经济价值的单一树种。生态系统趋向于多样化共存，但资本主义市场却趋向于同质化吞并。资本家从功效性出发，用种植园取代古树森林，然而这是得不偿失的，因为森林中有丰富的食物（如蘑菇、鱼类等），仅靠收集这些食材获得的收益都比清场伐木的收益要多得多。[5]（P355）多年以后，年老的帕特丽夏意识到这个世界已劫数难逃，于是她开始在弗兰特山脉的丘陵地带筹建种子银行。与其他形式的种子银行不同的是，她收集的都是"尚未发现用途的树种"，因为在她看来，"有用是灾难"[5]（P486）。

最后，在游戏设计领域，我们也可见"功效思维"的巨大影响，这引发了设计师尼莱与公司合伙人之间的冲突。尼莱的成名作是《命运》系列，在游戏中，玩家是开拓者，为了建立自己的帝国，需想尽办法获取各种资源（如木材、煤炭、矿石、食物等）。《命运》系列呈现出的虚拟世界看似与现实世界相疏离，实际上却是现实世界的镜像。受帕特丽夏《秘密森林》的影响，尼莱改变了"讲述故事"的方式，他要在游戏中展现脆弱的森林生态系统和破损的星球。公司合伙人劝说尼莱："老板，不要再添加植物了！你不能制作一款植物游戏，除非你给植物装上火箭炮！"[5]（P515）在合伙人看来，吸引玩家的是武器，是征服世界，是英雄叙事，而这本质上仍是一种功效思维。

新世纪初，澳大利亚哲学家格伦·阿尔布雷奇（Glenn Albrecht）提出了"乡痛症"（solastalgia）概念，"指的是人对环境消极变化的生存体验，表现为人的地方感的破坏"。[10]（P38）在《树语》中，鲍尔斯塑造了九位"乡痛症"患者，他们都因古树森林的逐渐消失而感到痛苦，都对功效思维深恶痛绝。在资本世，他们是一群困惑者（bewilder characters）。鲍尔斯偏爱"bewilder"一词的词源意义，2021 年，他还以"bewilderment"（困惑）为题创作了一部小说。该词可追溯至古英语单词"wilde"，意思是"未经耕作、未经驯养的天然状态"，后引申为"迷失于森林""困惑"。鲍尔斯指出，"bewilder"可以被理解为"变得野蛮"（to be made wild）[3]。小说中的这几位主人公正是通过"变得野蛮"与森林建立崭新的联结。

二 制造亲缘与"变得野蛮"

"你与你家后院的树源自一个共同的祖先。15亿年前，你们分道扬镳。然而即使是现在，在经历了不同方向的漫长旅程以后，树和你仍共享着四分之一的基因。"[5](P166、336、553) 这是主人公之一帕特丽夏的科普著作《秘密森林》的开篇首句，此句在小说中共出现了三次，足可见它的重要性。《秘密森林》旨在向读者普及植物学知识，在人与植物之间制造亲缘（make kin）。"制造亲缘"突出的是物种间的相似性和关系性。在最后一场演讲中，帕特丽夏说道："我们科学家被教导，永远不要在其他物种中寻找自己，这样我们便能确保没有任何物种与我们相像！"[5](P567) 长久以来，为了维护人类独一无二的地位，科学领域一直持有某些预设偏见，其中一个主流的观点是：森林无法像人类一样说话，因此不能拥有身份地位。[5](P313) 帕特丽夏打破了传统植物学研究的预设偏见，致力于研究树木彼此交谈的方式，并得出以下结论：树木的根系如同人类的大脑，能够做出决断，树木通过空气中悬浮的微粒传递信号，它会分泌化学物质，用气味来提醒周围的树木。[5](P172) 同人类一样，植物也具有符号性的"自我"。植物之间、动植物之间通过符号相互交流，构成了一个由诸多"自我"组成的关系网络。鲍尔斯借帕特丽夏之口强调的是关系，是生命之间的联结。没有关系就没有个体，这是一种可交流的关系，以相似性为前提。只有在物种间"制造亲缘"，人类方可突破自己的短见，开启真正的变形，以他者之眼看待世界。

"进入宇宙的最佳方式是穿越一片荒野森林。"[5](P156) 小说中的主人公们以各自的方式穿越荒野森林，令自己"变得野蛮"。帕特丽夏主动放弃了导师为她制定的学术规划，选择进行"无用"的森林研究。她发表的学术论文遭到学界的嘲讽，拥有博士文凭的她只能去高中当替补老师。半年以后，她辞掉工作，远离人类社会，隐于荒野森林：云杉为营帐，苔藓做床，松针为枕，感受大地源源不断的力量注入树根和自己的身体。此时，她才明白，森林才是她真正的家园，此前在人类社会的栖留只是她短暂的迷失。

为了阻止工人的砍伐，"坐树者"尼克和奥莉薇亚爬上了千年古树米玛斯（Mimas，以泰坦神米玛斯的名字命名），在二十层楼高的树上生活了数月之久。当脱离人类群体的时候，他们发现自己"正在变成另外一种生物"：生活极度简化，日出而醒，日落观星，风吹而动，风止而静。[5](P332) 他们的脚上沾满树的黏液，手上满是绿色的污泥，身上散发出红杉的味道。可以说，他们通过"变得野蛮"的方式摆脱了人类社会的礼仪规范，自主驾驭自己的身体，不断为其赋予新的习性。与其说他们在保护古树森林，不如说是古树森林净化了他们。后来，研究心理学的亚当也爬上了古树，他原本将尼克和奥莉薇亚当作心理学课题的研究对象：观察这些环保激进分子，收集数据，做病理学鉴定。然而，随着接触的深入，他也被这股巨大的"变得野蛮"的力量传染，被缠卷着一同向森林生成。对于他们来说，古树米玛斯是"一份厚重的礼物"，它具有神性，犹如巨大的泰坦神，犹如"来到世间的耶稣"[5](P361)。在《圣经》中，前来拯救世人的耶稣却最终被钉死在十字架上。在古希腊神话中，米玛斯是十二泰坦神之一，在与宙斯天团的对战中，被工匠神赫淮斯托斯所杀，武器是一块被烧红的铁。值得玩味的是，在《树语》中，古树"米玛斯"被手持链锯的伐木工人所毁。这处细节可看出鲍尔斯对技术问题的反思。正如海德格尔所言，"技术"是一种诡奇可畏（unheimliche，"heim"意为"家园"，加否定前缀"un-"后意思是"出离家园"）的力量，人类一方面凭借它成为威临四方者，另一方面却因其强力而遗弃了神，逾越了家园的界限，最终沦落为无家可归者。[11]（P151）鲍尔斯援引梭罗的话警醒世人："难道我们看不见神吗？"（参见前文的"树之歌"）唯有"变得野蛮"，方可看见"神"。在这里，我们需注意以下两点。

首先，"变得野蛮"不是返回原始的荒野生存状态，它不是文明和都市化的对立面，确切来说，它是一股"生成"的力量，是一种看待世界的崭新方式。小说中多次强调，人类不应再做森林的"参观者"（visitors），而应学会扎根于这个地方，重新成为土生土长者（become natives/indigenous）。[5]（P360、424）"native"和"indigenous"的词根都是"gen-"，意思是"出生""生育"。在这里，鲍尔斯强调的是人类与森林之间的亲缘关系，它们都源于一个共同的祖先。既然本是同根生，那么人就应规制自身"诡奇可畏"的力量，减少过分欲求，以感恩之心接纳森林的馈赠。唯有认清这一点，人类才能以森林的眼光看世界。

其次，此处的"神"更接近"新万物有灵论"（new animism）。20世纪90年代以后，一些人类学家如菲利普·德斯科拉（Philippe Descola）、爱德华多·卡斯特罗（Eduardo Viveiros de Castro）对旧的"万物有灵论"（代表人物是爱德华·泰勒，他认为"万物有灵论"是远古时代的人思索生命现象的方式，是一种低级且错误的思维方式）进行了修正。他们认为，"万物有灵论"为众生万物赋魅，破除了主客体对立和生命等级论，在遭遇生态危机的当下，它是一剂救世良方。这种观念认为，众生万物都有人格（person），彼此间可进行交流。"它描述了一个不断'生成'或'变形'的世界，在这个世界里，所有的社会和本体边界都是多孔的，因此可在某些情形下彼此跨越。在这里，关系先于实体。"[12]（P39）在《树语》中，不论是植物学家帕特丽夏还是"抱树者"尼克和奥莉薇亚，都认为森林是有灵的，他们重新为树木赋魅，以森林之眼感受世界，体悟别样的真实。

"制造亲缘"与"变得野蛮"是资本世废墟中的人类必须学会的生存技艺，这与当下很多哲学家以及人类学家（如哈拉维、科恩、卡斯特罗等）的探讨相互呼应。然而，在《树语》中，鲍尔斯还探讨了一种独特的生存技艺，即"静思"。如果说"制造亲缘"和"变得野蛮"指向的是"做"，那么"静思"则指向的是"不做"。前者强调重塑关系，后者强调重塑自身。两者看似相反，但其实都是对功效思维的批判，都是对"做"之限度的反思。

三 "静思"与"无为"

如何在资本主义的废墟上寻找生存的契机？鲍尔斯转向了东方哲学。早在2006年出版的《回声制造者》中，他便塑造了一位吃素打坐、信奉佛教的"无为者"形象——丹尼尔。在《树语》中的九位主人公中，马咪咪是华裔，尼莱是印度裔，这是作家的精心设计。小说中，他援引了诸多佛教哲学思想以及中国古诗，意在用异域思想反观西方思维方式的局限性，开启另类想象，在既定生活方式之外寻找别样生存的可能性。

  首先，"无为"是植物教给人的生存智慧，它指向的是静观和接纳。小说中有两种"无为"，一种是消极的"无为"，一种是积极的"无为"，这体现在马家两代人身上。马咪咪的父亲马思贤于20世纪40年代从上海远渡至美国留学，后来在美国组建家庭，生了三个女儿。在马咪咪的童年时期，马思贤便教导她：保持渺小，按照主流意愿行事，永远不要尝试脱颖而出。[5](P300)这便是华裔在美国的生存之道：让自己保持隐身，让自己无为。院子里的桑树是马家的家族图腾，当桑树患病逐渐死去，马思贤也觉得自己来日无多。在一个秋日里，他自杀于桑树下，书房的桌子上留有王维的一首诗："晚年惟好静，万事不关心。自顾无长策，空知返旧林。松风吹解带，山月照弹琴。君问穷通理，渔歌入浦深。"这首诗的首联和颔联是马思贤的真实写照：他是一位流落异乡、渴求宁静的老人，世界于他而言是一片虚无，他无法找到生存的意义。王维的这首《酬张少府》，前半部分充满绝望，后半部分则极为通透。马思贤并未完全理解这首诗的真意，他获取"宁静"的方式是死亡。为了从父亲之死的阴影中摆脱出来，马咪咪疯狂地投入工作，尔后放弃高薪工作参加了抱树者群体，她想在"有为"中找寻生命的意义。然而一切"有为"最后都归为虚无。在小说的结尾（同时也是开头），马咪咪盘坐于松树下，由昼入夜，静观人群，省察自身，终于获得了开悟：用"有为"对抗父亲的"无为"，仍然是一种执拗。她如释重负，开始以树之眼来看待这个世界：饿了，那就饿着；渴了，那就渴着；痛苦，那就静下来感受它（be still and feel）。[5](P623)这种"still and feel"是人从植物那里学到的生存智慧：生命应暂停行动惯性，静观自身，破除我"执"，接纳当下，感受此时此刻。这是一种在废墟之上生活的勇气，一种被动的力量，一种生存美学。《酬张少府》的尾联乃整首诗的核心所在：人生为何起起伏伏呢？请静听山月映照下的松林风声以及水浦深处的渔歌。马咪咪领悟了这一整首诗的真谛，她破除了自身的短见，摆脱了客观世界的束缚，无所依赖，无所凭借，在静观中获得了超越性的力量，融入无限的宇宙大化。

  其次，"无为"意指"能做而不做"，它是对"为"的反思，是对"能"的规束。西方文化一向强调"能"和"功"：挖掘潜能，将潜能现实化；辛苦劳作，追求最大功效。《树语》中，"坐树者"奥莉薇亚对伐木工人说："我们不知道人类之所能以及人类之所不能，对此，我们尝试得太少。"[5](P423)植物学家帕特丽夏以启示录般的语调向伴侣丹描述了地球的危机：地球的生态系统已然崩溃，空气和水的循环已经断裂，而这一切灾难都可归因于人类做了太多。[5](P381)她指出，需要修复的不是地球，而是我们自己，那么，人类如何修复自身呢？最好的做法就是静下来，什么都不做（do nothing）。[5](575)也就是说，人类需转变思维惯性，从探索自己之所能到规束自己之所能。如果说人们此前思考的是"我能做什么"，那么现在人们应思考的是"我能不做什么"。人既要有能力实现自己的潜能，又要有能力使自己的潜能保持在黑暗之中。[13](P44)雷和多萝西是在都市中生活的一对夫妻，他们在自家院子里种了一棵栗子树，并把它当作两人的孩子。在小说的结尾，受帕特丽夏著作的启发，夫妻二人决定将自己的花园变成小型森林。于是，他们不再打理院子里的植物，静观它们野蛮生长，不久以后，一英亩半的草坪上钻出了几百棵幼苗。流浪艺术家尼克用森林中的枯木拼凑成巨型的词语"still"，不久以后，枯木上长满了苔藓和真菌，成为甲虫的乐园，枯木裂缝中的籽苗开始生根发芽，多年以后，它们会重新长成参天大树。

尼克用无用的朽木完成了一件"无用"的艺术作品，它由人和自然共同完成，巨大的朽木阵"still"之上会重现生机，它仿佛在警示世人：只有"静"下来，方可看到生存的希望。

最后，"无为"意指"不对抗"，它是一种柔弱而渐进的力量，开启了一种别样的政治想象。在《树语》中，我们明显可见鲍尔斯对"抱树者"群体的深切同情，但这并不表明他认同他们的抵抗方式。他们原本打算采取"非暴力对抗"的方式，但这换来的是警察的暴力对待。组织者 N 母和摩西被人炸死，警察却将之定性为国内恐怖主义的自杀行为。千年古树被砍之后，伤痕累累的五位主人公被彻底激怒，他们筹划炸毁机器仓库，然而，奥莉薇亚却因此丧命。五人组成的短暂共同体瞬间分崩离析，四位幸存者带着巨大的负疚感继续生活。多年以后，道格拉斯和亚当被警察逮捕，亚当因国内生态恐怖主义罪被判两个 70 年的刑期。鲍尔斯安排了"抱树者群体"的悲剧结局，意在对这类反抗方式进行批判性反思。首先，他们对抗的不是一个伐木公司和几个伐木工人，而是一个庞大的资本世"装置"，该装置由资本所操控，资本家、政府、警察、法律、媒体等联手共谋。因此，这种力量悬殊的对抗必然会失败。其次，他们虽采取的是"非暴力"的对抗方式，但随着警察的暴力相向，被激怒的他们违背了初衷，也采取了暴力的方式，最后付出了惨重的代价。这种对抗性的姿态呈现的是"非此即彼"的二元对立思维，它最终会被装置所捕获。在《树语》中，鲍尔斯尝试在"非此即彼"之外探索第三种路径，即不与"装置"相抗衡，悬置它，令其无效，在其之外开创另类政治。他更推崇的是知识、游戏、艺术，它们体现出的是一种柔弱而积极的力量，能够创造新的习性，建立新的联结。在小说中，帕特丽夏的科普著作、尼莱所设计的游戏、尼克所创作的影像艺术悄无声息地改变了公众的认知。在这些"无用"事物的影响下，人们开始省察自己的生活，突破自身短见，认真感受自己与世界的关系，以他者的眼光领悟世界的多重现实。

结语

在访谈中，鲍尔斯提到了《树语》中马咪咪的一句话："世界上最好的辩论也改变不了人的心意。唯一能做到这一点的是，讲述一个好故事。"[5](P607) 什么是好的故事呢？鲍尔斯指出，若按照传统的标准，好的故事往往"意味着通过赋予个体选择或命运的特权，加强人类中心主义的幻觉，从而让人有自命不凡之感"[3]。然而，他所想讲述的不是这样的故事，在小说中，他意在呈现诸自我的网络系统，而非特权个体；他试图破除人类中心主义幻觉，呈现人类的渺小自我。1986 年，科幻作家厄休拉·勒古恩（Ursula K. Le Guin）发表了一篇短文，名为《虚构的背袋理论》（"The Carrier Bag Theory of Fiction"），该文批判了传统文学叙事，探讨了"好故事"的标准，可与鲍尔斯的观点相互补充。勒古恩指出，传统文学多呈现为英雄主义叙事：叙事形状为箭头形，核心为冲突，人物为英雄。然而她想写的是有关生命的真实故事：叙事形状是背袋，核心是联结，主人公为多物种生命。小说如同背袋，里面装的是可知可感的生命，是万事万物的低声絮语。[14](P25—37)

鲍尔斯的《树语》就是这样一个背袋，这里面没有英雄或猎人，只有破损的星球、凡夫俗子和植物，没有决断或征服，只有迷失和困惑。它以启示录般的语调呈现了星球的灾难，而灾难的根源是庞大的资本世装置，是重功效的思维方式。正如小说中的植物学家帕特丽夏所说，当代人是自命不凡的梦游者，正走在"自取灭亡"的路上。如何唤醒梦游者们？如何在资本世的废墟上生存下去？在《树语》中，鲍尔斯提供了两条路径：一方面，为森林重新赋魅，建立人与森林之间的伦理联结，在亲缘关系中敞开自身，以森林之眼感受世界；另一方面，打破行动惯性，静观自身，修身束己，能做而不做。前者强调的是"做"，后者强调的是"不做"，两者看似相反，实则都是对"功效思维"的批判，都指向的是"无为"的生活：令自己卑微无名，敬畏众生万物，方可看到未来生存之可能。

注释：

① "植物转向"的重要理论著作包括：马修·霍尔（Matthew Hall）的《作为人格的植物：哲学植物学》（*Plants as Persons: A Philosophical Botany*, State University of New York Press, 2011），迈克尔·马尔德（Michael Marder）的《植物思维：植物生命的哲学》（*Plant-Thinking: A Philosophy of Vegetal Life*, Columbia University Press, 2013），迈克尔·马尔德与露西·伊利格瑞（Luce Irigaray）合著的《通过植物：两种哲学视角》（*Through Vegetal Being: Two Philosophical Perspectives*, Columbia University Press, 2016），爱德华多·科恩（Eduardo Kohn）的《森林如何思考：超越人类的人类学》（*How Forests Think: Towards an Anthropology Beyond the Human*, University of California Press, 2013），罗安清（Anna Lowenhaupt Tsing）的《末日松茸：资本主义废墟上的生活可能》（*The Mushroom at the End of the World: On the Possibility of Life in Capitalist Ruins*, Princeton University Press, 2015）等。在当代英语文学领域，阿莉·史密斯（Ali Smith）、安妮·普鲁（Annie Proulx）、杰里米·库珀（Jeremy Cooper）以及梅丽莎·哈里森（Melissa Harrison）等推动了小说界的"植物书写"。

② 《树语》中所描述的这场木材战争有其现实原型，即1990年北加州的"红木之夏"（Redwood Summer）、"地球优先"（Earth First）等环保组织聚集了2000多人举行非暴力反抗运动，阻止伐木公司砍伐原始森林。参见 Michel Feith. "Xylosophy and Treeory：The Greening of the Text in Richard Powers's *The Overstory*", *L'Atelier* 2022, 13（2）, p. 103.

③ 参见 Jason W. Moore. "The Rise of Cheap Nature", *Anthropocene or Capitalocene? Nature, History, and the Crisis of Capitalism*. Oakland：PM Press, 2016, pp. 78-115。"资本世"一词最初由安德烈亚斯·马尔姆（Andreas Malm）提出，哈拉维、杰森·摩尔等学者认为该概念比"人类世"更切中要害，他们分别从不同的视域对该概念进行了深入探讨。参见 Donna J. Haraway. *Staying with the Trouble: Making Kin in the Chthulucene*, chapter 4, "Making Kin：Anthropocene, Capitalocene, Plantationocene, Chthulucene". Durham and London：Duke University Press, 2016, pp. 99-103。

④ 帕特丽夏这一角色的灵感源自两位女植物学家：苏珊娜·西马德（Suzanne W. Simard）以及黛安娜·贝雷斯福德-克勒格尔（Diane Beresford-Kroeger）。参见 Katarzyna Ostalska. "'Enlightenment is a Shared Enterprise'：Tree Ecosystems and the Legacy of Modernity in Richard Powers's *The Overstory*", *Text Matters*, No. 12, 2022, p. 291。西马德认为，树木和真菌互惠互利，形成了一个巨大的"树维网"，树木之间借此交流信息。可参见西马德的代表作《森林之歌》（*Finding the Mother Tree: Uncovering the Wisdom and Intelligence of the Forest*, 胡小锐译，中信出版社2022年版）。黛安娜认为，树木会释放大量气溶胶，这是天然的抗生素，有助于保持自然界的健康。可参见黛安娜·贝雷斯福

德-克勒格尔的《全球森林：树能拯救我们的 40 种方式》(*The Global Forest: 40 Ways Trees Can Save Us*，李益然译，周玮校，商务印书馆 2018 年版)。

参考文献：

［1］Stephen J. Burn. An Interview with Richard Powers ［J］. *Contemporary Literature*，Vol. 49，No. 2，Summer 2008，University of Wisconsin Press.

［2］Timothy S. Miller. Fantasy and Urgency：Climate Change and Rewilding the Imagination in Richard Powers's *The Overstory* ［J］. *Humanities on the Brink: Energy, Environment, Emergency. Virtual Conference. The Association for the Study of Literature and Environment (ASLE)*，2020. Quoted from Michel Feith. Xylosophy and Treeory：The Greening of the Text in Richard Powers's *The Overstory* ［J］. *L'Atelier* 13. 2，2022.

［3］Everett Hamner. Here's to Unsuicide：An Interview with Richard Powers ［N］. *Los Angeles Review of Books*，2018-4-7.

［4］Donna Haraway. *When Species Meet* ［M］. Minneapolis：University of Minnesota Press，2008.

［5］Richard Powers. *The Overstory* ［M］. London：Vintage，2018.

［6］Timothy Baker. The Gender Politics of Trees. *Nonhuman Agencies in the Twenty-First-Century Anglophone Novel* ［C］. Switzerland：Palgrave macmillan，2021.

［7］Eduardo Kohn. *How Forests Think: Toward an Anthropology Beyond the Human* ［M］. Berkeley，Los Angeles，London：University of California Press，2013.

［8］Ghassan Hage. Critical Anthropological Thought and the Radical Political Imaginary Today ［J］. *Critique of Anthropology*，Vol. 32，No. 3，2012.

［9］Richard Powers. *The Echo Maker* ［M］. New York：Farrar，Straus and Giroux，2006.

［10］Glenn A. Albrecht. *Earth Emotions: New Words for a New World* ［M］. Ithaca and London：Cornell University Press，2019.

［11］Martin Heidegger. *An Introduction to Metaphysics* ［M］. Trans. Ralph Manheim. New Haven：Yale University Press，1959.

［12］Anselm Franke. "Animism". *Posthuman Glossary* ［M］. Ed. Rosi Braidotti and Maria Hlavajova. London，New York：Bloomsbury，2018.

［13］Giorgio Agamben. *Nudities* ［M］. Trans. David Kishik，Stefan Pedatella. Stanford：Stanford University Press，2011.

［14］Ursula K. Le Guin. *The Carrier Bag Theory of Fiction* ［M］. Ignota，2019.

张江阐释学思想建构的突出特征及当代启迪[*]

邓心强^{**}

摘　要：近十年来张江教授在阐释学理论方面笔耕不辍，孜孜以求。他以开阔的学术视野、破立结合的研究方法、持之以恒的毅力精心建构其阐释学思想体系，取得了巨大的学术成就，引发了强烈的学术反响，形成独具特色的理论面孔。张江的阐释学建构呈现出三大鲜明特征：在现实关怀中彰显问题意识，通过分析西方文论之不足来直面和解决当代文论界的痛点和顽疾；具有开放包容和对话的精神，就阐释学具体理论问题不断与学界协商，展开对话，推进共识，并通过笔谈、圆桌、书信、论坛等多种方式与国内外乃至全球学者展开对话；以较高的哲学素养发扬理性思辨之优长，不断产生本土理论观点，在大胆质疑和批判反思中体现理论探索的勇气和中国学者的学术担当。这在近四十年学术争鸣中具有典范性，对当代文论的建构及今后学界的阐释研究都具有深远影响。

关键词：张江；阐释学；问题意识；对话精神；思辨理性

张江持之以恒地钻研阐释学，前后研究达十年之久。他掀起了国内阐释学近十年的学术争鸣，探讨问题之广、参与学者之众几乎是前所未有的。作为这场论争的领军人物，张江的阐释学研究颇富特色，包括西方文论反思与批判、阐释学基础理论探索、古典阐释学资源挖掘等五个方面内容，在彰显问题意识、体现对话精神和充满思辨理性等方面较为突出，成为其阐释学思想建构的鲜明特征。作为当前文艺学界的经典个案，张江的学术思想值得探究，沉淀、总结其阐释学思想建构，对推进当前中国学派阐释学的建立并促进其发展具有重要的学术价值。

一　张江阐释学思想的核心构成和逻辑脉络

十年磨一剑，张江在阐释学领域内建构起了一个自成体系的阐释学理论大厦。纵观他在阐释学领域内的耕耘，其学术造诣主要在五个方面展开，相互衔接，具有内在的逻辑关联。

一是对西方理论的剖析和批判。这是张江阐释学思想建构的逻辑起点。在 2014 年张江

　*　基金项目：本文为国家社科基金重大项目"中国文学阐释学的中外话语资源、理论形态研究与文献整理"（项目编号：19ZDA264）的阶段性成果。

**　作者简介：邓心强（1979—　），中国矿业大学人文学院副教授，文学博士，研究方向为阐释学、文体学。

提出极具思想冲击力和理论概括力的"强制阐释"论后，引发学界热烈反响和激烈讨论，此后都将其视为这场学术论争的主导思想。[1]其实在此之前和同时，张江接连发表了《当代西方文论：问题和局限》《当代西方文论若干问题辨识》《关于西方文论历史分期问题的讨论》三篇文章，全面地分析西方文论史演进与特点，深刻地批判西方文论的弊端和不足，这是其"强制阐释"提出的根基。唯有对西方文论史的梳理和洞悉，才能提出"强制阐释"论并给予严密的论证。史论结合使张江的阐释学思想建构在厚实的基础之上，令人信服。这也是张江阐释学思想的第一组成部分，在 2015—2018 年之间张江的系列成果中，如《作者能不能死》《场外理论的文学化问题》等，皆不时穿插论及西方文论之弊。在其后结集出版的著作《当代西方文论考辨》中，第一编"当代西方文论：演变和趋势"的三节分别是"总体缺憾与问题""分期定位及基本走向""理论中心论"，以近一半的篇幅集中探讨西方文论。若没有这些，其后提出的"强制阐释"论将成为水中月镜中花。可见在 2014 年前，张江便投入到了这场阐释学思考与建构中。2019 年之后，他将主要笔墨与精力用于正面的阐释学建设，对西方文论的总体研究和集中批判，皆集中于此前的研究成果中。其对西方文论的批判集中概括为"向内转"走向、自我中心主义、非理性主义、"形式崇拜"、"反教化论"等六个方面，它们导致西方文论陷入狭小的圈子内，以理论为中心而背离了生活、脱离了文学实践，论析鞭辟入里、一针见血，深得学界好评。谭好哲认为，张江"以清醒的反思意识、刺目的理论概括与犀利的批判锋芒，将对于西方现当代文艺理论和批评的反思置于学界面前"，"相关问题的辨别论析……是对当代西方文论研究的有力拓展与丰富，也是对当代文论建构的强劲助推和提升"。[1]还有其他十余位学者亦做出充分肯定。

二是阐释学基础理论的建构。这是张江阐释学思想的核心部分，主要围绕强制阐释、本体阐释、公共阐释三大核心理论展开，并拓展到阐释对象、阐释伦理、阐释边界、阐释限度、阐释逻辑等方面，主要观点有文论的发展要靠内生动力而非理论推演、文论来源于实践、阐释的对象是文本或文学、尊重和阐释作者意图、遵循公共理性和阐释伦理、阐释的正态分布等。其逻辑脉络是提出强制阐释重在破，在批判，从根本上撼动了西方文论在中国长驱直入的学理根基，破除了中国学界唯西方马首是瞻的神话。张江看得很清晰，分析精湛而透彻："三十年间，当代西方文论在中国获得极大推崇，俨然成为众多理论家、批评家顶礼膜拜的金科玉律。一些人，言必称欧美，开口德里达，闭口后现代。甚至一些西方文论中的非主流思潮，引介到国内后也被过度夸大，受到热捧。……长期以来，在盲目崇拜情绪冲击下，我们对此缺乏有效的辨析和清醒的认识，这对中国的文艺理论建设危害极大。"[2]找准了症结后便探索开药方，他接连提出"公共阐释"论和"本体阐释"论，它们都重在立，在建设，试图寻找正确和科学的阐释方法，为确立良性循环的阐释树立法则。前者推动个体阐释向公共理性迈进，促进阐释在共度性、集体经验和可共享性方面发展；[3]后者则指明了当代文论重建之路径，采用统计法和归纳概括法来生发文论，使阐释源于文本、落脚于文本并服务于文学创作和实践，形成有民族特色的文论话语体系。而诸如阐释边界、阐释伦理的探讨皆是围绕这三个核心概念所做的展开和修补，进一步夯实了张江的论述，使阐释学的基础理论建构更加丰富、立体和多元。而学界的争鸣和探讨也集中在这些方面，并最终指向中国阐释学的建构、中国文论的重构等学科深层次问题。

三是围绕阐释学进行的实践活动。张江绝不是"两耳不闻窗外事"的纯粹书斋型学者，从其系列构想、论析来看，他具有较强的文化使命感，在中西文论的交叉地带思考中国文学理论和批评的发展、重构及风气问题。三十年来，中西文学和文化互动中的不平衡现象时有发生，国内对西方文论过度依赖、缺乏本土创新性的态势愈演愈烈，西方文论大量地引进和运用后，"造成了一种奇怪的现象：一部作品好不好，中国自己的读者和观众没有发言权，中国的批评家说的也不算，而是要用西方的评判标准来衡量。中国文艺的话语权不在中国人的手中，而是掌握在西方理论家和批评家的手里"[2]。在长期关注、缜密思考后，张江力图改变这一现状。一方面，他在理论上发挥擅长哲学思考和逻辑推理的优势，就阐释的学理问题深耕细作，一个一个问题地讨论起来。另一方面，他还邀请欧美国家的多名学者就阐释学问题进行对话和讨论，积极促进中国学术"走出去"，通过对话彰显中国文学与文化发展的民族特征和实际情况，并引起西方学者的关注，甚至在某些问题上达成共识。这种推进学术研究的国际化努力，在此前关于主体性、失语症和古代文论现代转换的学术争鸣中是极少有的，也是近年来中国学界的一次突破。理论和实践相结合，书面探讨和学术活动相得益彰，是张江阐释学建构的突出特色。

四是对中国古代阐释学资源的挖掘。2019年前后，张江一头扎进"古典"，全力聚焦文化传统挖掘古典阐释学资源，先后发表了《"阐""诠"辨》《"理""性"辨》《"通""达"辨》《"衍""生"辨》等数篇文章，运用训诂释义方法挖掘汉语字词中蕴藏的阐释学思想和方法。每一篇都辨析得细致而深入，深得学界认可。李春青指出张江的系列成果"目的在于建构一种中国本土的阐释学理论，主要话语资源除了西方阐释学之外，还包括中国传统文化中无比丰富的阐释学思想与实践"[4]。泓峻则认为张江"挖掘中国阐释学的不同路径、内在精神、哲学智慧"[5]。作为本土学者，张江对博大精深的文化传统是高度认可的，"东方实践智慧与西方理论理性之互补，相鉴相融之中，集合起阐释的全部价值和意义，在无限反思的长河中，趋向真理性认识"[6]。他在多篇成果中，反复强调要以中国话语为主干，以古典阐释学为资源，以当代西方阐释学为借鉴，建立彰显中国概念、中国思维、中国理论的当代中国阐释学的构想。[7]建立体现中国学派的阐释学，传统文化的相关资源不可小觑，"中国文学理论体系的建构要吸纳一切有益成果。……尤其要积极吸纳中国传统文论的智慧和精华。中国五千年的历史积累了大量文学理论遗产，这是打造中国文学理论体系的重要思想资源"[8]。此外，他还多次提出要将西方的阐释学思想、方法与中国本土的阐释学资源相结合，在融会贯通中开创新路。唯有如此，才能直面中国的文学实践、传承中国的文学经验。

五是当代阐释学建构的规划和探索。总体来看，张江的阐释学建构是逐层推进并相互照应的，最终构成一个有机整体。他以批判西方文论为始，以建构中国阐释学为终，早期看似在分析、谈论西方文论，实则是为了服务于本土阐释学的建构这一宏大学术主题。近年来张江对当代阐释学建构作出了整体构想，并以实际行动推进其建设，在学界亦较有反响。数年间，他不断发表建构中国阐释学的新观点、新看法："在中国传统文化中，有许多值得重新认识和挖掘的学术资源。……我们这一代中国学者非常希望立足中国传统、中国实践、中国经验，直面当下我们所面临的重大问题，吸收借鉴西方优秀理论成果，构建当代中国阐释学，或者说创建当代阐释学的中国学派。"[9]这是他孜孜以求的，也是其阐释学研究的最后归宿。2022 年，张江系统提出了自己的看法："当代中国阐释学，既要有中国特色，又要有普遍意义。作为具有中国特色的阐释学，必须立足于中国文化，强调中国传统，呵护中国价值；作为具有普遍意义的阐释学，必须具有世界眼光，尊重文化差异，注重'视域融合'；作为当代形态的阐释学，力求打破不同学科之间的界限，突破认识论和本体论之间的边界，重视人文主义与科学实践的对话交融，强调工具性和价值性的交流互渗。"[10]他还论证了当前阐释学建构的对话交融体现在三个维度：不同学科领域的交融对话、人文主义与科学实践的交融对话、中西文化传统的交融对话。这为中国本土阐释学的建构指明了方向，有着重要的启迪意义。

二 张江阐释学思想的现实关怀和问题意识

张江的阐释学研究能引起学界的广泛关注和持续探讨是有多种原因的，凸显问题意识和充满现实关怀是首要原因，这是学术研究的基本遵循，也是研究成果具有学术品格的基本保障。张江敏锐地抓住了西方文论存在的突出弊端，结合文学史有理有据地分析西方文论的问题和局限，进而提出强制阐释，直指中国当代文论界和批评界在引用、借鉴西方文论后存在的种种顽疾，这在横跨中西时构成一种内在逻辑关联，着实指出了当前中国文论的痛点，体现出鲜明的问题意识。纵观现当代文论发展史，我们的确在不断地翻译、吸收、借鉴和运用西方、俄国文论，国外各种理论纷至沓来，成为众多学者追捧的对象。这早已引起一批学者的警觉，只不过他们并没有像张江这样持续展开犀利的抨击和批判。在20 世纪末随着西方学术思潮的发展，理论成为文学的中心并迅速主宰了文本分析，各种先入为主、主观预设、前置模式源源不断，强制对文本做出各种阐释，这种阐释方式几乎遍布学术界，这种现象也越来越不为学者和读者所认可。当理论脱离实践后，"无论是文学理论还是批评理论，已经和文学没有任何关系，于是就出现了没有文学的文学理论和没有文学的文学批评。文学只是文学理论的一个脚注，或者不过是证明文学理论的一个工具而已"[11]。"只要从既定的立场出发，操作一套理论模式，就可以有以文本名义却与文本毫无关系的解释。"[12]"特别是精确的数学物理方法，用于文学和文本的阐释，一定会沦为机械死板的套用和毫无趣味的枯索。"[13]在诸多成果中，张江对场外的征用、跨界的误用等情况给予了深入论析，他指出了当前西方和中国文论界受强制阐释影响而切实存在的一个真问题，其制约中国文学理论批评的健康发展已有目共睹。不从根本上找出问题症结是难以促进现实改观的。张江在多篇论文中，对这个问题的反思是透辟和深刻的，是具有现实意义和理论价值的。"依据西方前见构建立场，依据西方立场构建理论，从理论出发回到理论，甚至连个出发都没有，只是原地打转，重复地咀嚼别人的言语，这可以是民族理论的生成方式吗？这种方式有前途吗？各位先生，这只是我批评强制阐释的最初动力。"[14]这从根本上解构了西方文论对中国文学的使用成效。张江一再强调中国文学实践和经验作为文学理论的生成根基与来源不可动摇，体现出强烈的本土关怀和民族情感。从根本上讲是期望解决困扰当前中国文论的问题，走出困局。这种现实关切体现了张江作为人文学者的社会责任和使命担当。他对西方文论的批判与分析，始终是指向中国本土的，有着深切的问题意识和价值关怀，他认为国内"文艺批评切入的角度、阐释的方法、立论的逻辑，乃至文艺观念、文化立场、审美取向等，大多是西方的舶来品"[2]。显然张江是看得很透彻的，这种不正常的现象困扰着他，使他不得不思索何以至此及如何改变，问题也就由此产生。西方文论话语在国内如此弥漫和泛化，有识之士是不能容忍的，这将使中国无法产生自身的文论，而成为西方文论的中转站和跑马场，尤其是在文化强国、民族复兴和加强中国哲学社会科学话语体系建设的今天，这种局面无疑需要得到改观。张江以精湛的分析和翔实的阐发呼吁国人形成正确的态度："我们当前迫切需要的，是打破西方神话，在对待外来理论上多一点清醒的认知，多一点批判的立场，多一点扬弃的精神。唯此，中国的文艺发展才有希望。"[2]从根本上来说，张江批判西方文论是指向和作用于本土文论重建的，是关切中国当下文论和批评建设现实的。

张江的阐释学研究经历了由破到立、由批判到建设、由抨击西方到关注本土这样几个大的转变。近两年来他批判的锋芒似乎不像2012—2017年那样犀利，这与他将主要精力转向传统阐释思想方法的挖掘与利用，以及当代中国阐释学的建构上来有关。在这方面他同样是聚焦问题并致力于解决问题。中国古代围绕儒家典籍的注疏、解读而形成了一套完整的经典阐释学，道家和佛教在千年演进过程中也有自己的阐释传统与资源，古典诗学针对文学作品的解读也积淀了丰厚的阐释学资源，这在周裕锴《中国古代阐释学研究》、李清良《中国阐释学》中皆有挖掘。近年来学界对中国古代的阐释学传统也有零星的开掘，然而推进并不理想，甚至与当前国家重视传统文化发展和建立文化自信、推进中国哲学社会科学话语体系建构的局势不合。在此语境下，张江在基本完成对西方文论强制阐释的批判后，集中精力转向中国本土文论建构的现实关切，以切实的行动来推进阐释学中国学派的创建①，这无疑是当代文论界发展的一件大事，一个重大问题。一方面，他在多篇成果中高度重视传统阐释学资源，对其丰富性和价值意义予以充分肯定。他指出："中国古代从来就有两条差异深刻的阐释路线。一条由孔孟始，重训诂之'诠'；一条由老庄始，重意旨之'阐'。……具有中国本色之阐释学光大于此。两者各有其长，互容互合，为构建当代阐释学提供思想源泉与无尽动力。"[7]"基于中国古代文论与哲学传统，借鉴西方哲学及其理性方法，可为当代阐释学基本规则的重要根据。"[6]他反复谈到古典资源是当前创建阐释学不可或缺的学术资源，多次为创建阐释学提供思路与方法。李春青指出："建构'当代中国阐释学'是一个重大的也是大胆的学术主张，当代中国需要建立自己的学术话语，这并非基于狭隘的民族主义立场，更不是出于政治的或意识形态的目的，这是中国几千年文化传统发展的必然要求。一个拥有汗牛充栋的典籍、数不清的器物的文化传统有理由在现代世界文化发展中做出自己的贡献。"[15]以此观之，张江的阐释学研究切合现实语境和学术文化，也与时代的发展相呼应。另一方面，张江在研究中切实挖掘和利用传统的阐释学资源，提出"公共阐释"后，在与哈贝马斯的对话中指出："基于多年来对西方阐释学理论的研究，以及对中国古代阐释学理论和阐释学传统的考察，我撰写了《公共阐释论纲》一文，提出了'公共阐释'这样一个新的理论概念或新的学术命题。"[9]他对"公共性"的思想挖掘，便是从传统文学、文化和经学中寻找渊源和根据。此后采用释义训诂的方法，切入"阐诠""理性""解释"等字词的研究，"令人信服地说明了中国古代阐释学的不同路径、内在精神、哲学智慧怎样包含在以上三组汉字的字义之中，并由这几个汉字的本义生发开去，形成了层次丰富、内容深刻、对当代阐释学极具启发性的阐释学思想"[5]。无论是批评西方文论的强制阐释还是中国当前文艺界的原样照搬，无论是中西兼顾谈阐释学的建构思路还是以实际行动深入挖掘古典阐释学资源，张江都体现出强烈的问题意识与现实关怀。

三 张江阐释学思想的开放包容与对话精神

张江的阐释学建构具有开放性和包容性，体现出他围绕强制阐释这一核心话题多方探讨各种问题的宽广胸襟，也体现出他能与众多学者探讨并接纳不同观点和声音的学术姿态。这在学科分化愈来愈细且屏障难以跨越、学界普遍缺少商榷与探讨风气的当下，是相当难能可贵的，也颇值得青年学者取法和借鉴。无论从内容还是形式上，张江的阐释学研究都体现出极强的开放包容特色。近十年来，他的研究横跨中西、贯通古今，在最初数年集中笔墨剖析西方文论的强制阐释特征，从接受和影响维度逐渐过渡到对中国文学理论界和批评界现状的剖析，作为一名本土学者，他研究西方并非目的，而在于针砭和改善中国自身的文艺理论问题，体现出浓郁的人文关怀。为了改变国内当前对西方理论话语盲目跟风和照搬、文论生成与发展和文学实践严重脱节、文论在内部推演、理论中心论根深蒂固、文本的阐释强制加解构等现状，他针对一个个问题在多家主流学术期刊上与学者展开探讨，同时投入古典阐释学资源的矿井中进行挖掘。张江的阐释学研究中西互动又古今结合，体现出极强的开放性。

如果借鉴和反观"阐释"之根本特征，我们发现张江某种程度上也是在践行文学阐释的"开放性"，缜密探究阐释的学理，抛出和剖析各种问题，积极与学界交流，寻求他人理解，在频繁互动中得到阐释的自我确证，进一步调适自己的学术观点，或促进对某个具体问题——如前见、立场、阐释模式等——的深入思考，进而将理论问题在开放中引向不断的学术争鸣，通过不同学科、不同观点的学者阐释来获得理论共识。至少，张江以开放和包容的姿态研究阐释学是与阐释自身的"开放"特征相吻合的。阐释是一定要从个体走向公共的，"公共阐释不是纯粹的自我伸张，不强制对象以己意，而是在交流中不断省思和修正自身，构成新的阐释共同体"[3]。正是阐释的这种反思性、建构性特征，促使张江在对话和交流中不断反思，调整思考问题的角度和方式。在《前见与立场》中他指出："几次捧着你们的回信，反复阅读，在迷惑、动摇和坚定中徘徊，启发无疑是深刻的，但也激起我一些更深的思考，还是想就这个问题再讨论一次，甚至多次，把我的想法说得更准确和深透一些。显而易见，我们的讨论越来越深入，讨论的问题也更学术和专门。"[14]类似表达自己愿意在往来中进一步推进理论探讨的文字，在他的多篇成果中出现，也让读者感受到在开放而互动性的阐释与研究中，当事者的体验、感知和渴望进一步交流的心声。在就学术问题敞开心扉讨论和往来的过程中，阐释的共同体也由此得以建构。结集出版的《阐释的张力》中，集中了张江与朱立元、王宁、周宪就近十个阐释学专题进行的开放式探讨，成为近年来学术界罕见的开放式、对话式研究文本。针对同一个议题，如"场外理论的文学化""批评的限度与伦理""阐释的边界"等，四方是有不同意见的，在针对前见、立场、场外征用等问题上，朱立元等学者的看法、态度与张江存在着较大分歧。而这都是在正常学术谈论中进行的，张江以包容开放的心态对待之，其阐释胸襟令人钦佩。在界定阐释逻辑的基本框架中，张江提出了阐释的五个特征：确定性、开放性、收敛性、融贯性、可接受性，并认为："对同一文本的阐释结果多元。面对文本或现象，不同阐释主体对其理解与阐释可以不同。……对同一对象的阐释，独立主体之间可以不同，甚至彻底对立。亦彼亦此是主体间阐释之常态。"[16]张江无疑对阐释的这种开放特征十分娴熟，他也充分贯彻此种特征到其阐释学研究中，并对平等探讨、开放阐释的成效充满期待："为此，我们今天重新提出这个问题，从当代中国文艺理论建构的需要出发，提出中国方案的意义，开展深入讨论，相信一定会有新的理论建树，其意义也将在讨论中得到证明。"[12]张江对开放性、对话性的探讨与研究颇有自信，在阐释上形成理论共识、改变当前学术环境、推动中国当代阐释学的建构恐怕是其深层的三大理论目标。从这场阐释学论争的发起和展开来看，张江是渴望"应战"的，甚至有意识地推动阐释走向开放，也在追求着开放的阐释。这和学界有些学者难以容纳异见、听到相反看法或商榷就发展为口舌战，是不可同日而语的。能做到听取不同声音、让不同观点碰撞、在开放和对话中促进学术讨论，张江的阐释学为当前学术界树立了一个标杆。

开放与对话如同硬币的两面，相辅相成。与多数学者在书斋内或联合团队研究不同，张江的阐释学建构是在开放的对话中进行的。这也是他对阐释"对话"特征的一种践行。通过字词释义，他认为："立足中国文化传统，实现公共阐释是需要相互倾听的，而不是一方占据强势地位，在统治和规训别人的前提下去讲话和阐释。……就阐释的阐这个字而言，指的是双方应该平等地进行交流，甚至可以改变和修正对方的意见。……'阐'字，蕴含着彼此协商、相互借鉴、共同提高、达成共识的意思。"[9]通过交流、协商达成共识，促进理论认知向公共领域转化，这是张江多年的坚守。明了此点，就能把握张江反复邀请国内外学者展开学术对话的逻辑起点。2016年，在《关于"强制阐释论"的对话》中，张江邀请俄罗斯的娜塔莉娅·科尔尼延科等学者就文论与文学的关系、过度阐释与强制阐释的区分、阐释中的文本对待问题展开对话；2017年，张江在剑桥大学与英国学者约翰·汤普森就阐释的公共性问题、社会阐释问题展开了对话；2018年，在《关于公共阐释的对话》中，张江与德国著名学者哈贝马斯进行了深度对话；在《意图的奥秘——关于文本与意图关系的讨论》中，张江邀约南帆、贾平凹、张清华三人就意图问题展开对话，四人畅所欲言；在《文本的角色》中，与意大利梅内迪、伯恩蒂、贾科巴齐三位学者展开对话。此外，《阐释的世界奥秘：公共阐释的对谈》《视域融合、欣赏建构与阐释的当下性》《作为一种公共行为的阐释》等成果，皆是动态对话的结晶。如此频繁地与国内外学者就阐释学问题进行对话，这在当前国内学界是罕见的。对话是主体间性的，其目的"并不是单向的理解与获得，不是知识的认知，而是意义的建构，是在阐释者与被阐释者心灵沟通、精神契合基础上的新的意义的生成"[17]。近十年来，张江发起的这场阐释学论争在很多方面通过

"对话"形成了理论共识。不仅如此，张江的很多学术论文部分被译成英文、法文、意大利文、俄文等在国外著名学术期刊发表，引起多国历史学、哲学、文艺理论界专家学者的广泛关注，产生了重要的学术影响。这是张江学术追求和格局的体现，也极大地扩大了"对话"式研究的国际成效。从广义的"互文"来看，张江发文后，国内《探索与争鸣》《社会科学辑刊》《学术月刊》《求是学刊》《学术研究》《学习与探索》《江海学刊》《江淮论坛》《西北大学学报》《山东师范大学学报》等刊物迅速开设栏目、组织笔谈，持续关注阐释学的前沿进展，推进阐释学争鸣，某种程度上也是对话的体现，只不过它已由单个学者扩大到了整个学术界。

四 张江阐释学思想的批判反思和思辨理性

张江有着较深的哲学修养，这使他在研究阐释学时具有较强的思辨理性，敢于大胆地批判质疑，不拘泥于已有结论或共识，独抒己见，显示出可贵的学术创新精神。这是其阐释学研究获得强烈反响的重要原因之一。百年来，西方各种理论流派和批评话语长驱直入，陆续被翻译和引进到国内，被众多学者奉为至宝，张口福柯闭口德里达，唯西方文学理论马首是瞻。如果说在民国时期国家动乱之时学习西方科技文化之长处尚可谅解，那么在改革开放 40 年后的今天依然脱离不开西方文论和文化的影子，是无法原谅的。不是没有学者意识到"以西律中"问题的严重性及理论中心论的危害性，只是苦于无法从根本上解决这一问题而已。张江是近年来敢于站出来向西方文论"说不"的人，他结合西方文论发展史和流派之共性，以严密的理论思维和有理有据的论述提出"强制阐释"论，公然向西方理论话语"亮剑"，其大胆的批判，宣告了西方文论神话的终结。在西方文论强势话语的侵蚀下，中国传统文论和马克思主义文论从中心走向了边缘，促成了西方文论独大的局面，创造和演绎着一个"外来的和尚会念经"的传奇神话。[18]张江犀利地指出："如此等等，各种主义、各种'潜在'模式充分表明了所谓打碎规则、离经叛道的虚伪。……一种文学理论转换成相应的操作模式，把这个模式放置于阐释之前，活生生的文学和文本，被疯狂挤压为同一的产品，作家的想象力和创造力被扭曲为阐释者的抽象意志，如此理论哪里还有理论的本来意义？"[13]

张江抽丝剥茧地从背离文本话语、消解文学指征、前置立场、前置模式等维度剖析了西方文论的"强制"特征和手段，思维之细密、论述之深刻、层次之清晰，是令人惊叹的，给了众多学者极深的印象。姚文放认为张江"高频率、高显示度、集束性地发表了若干有关当代西方文论的长篇大论，其思想之锐利、文风之犀利、语言之峻利，让人刮目相看，错愕不已"[19]。张晶看完后觉得畅快淋漓，"后背发凉"[20]。王齐洲认为正是此理论的针对性、批判性、尖锐性和延展性，"透露着中国文论界希望走出理论困境、重建中国文论话语体系的殷切期望"[21]。可见，张江的批判和建设是有机关联的，他指出西方文论的弊端和不足，是为了引起国内学者的注意，不再走盲目跟风和原样照搬的老路，中国学者要在综合创新中建构具有本土特色的民族文论。

深受西方强制阐释的影响，国内文艺界问题丛生，"理论过剩，文艺过弱，文艺理论与文艺越来越远，甚至远到毫无关系。文艺研究和批评基本上成为研究主体或批评主体的自言自语"[22]。而中国文论长期"靠汲取西方文论的术语表达、言说方式、话语模式、思想资源而立足，把概念轰炸、直接套用、以西释中等作为时尚，从而在另一向度上构成了强制阐释"。在这种状态下，谈何建设中国自身具有民族特色的文论呢？如学者所言，当前中国"无论是理论体系还是概念范畴，几乎没有自己的话语，他者化、异质化的现象严重，自我建构意识淡薄，本土化内容缺失"[23]。张江基于此，对当代文学理论与批评界现状给予了一针见血的犀利批评。当理论中心唯我独尊后，文学理论和批评理论都与文学无关，"于是就出现了没有文学的理论和没有文学的文学批评。文学只是文学理论的一个脚注，或者不过是证明文学理论的一个工具而已"[11]。当前的文艺批评"根本不需要阅读文本，只要从既定的立场出发，操作一套理论模式，就可以有以文本名义却与文学毫无关系的解释"[12]。这些批评都是不留情面的，是针对文论界的。而对于学者们的批评，张江也很尖锐："当代西方文论在中国获得极大推崇，俨然成为众多理论家、批评家顶礼膜拜的金科玉律。一些人，言必称欧美，开口德里达，闭口后现代。甚至一些西方文论中的非主流思潮，引介到国内后也被过度夸大，受到热捧。"[2]正是如此这般地对待西方文论，中国文论界和批评界才不断地被异化，甘愿走向"强制阐释"，此后的系列问题都是由部分学者所造成的。张江批评国内学者无视中国自身的文艺实践和文艺经验，全盘照搬西方只会走到穷途末路。这些论断是切中要害、令人警醒的。我们认为，张江对西方文论和国内学界的分析和批判，有着独特的时代价值。它被誉为是"20世纪90年代以来日益热烈的关于中国当代文论建设讨论的演进，也是中国社会新时期以来文学发展过程中的自然现象，其背后也隐含着焦躁、激动的民族情绪和学界自我创造的渴望"[24]。质疑和批判是为了更好地揭示文论发展中存在的实质性问题，是为了学者能看到我们所陷入的瓶颈，是为了促进当代中国文论的重建。

不仅如此，张江阐释学研究中体现出的理论思辨力也独树一帜，这也是张江学术成果的魅力所在。在转入中国文学批评研究之前，张江便有着深厚的哲学素养，从他在多篇成果中熟练分析狄尔泰、海德格尔、伽达默尔等学者的阐释学观点来看，他对哲学史上意义与理解的认知、对阐释话语行为特征和性质的辨析，是了如指掌的。本来阐释学就关乎哲学，对主体的抽象思维能力提出了较高要求。张江对阐释限度、阐释伦理、双重意义、公共理性等进行鞭辟入里地剖析，没有一定的思辨理性和判断推理能力是无法完成的。通观其十年来的研究成果，我们发现有两个特征非常突出。一是他经常自主给理论概念下定义，明晰其内涵和外延。如在《由"强制阐释"到"本体阐释"》中，他界定"本体阐释"是以文本为核心的文学阐释，是让文学理论回归文学的阐释。对随后出现的核心阐释、本源阐释、效应阐释三个核心概念均用一段话予以诠释。在《公共阐释论纲》和《阐释逻辑的正当意义》中，对特征的逐条分析莫不如此。二是与同样研究阐释学的朱立元、王宁的文风不同，张江喜欢分层展开，或思维细化，或逐层推进，提出清晰的思考脉络，理论足迹一目了然。在《强制阐释论》中大量用"第一、第二""一是、二是"要点式地论析，整个文章秩序井然，几乎是由"层次+论述+案例（文本分析）"来构成和推进的，他从不"画大饼"或故意制造阅读障碍，其成果读起来一气呵成，皆能感受到理论的思辨力。《文学理论的未来》《理论中心论》《阐释的边界》等论文莫不如此，这是深受哲学理性思辨影响的结果。我们不否认连贯性整体文章内在地具有文脉，但这种具有明晰层次和秩序感的文章对读者有着天然的吸引。

当然，张江的理论思辨力绝不只是体现在叙述脉络和话语表达上，更深层次地体现在理论概念的形成建构和理论分析的细密透彻上。近十年来，张江基于西方文论史的梳理和国内文艺界所存在的问题，凝练出强制阐释、公共阐释、本体阐释这几个核心概念，这是不同于西方"过度阐释""反对阐释"之新概念，体现出了中国学者的理论创新力。在一个学科或一门学问中，概念、范畴、命题往往是理论观点的浓缩，是能代表学者理论建树的学术名片，张江在这三个根基性范畴上，先后创生系列阐释学概念，频率与密集度相比其他学者更为突出，甚至很多概念和理论观点会进入当代学术史的书写中。此外，阐释学基础理论的思考是颇费脑筋的，有些关系型问题纠结、交织且易混淆，没有很强的理论思维能力和逻辑水平，是很难透彻辨析的，更谈不上说服读者。在《论阐释的有限与无限》中，他通过四个命题——阐释的无限、阐释的有限、阐释的收敛、阐释的有效性——来展开论述，这些辩证性的总体性命题，唯有理性思辨才能洞幽烛微，直抵问题的内核。在该篇中，张江专门用三段分别辨析了"文本开放与阐释开放""阐释的边界和阐释的有效边界""意蕴、可能意蕴、意蕴可能""阐与诠"四对关系，是思辨性极强的论述，其谓："应该清楚，对诠而言，约束，有限，是为追求，但同样具有无限空间。对阐而言，开放，无限，是为本征，但同样归于有限。确切表述：诠在有限中无限；阐在无限中有限。从诠与阐的本性说，诠与阐都以文本的开放为前提。"[25]对仅有文学修养而无理论思辨力的人来说，是很难如此概括或推演的。

张江的强制阐释论系列研究成果，是个人多年探索和理论钻研的结果，也是国家呼吁哲学社会科学话语创新后的时代产物，不仅当前引人瞩目，掀起了旷日持久的阐释学论争，而且注定将进入当代学术史和文论史中。张江的阐释学思想自成特色，有完整的演进脉络和内在逻辑，是当代具有标志性的理论事件，与此前主体性、失语症等学术话题一样[26]，注定将持续引起人们的关注与回顾。张江阐释学除以上的三大特征外，还有求真务实、具有学术关怀等优点。张江的阐释学研究尚未完结，仍处在探索的过程之中，按照他助推中国阐释学派建构的宏伟蓝图与学术构想，后续还会有研究成果贡献给学界，我们翘首以待。一种有影响的学术发展过后是需要沉淀和反思的，就张江的阐释学研究而言，在关注和研究现实重大问题、进入当前文论核心关切、推动文论的重构及其本土化建设等方面，都有许多经验值得总结，张江在研究中的开放包容姿态、多方对话的学术精神以及运用思辨理性凝练概念、生成理论的方法等，都值得我们传承和发扬。张江阐释学研究中的这些突出特征，是当代文论史上的宝贵财富。

注释：

① 2001 年，北京大学汤一介先生撰文《论创建中国解释学问题》（载《社会科学战线》2001 年第 1 期），提出创建阐释学中国学派，此后 20 年进展一直较为缓慢，直到近年再次提起，并引发学界讨论和关注。

参考文献：

［１］谭好哲．"强制阐释论"系列研究的理论建构意义——兼就几个问题做进一步商讨［Ｊ］．文艺争鸣，2017(11)．

［２］张江．当代西方文论：问题和局限［Ｊ］．文艺研究，2012(10)．

［３］张江．公共阐释论纲［Ｊ］．学术研究，2017(6)．

［４］李春青．"用中国的理论解决中国的问题"——评张江的"中国当代阐释学"理论建构［Ｊ］．天津社会科学，2019(6)．

［５］泓峻．"强制阐释论"的基本立场、理论建树与学术关怀［Ｊ］．社会科学辑刊，2021(3)．

［６］张江．"理""性"辨［Ｊ］．中国社会科学，2018(9)．

［７］张江．"阐""诠"辨——阐释的公共性讨论之一［Ｊ］．哲学研究，2017(12)．

［８］张江．关于西方文论历史分期问题的讨论——当代西方文论的基本走向［Ｊ］．外国文学研究，2015(4)．

［９］张江、〔德〕哈贝马斯．关于公共阐释的对话［Ｊ］．学术月刊，2018(5)．

［10］张江．中国阐释学建构的若干难题［Ｊ］．探索与争鸣，2022(1)．

［11］张江等．文本的角色——关于强制阐释的对话［Ｊ］．文艺研究，2017(6)．

［12］张江．开放与封闭——阐释的边界讨论之一［Ｊ］．文艺争鸣，2017(1)．

［13］张江．阐释模式的统一性问题［Ｊ］．社会科学战线，2015(6)．

［14］张江．前见与立场［Ｊ］．学术月刊，2015(5)．

［15］李春青．论先秦儒学阐释学的理论与实践［Ｊ］．社会科学战线，2019(1)．

［16］张江．阐释逻辑的正当意义［Ｊ］．学术研究，2019(6)．

［17］李春青．文学阐释与对话精神［Ｊ］．文艺争鸣，2015(1)．

［18］李小贝．当代西方文论神话的终结——强制阐释论的意义、理论逻辑及引发的思考［Ｊ］．学术研究，2016(6)．

［19］姚文放．强制阐释论的方法论元素［Ｊ］．文艺争鸣，2015(2)．

［20］张晶．中国古代文论阐释的多元向度与价值判断［Ｊ］．甘肃社会科学，2016(1)．

［21］王齐洲．本体阐释 路在何方——对"强制阐释论"的冷思考［Ｊ］．江汉论坛，2017(2)．

［22］张清华．作为强制阐释的批评之弊与批评之难［Ｊ］．文艺争鸣，2021(6)．

［23］杨杰．强制阐释论与中国文艺理论建构［Ｊ］．学术研究，2016(10)．

［24］王学谦．用自己的眼光看西方文论［Ｊ］．文艺争鸣，2015(3)．

［25］张江．论阐释的有限与无限［Ｊ］．探索与争鸣，2019(10)．

［26］毛宣国．"主体性""失语症"与"强制阐释"——从三次重要论争看40年来中国文论的演进［Ｊ］．文艺争鸣，2020(12)．

蒋述卓"文化诗学"思想述略[*]

麦永雄^{**}

摘　要： 在世界文论范畴中，"文化诗学"是中国改革开放以来文艺美学新兴的研究视域。在中国语境中，蒋述卓是最早倡导与践行文化诗学的代表性人物之一。他对原属西方文论范式的"文化诗学"进行了中国化的思想过滤与学术再造，将其设想为"第三种批评"，并对文化诗学的理论基核和层次划分作了界说，尤其是以文化诗学理论与批评视角开展的多种学术范畴和社会文化领域的研究，在某种程度上解放了学术研究的空间界域。在改革开放 40 年文学批评学术史上，蒋述卓的"文化诗学"思想具有重要的历史意义。

关键词： 蒋述卓；文化诗学；格林布拉特；中国化

蒋述卓 1955 年生于广西灌阳，是我国当代著名的文艺理论家和文学批评家，暨南大学中文系二级教授、文艺学专业博士生导师，国家重点学科文艺学学科带头人，中国文艺评论（暨南大学）基地主任，文学院文化产业发展研究院院长。

一　蒋述卓学术肖像

蒋述卓主要从事文艺理论、中国古代文学理论、宗教与艺术关系、文化诗学的研究，出版过《佛经传译与中古文学思潮》《佛教与中国文艺美学》等著作 20 余种，发表学术论文 300 余篇。蒋述卓运用人类学方法对宗教与艺术关系做了别开生面的探讨，其《宗教艺术论》已被纳入国家社科基金"中国学术著作外译"项目，译作更名为《中国宗教艺术论》在美国出版，他的《佛教与中国文艺美学》等著作也受到国内外学界的关注与好评。蒋述卓曾获中国首届青年优秀社会科学成果奖二等奖，教育部第四届中国高校人文社会科学研究优秀成果奖二等奖，中国文联文艺评论论文类特等奖，广东省第八届鲁迅文学艺术奖，全国第四届高等学校教学名师（国家级教学名师）奖，广东省优秀社会科学家称号。

在学术渊源上，蒋述卓关于文化诗学批评的思考分别受惠于林焕平先生和王元化先生。他说，文艺理论与文学评论情同手足，密不可分。早在 1982—1985 年，蒋述卓在广西师范大学文艺学专业攻读硕士阶段，就承担了左联作家、导师林焕平布置的《文学概论新

---

　* 基金项目：本文为国家社科基金重大项目"改革开放 40 年文学批评学术史研究"（项目编号：18ZDA276）的阶段性成果。

** 作者简介：麦永雄（1955—　　），广西师范大学文学院教授，博士生导师，研究方向为当代哲学与美学、世界文学与比较诗学。

编》中"文学起源"和"文学批评"两章内容的写作，并且在广西文坛发表过评论文章。1985 年 9 月，他进入华东师范大学中国文学批评史专业攻读博士学位，师从著名学者王元化，尤其受到导师学术研究"三结合（古今结合、中外结合、文史哲结合）方法的指导和影响"，开始了他"文化诗学批评的萌发期"。[1](P2)经过近四十年的辛勤耕耘，蒋述卓在文化诗学领域的研究已是硕果累累。

二　中国文化诗学的首倡者

蒋述卓是国内最早倡导"文化诗学及其批评实践"观念的学者之一。古远清教授称誉蒋述卓是国内文化诗学的"首创者"，认为从宗教艺术到"文化诗学"，是蒋述卓学术道路上的一次重大飞跃。"文化诗学"最先在西方流行，随后被引进中国。在中国"文化诗学"的理论建构方面，蒋述卓承时代之变，开风气之先，作出了具有奠基性意义的贡献。[2]蒋述卓的"文化诗学"著述主要包括论文《走文化诗学批评之路——关于第三种批评的构想》（1995），著作《文化诗学：理论与实践》（2005）、《文化诗学批评论稿》（2021）等。尤其是其论文《走文化诗学批评之路》以"关于第三种批评的构想"为副标题，问世很早，是文化诗学进入中国学术语境的标志性成果。

唐诗人的《文学批评与文化介入——从蒋述卓"文化诗学"审视中国当代文化建构》是了解蒋述卓文化诗学思想的重要论文。该文认为，蒋述卓是中国当代文学理论发展史上第一个郑重提出"文化诗学"概念并对其进行了系统阐述的文学理论家，其《走文化诗学批评之路——关于第三种批评的构想》一文，正式、完整而系统地提出和界定了"文化诗学"的概念与方法，具有筚路蓝缕的开创之功。该文还提到，童庆炳先生是将"文化诗学"发展为中国当代文学理论关键话语知识的重要学者，童庆炳在梳理"文化诗学"在中国的发展脉络时，曾经重点分析了较早关注和研究"文化诗学"的刘庆璋、蒋述卓、李春青、林继中四位学者的成果，而蒋述卓是其中最早发表文章者。当然，重要的不是谁率先提出文化诗学概念的问题，而是需要更好地思考其现实语境和思想背景。[3]蒋述卓针对当时文学批评"失语"问题，倡导文化诗学，旨在区别于当时盛行的先锋批评和社会学批评。可以说，在改革开放 40 年文学批评学术史之"文化诗学"领域，蒋述卓占有重要的一席之地。

2001 年蒋述卓承担了国家社科基金项目"文化诗学：文化诗学的跨文化视野与现代性进程"，并于 2005 年出版了《文化诗学：理论与实践》一书，该书副标题为"20 世纪中国文学批评的跨文化视野与现代性进程"。作者坦言："此书从中国传统文化及西方文论中寻找文化诗学批评的精神基础与理论资源，最终落实到 20 世纪中国文学理论与批评建设的策略性选择上，努力从理论上解决中国文学批评阐释系统的立场、话语与方法论问题，着意在实践层面上解决文学批评的跨文化与现代性及文化诗学批评的可操作性。"[4](P3)蒋述卓曾经在《走文化诗学批评之路》中这样界说"文化诗学"理论：

> 文化诗学，顾名思义是从文化角度对文学进行批评。这种文化批评既不同于过去传统的文艺社会学中那种简单的历史批评或意识形态批评，又不简单地袭用戏仿后现

代主义文化或西方人所建立的第三世界文化理论的文化批评理论。它应该是一个(一种)立足于中国本土文化语境、具有新世纪特征、有一定价值作为基点并且具有一定阐释系统的文化批评。[5]

蒋述卓提倡将文学放到文化背景中去考察研究,深入揭示文学的文化内涵与文化价值,凸显了一种宏观而深邃的学术眼光。

三 当代西方"文化诗学"范式的中国化再造

文化诗学及其文学批评,是中国改革开放 40 年文艺美学研究的重要领域。熟悉当代西方文论的学者都知道,欧美"文化诗学"的概念,源于美国著名学者斯蒂芬·格林布拉特里程碑式的演讲《通向一种文化诗学》(Stephen Greenblatt, "Towards a Poetics of Culture", 1986)。格林布拉特倡导以"文化诗学"取代先前他们所热衷的"新历史主义",主张拓宽文学研究的视野,通过文学文本与其历史语境关系的研究,"使文学本文重新焕发光彩"。[6] 1993 年张京媛主编的《新历史主义与文学批评》收录了格林布拉特(葛林伯雷)的这篇"文化诗学"(Poetics of Culture)宣言。这是"文化诗学"通过翻译媒介进入中国文艺美学界的一个重要契机。此后,国内学界赞同和倡导文化诗学的代表性学者,大都不约而同地提及格林布拉特。

格林布拉特时任美国加州大学伯克莱分校英文教授,后任哈佛大学人文学教授、美国艺术与科学学院成员。曾在牛津大学、柏林大学、东京大学、北京大学等世界知名大学任客座教授。作为研究英国文艺复兴和莎士比亚的权威人士,格林布拉特极为重视文学本体研究。他自言:"对于我这样一个文学批评家来说,最具吸引力的实例还不是某人的政治生涯或某个公园,而是一部小说。"[7](P12) 格林布拉特既对文学文本情有独钟,同时又重视文学与相关的社会文化语境的关联性,其著作《文艺复兴的自我塑形》(1980),借助福柯的权力话语观念建构了文化诗学,旨在阐发他在文艺复兴文学发现的语言、文学和其他符号系统的复杂网络属性,勾画文学文本与社会文化语境之间多方面联系的"图式"。譬如,莎士比亚喜剧《温莎的风流娘儿们》,花心胖老头福斯塔夫曾把两封一模一样的情书送给两位女人,宣称:"福德太太和培琪太太便是我的两个国库,她们一个是东印度,一个是西印度,我就在这两地之间开辟我的生财大道。"(第一幕第三场)在英帝国殖民扩张早期,新世界(the New World)是流行的热词,它意味着充满征服欲望的欧洲殖民者与被殖民者之间往往是戏剧化的文化接触与种族关系。这些社会历史意识,在莎翁戏剧里被有意无意地变成了文学的表达。在格林布拉特看来,文化诗学蕴含着现代审美实践的核心,是当代理论的重新选位。

蒋述卓以敏锐的理论嗅觉和前沿性的学术眼光,对当代西方文论的"文化诗学"范式进行了中国化的吸收、过滤与再造。他在《走文化诗学批评之路——关于第三种批评的构想》中指出:

新历史主义着重在批评的历史—社会学取向上，离开文学审美性的趋势已很明显。因此，我们现在所提倡的文化诗学不同于斯蒂芬·葛林伯雷所主张的那种属于新历史主义范围内的文化诗学。文化诗学既是文化系统的实证性探讨与文学审美性描述的统一与结合，又是文学外在研究与内在剖析、感受的统一与结合，是西方哲学化批评与中国诗化批评的化合。文化诗学的建立是一个很艰难的过程……[5]

由此观之，蒋述卓的"文化诗学"观念不同于当时一些学者从格林布拉特那儿延伸出来的文化研究、新历史主义"文化诗学"观念。蒋述卓在该文中把文化诗学设想为"第三种批评"，对文化诗学的理论基核和层次划分作了界说，认为文化诗学的价值基点是文化关怀与人文关怀，具有三个层次的蕴涵：一是文化哲学观，主要是解决文化立场和文化背景问题；二是将作品的分析纳入文化语境与文化发展维度，主要是解决文学作品与文化背景的关系问题；三是在跨世纪角度着重关注作品对文化人格的建设，主要是解决文学批评的时代性问题。

1997 年蒋述卓在《广州文艺》刊文，进一步补充和总结说：文化诗学批评要求操作者具有宏观、广阔的文化视野，立足于文化哲学的高度来批评文学与阐释文学理论。因为文学是文化的一部分，不管什么时代、什么背景，文学必然反映出一定社会的、文化的、民族的心态和精神品格。[8]在审美性与人文关怀价值立场上，他所主张的"文化的中介"、"跨学科视角"与"古今会通"等话语体现出其批评实践的主要路向。

蒋述卓的自述颇具学术价值和参照意义。在其《文化诗学批评论稿·序》中，他以"努力构建中国的文化诗学批评"为题，梳理了自己多年来关于文化诗学的学术渊源、基本概念和文艺美学中国化的思考。[1](序P1—5)他说："文化诗学批评的提出，自然受到西方学者格林布拉特在新历史主义范畴下提出的'文化诗学'的影响，但是我在当时背景下提出的文化诗学批评，是出于一种西方文论引入中国之后本土化的需要和文学批评发展现实的需要。……不应当只是理论框架与话语的照搬。在批评实践中，还应当结合中国已有的文学理论和批评的经验加以融合，努力建构起自己的理论话语与方法。"[1](P4)后来，蒋述卓在《文化诗学：理论与实践》"前言"中对文化诗学的基本概念作了如下补充与完善：

文化诗学要使文学批评具有现代意义上的文化关怀和人文关怀，同时使批评具有现代思维，形成一种沟通古今、既接通传统又适应当下、既富理性观照又重体验感悟的批评方式，创造具有现代意识、更具开放性的批评思维。[4](前言P4)

值得注意的是，唐诗人和蒋述卓在《文学批评与思想生成——建构一种广阔的文化诗学理论》一文中，指出建构广阔的文化诗学理论，就是融合多种文学理论和批评话语，关注当代中国人的生存现实，并思考作为共同体的人类命运处境。[9]中国当代文学虽在很多方面已具有世界性高度，但很多研究者对其价值的评判依旧是保守且有成见的。而要扭转这种评价，需要强调文化自信。中国的文学理论研究与文学批评实践，必须找到理论自洽状态，从当代文学文本中寻找思想出发点。中国当代作家的创作并非文化研究的注脚，而是着力于书写当代中国人的生存现实和精神处境。作为当代文学的核心关注所在，人本身可以成为中国学界建构本土化文学批评话语的根基。

蒋述卓在其自选集《蒋述卓集》的"前言"中总结了其文化诗学的理念、方法及其批评实践。[10](前言P1—5)他的"文化诗学"构想源自对中国古代文论与中古文学思潮研究所形成的"综合研究法"与"文化观照"思维模式，体现出鲜明的本土化特色。

除了蒋述卓的自述外，学界关于他的访谈录亦值得关注。在诸种文体中，"访谈录"恐怕是最能直接反映受访者思想情感的体裁。例如，蒋述卓在接受宋音希访谈的《文化诗学的建构与实践——蒋述卓教授访谈录》中回顾说，"文化诗学批评"的正式提出在 1995年，当时是针对当代文学而提出的，即中国的文学批评要尝试着走"第三条道路"。先锋文学的兴起，使人找不到对应的批评方法，余华、格非、马原等人的小说出来后，很多人用传统的批评方式发现难以阐释，而新的批评思想还没有进入国内。先锋文学对中国叙述学产生了深远的影响，所以当时有不少学者从叙述学入手来研究先锋文学，其实从文化的角度也是可以对先锋文学进行研究与阐发的，由此他提出文化诗学批评。所谓文化诗学，就是从文化的角度对文学进行批评。[1](P303)蒋述卓认为文学批评家应该身兼文化哲学家，只有这样的主体，才能胜任文化诗学批评的任务。

关于蒋述卓文化诗学思想的阐释成果较多。譬如，彭如诗的《文化诗学的建构与实践——蒋述卓教授访谈录》认为，蒋述卓的文化诗学批评始终保持着一份古典的人文情怀和对现实的关怀意识。[11]王瑛的《词深人天，"字"远方寸——蒋述卓〈文化诗学批评论稿〉论》指出，西方文论本土化是我国学界的一块心病。尽管有识之士提出了诸多比如"对照中西""贯通古今""文史哲融通""立足中国当代文学实践经验"等良方，但距离成功建构中国当代文艺理论体系还相隔甚远。蒋述卓提出并实践的文化诗学批评理路，是建构中国当代文艺理论的重要一环。[12]陶水平的《文化诗学研究的回望与再出发——评蒋述卓〈文化诗学批评论稿〉及其他》认为，蒋述卓的文化诗学批评经历了长期的学术探索，有着独到的理论阐释系统。[13]伍世昭的《文艺理论建构的本土化实践——蒋述卓文化诗学批评论略》指出，蒋述卓倡导的第三种批评，即文化诗学批评是 20 世纪 90 年代中国文艺批评转型过程中出现的一种新型文艺批评阐释系统。这种阐释系统从中国问题、中国经验出发，创造中国的理论话语是蒋述卓文化诗学批评的内在动力和终极诉求。[14]李圣传的《文化诗学理论与实践的可能及其路径——从蒋述卓〈文化诗学批评论稿〉说开去》[15]、李石的《蒋述卓文化诗学理论及批评的当代经验》[16]都对蒋述卓的文化诗学批评论作出了阐释与评述。郑焕钊《文化观照与现实关怀——蒋述卓文艺思想述评》较为全面总结了蒋述卓的学术思想要旨。[17]这些要旨涵括了下列重要维度：古代文论现代转换中的"融合古今文论"思想；当代文学批评失语形态中的"文化诗学"建构；对城市化和消费时代的诗意认同。

怀着当代西方文论范式中国化的理论自觉意识，蒋述卓将文化诗学理论与批评广泛用于多种学术范畴和社会文化领域，包括中国古代文论的现代转换、传媒与消费时代文学发展、粤港澳大湾区文学批评、海外华人文学研究和城市诗学等。整体来说，蒋述卓的文化诗学研究，不仅具有强烈的问题意识和现实理论关怀，还在诸多领域不断延伸拓展，彰显出极为旺盛的理论生命力和实践精神。

四 蒋述卓"文化诗学"思想的特色

若我们将蒋述卓的学术道路纳入中国"文化诗学"的发展历程和语境中来考察，则可进一步深入了解其思想特色。

在中国学界，倡导"文化诗学"的主要学者包括童庆炳、蒋述卓、李春青、刘庆璋、林继中、刘洪一、程正民、顾祖钊、王进、祖国颂、沈金耀、张文涛、李圣传等。国内以"文化诗学"为关键词的著作包括：童庆炳《走向文化诗学》（山东文艺出版社，2021）、《中国文学理论与批评丛书·文化诗学导论》（黄山书社，2019）、《文化诗学：理论与实践》（北京大学出版社，2015）等，蒋述卓《文化诗学批评论稿》（花城出版社，2021）、《文化诗学：理论与实践》（人民文学出版社，2005），林继中《文本内外：文化诗学实验报告》（中国社会科学出版社，2019），刘庆璋、胡金定主编《走向文化诗学》（福建教育出版社，2000），李春青、赵勇《文化诗学与童庆炳学术思想（文化与诗学）》（华东师范大学出版社，2017），顾祖钊《文艺学教程：中国文化诗学的新阐释》（北京师范大学出版社，2018），刘洪一《走向文化诗学：美国犹太小说研究》（北京大学出版社，2004），胡金望《文化诗学的理论与实践研究》（中国社会科学出版社，2004），郭宝亮《文化诗学视野中的新时期小说》（河北人民出版社，2007），王进《文化诗学的理论空间》（暨南大学出版社，2014），祖国颂《文化诗学——理论建构与实践策略》（中国社会科学出版社，2019），沈金耀《文化诗学之文本解读》（中国社会科学出版社，2016），张文涛《文化诗学的振摆》（中国社会科学出版社，2017），李圣传《中国文化诗学：历史谱系与本土建构（中国学派）》（人民出版社，2021）等。显然，这个名单还可以不断地添加。但无论如何，蒋述卓是国内较早关注文化诗学且影响较大的学者，在其中占有一席特殊而重要的位置。

童庆炳领衔的北京师范大学文艺学研究中心是国家级重点学科、教育部重点研究基地，也是中国文化诗学研究的重镇，拥有程正民、李春青、赵勇、吴子林等学者组成的团队。该中心以"文化诗学"为标识，主办综合性学术丛刊《文化与诗学》，推出"文化诗学理论与实践丛书"（共5册，2016—2022）。鉴于文化诗学研究路向的重要性，北京师范大学文艺学研究中心于2016年召开学术交流会，专门就文化诗学问题进行了讨论。李春青、程正民、赵勇的《中国"文化诗学"研究的来路与去向》对这次会议进行了总结，梳理了"文化诗学"在中国的来龙去脉。[18] 该文提及文化诗学的格林布拉特之源流和蒋述卓的开拓之功，在某种意义上可视为中国文化诗学的阶段性总结。

与北京师范大学文艺学研究中心"文化诗学"团队作战不同的是，蒋述卓以独立学者的身份展开研究。他很早就关注"文化诗学"的旨趣及其中国化转换问题，并在中国语境中作出了理论拓展和重要贡献。尽管如此，蒋述卓仍然非常尊重国内文化诗学研究者的功绩。他指出："在国内，除了我提文化诗学批评之外，还有北京师范大学的童庆炳教授、程正民教授和李春青教授，漳州师院的刘庆璋教授以及中山大学的高小康教授等，他们都在不同时期提出过构建文化诗学的命题。尤其是童庆炳教授，他在文化诗学的理论构建及其研究方法方面提出过许多给人深刻启发的创见。我与他们的区别就在于，我更多地强调了文化诗学在文学批评上的实践（视角与方法）方面。"[1](P4)此外，蒋述卓还高度称誉暨南大学王进教授的《文化诗学的理论空间》对文化诗学全面系统的研究和中国化的努力。

蒋述卓关于"文化诗学"的论见，不同于中国学界许多学者的界说。近年来有学者曾经做了一些耐人寻味的比较研究，譬如，郑焕钊的《文化观照与现实关怀——蒋述卓文艺思想述评》是持之有故的学术评骘。他认为，对现实的强烈关怀意识、对融合古今文论的学术追求，构成了蒋述卓"文化诗学"以文学批评为核心的学术特色。这不同于童庆炳"文化诗学"团队的"古代文论意义阐释派"，以刘庆璋、程正民、张进为代表的"比较文学研究派"和以蔡镇楚、侯敏、郭宝亮为代表的"传统文献资料考证派"理论。[17]唐诗人则在《文学批评与文化介入——从蒋述卓"文化诗学"审视中国当代文化建构》中指出：稍后一些，李春青的"中国文化诗学"侧重于中国古代文论"如何现代转换的纯粹理论意义上的传承构想，与当代文学批评实践有着很大的隔膜。还比如童庆炳先生侧重诗意追求、人文关怀的'文化诗学'观点，这个理解发展了蒋述卓'文化诗学'观念，在人文关怀、回应现实，以及在审美研究基础上的注重文化视野、多学科综合研究，都有一致性。但这种发展也忽视了一些重要元素，比如关于'新世纪特征'这一批评的时代性、对话性问题就被忽略了。……面对现代、后现代特征越来越突出的中国当代文学和文化，讲究'诗意'就有点格格不入"[3]。这种评骘，部分内容或许有点偏颇。我们的理解是：童庆炳先生的"文化诗学"，主要是扬弃和改造西方文论重视批判性的"反诗意"特征，从而进行"文化诗学"的中国语境转换，体现出西方文论中国化的理论努力，难能可贵。童庆炳强调文化诗学的现实品格，认为当代的文学艺术的独特价值的趋向是历史理性和人文精神之间的一种张力，需要打破文学"外部研究"与"内部研究"的疆域，从历史文化语境阐释文学，不能忽略文本细读的重要性。

结语

文化诗学在中国的形成与发展，是改革开放以来西方理论译介热潮所催生的产物。文化诗学的中国化学术史或"本土建构"之路，体现出世界文论交叠互渗的理论形态。尽管"文化诗学"原属西方文论范式，但是作为富于生命力和增殖性的理论话语，文化诗学进入中国语境后，也经历了中国学者的思想过滤与学术再造，呈现出中国化的特色。概言之，以蒋述卓为代表的当代中国文艺理论家适时提出"走文化诗学之路"的理论策略，不仅重新确立了文化批评的本土立场和人文关怀的价值基点，还为当代文论与批评走出"失语"形态并破解"中国古代文论现代转换"的疑难提供了一条切实可行且行之有效的突围路径。

蒋述卓非常欣赏嵇康诗句"目送归鸿，手挥五弦。俯仰自得，游心太玄"（《赠秀才入军》），他视之为一种需要不断努力追求的理想境界，认为学术研究的最大价值是丰富了人生的意义，丰盈了时光与岁月，因此不要拘泥于过往业绩与功名。这种通透澄明的心境，反映了一种中国文化哲学的旨趣，凸显了文化诗学融通文化与文学的精魂。

参考文献：

［1］蒋述卓. 文化诗学批评论稿［M］. 广州：花城出版社，2021.

［2］古远清. 蒋述卓："文化诗学"的国内首创者［J］. 城市学刊，2017（5）.

［3］唐诗人. 文学批评与文化介入——从蒋述卓"文化诗学"审视中国当代文化建构［J］. 关东学刊，2018（3）.

［4］蒋述卓主编. 文化诗学：理论与实践［M］. 北京：人民文学出版社，2005.

［5］蒋述卓. 走文化诗学批评之路——关于第三种批评的构想［J］. 当代人，1995（4）.

［6］刘洪一. 文化诗学的思想指向［N］. 中华读书报，2002-11-28.

［7］〔美〕斯蒂芬·葛林伯雷. 通向一种文化诗学//张京媛主编. 新历史主义与文学批评［M］. 北京：北京大学出版社，1993.

［8］蒋述卓. 文化诗学批评：第三种批评的设想［J］. 广州文艺，1997（3）.

［9］唐诗人、蒋述卓. 文学批评与思想生成——建构一种广阔的文化诗学理论［J］. 文艺研究，2019（4）.

［10］蒋述卓. 蒋述卓集［M］. 广州：广东人民出版社，2021.

［11］彭如诗. 文化诗学的建构与实践——蒋述卓教授访谈录［J］. 文艺论坛，2022（2）.

［12］王瑛. 词深人天，"字"远方寸——蒋述卓《文化诗学批评论稿》论［J］. 粤海风，2021（4）.

［13］陶水平. 文化诗学研究的回望与再出发——评蒋述卓《文化诗学批评论稿》及其他［J］. 中国图书评论，2021（7）.

［14］伍世昭. 文艺理论建构的本土化实践——蒋述卓文化诗学批评论略［J］. 当代文坛，2021（4）.

［15］李圣传. 文化诗学理论与实践的可能及其路径——从蒋述卓《文化诗学批评论稿》说开去［J］. 粤港澳大湾区文学评论，2021（3）.

［16］李石. 蒋述卓文化诗学理论及批评的当代经验［J］. 粤海风，2018（3）.

［17］郑焕钊. 文化观照与现实关怀——蒋述卓文艺思想述评［J］. 新疆大学学报（哲学·人文社会科学版），2012（6）.

［18］李春青、程正民、赵勇. 中国"文化诗学"研究的来路与去向（专题座谈）［J］. 河北学刊，2017（2）.

贬谪与诗路的互摄交辉

——尚永亮教授《贬谪文化与贬谪诗路》读后*

蒋 润

2023 年 7 月，中华书局出版了尚永亮教授的新著《贬谪文化与贬谪诗路——以中唐元和五大诗人之贬及其创作为中心》，此书被收入"唐诗之路研究丛书"第二辑，可以视作近年来"唐诗之路"研究的力作之一。当然，这部书的前身，是作者的《贬谪文化与贬谪文学——以中唐元和五大诗人之贬及其创作为中心》，该书久被学界评为开辟了"贬谪与贬谪文学"这一研究领域的奠基性著作，时隔多年，再次增订面世，并改为今题，其内容较前多有不同。要而言之，即是在贬谪文学领域内，复增入了"唐诗之路"的观照，将贬谪与诗路这两种既有关联又有差异的研究主题结合起来，使之互摄交辉，迸发出更为新异的光芒。读者手捧此编，在"温故"的愉快之外，也不乏"知新"的欣喜。

从具体内容上看，新著对原书第二章《贬谪之路与五大诗人的生命沉沦》和第五章《贬谪文化与贬谪文学的演进轨迹》皆有不少改订，并新增了第三章《韩、元、白诸人的诗路经行与书写特点》以及附录《元和五大诗人贬迁系年》，增改内容大约占全书的四分之一。综合而言，此次增补的内容，在贬谪文学研究的细化和诗路研究的深化方面均有突出成绩，值得特别注意。

一 走近现场：贬谪文学研究的细化

迄今为止，中国古代贬谪文学研究已有了四十余年的学术发展史，从 20 世纪 80 年代初学者们的零散考察，到 90 年代后以尚永亮教授为中心的诸多学者们持续的耕耘，这个研究领域经历了初生、发展、成熟的不同阶段。以尚先生个人研究为例，他在 1993 年出版的《元和五大诗人与贬谪文学考论》，标志着"贬谪文学"作为一个研究领域的初生，2004 年该书修订并更名为《贬谪文化与贬谪文学——以中唐元和五大诗人之贬及其创作为中心》，则是贬谪文学研究的进一步发展，此后，伴随着其后续著作《唐五代逐臣与贬谪文学研究》《弃逐与回归：上古弃逐文学的文化学考察》等的陆续出版，昭示着贬谪文学研究步入了成熟期。

---

* 尚永亮：《贬谪文化与贬谪诗路——以中唐元和五大诗人之贬及其创作为中心》，中华书局 2023 年版。

要找到一个学术空白并开疆拓土颇为不易，而要在已成熟的学术领域中深化、推拓，更弥足艰难。经过对上古以至唐代弃逐—贬谪文学的精神追索、美学探究、文化拷问，并进行了竭泽而渔式的文献梳理、分析之后，新著重新回到元和五大诗人，开始缜密地还原他们的贬谪之路，用"走近现场"的方式，进一步细化了贬谪文学的研究。

正如新著所说："被贬之人又与行路之人大有不同，他们是在被打击、被压抑状态下，负载着独特的政治、文化、人生、生命内涵不得已而走向远方的，他们在贬途、贬地之所闻所见所感所写，具有贬谪文学所特有的角度和深度。""走近现场"式的细化，当然不仅是一种简单的考据，而是要通过贬谪之路的还原，再现当时匆促奔走于这些路途上的贬谪诗人的面貌，历史在这样的还原中呈现出了其血肉、温度。我们可以本书第三章对韩愈两度南贬行程的考证为例，来看作者"走近"贬谪之路的过程。

韩愈两度南贬，分别为贞元十九年（803）由监察御史贬为连州阳山令，以及元和十四年（819）自刑部侍郎贬为潮州刺史，这是韩愈遭受的打击最大的两次贬谪事件，在唐代贬谪文学中有着重要意义。此前《贬谪文化与贬谪文学》对韩愈两度南贬行经蓝田武关道时的困苦情状已有所勾勒，但较为简略。在新著里，作者首先通过《元和郡县图志》《通典》《旧唐书》《太平寰宇记》等史料确定了唐代阳山、潮州与长安之间的距离，然后根据韩愈诗文记录，立足里程与时日推算，分别考证了韩愈两度南贬的开始时间以及行进过程，其论说不仅细密，而且新见迭出。比如韩愈的潮州贬路，经过考察，大致可以概括为三部分，分别是：（一）长安至襄州宜城段，行程1275里，耗时十七八日，平均日行70里，此段途经蓝田武关道，山路险峻，兼有大雪，经行最为艰难；（二）襄州宜城至韶州段，行程2410里，用时约三十八日，平均日行63里，此段多水路，但须溯湘水而上，故行程较慢；（三）韶州至潮州段，行程2130里，用时约半月，平均日行142里，此段水陆相兼，多为顺流而下，故舟行较速，用时较短。总计行程为5810里，耗时七十日，平均日行83里。这样的计程梳理，使得韩愈的贬谪之路历历在目，读者也似与韩愈一路相伴，去感受着那"堆堆路傍堠，一双复一只。迎我出秦关，送我入楚泽"（《路傍堠》）的艰辛旅程。

在推定韩愈贬谪之行的过程中，对于学界聚讼纷纭的一些问题，新著多有讨论。如韩愈抵潮时间，历代学者分别有"三月二十五日"和"四月二十五日"两种说法，盖韩愈南行至韶州时曾作《泷吏》，提及"南行逾六旬……下此三千里，有州始名潮"，表明他南行"逾六旬"即抵达韶州。反对"三月二十五日"之说者，认为"六旬"为六十日，主张韩愈经过六十日到韶州，已经是三月十四日后，距离二十五日不过十余日，而韶州至潮尚有三千里（据韩愈诗），断难如期赶到，故其抵潮当在四月。但若定为"四月二十五日"抵潮，则又与韩愈《潮州祭神文》《与大颠师书》《祭鳄鱼文》等所署日期抵牾。对此歧说，作者尊重现有文献及其内证，主张"三月二十五日"之说，并列出五条解释——包括行程缓急迟速的推算、"逾六旬"的新解、自韶至潮里程的确定、韩愈说法的阐释，以及唐代贬官的正反例证等，逐一展开透辟的讨论，应可使韩愈"三月二十五日"抵潮成为定论。

细密的行程梳理，同样体现在对韩愈阳山之贬的分析上。关于阳山之贬，学界尚无定论的一个问题是韩愈遭贬的具体时日，史书仅记载韩愈贬阳山是在贞元十九年十二月，但具体何日则不详。宋人洪兴祖曾据韩愈《县斋有怀》的"捐躯辰在丁，铩翮时方褫"一语，谓"辰在丁，其奏疏之日乎？"然此"丁"日究为何日，其奏疏后踏上贬途又在何时，却无人论及。新著细析相关材料，依据陈垣《二十史朔闰表》，检出贞元十九年十二月有丁巳、丁卯日，分别为初十、二十日，复据韩愈《同冠峡》诗，推定韩愈抵达阳山县在二月十六日前后，又联系贬潮时郴州前里程与行期，算出韩愈阳山贬途大约用时五十八九天，由此便确定了韩愈离开长安的时间在贞元十九年十二月的十七、十八日，于是"捐躯辰在丁"的丁日，亦当以初十日的丁巳为宜。

这样稍显烦琐的考订，背后所需的不仅是文学文本解读的能力，还要有对唐代地理、交通、贬谪制度的通盘把握，唯有赖于此，讨论贬谪之路才不是空中楼阁，而是有实实在在的数据支撑，还原贬途的同时，一些学界争讼的问题也因之获得新解。

对韩愈两度南贬的考订，只是新著增补内容的一部分，另外还有元稹、白居易的贬谪之路，新著把重心放在二人的贬途互动上，通过考证，深度还原了这对友朋在贬谪之路上的聚散悲欢。于是我们能够看到元稹三度被贬时与白居易的相聚、相别、相遇，以及二人在贬谪过程中的相互慰藉与劝勉，其梳理颇为深入细致，比如在论述元、白"通江唱和"时，新著特别注意到元和十年（815）末至十二年（817）二人之间曾有一段信息中断后重新恢复联系的经历，这次信息中断使得二人的互相思念之情达至高峰，随之而来的就是恢复联系后二人唱和诗创作短时间的剧增。贬谪期间失去友朋联系的焦虑和失落，成了这次元、白唱和高潮的直接诱因，而这种短时间唱和激情的暴发，又催生了二人唱和次韵的自觉意识，大量"驱驾文字，穷极声韵"的诗篇因之诞生。对于贬谪文学研究来说，这样的细化分析，正是"走近"贬谪的现场，去体会贬谪诗人们的所历所感。被历史尘沙所湮没的贬谪之路在考索中被刮垢磨光，我们对诗人们的贬谪历程也因此获得了更真切的了解。

二 "诗""路"涵融：诗路研究的深化

与贬谪文学研究相较，"唐诗之路"研究是一个较为年轻的领域，所谓唐诗之路，盖指某一唐代诗人行迹和诗歌创作较为集中的交通路线，诗人们出于各种缘由行经此路，因路途所见、所感、所思而吟咏成诗，人因路而兴感，诗与路相映发。诗路研究包含"人"、"路"与"诗"三维，而其探讨的重点，则是三者的交汇之处，如何把握这个交汇点，不至于使诗路研究成为普通的舆图之学，是颇为考验学者识见与功力的。

新著对于诗路研究的特殊性有着清醒认识，并明确提出："路是诗的触媒，诗是路的升华。借助于路，诗人行迹和诗作特点得到集中展示；借助于诗，路的自然景观和文化意蕴获得突出彰显。"在路与诗之外，作者更提出地与人两个要素，所谓地，即诗人行经路途后的抵达之地，抵达之地作为路的延伸，是路途之后扩大并深化创作的场所；而关注人，则是要注意行走于路途上的诗人的不同遭际和心路历程。强调诗、路、地、人四要素的融汇，是本书对诗路研究内涵的一种开拓。

概括说来，进行诗路研究，大约有三重工作：第一是从实证角度，对"路"本身的起讫点、里程、交通状况进行考索；第二是探讨踏上此路线时诗人的人生遭际与心态情状；第三则是对与此路有关的诗歌作品进行艺术分析，考察其书写方式、情感内蕴、美学特质与此路途之间的关系。新著在这三方面都有着较为丰富的阐发，故而也体现出了对诗路研究的深化。

新著对于"路"的实证性考索，其优点在于引入了细致的里程量化分析，这使得考订落到实处，上举对韩愈两度南贬之路的还原就是显例。有了"路"的分析，再来考察行走于此路上的贬谪诗人及其作品，也便有了坚实基础。

对于行走在贬途上的人及其作品，新著研究的重点在于"互动"——包括人与路的互动，以及人与人的互动。人与路互动是诗路研究的题中应有之义，新著对此有较为深入的论述，诸如借由韩愈《左迁至蓝关示侄孙湘》，点出了蓝关在贬谪史上的标志性意义；借由韩愈《泷吏》《题临泷寺》等，说明了泷水在韩愈贬谪中的地理意义及给予韩愈的心理影响；等等。在这样的观照视野中，贬途的物色、景观既刺激着诗人的心灵，也无处不受到诗人主观色彩之映射。韩愈行经湘楚之地，其作品中关于屈原、贾谊的书写便增多，而与屈、贾相关的地域风貌也由之成为韩愈特别关注的对象，他在"静思屈原沉，远忆贾谊贬"的心态中，将历史与当下、文化与地理联结到一起，创作出了一系列气脉深沉的湘楚贬谪诗歌。另外，新著的特色还在于探讨人路互动时对贬谪诗人心态的精准把握，比如书中指出贬阳山时期韩愈诗歌的政治性和攻击性极强，展现出强烈的愤怨郁怒之气，而贬潮时这种特征即消退，代之以一种恐畏、自责、自愧的"认罪"心理，作者分析了这种诗风转变背后韩愈遭际与心态的变化，并详细论述了他的这些心理对于表现地方物象、景观的影响。王兆鹏教授曾称道《贬谪文化与贬谪文学》一书云："心理分析的结果是那样的新颖透彻，又是如此的真实可信，他好像不是分析古人的心理，而是对熟悉的心理咨询者进行心理分析和诊断。"[1]这种擅长心理分析的特点，在新著中同样体现了出来。

注意贬途中人与人的互动，是新著诗路研究的一个独到之处。人是社会性动物，贬谪之路上的诗路书写，不仅与诗人自我遭际与沿途风物相关，也离不开同伴的互相劝勉、酬赠。同行伴侣对于诗人来说是一种慰藉，而作为同志的知己友朋更是诗人吐露贬途思绪的最佳对象，韩愈的阳山之贬如果缺少了张署这位友朋，其书写的感情层次便会大打折扣，而潮州之贬时韩湘的陪伴，不仅使韩愈减少了许多孤寂，也催生出了《左迁蓝关示侄孙湘》《宿曾江口示侄孙湘》等经典之作。正如书中所言，这些同行者或同道友朋，"不啻韩愈诗路书写的一个触媒，引发作者的思维触角向多角度，特别是心灵隐微处展开"。

相较于韩愈，新著对元、白贬途互动的分析更见丰富和精彩。元、白唱和是个老题目，但新著从贬谪文学与诗路研究的角度对这个老题目做了新阐发。书中不但细致梳理了元、白在贬谪不同阶段的聚合与酬赠情况，还着力论述元、白二人在某些贬途重要节点的互相慰藉与劝勉，在这些互动里，"贬谪心"与"离别肠"交织，形成了其酬唱诗的独特风貌。与此前研究相比，新著讨论元、白贬途唱和更关注两点：

其一是二人贬途唱和中的物质性元素，如题壁和诗筒。这两个物质性元素为元、白二人提供了一种跨时空沟通的可能，将人与路、人与人牵系到一起，使得诗路的意义层次更加丰富。元、白贬谪经历并不完全重合，但二人生命沉沦的哀感、友朋互慰的情愫，都在题壁互动中获得交汇，贬途上的一些特殊地点，也因他们的题壁诗酬唱而获得了新的文化内涵，像商山道中的曾峰驿、蓝田县附近的蓝桥驿皆是其例。诗筒则是元、白"杭、越唱和"中的新创造，他们借用诗筒在杭、越之间传递诗篇，互相酬赠，使得二人的互动更增雅趣。

其二是元、白唱和中所形成的"虚拟诗路"。在诗路研究方面，新著并不局限于贬谪诗人所亲历的实质性路途，而是别出心裁，由贬谪诗人之间的远距离互动发现了建构"虚拟诗路"的可能。以元、白"通江唱和"为例，二人虽各自身处通州和江州，但他们的唱和却将各自所在州郡的地理形貌、风土人情展示无遗，这些联结起来便是大江上、下游的完整景观，"较之实地经行，它具有想象性、虚拟性；就情感抒发而言，它又具有真实性、可感性"。这种唱和构建起来的"虚拟诗路"，往往也会因唱和之风影响而产生为数不少的接受群体，营造出超常的诗路效应。元、白"通、江唱和"引发"巴、蜀、江、楚间泊长安中少年，递相仿效，竞作新辞"，便是明证。与此类似，此后元、白"杭、越唱和"中的诗筒传递，实际上也开创了一条杭、越之间的"虚拟诗路"。

关注人与路、人与人的互动，将"诗""路"涵融一体，是新著诗路研究的中心所在，在贬途心态分析、贬谪诗人互动以及"虚拟诗路"构建等方面，新著也对既有的诗路研究进行了深化。应该说，在这部著作中，诗路为贬谪文学研究提供了一个新场域，而贬谪则给诗路研究带来了新意涵；贬谪文学研究的细化，离不开对于诗路的考证发掘，诗路研究的深化，也有赖于贬谪文学提供的观照视野，二者互相补充，使得两个领域都有了新的生发。

从《元和五大诗人与贬谪文学考论》到《贬谪文化与贬谪诗路》，这部著作已经走过了三十余年的历程，可以看到，每一次修订，都融入了作者对于相关论题的新思考与新发现。或许能够将此书的修订过程视为一场漂亮的学术"阵地战"，尚永亮教授"扎硬寨，打死仗"，坚守自己学术据点的同时也逐步扩大着学术领地。贬谪文学与诗路研究的互摄交辉，体现着作者锐利的"战略眼光"，而若《元和五大诗人贬迁系年》这样的扎实编年，则映射着作者充足的"粮草储备"。未来贬谪文学与诗路的交叉研究，若能关注此书所展现的视野、方法，当会有更广阔而深入的开掘空间。

参考文献：

[1] 王兆鹏. 一篇博士论文，一个研究领域——尚永亮先生《贬谪文化与贬谪文学》读后[J]. 博览群书，2003(12).

考论精详，秀质龙章

——读杨晓斌先生《颜延之生平与著述考论》*

岳洋峰

颜延之（384—456），字延年，元嘉三大家之一。颜延之以其深厚的文学修养腾声于刘宋文坛，并垂范后昆。钟嵘《诗品》称："檀、谢七君，并祖袭颜延。欣欣不倦，得士大夫之雅致乎！"南齐司徒长史檀超、黄门郎谢超宗等七君效法颜延之的诗歌体式，欲得其"典雅"。《郊庙歌辞》代有创作，而《文选》"郊庙"类篇题唯独选录颜延之所作的两首四言《宋郊祀歌》，清代王寿昌《小清华园诗谈》称其"气体崇闳，颇堪嗣响《雅》《颂》"，又足见其"正则"。作为刘宋文坛的领袖式人物，颜延之生平与著述研究具有重要的学术史意义。拜读杨晓斌先生《颜延之生平与著述考论》一书，深悟源流考镜与学问正宗。

本书分为上、中、下三编。上编从史传记载的角度，厘清颜延之生平研究中一些未能解决的关键问题；中编对颜延之著述进行周详地辑佚辨伪、整理校勘；下编从文献学的角度出发，系统梳理了古本、传本《颜延之集》的版本源流，考论甄辨颜延之别集与《颜延之集》版本异同、优劣，确定版本系统与源流。本书三编内容汇聚成为一个整体，全方位、多角度解决了颜延之生平、著述研究方面的重要问题。

一　补正前说，厘清颜延之生平诸问题

上编共八章，在颜延之家世、郡望、出生地与墓地、初仕时间、出守始安始末等重要研究方面，补正前贤旧说，辨同考异，并探求原委。从谱牒修撰角度，对颜氏"以邑为氏"及《颜氏族谱》认祖颜回等问题进行考辨；从文学地理与考古发掘角度，厘清颜延之出生、成长及墓地的地理位置。依据刘柳的仕历确定颜延之初仕时间约在东晋安帝司马德宗义熙元年（405），即颜延之二十二岁左右。详考颜延之出为始安太守始末、元嘉年间仕历，证据严密，结论信实。

（一）据事而书，发言有章

深入考察考古发掘出的颜氏家族墓地位置，结合缪钺、罗香林、程恩泽、罗宗真四家说法，明确了"白下"在今南京城西北幕府山脉西面的老虎山一带。详考唐许嵩《建康实

---

* 杨晓斌：《颜延之生平与著述考论》，人民文学出版社 2022 年版。本文为国家社科基金后期资助项目"汉魏乐府歌诗文本生成研究"（项目编号：22FZWB018）的阶段性成果。

录》中"颜虎"之说来自裴子野《宋略》而非沈约《宋书》；对传本《建康实录》中"颜虎"的回改问题作出详尽的考察，胪列唐讳、宋讳、清讳中回改与回改未尽之例，证明《建康实录》成书时当讳"颜虎"为"颜彪"的事实。

对颜延之出为始安太守原因，出守始安的经过、时间及行事等一系列问题，考辨诸家说法，环环相扣的同时亦层层深入，得出景平元年（423）末徐羡之等权臣出颜延之为始安太守的信实结论。结合《应诏宴曲水作诗》的写作背景与内容主旨，探析颜延之被免官背后的深层原因，即他借诗讽喻、劝诫彭城王刘义康，因得罪专秉朝权的彭城王刘义康集团而被贬黜永嘉。

（二）推本溯源，实辨途之津逮

结合谱牒的修撰与多种史料记载，考证出颜氏"以邑为氏"以及小邾子颜友是有文献记载的第一代颜氏祖先；同时对魏晋南北朝时期谱牒修撰过程中出现的世系"断层"或族人漏收的情况进行了详细分析，充分证明了《颜氏族谱》中认祖颜回这一现象的合理性。

通过梳理诸家对颜延之元嘉十七年（440）至二十九年（452）仕历的研究分歧，考证出此时期颜延之的仕历与行迹。选取颜延之生存的时代背景、社会状况、颜氏门第角度，从官职特点、颜氏婚配情况、颜延之语录与上表等视角进行考察，多方面证明颜延之的时代颜氏门第确实较低。《颜延之仕历表》系年清晰，通过阅读此表，可以直观地了解到颜延之历任官职、职掌等一生的情况。此章将颜延之的人生命运与门第、任职紧密结合，既详论颜氏门第源流之所自，亦考察颜延之一生的仕历与职掌，实乃后学辨途之津逮。

二 辑佚辨伪，考论著录之阙典

中编对颜延之经学、杂学、佛学、注疏之作等著述问题辑录异文、辨正异名，尤其重视辑佚与辨伪，更是对颜延之一生著述进行深入整理的宝贵研究成果。下编考察了别集与逸集之关系、古本《颜延之集》结集与流传、传本《颜延之集》版本源流等一系列重要问题，斟酌文献记载，考论精纯。

（一）辑录异文，求真求备

颜延之著述存在较多异文，寻检辑录工作极为不易。该书重视汇集多种材料，对颜延之各类著述异文钩稽排比，求真求备。

考究颜延之《幼诰》的多种异名，并列举事例说明文献材料中称名讹误的现象，参考意义重大。同时将诸家辑本所载《幼诰》内容疏条别目，去其重复，辑录颜延之《幼诰》佚文六则。该书重视钩稽佚文，辨正异名。结合唐宋以后的类书、史志著作以及清代以来的部分辑佚成果，全面整理了《逆降义》的佚文。同时清晰地呈现了文献著录《逆降义》的题名、类别与一卷与三卷之说，对《逆降义》一卷之说源自清代马国翰《玉函山房辑佚书·补编》，《逆降义》三卷说源自《隋书·经籍志》进行了系统梳理。稽考明清以来《庭诰》的辑佚成果，高度评价清代严可均《全宋文》中所存《庭诰》内容的全面性。

（二）辨伪去妄，缜密简要

隋唐以后的较多文献材料中收录有颜延之的诗文作品等，误辑、误著、误引等现象时有发生。该书对讹误现象严重的书目进行举隅，辨伪去妄。

考辨诗文，厘正误著。对宋代叶廷珪《海录碎事》误辑、误引的十二则颜延之诗文进行一一指摘，缜密简要。将《诗渊》中误辑两首颜延之佚诗与文献材料参互考核，辨明脱漏，并厘定其当为江淹所作。以逯钦立《先秦汉魏晋南北朝诗》的文献来源出发，探索失考缘由，论述其中误辑的颜延之佚诗三则系承袭宋代叶廷珪《海录碎事》之误。结合史传以及其他文献材料，对误著为颜延之的《汉书决疑》十二卷、《七悟集》一卷进行辨伪，认为撰者当分别为颜游秦、颜之推。同时，在深入论述别集与总集之关系的基础上，考辨《颜延之逸集》的性质、内容以及与传本《颜延之集》之关系，证据链条完整，充分确认了《逸集》所收录的作品因文体不同而与正集之间有所不同，而《颜延之逸集》所收录的内容为传本中所未收录的注疏之作。

三　守正出新，大力推进颜延之生平与著述研究

该书在订补旧说的基础上，使颜延之作品著录无阙典，卷册亦无参差。既恪守学术正宗，又颇有创新，系统地澄清前人对颜延之生平与著述相关问题的误解，将颜延之生平与著述研究大步向前推进。

（一）裨益颜延之作品辑佚与辨伪研究

颜延之作品散见于史志、文集、类书等文献中，或辑或录，难以统系。该书重视辑拾漏佚，辑佚颜延之注疏作品，考据颜延之编集。如颜延之整理、编集的已亡佚的三卷《元嘉西池宴会诗集》，该书认为其是对元嘉时期诗歌活动的重要总结。考察传本《颜延之集》中《三月三日诏宴西池》诗，可以窥见《元嘉西池宴会诗集》的一角。对散佚的颜延之诗文以及"非文体者"进行了全面辑录，助益颜延之文学研究。辑有颜延之诗歌类作品《白雪诗》《独秀山诗》、碑铭类《颜含碑铭》、论语类《论语说》、小学类《幼诰》《纂要》、家诫类《庭诰》等佚文，并考证颜延之确为好友王球作有《王球石志》。

（二）推进《颜延之集》整理与研究

通过对《颜延之逸集》的精谨研究，进一步考辨古本与传本《颜延之集》。同时，全面总结颜延之著述历时归属问题、充分发掘《颜氏传书》本《颜光禄集》文学与文献价值。本书对《颜延之集》的结集、流传与版本问题进行了系统的梳理，推进学界对《颜延之集》的整理与研究。

详细爬梳文献资料，论证鞭辟入里。以古本《颜延之集》的编集与存世时代作为古本的时代划分依据，极具合理性。通过寻绎文集、类书以及公、私藏书目录等，全面考察梁、隋唐、宋古本《颜延之集》的流传情况。重点分析版本特征，绘制版本图表，对二十多种传本《颜延之集》进行胪列，详细考究版本刊刻年代、版式、钤印等，为全面梳理传本《颜延之集》版本源流打下坚实的基础。如明代颜欲章主持编纂《颜氏传书》本《颜光禄集》三卷，详考跋语，分别确认吕兆禧、姚士粦为《颜光禄集》三卷本的辑录者与校勘者。在此基础上，充分肯定《颜氏传书》本《颜光禄集》的文献价值。同时，直观呈现传本《颜延之集》版本流传情况，为传本《颜延之集》研究者提供了极大的便利。

对校精审，全面梳理版本系统。综合利用文献整理方法，在比照二十多种传本《颜延之集》的基础上，将其归纳为五个版本系统。如对黄辑汪校本、《百三家集》本系统中所收篇目、行款、版本质量进行了详细的介绍，文末绘制有《颜延之集》版本源流关系图，各版本之间承继关系明确，流传链条清晰，为《颜延之集》版本研究指明了方向。

该书对颜延之生平与著述问题的研究功不可没。其一，于图书渊海之中，辑拾颜延之作品之漏佚，成章连句或吉光片羽，均弥足珍贵。中编所考论的内容，体现出对颜延之著述莫大的辑佚之功，诚如梁启超《中国历史研究法》所言："吾辈犹得稍窥其面目者，食先辈搜集之赐也。"先生勤苦补辑，精谨考证，后学受赐既多，亦当发奋努力。其二，为颜延之生平与著述研究提供了新的视角与途径。鉴于迄今还没有整理校注本《颜延之集》，《传本〈颜延之集〉的编辑途径以及应当注意的几个问题》考辨辑集依据，揭示注意事项，为《颜延之集》整理研究提供良多助益。其三，对有关颜延之的研究成果既有反思，亦有展望。如本书重视颜延之著述研究应与清人辑佚成果接轨，并提出重新编定收辑作品全面的《颜延之集》等，可谓远绍前哲，近馈来学。

中国近代文学学会小说分会第九届
学术年会会议综述

史新玉　王勇

2023年10月21日—22日，由中国近代文学学会小说分会主办，河北师范大学文学院承办的"中国近代文学学会小说分会第九届学术年会"在河北师范大学召开，来自全国各地高等院校和科研单位的50多位专家参加了本次会议。左鹏军教授在开幕词中回顾了中国近代文学学会小说分会的发展道路、学术研究取得的成果，并指出："小说分会自从2007年成立以来，始终怀着敬畏学术、向往学术、追求学术的愿望，坚持学术至上的原则，坚持正确的学术方向，以坚守学术、创新学术、服务学术为目标，为推进近代小说、近代文学及相关领域的进展尽心尽力，走上了一条比较纯粹的学术建设和发展之路。"

会议主要议题由"近代小说研究的观念与方法""近代小说理论批评与创作""近代小说研究的回顾与前瞻""近代小说与京津冀文化""近代小说与近代文学诸文体"等五个方面组成。本次会议共收到学术论文50余篇，涉及中国近代小说的作家作品研究、报刊和史料研究以及中国近代小说研究的观念与方法等问题，学术成果丰硕。

一　学术观念、方法的研究

学术观念和方法是与会学者热烈讨论的重要话题。学者们或对中国近代小说的研究方法和路径提出科学建议和设想，或对近代以来的小说研究理论进行深入探讨。

赵利民认为近现代中国对进化论的接受存在着由注重生存竞争到关注人的内在精神创造的"向内转"倾向，这一转向是中国社会文化创造性转化外来思想的结果，也是中国思想话语自主创新的范例。周兴陆认为《左传》在传统经学体系中的地位不断受到挑战，特别是宋代以来多将它当文章看，这反映了《左传》研究观念从经史向古文再向文学的位移。李亚峰对宝廷的论诗意旨和"性灵"趋向进行了详细分析，认为宝廷深刻的诗学识见不仅源于他诗人兼理学家的独特敏感和"名士兼名臣"的志趣追求，也是同治中兴时代传统学术集成出新的历史产物。徐世中围绕晚清学者陶澍在陶渊明研究方面取得的成就展开讨论，认为他在陶渊明作品传播、生平考证、遗址保存三方面作出了突出贡献。罗紫鹏考察了民国通俗小说家赵苕狂的古典小说研究，发现其撰写"小说考"时对胡适的文章进行了模仿，以此证明胡适的"小说考证"预示了"小说学"的建立。向乾侠对中国近代爱国华侨丘菽园在小说理论研究方面的得失进行了分析探讨。邓哲雯认为民国小说史著存在忽视整体、以西律中等问题，提出应在文献搜集整理与研究的多元视角方面做文章。苏钰婷梳理了近代笔记文献研究的发展脉络，并分析了中国近代笔记文献研究的发展方向与意义。

二　小说作家作品研究

作家作品研究是本次会议讨论的核心之一。孙之梅对南社成员陈勒生的小说创作进行了细致研究，认为其小说一方面受传统才子佳人小说影响明显，另一方面受小说界革命影响比较大，表现为作品急于表达议论与观点，且陈勒生的小说创作具有代表性，表现了年轻作者对小说文体的认识与实践。乐云对 19 世纪侠义公案小说中侠士观念的变异进行了分析，认为侠士观念逐渐由个人向集体回归，并主要表现为自由精神的缺失、侠义精神的退化以及人情味的淡薄等。郑丽丽对清末改良派小说中"国家主义"思想的表达机制进行了深入剖析，认为这类小说不注重塑造人物形象，也不关注个人的幸福问题，而是推崇时势造就的"英雄"，通过小说的互文性，勾勒出改良派所设想的未来政治演进路线图。刘赫通过文本细读，对小说《红楼真梦》中道教思想和乐生追求的题旨进行了详细阐释。汤克勤深入剖析了近代党争小说从朋党小说的绝迹到党争小说的草创并进一步演化的过程。王海月则对近代西行游记中的海洋景观书写进行探讨。在小说的人物形象研究方面，黎聪从心理学角度对鲁迅《风筝》及其笔下的"斯德哥尔摩症候群"进行了剖析，王冲则对《孽海花》中晚清外交公使这一群体形象的塑造进行了探讨。

本次会议中，有不少学者从女性文学角度对中国近代小说作家作品进行了探讨。马勤勤考证出文学史上著名的近代女作家"黄翠凝"与妇女史中的妇女运动先驱"黄璧魂"为同一人，并认为她的小说折射了近代中国女权思想的嬗变，而且在形式上求新求变。刘钊通过比较"贤妻良母"和"女国民"两种性别观念在男女两性作家笔下的不同女性形象，深入探究了清末民初家庭小说中女性角色的思想冲突。杜若松从身份认同角度分析了民国初期性别意识到双重路线建构。王国伟对晚清女翻译家的译作《第一百十三案》进行了考察，认为小说以宏大视角、侦探兼言情的独特结构与高超的艺术表现力，推动了中国传统公案及公案侠义小说向现代侦探小说的过渡。惠欣对幻影女士小说中的国族身份、性别身份以及基督教元素进行了探究。马芳芷对《孽海花》中的"英雌"书写进行了深入剖析。

也有一些学者从创作论的角度对中国近代小说进行了研究和探讨。孙超以"因侨致易"这一短篇小说创作路径为研究目标，揭示出"短篇小说"这一概念在近代的引入和转化过程。李莹以《玉梨魂》和《春明外史》为中心，探究了"鸳鸯蝴蝶派"作家在近现代过渡场域里小说创作的求新之路及意义。杨玲深入探讨了曾朴对法国文学导师陈季同的小说想象。汪胜从传播学的角度探讨了近代心理学的传播对近代小说批评与创作的影响。

三　相关报刊、史料研究

报刊、史料研究也是中国近代小说研究领域中的热点，本次会议中亦有诸多学者奉献了相应的学术成果。

梁冬丽通过对近代岭南报载粤语小说现象进行分析，结合语言学相关理论，揭示出粤地办报之潮流与粤语书写盛行的趋势。郭浩帆通过对清末小说期刊《新新小说》的主编龚子英的生平进行考述，揭示出龚子英作为期刊主编所具有的高度社会责任感和杰出的社会活动能力。陈爱强运用互文性理论对鲁迅留日时期的"民族国家"想象与《河南》杂志之间的关系进行研究，认为这一论题是研究鲁迅早期思想不可回避的原点。史新玉对中国近代报人小说研究的可行性路径进行了探讨。李德强研究了近代小说家陈栩的诗化创作，认为《著作林》杂志所载陈栩诗话四种，不仅具有重要的诗学批评价值，也从侧面展现出清末民初文人交往活动的缩影。李九华对近代回族报刊的翻译文学进行了详细分析。李奎对马来西亚早期汉文报刊小说进行了考索、梳理，并深入研究其文学互动。周嘉华通过对近代北京小报《实事白话报》中的实事小说的整理和分析，探讨其创作特色及形成原因。王勇以《东方杂志》为例，考察了20世纪初中国小说题材从侦探到言情再到人的文学的演变历程。

史料研究方面，以文献考论为主。邓百意发现"小说巨子"王钟麒（无生）作为近代典型的报人作家，使用过毓仁、无生、天僇生、庸人等28个笔名字号，在《申报》《神州日报》等20余种报刊上发表了包括文学作品和文艺理论在内的大量文字，是近代文坛多面手。花宏艳通过对稀见日藏与美藏和刻本"小说三言"进行考论，发现其诸多差异性和创新性，并认为对这一论题的探讨对于"三言二拍"在日本的传播与影响具有重要的文献意义和学术价值。王文君对蒋瑞藻的《小说考证》所收戏曲资料进行了详尽的梳理和分析，并认为《小说考证》中辑录的部分戏曲资料，应来自失传的《传奇汇考》残本。翁筱曼对晚清李勋笔记《说呋》里的"世界"进行了考述。鲁毅对中国近代女性小说家吴忏情的生平创作进行了讨论，并新发现了吴忏情笔记《埋愁室丛话》。康鑫围绕包天笑《小说画报》时期的编辑活动与民初通俗文学读视空间的形成展开史料的梳理和研究，认为《小说画报》的视觉文化与文字叙述之间形成的意义互动、修辞互补等问题成为探讨民初通俗文学读视空间形成动因的典型样本。赵海霞对百年"旧派"小说的创作、传播和接受进行了论证，并谈及小说创作和报刊媒介结合，认为报人小说研究是值得关注的近代文学研究路径。

宋运娜的文章从"课程思政"的角度探讨了中国近代文学教学问题。

闭幕式上，左鹏军教授进行学术总结，对近20年来中国近代文学研究的成就及问题进行了深入思考。一方面，近20年间的近代文学研究在疆域拓展、文献发掘、个案研究、多元方法、当下效应、技术操作等方面都发生了明显变化，取得了明显进展，反映了近代文学研究进入新世纪以来发生的多方面变革和学术建设发展的大致方向。但另一方面，这一时期的近代文学研究，在学术观念更新、文献价值评估、研究对象综合评价、研究者基本素养与综合学术能力、学术研究长远规划、研究者的学术精神与学术理想等方面，取得的进步和提升并不明显，仍然存在着许多有待调整、完善、提升之处，有的方面甚至出现了停滞或倒退的征象。这种情况必须引起近代文学及相关研究领域研究者的足够注意与清醒的学术史反思，以利于近代文学研究朝着正确的学术方向继续建设和发展。河北师范大学文学院张俊才教授亦对中国近代小说研究提出了诸多建设性意见和想法。

本次研讨会取得圆满成功，相关的学术成果将汇入中国近代文学的学科建设中，并进一步推动中国近代文学研究的发展。

从文学到书学的跨界之旅

——"崔志远教授新著《毛泽东书法考论》暨学术成就研讨会"会议综述

胡景敏

2024 年 1 月 28 日，由《中国语言文学研究》编辑部、河北教育出版社主办，河北师范大学京津冀作家研究中心承办的"崔志远教授新著《毛泽东书法考论》暨学术成就研讨会"在河北师范大学举行，60 多位专家学者参加了会议。

开幕式由河北师范大学文学院教授胡景敏主持。《中国语言文学研究》编委会名誉主任、河北师范大学副校长郑振峰教授和河北教育出版社副总编辑汪雅瑛女士分别致辞。张炯先生、王庆生先生、蔡子谔先生发来贺信。闭幕式由河北师范大学文学院李建周教授主持，河北师范大学文学院邢建昌教授做学术总结。研讨会上，与会学者系统总结了《毛泽东书法考论》（以下简称《考论》）多方面的学术价值，并对崔志远教授在书法创作、书学研究、文学研究等领域取得的成就进行了充分研讨。

一　对《考论》书学价值的研讨

《考论》的出版，是崔志远教授继 1993 年出版《毛泽东艺术论》以来，30 余年间持续地创作实践与理论探究的新成果。与会学者们分别从对《考论》的总体认识、毛泽东书法研究现状、历史分期及历史评价等角度出发，研讨《考论》的书学价值。

蔡子谔先生对《考论》做出高度评价，称其在对毛泽东书法的认真考察、深入研究中，实事求是地、系统性地将书法实践与书法理论紧密联系，提出了富有创新性的新理论、新观念、新思想，打造出毛泽东书法研究的新高峰、新成就。

书法家李世文先生指出，《考论》中提出"毛体"的"奠基孕育期"、"形成确立期"、"拓展深化期"和"炉火纯青期"的论断将"毛体"历史化、脉络化。河北师范大学文学院张俊才教授指出，《考论》对毛泽东书法的历史分期并不纯粹基于常规的历史断代，而是有其美学发展的考量，体现其独有的研究毛泽东书法的美学态度。他认为，《考论》不只是发出一种声音，而是尝试给毛泽东书法做一个学术概括和回顾。

河北少儿出版社副总编辑郝建东先生对《考论》封面旭宇先生的题字、插页崔志远教授的书作《沁园春·雪》进行了设计解读，并指出《考论》在前人尚未涉及处、有失偏颇处竭力填补毛泽东书法研究的学术空隙，附录记述的毛泽东书法活动史料，详实可考令人赞叹。

河北科技大学文法学院徐彦利副教授在关注《考论》附录价值的同时，也指出《考论》对毛泽东书法的研究，既有书学理论研究的精妙，同时又颇显个人化特色。全书探讨的重心虽是毛泽东书法，但论述毛泽东书法对怀素、王羲之、张旭等书法家的借鉴或扬弃的过程，也是对中国书法史的总结与回顾。

毛泽东书法研究既关涉艺术问题，也关涉政治问题。河北省美协副主席蒋世国先生指出，不能简单将毛泽东书法归类于受某个书法家或某一美学流派的书法风格的影响。河北师范大学文学院王勇教授指出，崔志远教授在对毛泽东书法的评价中，找准了"功力"这把衡量艺术价值的标尺，并以具体实例将其与张旭、怀素的书法片段进行比较。河北师范大学老教授书画院副院长、河北师范大学美术与设计学院副教授杨春先生认为，评价毛泽东书法容易情绪化，而《考论》给出的评价相对中肯。李世文先生在认同崔志远教授"评价书作、书家不要过分强调政治和道德因素"观点的同时，也提出"艺品即人品"的评价标准。

二 对《考论》理论、方法、范式的价值研讨

《考论》不是就书法论书法，而是在中外美学、艺术学、文学、心理学的理论基础上生发出有效解读毛泽东书法的理论构架与批评范式。学者们围绕艺术审美中的理论、方法、范式进行了深入研讨。

邢建昌教授认为，崔志远教授虽然是从现当代文学书法艺术家的视角讨论毛泽东书法，但他努力为毛泽东的书法艺术建构起一个阐释的视角。《考论》基于理论、宏观、时代，建立了毛泽东书法研究的理论框架。

河北师范大学文学院郭宝亮教授认为，书法研究同文学研究相比，内容不同，方法一致。《考论》提出的毛泽东书法从形质到神采的变化，即是从文本到文化的研究思路，这既体现出方法论的意义，也是地缘文化研究和现实主义研究在书学研究中的延伸。

王勇教授认为，崔志远教授将西方的原型理论、法兰克福学派的"总体社会"概念引入毛泽东书法价值的评判中，深刻指出了张旭、怀素的狂草体现了酒神精神，而毛泽东的狂草体现了日神精神。同时结合马尔库塞的"总体社会"和"类的存在物"概念，挖掘毛泽东书法"文字线条的形象美和透出的性灵美"。因而，《考论》就不仅只是书学著作，还是一部富有探索精神的学术著作。

河北师范大学文学院李浩教授认为，《考论》是一部融文学审美、艺术审美、文学批评和文化批评为一体的，借助不同知识储备和不同阐释方法，精妙地解析毛泽东书法的各个向度，给人以宽阔感和恢宏感的大书，可谓"有道有术，道术皆精"。

河北师范大学国际文化交流学院姜文振教授认为，《考论》尝试建构一种书法批评的范式，即"从形质入手，向神采开掘"。从形质入手去关注毛体书法的点画、章法、墨色等所体现的书法的力、势之美及其所彰显的艺术辩证法，向神采开掘去考察毛体书法的形象之美、性灵之美。这是一种既有理论思辨又有可操作性的批评范式，也是《考论》提供的基本的理论方法，更是崔志远教授深厚的学术积累和艺术素养的体现。同时，《考论》的创新还体现在对毛泽东书法作品的选择、甄别和评点上。

河北省文艺评论家协会副主席、石家庄市文艺评论家协会主席王律先生指出，以诗、书合璧的方式谈毛泽东创作是最能体现书法"精神性"的。徐彦利认为"诗书合璧"最能凸显《考论》的文学立场，此外，《考论》也体现了美学高度，从美出发，将书法与绘画、文化、自然相结合，将古代艺术审美理论运用于当代，兼顾了中西美学的差异性。

在学术总结中，邢建昌教授认为《考论》中概念性、技术性话语的使用在理论体系的建构和丰富书法艺术批评语汇方面非常必要。但同时，也应对理论保持足够的警觉。他指出，艺术阐释是一种知其不可为而为之的活动，是无限逼近"不可解析的文本"的过程。在"境生于象外"和"外师造化，中得心源"两方面，《考论》可以继续打磨。

三　崔志远教授学术成就及高尚人格

自 1982 年至今，崔志远教授在《人民日报》《光明日报》《文艺报》《文学评论》等重要报刊发表论文 177 篇，出版学术专著 14 部，主编高校教材 20 余种，承担多项国家社科基金项目、河北省社科基金项目。对于崔志远教授在学术上取得的突出成就，与会专家、学者给予了高度评价。

张炯先生表示，崔志远教授多年从事当代文学研究，锲而不舍，笔耕不辍，勇于创新，著述颇丰。尤其在中国地缘文化诗学和现实主义问题两个领域的研究成绩卓著。王庆生先生也对崔志远教授取得的成就赞赏有加。他认为，48 万字的《现实主义的当代中国命运》和 67 万字的《中国地缘文化诗学》厚重扎实，新见迭出，是崔志远教授学术探索的结晶。郭宝亮教授特别指出，北京大学陈晓明教授也曾对崔志远教授的现实主义研究有高度评价。庞彦强教授、李浩教授、高艳芝副教授，青年教师景立鹏、翟崇光等分享了受到崔志远教授学术惠泽的多个"醍醐灌顶"瞬间。

在戏剧研究方面，河北省文化和旅游研究院副院长赵惠芬研究员认为，崔志远教授不纹饰不雕琢的学术态度，使《河北现代戏剧文学史》具有了更高的史学和学术价值。

在书学实践方面，河北省硬笔书法协会主席、河北师范大学老教授书画院常务副院长寇学臣教授认为，崔志远教授编著的《书法艺术通论》《书写技法》《书法技巧与欣赏》等教材中已经体现其对书法实践的重视与理论思考。

河北师范大学文学院霍现俊教授、河北师范大学学报副主编孙秀昌教授、文学院孟新东副教授、庞红蕊副教授分别回顾了各自视角中的"办刊的"、"学术的"和"生活的"崔志远教授。

如郑振峰教授致辞所言，研讨会是对崔志远教授新书的祝贺，是对他学术生涯的回顾，但绝不是总结。崔志远教授在答谢中说："'老牛自知夕阳晚，不待扬鞭自奋蹄'，即使不能'奋蹄'，也要'蜡炬成灰泪始干'！"